대학생을 위한
# 과학기술창업론

# 대학생을 위한
# 과학기술창업론

성균관대학교 글로벌창업대학원 교수
## 김 경 환

개정판

The Startup Way
For Colleger

성균관대학교
출판부

# 개정판 서문

최근의 한국의 경제성장 및 고용을 보면 참담하다. 세계 평균치의 경제성장률보다 낮은 2%의 경제성장과 단기 아르바이트 등의 고용은 많이 증가하였으나 우리 사회의 미래 중추인 청년들에 대한 고용실적은 오히려 퇴보했다. 개정판은 청년들의 저작권에 기반한 창업과 플랫폼 비즈니스을 촉진시킬수 있는 분야를 강화시켰다.

저작권이란 지식재산권 중의 하나이며, 인간의 사상 또는 감정을 표현한 저작물의 저작자에게 부여되는 인격적 권리와 재산적 권리를 총칭한다. 소설이나 시, 음악, 미술 등이 대표적이며, 다른 사람이 복제, 공연, 전시, 방송, 또는 전송하는 등 일정한 방식으로 이용하는 것을 허락하거나 금지할 수 있다.

최근 K-pop, K-beauty 등을 비롯해 전 세계적으로 문화 및 콘텐츠 산업이 발달함에 따라 저작권을 기반으로 한 비즈니스 모델 및 창업이 증가하는 추세이다. 인터넷과 정보통신기술의 발달로 유튜브(YouTube), 넷플릭스(Netflix)와 같은 콘텐츠 미디어 플랫폼을 통해 세계 각국의 다양한 콘텐츠 영상을 빠르고 편하게 접할 수 있게 되었고, 문화 콘텐츠 산업이 각 나라의 주요 산업 중 하나로 자리 잡고 막대한 수익을 창출하게 되자 저작권이 중요한 경제 가치로 인식되었다. 유튜브가 전 세계적인 플랫폼 기업으로 성장하면서 우리나라에서도 아프리카tv, 뮤지코인 등 자신의 저작물을 창작하여 플랫폼을 통해 저작권 수익을 올리는 1인 창작자의 수가 급증하였다.

문화산업이 발달함에 따라 저작권이 국가 및 개인의 자산이 되었고, 이를 통해 국가와 개인 모두의 가치창출과 수익 발생이 가능하게 되었다. 교육부와 한국직업능력개발원이 2018년도에 초·중·고교생 27,265명을 대상으로 희망 직업을 조사한 결과, 유튜브 크리에이터를 칭하는 유튜버(Youtuber)가 초등학생 희망 직업 5위로 나타난 만큼 앞으로 콘텐츠를 이용한 1인 미디어 창작자가 더욱 많아질 것으로 전망된다. 또한 문화 콘텐츠 기술 발달이 지속될 것으로 전망됨으로써 저작권을 활용한 비즈니스 모델 또한 늘어날 것이다. 따라서 저작권을 활용한 1인창조기업 및 창직을 육성하는 것이 필요하다. 개정판은 이러한 저작권을 보다 자세하게 설명하고 있다. 저작권의 개념 및 종류, 저작권의 특징 그리고 저작권의 배타적인 보호 및 이용자에게 사용을 허락할 수 있는 경우 등을 설명하였다.

또한 이러한 저작창작물이 플랫폼 비즈니스 모델을 통하여 사업화하는 전략에 대하여 구체적으로 제시하였다. 플랫폼의 어원은 'plat‒구획된 땅'과 'form‒형태'의 합성어로서 '구획된 땅의 형태'를 의미한다. 즉 경계가 없던 땅이 구획되면서 계획에 따라 집이 지어지고, 건물이 생기고, 도로가 생기듯이 '용도에 따라 다양한 형태로 활용될 수 있는 공간'을 상징적으로 표현한 단어이다. 플랫폼은 "다양한 상품 생산 혹은 판매를 위해 공통적으로 사용하는 기본구조(예. 자동차/전자제품 플랫폼, 방문 서비스 네트워크), 또는 상품 거래 혹은 응용 프로그램을 개발 할 수 있는 인프라(예. 온라인쇼핑몰, 운영체제, 앱스토어 등)"로 정의할 수 있다. 본 개정판에서는 이러한 플랫폼 비즈니스 모델의 개념 유형, 그리고 보다 많은 구체적인 사례를 제시하고 있다.

이번 개정판에서는 초판에서와 같이 성균관대학교 글로벌창업대학원의 정수연, 박민경, 김희정, 위현정, 이유경 조교가 수고해주었다. 고마움을 표한다. 또한 바쁜 가운데 더 좋은 책을 만들기 위해 수고하여주신 성균관대학교 출판부 선생님들께도 감사드린다.

2020년 2월
저자 김경환

# 머리말

　글로벌 금융위기 이후 10년, 우리 경제는 심각한 문제에 직면해 있다. 문재인 정부 출범 이후 소득주도성장이라는 경제정책 하에 추경 편성, 최저임금 상승, 혁신을 위한 투자활성화, 고강도 부동산억제정책 등 전방위적 노력을 실행하고 있지만 경제성장의 최종 지표인 고용창출은 고용 쇼크라는 단어밖에 쓸 수 없을 정도로 가히 충격적인 나락으로 떨어지고 있다. 2018년 7월 신규 고용은 5천 명으로 고용창출 통계작성 이후 금융위기 등 외부의 충격이 전혀 없는 최저의 신규 고용창출 실적을 보이고 있는 것이다.

　반면에 미국을 비롯한 중국, 일본 등 우리의 경쟁국은 연평균 성장률이 3%대에서 6%대까지 성장하는 고성장을 달성하고 있다. 미국은 우리보다 높은 4%대의 경제성장률을 보이고 있으며, 중국은 제조 2025라는 국가전략 하에 일사불란하게 기술개발 및 제조업 부흥을 외치고 있다.

　필자는 이러한 한국 경제의 미래에 대한 걱정을 많이 하면서도 대안을 제시하고 싶었다. 그게 바로 창업이다.

　현재의 한국 경제는 제조기반의 대기업을 중심으로 하는 선단식 경제구조이다. 즉 한국 경제를 떠받치고 있는 30대기업 중 대부분이 기존 기업이며 스타트업에서 창출된 기업은 거의 없다. 2018년 6월 현재 세계 100개의 유니콘 기업 중 한국 기업은 불과 2개밖에 안 된다. 이러한 늙어가고 있는 한국경제가 역동성을 살리는 유일한 방법은 스타트업이다. 즉 기회형 스타트업 또는 기술기반적 스타트업의 많은 창출과 이러한 기업들이 성공하는 것이다. 미국의 예를 보더라도 오늘날 신경제를 이끌고 있는 것이 페이스북, 아마존, 구글 등이며 중국 경제는 소위 BAT, 즉 바이두, 알리바바, 텐센트 등의 스타트업이 이끌고 있다.

중국을 다시 보자. 중국은 시진핑 주석 등장 이후 전 국민의 창업을 독려하고 있다. 이러한 정부의 적극적인 지원 하에 각 대학들은 자체적으로 창업을 독려하고 있다. 예를 들어 문과중심의 푸단대학도 얼마 전에 '기업가정신과 혁신대학'이란 단과대학을 만들었으며, 푸단대 창업보육센터에 입주하는 기업은 모두 푸단대 학생들로 구성되어 있다. 이들은 입주공간을 1년간 무료로 사용할수 있으며 입주 중 3번의 자체 창업경진대회를 통하여 자금 및 마케팅 등 엑셀러레이팅 지원을 받고 있다. 이러한 대학들의 노력으로 중국의 학부창업률은 8%로 한국의 0.8%에 비하여 매우 높다. 모수가 크니 총창업자 수는 더 비교할 수도 없을 만큼 크다.

필자는 대학에서 학생들과 창업과 기술사업화라는 주제로 강의하고 연구하면서 많은 토의를 하였다. 그러면서 자연스럽게 대학생을 위한 기술창업 교재를 만들어야겠다고 생각했다. 물론 시중에 창업 관련 교재는 많이 나와 있지만 필자가 보기에 체계적이지 못하고 단순히 사업계획서 작성방법이나 비즈니스 모델 작성방법 등 단편적인 내용 전달이 주인 교재들이 대부분이다.

이 책은 크게 13장으로 구성되어 있다. 각 장은 독립되어 있다기보다 하나의 흐름으로 연결되어 있다. 창업의 필요성과 창업의 중요성 그리고 창업의 국내외 환경분석을 서두로 하여 기업가정신과 창업가정신을 다루고 책의 핵심부분이라고 할 수 있는 4차 산업혁명과 거기서 파생되는 유망창업 분야를 제시하고 있다. 이러한 기술분석 하에 지적재산권, 비즈니스 모델 작성 및 사업계획서 작성을 다루고 있으며 국내 창업 관련 서적으로는 그리 많지 않은 창업 출구 전략과 국제화 전략까지 포괄적으로 다루고 있다.

이 책이 나오기까지 여러분들의 도움이 있었다. 먼저 방학을 거의 포기하고 자료수집 등 도움을 준 성균관대학교 글로벌창업대학원의 이종환, 염지훈, 김남훈 학생에게 감사한다. 또한 언제나 부족한 남편 옆에서 도움을 주고 있는 영원한 반려자인 사랑하는 아내와 대학생인 큰아들, 작은아들 등 가족들에게도 감사한다.

이 책은 필자가 지난 10여 년 이상을 강의와 연구 그리고 현장실습을 통하여 나름대로 시장의 욕구에 부합하는 책자로 만들려고 노력하였다. 물론 본 책자에 나타나는 모든 오류는 전적으로 저자의 책임이다.

2018년 한여름

成均館大學校 螢窓雪案에서

저자 김경환

# 차례

제1부
# 왜 창업인가?

# Chapter 1

# 창업의 중요성

1. 세계 경제 저성장의 한계와 극복

# 1. 세계 경제 저성장의 한계와 극복

## 1) 세계 경제가 직면한 저성장의 위험

2016년 1월 20~23일, 스위스 다보스에서 '세계경제포럼(World Economic Forum)'이 개최되었다. 다보스포럼은 글로벌 정·재계 리더 2,500여 명이 참여해 세계 경제현안과 향후 나아가야 할 방향을 논의하는 모임으로, 당시에는 세계 경제현황에 대해 논의하였고 현재 세계 경제의 특징을 네 가지로 규정하였다. 1) 글로벌 저성장과 부채 증가, 2) 중국 경제의 신창타이(新常態, New Normal) 시대 진입, 3) 저유가, 4) 글로벌 생산성 저하다. 요약하면 더 이상 세계 경제의 고성장은 기대하기 어렵다는 의미다. 세계 경제의 현상을 위에서 언급한 네 가지 특징으로만 규정하기는 힘들지만, 세계 유명 포럼에서 언급되었을 만큼 중요하고 신뢰성 있는 문제이기 때문에 각 내용을 살펴볼 필요가 있다.

### (1) 글로벌 저성장과 부채 증가

#### ① 글로벌 저성장(뉴노멀 시대)
선진국과 신흥국 모두 성장세가 하향 안정화되면서 세계 경제는 3%대 성장이 지속되는 뉴노멀(The New Normal) 시대에 봉착하였고, 향후 선진국과 신흥국 경제는 각각 2% 전후, 4% 전후의 저성장 기조가 유지될 것으로 전망하고 있다. 지난 2013년과 2014년에 세계 경제는 모두 3.4% 성장하였으나, 2015년에는 중국 등 신흥국 경제의 성장 둔화로 다소 하락한 3.1%를 기록하였고, 2016년 또한 3.1%로 낮은 성장률이 지속되고 있다. 이런 현상은 글로벌 금융위기 이전에 비해 크게 낮은 수준이며, 고성장을 유지했던 신흥국을 보면 얼마나 더 심각한 문제인지 알 수 있다. 2013년 이후 3년 연속으로 성장률은 하락하였고 성장 부진의 구조적 틀에 갇혀 앞으로도 성장률 증가는 힘들 것이라 전망하고 있다. 주요 요인으로는 2012년 이후 지속되고 있는 원자재 가격 약세다. 지난 5년 사이 금, 구리, 석탄 등 주요 원자재 가격은 거의 절반 이하로 떨어졌다. 2015년에는 원유 가격마저 크게 하락하면서 산유국도 경제적 어려움에 처했다. 수출에서 원자재 비중이 높은 나라일수록 성장률이 더욱 떨어졌다. 전 세계적인 교역 부진도 제조업 신흥국에 큰 타격을 주고 있다. 중국을 중심으로 한 글로벌 가치사슬(Global Value Chain)에 편입되면서 성장의 과실을 나누었던 국가들은 수출 부진으로 타격을 입고 있다. 여러 국가에서 부품 및 원자재를 수입하여 조립한 후 다른 지역으로 수출하는 글로벌 가치사슬이 전 세계적인 경기 부진을 전파하는 통로가 된 셈이다. 게다가 2015년 12월 미 연준이 통화정책 정상화를 시작한 것도 신흥국에는 부담이다. 금융위기 이후 자원기업을 중심으로 부채가 크게 늘었고, 2010~2014년 중 신흥국으로 흘러들어간 채권과 주식투자 자금만 하더라도 1조 달러에 달하기 때문이다. 무엇보다 큰 문제는 신흥국의 부진이 일시적이고 단기적인 수준에 그치지 않고 구조적인 저성장의 시작일 수 있다는 점이다.

## ② 글로벌 부채 증가

글로벌 금융위기 이후 신흥국의 부채가 빠르게 증가하면서 글로벌 부채가 지속적으로 늘어나 세계 경제의 불안 요인으로 작용하고 있다. 글로벌 부채는 2000년 87조 달러에서 2014년 2/4분기 199조 달러로 증가하였고, 동기간 세계 국내총생산(GDP) 대비 글로벌 부채는 246%에서 286%로 늘어났다. 금융부문을 제외한 가계, 정부, 기업의 부채는 2000년부터 2007년까지 37조 달러, 2007년부터 2014년 2/4분기까지 49조 달러가 증가하여, 증가 규모의 선진국과 신흥국 비중이 각각 78%와 22%에서 53%와 47%로 신흥국의 비중이 크게 증가하였다. 이런 현상 요인은 크게 두 가지로 볼 수 있다. 첫째, 저금리의 글로벌 유동성 증가로 신흥국 기업의 차입 여건 개선이다. 글로벌 금융위기 이후 주요 선진국은 정책금리를 '0'에 가까운 수준으로 인하하고 양적완화 정책을 실시하여 저금리의 유동성 공급을 대폭 확대하였고, 주요국 중앙은행의 양적완화를 통한 유동성 공급까지 감안할 수 있는 '잠재금리(shadow rate)'를 추정해보면 대체로 2010년 이후 마이너스 금리를 지속하였다. 이에 저금리의 풍부한 글로벌 유동성을 배경으로 위험선호 성향이 강해지면서 고수익 위험자산인 신흥국 회사채에 글로벌 투자자금이 유입되어 채권시장에서 저신용 등급 회사채 발행이 크게 증가한 것이다. 이런 가운데 신흥국 성장세가 둔화되고 기업수익도 악화됨에 따라 신흥국 기업부채 상황은 더욱더 악화되고 있으며 2017년까지도 개선되고 있지 않다.

두 번째, 주요 신흥국의 투자 확대 등으로 기업부채가 성장속도보다 빠르게 증가하고 있는 점이다. 주요 신흥국은 글로벌 금융위기 이후 투자주도형 고성장을 하는 과정에서 기업부채가 GDP보다 빠른 속도로 확대되었다. 2010~2015년 중(연평균) 신흥국 투자증가율(9.1%)은 선진국(2.5%)을 6.6%p 상회하고 성장률(5.4%)은 선진국(1.8%)보다 3.6%p 높았으며, 신흥국 기업부채는 연평균 12.9% 증가하여 명목GDP 성장률(4.7%)을 대폭 상회하였다.[1]

---

1 ) IMF World Economic Outlook.

신흥국의 부채 증가는 향후 미 연준의 금리인상 시 취약 신흥국으로부터 글로벌 투자자금 유출이 크게 확대될 경우, 기업 부실 및 금융기관 손실 증가 등을 유발하며 신흥국의 금융불안이 초래될 위험성이 있다. 또한 부채 증가에 의한 경기호황(credit boom) 다음에는 경기침체의 골이 깊고 기간이 길어질 수 있는 점을 고려하여 기업은 물론 가계, 정부 등 각 경제주체의 부채가 소득보다 과도하게 증가하지 않도록 하는 것이 중요한 시점이다.

## (2) 중국 경제의 신창타이(新常態, new normal) 시대 진입

중국 경제의 경착륙 가능성은 2010년부터 꾸준히 제기되어온 문제다. 글로벌 금융위기에 대한 대응 과정에서 불거진 지방정부 재무구조 부실화, 경제성장의 부동산시장 의존도 증가, 그림자금융 팽창 등이 중국 경제의 위협으로 작용하였다. 그리고 경기 둔화가 지속되면서 중국 경제 전반의 '신창타이(新常態)' 시대로의 진입이 가시화되는 가운데, 구조적 문제 해소 지연으로 글로벌 경제 리스크 요인으로 부각되고 있다. 상하이 주식시장은 2015년 6월부터 8월 말까지 38% 급락한 이후(1차), 2015년 12월 말에서 2016년 1월 초 다시 15% 하락하였다(2차). 1차 급락은 정부의 증시 활성화 정책으로 유입된 단기차입 등 신용거래로 유발된 거품이 붕괴한 것을 주요 원인으로 보고 있지만, 2차 급락은 중국 증시의 건전성에 대한 시장의 신뢰가 상실되고 산업생산 등 거시지표 악화 및 갑작스러운 위안화 평가절하 등으로 중국 경제에 대한 전망이 비관적이었던 것을 주요 원인으로 보고 있다. 또한 중국 기업의 부채 잔액은 GDP 대비 161.3%(2015년)로, 다른 개도국이나 선진국에 비해 규모가 크고 부채의 증가 속도도 매우 빠른 편이다. 반면 4년째 이어진 불경기 속에 기업들의 이익 창출 능력은 갈수록 떨어지고 있어 빚을 갚지 못해 파산하는 기업들이 속출할 것으로 예상된다. 특히 철강, 시멘트, 석탄 등 설비과잉 산업의 전통 제조업체들이 생사의 기로에 몰려 있다. 상하이와 선전(深圳) 증시의 상장종목 가운데 '좀비기업(僵尸企业)', 즉 비경상손익 차감 후 순이익이 3년 연속 마이너스인 기업이 전체의 10%에 이르며, 그 중 절반은 설비과잉 업종의 지방 국유기업들이기 때문에 문제가 심각하다.

이런 문제로 중국 경제성장률이 1981~2010년까지 평균 10%대로 고성장하였지만, 2015년부터 2020년까지 평균 6%대의 경제성장률을 보이면서 중국의 '뉴노멀 시대'로 진입할 것으로 전망된다. 만약 안정적 성장과 구조조정 및 개혁 간의 균형 잡기에 실패한다면 최악의 경우 중국 경제가 경착륙하는 상황을 배제하기 어려울 것이다. 예컨대 성장률 방어에 치중해 금융위기 직후처럼 공격적으로 경기를 부양하거나 구조조정 및 개혁을 미룬다면, 잠시 숨을 돌릴 수는 있겠지만 결국 경제 체질이 허약해져 머지않아 더 큰 위기를 겪을 가능성이 높다. 정반대로 너무 빠른 속도로 구조조정이나 개혁이 추진될 경우, 기업 대량 파산이 금융시장에 충격을 주고 이에 따른 신용 위축이 전반적인 경기의 급락으로 이어지는 악순환이 생길 수도 있다. 만약 중국 경제가 경착륙한다면, 예컨대 중국의 경제성장률이 2분기 이상 5% 미만으로 하락하게 된다면 글로벌 경제에 대한 충격은 피하기 어려울 것이다. 최근 10년간 중국의 원자재 수요 증가가 각 품목별로 전 세계 원자재 수요 증가분의 50% 이상을 차지했던 점을 고려할 때, 중국 경기 침체는 국제 원자재 가격의 급락을 가져오게 될 것이다. 그 경우 원자재 수출의 성장기여도가 높은 신흥국들이나 재정 구조가 취약한 신흥국들이 자본 유출과 환율 폭등에 호된 시련을 겪을 것으로 예상된다.

### (3) 신보호무역주의 대두

2017년1월 미국의 대통령으로 트럼프가 당선되면서 세계경제는 다시금 보호무역주의로 회귀하면서 세계경제가 더욱 어려움에 봉착하고 있다.

도널드 트럼프 행정부는 다음과 같은 이유로 보호무역주의를 강화하고 미국에 이익을 우선시 하는 무역협정 체결을 강조하고 있다. 첫째 미국은 무역수지 적자와 재정적자 규모가 확대되고 있다. 2010년 이후 미국의 무역수지 적자가 증가하여 2015년에는 −7526억 달러를 기록하고 있고 보호무역 대상국으로 언급된 중국과 멕시코의 무역적자 비중이 2010년 53.4%에서 2015년 56.0%로 증가했다. 또한 미국의 공공부채는 2010년대 들어 10조 달러를 넘어섰고 2020년까지 16조 달러로 확대될 것으로 전망되며 금융위기 이후 GDP대비 재정적자 비중이 축소되었으나 2016년 이후 축소세가 둔화될 것으로 예상된다. 둘째 미국은 2000년대 이후 적극적인 자유무역협정을 추진했으나 이들 대상국가와의 무역적자가 증가하고 있다. 미국은 2000년대 중반 이후 적극적인 자유무역을 추진한 결과 총 14개, 20개국과의 자유무역협정을 발효했다. 하지만 자유무역발효 이후, 2016년 달러가치 기준으로 미국은 NAFTA에서 2조2500억 달러, 이스라엘 FTA 1500억 달러, 한국 FTA에서 1100억 달러의 실질무역수지 적자를 기록했다. 셋째 미국은 자유무역 추진과 환율 조작으로 미국 내 일자리가 감소하고 있다고 보고 있다. 미국은 환율조작국 평가, 반덤핑 관세 등을 통해 중국 등 대규모 무역 적자가 발생하는 특정 국가들을 견제하고 있다. 2016년 10월 환율 조작국 평가에서 한국, 중국, 독일, 일본, 대만, 스위스 등 6개국을 '관찰 대상국'으로 분류하고 있다. 더욱이 미국 노동시장은 글로벌 금융위기 이후 실업률과 노동시장참가율이 함께 낮아지는 현상을 겪고 있으며 동시에 미국 내 제조업 일자리도 크게 감소했다. 또한 최근 미국의 보호무역 조치가 증가하고 있는 가운데 트럼프 정부가 출범하면 보호무역 조치는 더욱 늘어날 것으로 예상된다. 이러한 보호무역조치로 미국은 위생 및 검역(SPS), 기술장벽(TBT) 조치를 중심으로 빠르게 확대하고 있다. 미국의 대(對)세계 무역보호 조치는 클린턴 대통령 시기(1992~1999년) 1052건에서 오바마 대통령 시기(2008~2016년) 3746건으로 약 3.5배 증가했으며 2008~2016년 기준으로 전체 보호무역 조치 중 위생 및 검역(SPS)와 기술장벽(TBT) 조치는 각각 36.6%, 42.9%를 차지한다. 또한 미국의 세계 보호무역 조치 중 중국에 해당하는 비중은 1992~1999년 75.0%, 2000~2007년 87.3%, 2008~2016년 90.8%로 증가하였고 한국에 해당하는 비중도 1992~1999년 73.2%, 2000~2007년 84.5%, 2008~2016년 86.3%로 늘어나고 있다. 특히 한국의 대(對)미 수출 상위 10대 품목을 대상으로 보면 보호무역 조치가 1992~1999년에서 2008~2016년까지 약 20배 이상 증가했다. 트럼프 행정부 출범 이후 미국은 한미FTA 폐기를 통한 재협상을 완료했고 철강 및 기타 한국제품에 대한 관세를 인상하고 쿼터제로 우리나라의 대미 수출을 제한하고 있으며 중국에 대하여는 200억달러에 달하는 품목에 대한 관세를 니상하고 중국의 대미수출을 압박하고 있다. 이러한 신보호무역주의는 수출위주의 한국경제에 많은 영향을 끼치고 있다.

### (4) 글로벌 생산성 저하

2015년 〈파이낸셜타임스(FT)〉에 따르면, 미국의 싱크탱크인 컨퍼런스보드는 지난해 글로벌 노동생산성 증가율이 2.1%를 기록하면서 2000년대 들어 최저치를 기록했다고 밝혔다. 이는 지난 1999~2006년 평균치보다 0.5%p 낮아진 것이다. '노동생산성'이란 노동자 1명이 일정 기간 동안 산출하는 생산량을 말한다. 따라서 노동생산성이 저하되고 있다는 것은 기업들이 노동력과 건물 등의 자원을 상품이나 서비스로 효율적으로 전환시키지 못하고 있다는 것을 뜻한다. 또한 시간당 노동 투입의 부가가치 증가세가 둔화된다는 의미로 경제성장률 하락과 밀접한 관계를 보이고 있다. 글로벌 생산성 저하의 요인은 고령화와 서비스업 집중 현상으로 볼 수 있다. 유엔의 '2015년 세계인구전망(World Population Prospects : the 2015 Revision)'

에 따르면, 향후 수십 년간 전 세계적으로 60세 이상 노년층이 급격히 늘어날 것이며 증가 속도도 지속적으로 가속화될 전망이다. 2015년 9억 100만 명이었던 60세 이상 인구는 2030년 약 14억 명(56% 증가)으로 증가할 것이며, 2050년엔 2015년의 2배 수준인 21억 명에 이를 것으로 추정된다. 80세 이상의 '초고령' 노년층은 더 빠르게 불어나서 2050년엔 그 수가 4억 3,400만 명(60세 이상 노년층의 20%)에 달해 오늘날 수준(1억 2,500만 명, 60세 이상 노년층의 14%)의 3배로 늘어날 전망이다. 고령화는 경제활동의 중추인 25~49세 핵심 노동층의 감소와 관련 있으며, 고령층의 새로운 지식과 기술 습득 속도가 늦기 때문에 생산성 저하의 핵심요인으로 보고 있다. 국내의 경우 기대수명 증가와 저출산 현상으로 문제가 심각하다. 삼성경제연구소 연구결과에 따르면, 고령화에 의해 경제 잠재성장률은 2018년까지 노동력 증가세가 둔화되고 2019~2030년까지 연평균 노동력이 0.68% 감소할 것으로 보고 있다.

　서비스산업의 집중화도 생산성 저하의 한 요인으로 보고 있다. 보몰(Baumol, 1967)에 따르면, 서비스산업의 생산성 향상 속도가 제조업에 비해 낮은 특성을 보인다고 한다. 그리고 생산성이 높은 산업(제조업)에서 고용이 줄고 여기서 퇴출된 노동이 생산성이 낮은 산업(서비스업)으로 유입되면서 생산성이 낮은 서비스업 고용은 상승하지만 동 산업의 생산성이 낮아 전체 성장률이 낮아지게 된다는 것이다. 서비스화가 생산성 저하를 야기하는 현상에 대해 상반되는 견해도 많이 있지만, 미국의 경우 1947년부터 2001년까지 보몰 효과가 존재했다는 것을 보여줌으로써 관련성이 있음을 입증하였다.

## 2) 국내 경제

글로벌 금융위기 이후 10년, 우리 경제는 심각한 문제에 서 있다. 문재인 정부 출범 이후 추경 편성, 투자 활성화, 부동산 대책 등 전방위적 노력 등으로 우리 경제가 장기간의 부진에서 벗어나 회복세로 전환되었지만, 회복 속도와 강도는 아직 기대에 미흡하다. 한국은 1인당 소득이 1991년 경제협력개발기구(OECD : Organization for Economic Cooperation and Development) 회원국 상위 절반 평균의 39%에서 2014년 75%까지 확대되면서 지난 25년 동안 가장 빠르게 성장한 OECD 회원국들 중 하나가 되었다. 수출이 2015년까지 물량 기준으로 두 자릿수로 증가하면서 한국이 세계 6위의 수출대국, 11위의 경제대국이 되는 데 기여하였다. 한국은 높은 교육 수준과 R&D 투자에서도 독보적이다. 그결과 다수의 한국 기업들이 핵심 산업에서 세계를 선도하고 있다. 그러나 우리 경제는 2016년 본격적인 뉴 노멀(New Normal) 시대에 접어들었다. 2001~2011년 동안 연평균 4.25%였던 경제성장률이 2011년 이후 2.75%로 하락하였다. 2010년부터 지속된 세계 교역 부진은 수출이 총 수요의 60% 정도를 차지하는 한국에 특히 악영향을 미쳤다. 또한 수출은 중국을 중심으로 한 신흥국들과 고부가가치 시장에서의 선진국들의 거센 도전에 직면하고 있다. 한편 대규모 가계 부채, 서비스 부문의 생산성 정체, 중소기업의 부진 등 구조적 문제로 내수도 위축되었다. 한국 경제에는 제조업과 서비스업, 대기업과 소기업, 정규직과 비정규직 노동자 간의 현격한 생산성 격차를 특징으로 하는 이중구조가 존재한다. 전반적인 생산성은 OECD 회원국 상위 절반의 55%에 불과하다. 노동시장의 이중구조는 심각한 임금 불평등과 OECD에서 여덟 번째로 높은 상대적 빈곤율의 원인이 되었다. 특히 과거 우리 경제의 고성장을 이끌었던 투자가 부진한 모습을 지속하고 있어 위기 이전에 비해 경제 활력이 구조적으로 약화된 것은 아닌가 하는 우려도 제기되고 있다.

여기서 우리 경제가 직면한 문제는 크게 세 가지로 나누어볼 수 있다. 첫째, 앞에서 잠깐 언급한 인구 둔화, 추격형(catch-up) 성장 전략의 한계 등으로 성장동력이 약화되고 있다. 둘째, 공공부문의 비효율과 칸막이식 규제 등 비정상적인 제도와 관행이 자원 배분의 효율성과 민간의 창의성을 제약하고 있다. 셋째, 수출과 내수, 제조업과 서비스업, 대기업과 중소기업 등 부문 간 격차가 지속되어 성장 사다리가 제대로 작동하지 못하고 있다. 이들 세 가지 문제들이 복합적으로 작용하여 우리 경제의 활력을 저해하고 성장 잠재력을 떨어뜨리고 있는 상황이다.

### (1) 성장동력의 약화

노동, 자본, 생산성은 경제성장을 이끄는 세 가지 요소다. 우리 경제는 인구 둔화, 투자 행태의 보수화 등으로 노동과 자본 투입이 제약되는 가운데 생산성 증가 속도의 둔화도 우려되고 있는 상황이다. 우선, OECD 국가 중 가장 빠른 속도로 인구 고령화가 진행되고 있다. 우리나라의 경우 고령화 사회에서 초고령 사회로 이행하는 기간이 26년에 불과할 것으로 예상되고 있는데, 이는 프랑스(154년)나 미국(94년) 등 주요국과 비교할 때 매우 빠른 속도다. 특히 현재 우리와 비슷한 경제발전 수준에 있을 당시 주요국들의 인구 구조와 비교해보면 우리나라 고령화 문제의 심각성을 쉽게 파악할 수 있다. 영국, 독일, 미국 등 주요 선진국의 경우 1인당 GDP가 2만~3만 달러 기간에 생산가능인구 중에서도 특히 생산성이 높은 핵심 생산인구(25~49세) 비중이 상승하며 경제성장에 기여했지만, 우리나라의 경우 핵심 생산인구 비중이 감소하면서 경제성장에 부정적인 영향을 주고 있다. 특히 2017년부터는 생산가능인구 자체가 감소하고 있어 '인구 오너스

(demographic onus)²⁾ 시대에 대한 대비책 마련이 시급한 상황이다.

경제주체들의 투자 행태도 보수화되고 있다. 과거에는 기업의 과감하고 선제적인 투자가 국민경제의 성장을 이끌었으나, 최근에는 투자가 경기에 후행하는 모습을 보이고 있다. 오스트리아의 경제학자 슘페터가 경제성장의 원천으로 강조한 창조적 파괴, 즉 혁신적 기업가정신의 제고가 필요한 시점이다. 노동, 투자 등 양적 성장이 한계를 보이는 가운데 추격형 성장전략의 한계로 생산성 향상도 지체될 경우 성장 잠재력의 둔화를 피할 수 없을 것으로 우려된다. KDI, IMF 등 국내외 연구기관들은 우리나라의 잠재성장률이 1990년대 6% 중반에서 글로벌 금융위기 전 4%대로, 위기 이후에는 3%대로 둔화되고 있다는 경고음을 내고 있다. 특히 최근 IMF 보고서는 2010~2012년 중 한국의 총요소생산성 증가율이 0.9% 수준에 그치면서 잠재성장률 또한 3% 초반까지 하락한 것으로 추정하고 생산성 제고를 위한 구조 개혁 노력을 촉구한 바 있다.

### (2) 취약한 제도적·경제적 인프라

공공부문의 비효율과 칸막이식 규제로 인한 이권 추구 행위, 대립적인 노사관계 등 비정상적인 제도와 관행도 우리 경제의 경쟁력을 저해하고 있다. WEF(World Economic Forum )의 2013년 국가경쟁력 평가결과를 보면 우리나라의 종합 순위는 25위에 올라 있지만, 정부 규제·공공부문 경쟁력 등을 평가하는 '제도적 요인' 부문의 경쟁력은 74위에 머물렀다. 또한 노동시장의 효율성이 78위에 그쳤으며, 상품시장 효율성 역시 규제에 따른 비효율 등을 반영하여 33위에 그쳤다. 공공부문, 제도, 노사관계 등은 경쟁과 경제활동의 규칙을 설정하고 시장 실패를 보완하는 시장경제의 기본 인

---

2 ) 인구 오너스란 생산가능인구(15~64세)가 줄면서 경제성장이 지체되는 현상.

프라다. 도로, 항만 등 물적 인프라가 경제성장의 전제조건이 되는 것처럼 우리 경제가 새로운 활력을 얻기 위해서는 제도적, 경제적 인프라를 바로 세우기 위한 노력이 절실한 상황이다.

**[표 1-1] WEF 국가경쟁력 부문별 순위(2013)**

| 구분 | 순위 | 세부 내용 |
|---|---|---|
| 제도적 요인 | 74위 | 재정의 비정상적인 지급 지출 50위, 공무원 의사결정의 편파성 79위, 정부 지출 낭비 여부 80위, 정부 규제 부담 84위, 법체계의 효율성(규제 개선 측면) 101위, 정책결정의 투명성 137위 등 |
| 인프라 | 11위 | 도로 15위, 철도 8위, 항만 2위, 항공 4위 등 |
| 거시경제 안정성 | 9위 | 재정수지 18위, 인플레이션 1위, 정부 부채 50위, 국가 신용도 22위 등 |
| 보건 및 초등교육 | 18위 | 영아 사망률 26위, 기대수명 15위, 초등교육의 질 23위 등 |
| 고등교육 및 직업훈련 | 19위 | 중등교육 취학률 47위, 고등교육 취학률 11위, 교육시스템의 질 64위, 기업의 직업훈련 51위 등 |
| 상품시장 효율성 | 33위 | 시장 지배 정도 118위, 창업 시 행정절차 30위, 창업 시 소요시간 25위, 무역장벽 정도 98위 등 |
| 노동시장 효율성 | 78위 | 노사 간 협력 132위, 임금결정의 유연성 61위, 고용 및 해고 관행 108위, 정리해고 비용 120위, 보수 및 생산성 21위, 여성 경제활동 참가율 97위 등 |
| 금융시장 성숙도 | 81위 | 금융서비스 이용 가능성 92위, 은행건전성 113위, 증권거래 관련 규제 94위 등 |
| 기술 수용 적극성 | 22위 | 첨단기술 이용 가능성 27위, FDI를 통한 기술 이전 84위, 인터넷 이용자 수 15위 등 |
| 시장 규모 | 12위 | 국내 시장 규모 12위, 해외 시장 규모 5위 등 |

## (3) 부문 간 불균형 지속

수출, 제조업, 대기업 중심의 성장으로 부문 간 불균형이 지속되면서 구조적 취약성이 확대되고 있다. 이로 인해 경제 회복에 비하여 체감경기 개선이 더디고, 저소득층→고소득층, 중소기업→대기업으로 가는 성장 사다리가 원활하게 작동하지 못해 경제 전반의 역동성을 저해하고 있다. 2000년대 이후 GDP 대비 내수 비중 추이를 비교해보면, OECD 국가들이 80% 초중반대를 유지하면서 대체로 안정적인 모습을 보이는 데 반해 우리나라는 2002년 이후 내수 비중이 지속적으로 하락하여 현재 70%대에 머물고 있다. 산업별로도 서비스업 비중이 60% 내외 수준에서 정체되어, 미국(78.3%, 2011년), 독일(70.1%, 2011년), 일본(70.5%, 2011년) 등 주요 선진국에 비해 10%p 이상 낮은 수준에 머무르고 있다. 경제주체별로 살펴봐도 불균형이 지속되는 모습이다. 먼저 가계를 살펴보면, 소득분배가 최근 다소 개선되고는 있으나 IMF 위기 등을 거치면서 추세적으로 악화되고 있다. 특히 보건사회연구원의 연구결과, 중산층에서 고소득층으로 이동하는 비율이 2005→2006년 중 13.4%에서 2011→2012년 중 11.0%로 낮아져 계층 간 이동성이 떨어지고 있다. 기업부문 역시 대-중소기업 간 수익성, 노동생산성, 임금 격차가 지속되고 있다. 대기업의 매출액 영업이익률이 중소기업의 1.26배에 달하는 가운데, 중소기업의 R&D 투자 부족 등으로 임금 격차도 지속되고 있다. 이로 인해 우수 인력이 중소기업을 선호하지 않게 되어 중소기업의 수익성과 생산성을 약화시키는 악순환이 초래되고 있다.

## 3) 창업을 통한 위기 극복 및 산업 발전

세계 주요 국가들은 금융위기 이후 세계 경제의 문제점을 창업으로 극복하려 하고 있다. 미국은 '창업국가 미국(Start-up America)'을 국가 비전으로 선택하였고, 유럽연합(EU)은 '벤처 창업 및 기업가정신 활성화' 등 10대 강령을 추진하고 있다. 국내 또한 문재인 정부에서도 '일자리 중심 경제' 실현을 제1의 국정목표로 설정하는 등 창업을 통해 고실업 문제와 저성장 문제를 해결하려고 노력했다. 이렇게 주요 국가들이 창업 활성화를 강조하는 이유는 크게 두 가지로 요약할 수 있는데, 첫째가 취업난에 따른 고학력, 고령화 실업이 사회적 문제로 지적되는 가운데 해결책은 하고 싶은 일을 스스로 개척하는 창직(創職)인 창업이기 때문이다. 고용 없는 성장시대가 도래함에 따라 대기업 등을 통한 일자리 창출은 한계에 도달하였고, 따라서 창업만이 유일한 대안이 될 수 있다. 국내 벤처기업협회에 따르면 1,000억 이상 벤처(6.8%)의 고용증가율은 대기업(2.26%)의 3배라고 한다. 미국 카우프만 재단의 연구결과에 의하면 2007년 미국에서 새로 창출된 일자리의 3분의 2가 창업기업에서 나왔을 정도로 창업기업의 고용 창출 효과가 크다.

창업 활성화를 강조하는 두 번째 이유는 국가 차원의 새로운 성장동력을 확보하기 위해서다. 과거부터 국가는 기술 발달을 통한 산업혁명을 주축으로 경제성장을 이뤄왔다. OECD 자료에 의하면 예수가 탄생한 기원 0년에서 1000년까지 세계 1인당 국민소득은 약 400달러로 조금도 늘지 않았다고 한다. 하지만 1760년부터 영국에서 시작된 산업혁명을 통해 생산력은 자연적 제약에서 벗어나 지속적으로 확대 재생산할 수 있었으며, 생산은 누적적으로 증가할 수 있었다. 이와 마찬가지로 고용 없는 성장, 저성장 시대에 직면한 현재도 4차 산업혁명을 통해 국가 성장이 가능하다. 그리고 창업기업이 파괴적 혁신에 대응하는 속도와 민첩성을 잘 갖추고 있기 때문에 4차 산업혁명을 이끌어가는 주체로 볼 수 있다. 2000년 이후 포춘 500대 기업 절반이 사라졌으며, 시장을 지배하던 기술의 지속성도 과거에 비해 절반 이하로 줄어드는 등 산업의 흐름은 대기업에서 창업기업 중심으로 이동하고 있다. 일례로 미국의 경우, 국민소득 2만 달러 달성 시점(1988)에 기업가정신 교육 확산과 더불어 정규 창업 교과목이 편성되었고, 카우프만 재단의 리더십센터 설립(1992)을 통해 기업가정신을 확산시켰다.

그 결과 아마존, 페이스북, 구글, 에어비엔비, 우버 등 세계적인 스타트업 기업이 탄생했고 4차 산업기술을 선도하고 있다. 그렇기 때문에 창업을 통한 국가 발전을 위해서는 창업정책 및 방향이 중요하다. 미국은 'Start-up America' 정책에서 '첨단 제조 파트너십(Advanced Manufacturing Partnership)'과 '새로운 미국 혁신전략(New Strategy for American Innovation)'까지 창업을 통한 4차 산업혁명을 준비하고 있으며, 독일은 'nitiative for SMEs' 일곱 가지 핵심 창업촉진 정책부터 '인더스트리(Industry) 4.0'과 '플랫폼 인더스트리(Platform Industry) 4.0'까지 중소기업 혁신을 통한 4차 산업혁명을 준비하고 있다. 다음 장에서 좀 더 구체적으로 국내 창업정책의 역사 및 현황과 각 주요국의 창업정책을 살펴보도록 하자.

---

**벤처붐 2.0**

'벤처붐 2.0을 만들자.' 2013년 박근혜 정부 당시 경제수석실이 기본 방향을 짜고 기획재정부와 미래창조과학부가 실행하여 2차 벤처붐 분위기를 조성하였다. 전 세계적인 경기침체를 벤처 활성화로 풀겠다는 정부 의지로 제도 개선, 창업 지원 활성화 등 각종 인프라 및 제도 등 벤처 친화적인 정책을 실시하였다. 그리고 현재 정책 결과를 평가하기에 앞서 우리는 1차 벤처붐의 평가에 대해 다시 생각해봐야 한다. 1990년대 후반 일어나 2000년대 초 갑작스레 끝나버린 1차 벤처붐은 여전히 평가가 엇갈린다. 빛이 있었지만 그림자도 있었다. 1차 벤처붐 종료 후 정부 벤처 정책은 시장 건전화에 주안점을 두었다. 이를 두고도 벤처 역동성을 가로막는 조치였다는 평과 함께 국내 벤처 생태계를 정상화하는 수순이었다는 평이 교차한다. 하지만 조금만 더 깊이 들어가 벤처 붐에서 발생한 현상들을 살펴보면 그림자보다 빛이 더 많음을 확인할 수 있으며, 벤처 정책의 건전화로 인해 한국 사회에 발생된 문제점들도 확인할 수 있다. 실제 많은 전문가와 연구 내용에서도 외환위기(IMF) 당시 국가적인 경제난을 단시일 내에 극복할 수 있었던 것은 "IT 벤처붐을 타고 다양한 창업기업들이 생기고, 이들이 성장하면서 일자리를 만들고 국가를 일으킨 게 한몫을 했다"라는 평가가 압도적이며 당시 탄생한 많은 기업(네이버, 안철수연구소 등)이 현재 대한민국의 산업을 이끌고 있다.

그리고 벤처 건전화 정책은 한마디로 규제 정책이었다. 벤처 확인제를 강화하고, 엔젤투자를 위축시키고, 코스닥(KOSDAQ) 적자기업의 상장을 금지하고, 스톡옵션 제도에 대한 규제를 강화하고, 기술거래소를 통합하는 조치들이 이어졌다. 이후 결국 시장은 얼어붙었다. 미국의 나스닥은 조정기를 거쳐 원상회복한 반면, 지수 2800에 육박했던 코스닥은 지금까지 부진을 면치 못하고 있다. 제1차 벤처붐을 타고 2001년 1만 1,392개까지 늘어났던 벤처기업 수는 이후 내리막길을 걷다가 2005년께 다시 점증하는 추세다. 2010년 2만 개를 넘어선 뒤 5년 만인 2015년 3만 개를 돌파하는 등 양적인 성장은 이뤘다. 문제는 기업자체의 질적 성장이다. 대한상공회의소 보고서에 따르면 벤처투자 생태계 미비, 판로 어려움 등으로 창업기업의 62%(2013년 기준)는 3년을 못 버티는 것으로 나타났다. 3년 생존율이 38%로, OECD를 기준으로 스웨덴(75%), 영국(59%), 미국(58%), 프랑스(54%), 독일(52%) 등에 크게 뒤처진 것은 물론 조사 대상 26개국 중 25위로 꼴찌 수준이다. 다행히 박근혜 정부에 이어 문재인 정부도 중소기업 및 벤처기업 활성화를 정책 주안으로 삼고 '제2의 벤처붐'을 일으켜야 한다고 강조한 것처럼 중소기업청을 '중소벤처기업부'로 승격시키고 창업정책 지원자금도 대폭 넓히고 있다.

하지만 1차 벤처붐 당시의 환경과 조건은 현재와 다르다. 특히 전 세계 시장 환경의 침체, 4차 산업의 도래, 보호무역주의 대두, 북한과의 관계 등 1차 벤처붐 당시 환경에 비해 많이 열악하거나 빠른 시장 트렌드 변화로 대처하기 어려워졌다. 그렇기 때문에 과거보다 빠르게 시장 환경에 반응할 수 있어야 하며, 정확하고 올바른 창업지식을 갖고 창업을 준비해야 한다.

# 1. 국내 창업정책의 역사 및 변화

## 1) 국내 창업정책의 역사

### (1) 창업정책의 흐름

대한민국의 기업 지원정책은 정부 주도로, 양적·규모적 성장을 목표로 빠른 속도로 성장해왔다. 1945년 해방 이전에 낙후되어 있던 경제·사회적 인프라는 1950년의 6·25 전쟁을 겪으면서 괴멸되어, 해방 이후 약 15년간은 '빈곤과의 전쟁'에 비견할 수 있을 정도로 국가적 발전도가 최빈국 수준에 머물러 있었다. 이러한 국가 상황을 개선하기 위해 정부 주도로 1960년대에 '경제개발 5개년 계획' 등의 계획적인 대량 자원을 투입하여 경제성장의 기틀을 마련하기 시작했다. 이는 1970년대에 접어들어 극적인 효과를 보였는데, 대기업 위주 중화학공업 성장정책으로 고용, 생산, 부가가치 증가의 절반 이상을 대기업에서 창출했으며 이러한 대기업 양성으로 인한 낙수효과(落水效果)를 노린 경제성장 정책으로 1인당 국민총생산은 1966년 125달러에서 1991년에는 6,757달러로 53배 이상의 증대를 보였다. 이러한 양적 성장에 대해 경제성장과 동반성장을 동시에 이루어낸 것을 '한강의 기적'이라 부르며, 개발연대 동안 세계에서 가장 높은 경제성장과 아주 양호한 동반성장을 달성함으로써 당대 최고의 동반성장을 실현하였다(김경환, 2016). 그러나 대기업이 이끄는 경제성장을 도모하는 과정에서 전체 사업체의 99.9%를 차지하는 중소기업에 대한 직접적인 지원정책은 전무하고 정부의 지원은 선별적인 대기업, 그 중에서도 수출 위주의 중공업과 제조업 위주 지원정책을 지속적으로 유지하고 있었다.

다음으로 조정기는 2001년에서 2004년에 해당하는 시기다. 이 시기에 정부 지원의 역기능에 대한 비판이 발생했으며, 벤처 버블로 인한 반(反)벤처 정서가 국민들 사이에 형성되었다. 이에 정부는 불량 벤처기업에 대한 법적 제재를 강화했고, 벤처기업 건전화 방안 발표(2002), 코스닥 시장의 퇴출 요건 강화(2003) 등의 규제를 만들었으며, 이때부터 벤처시장에 대한 정부의 과도한 정책적 개입이 두드러지게 된다. 그다음은 침체되었던 벤처기업이 재도약한 시기로, 2005년에서 2012년까지를 재도약기로 본다. 이때 벤처기업 확인제도가 시장 친화적으로 개편되었으며(2006), 벤처기업 육성에 관한 특별조치법 의 시한이 10년 연장되었다(2007). 이는 벤처기업의 혜택을 전체적으로 연장한 것으로, 벤처 재도약을 위한 다양한 정책이 시행되었으며 실패 기업인들의 재도약 프로그램 및 연대보증제도를 개정하여 실패에 대한 두려움을 조금이나마 해소하기 위해 정책적으로 노력하였다. 이후 2013년부터 현재까지 벤처 정책은 확산기로 접어들고 있다. 벤처 창업자금 생태계 선순환 방안이 제안되었으며(2013), 투자회수를 위한 코넥스(KONEX) 시장이 신설되었다. 또한 2013년 이스라엘의 제도를 벤치마킹해서 최초의 민관협력 기술창업 지원정책(TIPS: Tech Incubator Program for Startup)을 신설하여 현재까지 성공적으로 운영하고 있으며, 창업정책의 주도권을 정부에서 민간으로 이전하는 원동력이 마련되었다. 이에 더하여 2014년 투자회수(M&A) 활성화 방안, 벤처 창업 규제개선 방안이 발의되면서 대기업, 벤처캐피탈 등의 적극적 투자 유인을 마련하게 되었다.

## [표 2-1] 창업시장 생태계에 따른 창업정책 및 법규 변화

| 구분 | 주요 특성 | 주요 정책 |
|---|---|---|
| 암묵적 태동기 (1980~1995) | • 1세대 벤처기업 출현<br>• 창업지원법에 의한 민간 창투 설립<br>• 회수시장 부재<br>• 벤처창업에 대한 낮은 사회적 인식 | • 중소기업창업지원법 제정('86)<br>• 신기술사업금융지원에 관한 법률 제정('86) |
| 기반 구축기 (1996~2000) | • 회수시장의 형성<br>• 벤처 육성을 위한 제도적 환경구축<br>• 벤처스타 등장<br>• IMF 경제위기 이후 새로운 성장엔진<br>• 사회적 자원의 벤처이동 | • 코스닥시장 개설('96)<br>• 벤처특별법 제정('97)<br>• 코스닥시장 활성화 방안('98)<br>• 창업투자조합 출자지원('99) |
| 조정기 (2001~2004) | • 정부지원의 역기능에 대한 비판<br>• 반 벤처 정서의 형성<br>• 사이비 벤처에 대한 법적 제재<br>• 거품 이후의 정체기 | • 벤처 건전화 정책('02)<br>• 벤처기업확인제도 강화 및 시장주체로 이양('02)<br>• 벤처캐피탈의 투명성 제고('03)<br>• 코스닥시장의 퇴출요건 강화('03) |
| 침체기/ 재도약기 (2005~2012) | • 벤처확인제도 개편<br>• 모태펀드의 조성<br>• 벤처재도약 정책의 시행<br>• 벤처기업의 글로벌 시장진출 활성화 | • 벤처기업확인제도의 시장 친화적 개편('06)<br>• 벤처기업 육성을 위한 특별조치법 10년 연장('07)<br>• 대학, 연구기관 기술창업('08) 및 1인 창조기업 지원('09)<br>• 실패기업 재도약 프로그램운영 ('09), 연대보증제도 개선('12) |
| 확산기 (2013~현재) | • 벤처창업 자금생태계 선순환 및 투자환경 조성<br>• 벤처확인제도의 기술 및 혁신력 제고<br>• 창업, 재도전 저변 및 분위기 확산 | • 벤처창업 자금 생태계 선순환 방안('13)<br>• 코넥스 시장 신설('13)<br>• 중소기업 재도전 종합대책('13)<br>• M&A 활성화 방안, 벤처창업 규제 개선방안('14)<br>• 크라우드 펀딩('15), 창조경제혁신센터 18개 조성('15) |

## 2) 국내 창업정책의 변화와 특징

정부는 1997년 이래로 창업의 시장 생태계를 조성하기 위한 정책과 법규 수립에 힘썼으며, 다음 표와 같이 기업을 위한 정책 수립 및 법규 개정이 주를 이루었고, 회수시장에 대한 변화가 가장 낮은 것으로 나타났다.

**[표 2-2] 창업시장 생태계에 따른 창업정책 및 법규 변화**

| 구 분 | 정책 | | | | 법규 | | | |
|---|---|---|---|---|---|---|---|---|
| | 1997~2001 | 2002~2004 | 2005~2012 | 총합계 | 1997~2001 | 2002~2004 | 2005~2012 | 총합계 |
| 기업 | 26 | 15 | 26 | 67 | 14 | 13 | 60 | 87 |
| 벤처 캐피탈 | 14 | 5 | 20 | 39 | 12 | 7 | 21 | 40 |
| 회수시장 | 6 | 6 | 3 | 15 | 5 | 9 | 8 | 22 |
| 기타 | 9 | 4 | 4 | 17 | – | – | 8 | 8 |
| 총합계 | 55 | 30 | 53 | 138 | 31 | 29 | 97 | 157 |

또한 한정화(2008)는 창업 생태계 분류를 경제적 인프라, 과학기술 인프라, 교육 인프라, 법·제도 인프라, 사회·문화적 인프라로 구분한 바 있으며, 그간 창업정책 및 법규의 변화를 한정화(2009)의 창업 생태계 분류로 구분한 결과는 다음 표와 같다.

## [표 2-3] 생태계 분류에 따른 창업정책 및 법규 변화

| 구 분 | 정책 | | | | 법규 | | | |
|---|---|---|---|---|---|---|---|---|
| | 1997~2001 | 2002~2004 | 2005~2012 | 총합계 | 1997~2001 | 2002~2004 | 2005~2012 | 총합계 |
| 경제적 인프라 | 19 | 7 | 22 | 48 | 6 | 11 | 16 | 33 |
| 과학기술 인프라 | 4 | 4 | 6 | 14 | 4 | 1 | 19 | 24 |
| 교육 인프라 | 4 | 2 | 2 | 8 | – | – | 1 | 1 |
| 법·제도 인프라 | 11 | 7 | 17 | 35 | 20 | 16 | 56 | 92 |
| 사회·문화적 인프라 | 10 | 2 | 2 | 14 | – | – | 2 | 2 |
| 기타 | 7 | 8 | 4 | 19 | 1 | 1 | 3 | 5 |
| 총합계 | 55 | 30 | 53 | 138 | 31 | 29 | 97 | 157 |

분류 결과 법·제도 인프라의 변화가 가장 두드러졌으며, 그다음 경제적 인프라 지원을 위한 변화가 두 번째로 높았고, 사회·문화적 인프라 지원을 위한 정책과 법규의 변화는 가장 낮은 것으로 나타났다. 상기와 같이 많은 변화 속에 국내 창업정책은 기본 골격을 확립하고, 개선되고 있다.

# 2. 해외 창업환경 비교 분석

## 1) 미국 창업환경

미국에서 '기업가정신(Entrepreneurship)'이라는 말이 생겨났다고 해도 과언이 아닐 정도로, 미국은 창업에 대한 중추적인 역할을 수행하고 있는 국가이기도 하다. 특히나 서부 샌프란시스코, 팰로앨토, 산호세 등을 일컬어 '실리콘밸리'라고 부르며, 실리콘밸리는 전 세계적으로 가장 창업이 활발하게 일어나고 있는 지역이기도 하다. 실리콘밸리 이외에도 LA 지역을 '실리콘 비치(Silicon Beach)'라 하여 창업 생태계가 활발하게 운영되고 있고, 보스턴은 'Route 128 Corridor', 뉴욕은 '실리콘앨리(Silicon Alley)'라고 부르기도 하는 등 미국 동서부 모두 활발하게 창업 생태계가 발전하고 있다. 이러한 환경은 미국 고용기업의 99.7%가 중소기업이며, 미국 전체 국민의 4명 중 1명이 중소기업에 종사하고 있다는 점에서도 잘 알 수 있는 부분이다. 미국은 연방법보다도 주(state)의 법 또는 시 자체적으로 독자적으로 운영되는 사항들이 많이 있기 때문에 각 지역에 따라서 운영되는 창업 벤처 정책 등이 다르게 시행되고 있다. 창업 벤처 정책이 가장 활발하게 이루어지는 지역은 뉴욕으로, '뉴욕시 경제개발공사(NYCEDC : New York City Economic Development Corporation)'와 같은 기관에서 이러한 정책을 맡아 진행하고 있다. NYCEDC는 뉴욕 경제발전을 위한 정부기관으로, 지역 경제 활성화의 일환으로 뉴욕에 정착하기 위한 스타트업의 자금 및 공간 등을 지원하고 있다. 또한 스타트업이 필요로 하는 경우, 필요한 멘토 등을 매칭해주는 역할 또한 진행하고 있다. 이런 미국의 창업정책 특징 및 방향을 정리하면 'Startup America를 통한 혁신기업 육성', '정부의 Startup America 정책에 조응하는 민간 차원의 다양한 프로그램 상존', 'Startup America를 중심으로 정부 주도의 기업 육성정책 지속과 민간부문의 융합' 등 세 가지로 나눠볼 수 있다.

### (1) Startup America를 통한 혁신기업 육성

오바마 대통령은 2011년 1월 국정연설을 통해 스타트업 기업 육성 활성화를 위한 정책을 제시하였다. 'Startup America Initiative'의 핵심 목표는 경제성장, 혁신, 양질의 일자리 창출을 위한 기업 창업을 촉진하는 것으로, 기업가정신을 바탕으로 창업환경을 조성하고 있다. 주요 내용으로는 스타트업의 초기 단계에서 중요한 자금부담 경감 목적으로 중소기업청(SBA : Small Business Administration)은 '임팩트 투자펀드(Impact Investment Fund)'와 '초기 단계 투자펀드(Early-Stage Innovation Fund)'를 조성하여 향후 5년간 각각 10억 달러씩 투자하고 있다. 재무부 임팩트 투자펀드는 경제적으로 낙후된 지역에 기반한 기업 또는 유망기술 분야의 기업에 대한 투자를 목적으로 하고 있으며, 초기 단계 투자펀드는 스타트업이 초기의 자금 부족 시기를 극복할 수 있도록 하는 자금 제공 목적으로 설립되는 개정된 '신시장 세액공제(New Markets Tax Credit)'를 통해 저소득 지역에 기반을 둔 스타트업이나 중소기업에 대한 민간의 재투자 규정을 간소화하였다. 그리고 스타트업의 성장과 발전을 위한 멘토링, 민간 협력사업을 확대하고자 중소기업청, 에너지부 및 'ARPA-E(Advanced Research Projects Agency-Energy)'는 4개의 민간 비즈니스 액셀러레이터를 통해 100개의 클린에너지 스타트업에 멘토링을 제공하고 기업경영자, 벤처캐피털리스트, 엔젤투자자, 기업,

대학, 재단 등이 포함된 비영리재단(SUAP : Startup America Partnership)을 조직하여 기업가정신 교육, 아이디어 상업화 등 창업과정을 지원하고 있다. 더 나아가 기업의 자금 조달 방안을 개선하여 일자리 창출과 경제성장에 기여하도록 스타트업 기업이 민간시장에서 크라우드펀딩으로 자금을 쉽게 조달하고 기업공개(IPO : Initial Public Offering )를 통해 자금을 회수할 수 있는 환경을 조성하였다. 기업은 다양한 개인투자자들로부터 연간 100만 달러까지 투자자금을 모집할 수 있고, 주주의 수가 2,000명 이하인 기업은 기업공개 절차와 규제를 간소화하였다.

## (2) Startup America 정책에 조응하는 민간 차원의 다양한 프로그램

정부의 Startup America Initiative 정책 구현을 위한 민간 차원의 스타트업 육성 프로그램으로 Startup America Partnership이 있다. 미국 정부의 정책 구현을 위한 기구의 역할을 하고 있으나 실제로는 민간 대기업 등이 적극적으로 참여하는 민간 창업보육 프로그램의 형태이며, 스타트업을 위한 장기적인 성장환경을 조성하기 위해서 교육, 상업화, 창업촉진 분야의 다양한 프로그램을 운영하고 있다. 교육으로는 고등학교, 지역 전문대학교, 대학교 등의 학생들을 대상으로 효과적인 기업가정신 함양교육 프로그램을 확대하고 있다. 상업화로는 지역의 창업환경 시스템, 교수진 참여, 기술인증 획득 절차 간소화 등의 정책 융합을 통해 대학의 원천 연구기술이 시장에 쉽게 진입 가능하도록 지원하고 있고, 창업촉진으로는 다수의 스타트업을 지원하기 위해 경험이 풍부한 멘토들이 성공적인 기업가정신 액셀러레이터 프로그램을 많은 도시와 대학에 전파하고 있다. 그리고 주요 미국 기업들이 자금 지원 및 멘토링 등에 적극적으로 참여하고 있으며, 총 12억 달러의 자금 모집 및 약 50개의 기업이 펀드 자금을 포함한 다양한 자원을 제공하고 있다.

## (3) 정부 주도의 기업 육성정책 지속과 민간부문의 융합

미국의 스타트업 육성정책은 공공부문의 정책 선도와 민간부문의 참여가 유기적으로 결합되어 있다. 정부가 수행할 수 있는 기능과 민간이 강점을 가진 부문이 결합된 민관합동 경제 프로젝트 형태이기 때문에 효율적이고 실용적인 장점이 있지만, 정부와 민간의 영역이 다소 중첩되는 것은 개선이 필요하다. 다음 표는 공공부문과 민간부문의 정책 내용을 보여주고 있다.

**[표 2-4] 주요 정책 내용**

| 구분 | 공공부문 | 민간부문 |
|---|---|---|
| 주요 정책과 의미 | • 창업자금 접근성 확대 : 펀드 조성으로 재무부담 경감<br>• 창업가와 멘토 연계 : 기업 생존을 위한 경험 전수<br>• 정부 역할 유지 : 정부 주도의 산업 육성 지속<br>• 혁신 가속화 : 창의력 있는 인재의 지속 발굴 | • 장기적인 창업환경 조성 : 기업의 장기적 육성 기반 마련<br>• 차세대 창업가 육성 : 창업 소외계층 양성화<br>• 멘토와 창업가 연결 : 기업 생존을 위한 경험 전수<br>• 혁신 가속화 : 지역 중심 혁신 촉진 |

자료 : FACT SHEET: WHITE HOUSE LAUNCHES 'STARTUP AMERICA' INITIATIVE, Publicand Private Partners Invest in American Entrepreneurs

위의 표를 해석해보면 첫째, 정부가 기업 육성에 적극적인 역할을 수행한다. 경제 시스템에서 정부 개입을 최소화하려는 일반적인 미국의 정책과 상반되는 정부 주도의 기업 육성 프로그램을 운영하고 있으며, 글로벌 금융위기 이후 경기침체와 지속적 경제성장의 기반을 확보하기 위한 '미국 혁신전략(A Strategy for American Innovation)'의 일환으로 보고 있다. 둘째, 민간 기업이 자금투자와 동시에 성공사례(best practice)를 스타트업과 공유하는 등 스타트업 육성에 동참하는 것이다. 기술 기반의 인터넷 기업뿐만 아니라 일반 기업들도 스타트업 육성에 자금을 지원하고 멘토로서의 역할을 수행하고 있다. 마지막으로, 기업 창업 초기의 어려움 해결과 기업 간 네트워크를 중요 과제로 인식하고 있다. 기업이 창업 초기에 겪는 어려움을 멘토링을 통해 해결하는 데 중점을 두고 창업가와의 멘토링 구축을 중요 과제로 정립하고 있으며, 창업 지원 네트워크를 전국적으로 설립하여 각 지역에서 창업 관련 정보를 얻고 다른 지역과 공유하는 시스템을 구축하였다.

### (4) Startup America Initiative 성과

2016년 11월, 오바마 행정부는 임기를 마무리하며 기업가정신을 고취한 오바마 대통령의 10대 정책 활동을 Fact sheet 형태로 정리하였다. 그 결과 2010년 이후로 미국에 1,550여만 개의 일자리가 창출되었고, 2015년 4분기에만 88만 9,000개 일자리가 창출된 것을 기록적인 성과로 내보이고 있으며, 스타트업 액셀러레이터 프로그램이 2009년 30여 개에서 2015년 170여 개로 증가한 것과 벤처캐피털의 투자 규모 역시 200% 성장하였다. 다음은 10대 정책 활동 내용이다.

- 스타트업 투자를 위한 영구적 세금 감면 실행
- Lab-to-market 기술 이전 가속화
- 기업가 육성을 위한 환경 마련
- 지역 기업가를 위한 기회 확대
- 기업가의 직접 자본접근성 확장
- 포괄적 기업가정신 장려(여성, 퇴역군인, 연방연구소 등)
- 해외 기업가 및 혁신가에게 기회 제공
- 고성장기업을 위한 증권법 개정
- 혁신가에게 대응되는 효율적인 특허체계 마련
- 미래 신산업을 위한 기업가정신 촉발

## 2) 영국 창업환경

선진국 시장이 글로벌 경기침체의 영향에서 상당 부분 회복하면서 유럽에서는 영국 경제의 회복세가 두드러진다. 그간 영국은 서비스, 부동산 분야에서만 3%대의 경제성장률을 보였을 뿐 제조업은 부진했지만, 영국 통계청에 따르면 2016년 상반기 제조업 생산도 전년(2015) 대비 4.4% 성장했다고 발표하였다. 더욱이 영국은 같은 기간 고용자 수가 3,000만 명을 넘어서면서 사상 최대치를 기록했고, 실업률이 6.6%로 유로존 실업률 11.6%의 절반 수준에 그쳤다. 이 같은 결과는 영국이 그간 추진해온 창업 활성화의 성과로 지난 2008년 금융위기 이후 최근까지 새 일자리를 가진 영국인 10명 중 7명이 취업 대신 창업을 선택했으며(약 70만 명), '유럽의 실리콘밸리'라고 불리는 런던 테크시티(Tech City)의 ICT 벤처기업은 2010년 약 5만 개에서 2013년 말 9만여 개로 76% 증가했다. 런던 전체 일자리 증가의 27%가 창업기업에서 창출된 것이다. 그리고 글로벌 금융위기로 정리 해고된 금융업 종사자들에 의해 창업이 이루어졌고 영국은 핀테크의 중심지로 급부상했다. 핀테크는 2015년 우리나라에서도 은행권을 중심으로 지원을 시작하며 큰 이슈가 되었는데 영국에서는 태생적, 정책적으로 자연스럽게 발전해왔다고 할 수 있다. 영국 창업정책의 방향 및 특징은 다음 세 가지로 나눠서 볼 수 있다.

### (1) 런던을 중심으로 스타트업 클러스터 조성

영국은 2012년 4월 성장 초기 단계에 있는 기업에 대한 투자를 촉진하기 위해 '초기 기업 투자법(SEIS : Seed Enterprise Investment Scheme)'을 도입하였고, 기술 기반의 창업기업 클러스터를 지원하기 위해 2010년 런던에 테크시티를 조성하였다. 조성 초기에는 100여 개 미만의 기업만이 입주하

**[그림 2-1] 영국 스타트업 지원 구조**

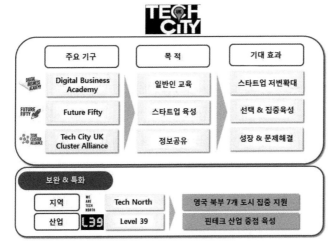

자료 : '주요국의 스타트업 육성정책과 한국의 과제' kotra

였으나, 2015년 입주 기업 수는 5,000여 개로 증가하였고 영국 핀테크 산업의 중심지로 다양한 혁신기술에 기반한 스타트업이 입주하고 있다. 테크시티는 스타트업 육성을 위한 다양한 지원 프로그램을 운영하고 있다.

먼저, 'Future Fifty 프로그램'을 통해 성장 가능성이 높은 50개 스타트업을 선정하여 정부가 적극적인 지원을 통해 집중 육성하고 있다. 선정된 기업에는 낮은 법인세율 적용 등 세금 감면, 신기술 연구 지원, 공장 건설 비용 등에 세금 면제 등의 혜택을 부여하고 있다. 두 번째, 영국 내에 산재한 16개 산업 클러스터 간의 교류를 통해 성공 사례와 정보를 공유하는 활동을 지원하는 'Tech City UK Cluster Allianc 제도'를 시행하고 있다. 이 제도를 통해 전문 분야에 대한 지역별 정책성, 문화적 특성을 이해하고 투자 및 협업 관련 절차를 공유할 수 있다. 마지막으로, 대학의 전문가들이 일반인을 대상으로 기업 창업과 운영 등에 대한 전반적인 창업과정을 온라인 강의하는 'Digital Business Academy'를 운영하고 있다. 세계 최초 정부 지원의 온라인 교육 플랫폼으로, 무료로 제공되고 있으며 처음 1만 4,000명 이상이 지원할 정도로 인기 있는 제도다.

## (2) 다양한 엑셀러레이터 및 스타트업 육성기관 활동

영국은 비영리 스타트업 지원기관인 NESTA(National Endowment for Science, Technology and Arts) 주도의 프로그램으로 활발한 스타트업 지원 활동을 하고 있다. 미국에서 시작된 스타트업 액셀러레이터의 개념을 차용하여 스타트업에 대한 자금 지원 및 육성정책으로 추진했으며, 주로 단기간의 교육 프로그램 운영 및 자금을 제공하고 있다. 또한 주요 스타트업의 기능과 목적에 따른 다양한 액셀러레이터 프로그램이 상존하고 있는데, 주로 2000년대 후반에서 2010년대 초반에 설립된 프로그램으로 보육기간은 최소 10주에서 최대 1년까지 제공하며 영국 전역에 산재해 있다. 그리고 각 프로그램 마다 스타트업 기능에 특화된 경우가 있는데, 'The Difference Engine 프로그램'은 성장 잠재력이 높은 기업에 특화되어 있다.

## (3) 스타트업 클러스터를 통한 정책 집행의 효율화 추구 및
##      성장 가능 기업 집중 육성

영국의 클러스터 정책은 관련 기업들의 지리적 집중화를 통해 상호 상승작용 및 시너지 효과를 기대하고 있다. 비슷한 유형의 연관 산업(related and support industries)의 존재는 상호 효율적이고 신속하게 생산요소들을 제공하게 하고, 정보와 기술의 교환을 용이하도록 작용시켜 이를 통해 혁신의 속도를 높이는 등 궁극적으로 산업 전체의 경쟁력을 향상시키는 데 기여하였다. 그리고 스타트업의 저변 확대와 집중 육성 및 성장을 위한 포괄적인 정책을 추진하고자 테크시티를 기반으로 스타트업의 저변 확대를 위해 일반인을 대상으로 기업의 창업, 사업화, 육성 등의 과정을 이해하기 쉽운 온라인 강좌로 교육하였다. 또한 성장 가능성이 높은 주요 선별 기업을 집중 육성하고, 창업자 간의 정보 공유와 문제 해결을 위한 조직을 구성했으며, 스타트업 성장이 미진한 지역과 중요 산업에 대해 별도의 정책을 바탕으로 육성정책을 추진하였다.

## 3) 이스라엘 창업환경

이스라엘은 한반도 0.1배의 협소한 면적과 770만의 적은 인구, 빈약한 자원 및 주변국과의 끊임없는 갈등에도 불구하고 1948년 건국 이후 60여 년 만에 WEF(World Economic Forum) 세계 경쟁력 지수(Global competitiveness Index) 19위의 경제대국으로 성장하였다. 인구 1만 명당 과학자 수도 140명으로 세계 1위 수준이며, 예루살렘의 히브리대학에서만 7명의 노벨상 수상자가 배출되는 등 글로벌 경쟁력에서도 세계 최고 수준이라고 할 수 있다. 국민 1인당 국내총생산(GDP)은 3만 1,691달러로 세계 27위 수준이다.

이스라엘의 높은 국가경쟁력의 중심에는 정보기술(IT)이 있다. IT산업이 이스라엘 GDP에서 차지하는 비중은 11%를 넘고 있으며, IT산업의 수출액은 이스라엘 전체 수출액의 27%를 차지하고 있다(2015년 기준). 또한 이스라엘의 IT 종사자는 총 노동인구 중 6.9%에 불과하나, 이들이 받는 평균연봉은 이스라엘 전체 평균연봉의 2.4배 수준으로 이공계 관련자가 국내에 비해서 상당히 우대받고 있다. 이스라엘이 연구개발을 중시하는 풍토도 주목할 만하다. 국민 1인당 R&D에 대한 총지출이 세계 1위이며, 양질의 과학자와 기술자(engineer)의 가용성도 세계 1위를 차지하고 있다. 해외 R&D센터에 대한 유치도 뛰어나서 현재 세계 100대 IT기업의 75%가 이스라엘에 R&D센터를 두었을 정도다. 인텔, 마이크로소프트, 시스코, 구글, 삼성 등 250여 개의 글로벌 IT기업들이 이스라엘에 R&D센터를 설립했으며 그 수는 계속 증가하고 있다. 최근 들어 바이오테크 산업이 이스라엘의 신성장 산업 분야로 주목받고 있는데, 관련 기업 70%가 창업 10년 미만의 신생기업이다. 이스라엘이 이런 결과들을 달성할 수 있었던 이유로는 전문적·모험적 벤처 창업 지원체계, 창업형 인력양성 시스템, 글로벌 지향 네트워크를 들 수 있다.

### (1) 전문적·모험적 벤처 창업 지원체계

이스라엘의 벤처 환경을 한마디로 표현하면 '전문적이며 모험적'이라고 할 수 있다. 이스라엘은 인큐베이팅 이전에 트누파(Tnufa)라고 하는 '창업 이전-지원 프로그램'을 운영한다. 트누파는 이스라엘의 산업자원노동부 산하 수석과학관실(OCS : Office of Chief Scientist)에서 운영하는 프로그램으로 창업과정에서 종잣돈, 벤처캐피털, 협력사 등을 확보할 수 있도록 투자 이전-자금 지원(Preseed Grants) 및 사업에 필요한 기술적·경제적 평가, 사업 개발 서비스 등을 제공한다. 개인 사업가 및 1년 미만의 스타트업 기업 500개 중 약 120~130개 정도의 기업이 지원을 받게 되는데, 이 가운데 약 20%가 인큐베이터 입주 혹은 투자유치 등 다음 단계로 성장하게 된다. 주목할 점은 지원기업 선정과정 시 기술혁신, 기술력, R&D, 시장 잠재력 규모, 사업체 조직과 구성원의 신뢰성 및 전문성 등을 매우 철저하게 검증한다는 점이다. 정부는 석사 이상의 3~5년 이상 경력을 가진 엔지니어 출신 전문가를 중심으로 약 120명의 심사 평가위원을 구성하고, 필요시 기업에서의 합숙 등을 통한 심층보고서에 기반해 기업을 선별한다. 기업이 성장하여 수익이 발생할 경우 1년차 매출의 3%, 2년차부터 원금의 4%를 상환하게 되나 실패하더라도 특별한 상환의무는 없다.

'창업 이전-지원 프로그램'이 완료되면 본격적인 인큐베이팅 지원을 받을 수 있다. 연간 4,500만 달러의 예산이 벤처 인큐베이팅에 투입되며, 연평균 80여 개의 프로젝트가 인큐베이팅 대상으로 선정된 후 약 2년간 지원된다. OCS는 이스라엘 전체 24개 인큐베이터 운영에 대한 관리감독과 인큐베이터가 요청하는 예비 창업자 프로젝트의 심사를 수행한다. 연간 총 지원 예산 4,500만 달러 중 각 프로젝트별로 50만~80만 달러가 투입되며, 이 중 정부는 85%, 민간은 15%를 부담한다. 이스라엘의 인큐베이터 운영자는 벤처캐피털이며, 단독 혹은 컨소시엄을 구성하여 회사를 설립하고 운영하게 된다. 이스라엘 정부는 1991년부터 2012년까지 약 6.5억 달러의 정부 예산을 투입하여 1,700여 개의 스타트업 설립을 지원하였다. 1,500여 개의 스타트업이 인큐베이팅을 졸업했고(90%), 60%는 성공적으로 민간투자(3.5억 달러, 누적치)를 유치하였다. 이처럼 이스라엘은 정부의 창업 관련 전담조직을 통해 혁신적 기업의 목소리를 먼저 듣고 예산과 정책을 결정하는 상향식(Bottom-up) 벤처 지원정책을 추진하고 있다.

## (2) 창업형 인력양성 시스템

이스라엘의 모든 대학들은 '대학 내 기술이전사무소(OTT : Office of Technology Transfer)'를 통해 지식재산권 관리, 라이선싱, 벤처 창업, 글로벌 마케팅 등의 업무를 추진하고 있다. 이스라엘 대학은 대부분 기부금이 적어 연구비 충당을 위해 수익을 올리는 사업을 강구했으며 이의 일환으로 OTT가 설립되었다. OTT의 대표적 사례로 히브리대학 내의 기술 지주회사인 이쑴(Yissum)을 들 수 있다. 이쑴은 특허를 7,000개 이상 보유하고, 자회사만 72개를 보유하고 있다. 매년 20억 달러 이상의 수익을 거두고 있으며, 이 수익은 다시 히브리대의 새로운 연구를 위해 재투자되고 있다. 수익의 40%는 기술 개발 교수, 20%는 교수의 연구실 및 학생, 나머지 40%는 이쑴이 가져간다. 이쑴의 주 기술 분야는 바이오테크, 자재, 농업 및 클린테크, 컴퓨터 과학 및 엔지니어링 분야이며 그 가운데 가장 두각을 나타내고 있는 것은 바이오테크다. 2010년 개발한 신기술 가운데 바이오테크가 56%, 자재가 16%, 농업 및 청정 기술이 13%, 컴퓨터 과학 및 엔지니어링이 9%를 차지했는데, 자회사인 엑셀론(Exelon)의 경우 알츠하이머를 치료하는 신약을 개발해 2010년 한 해 동안 10억 달러의 수익을 거두기도 하였다.

### (3) 글로벌 지향형 네트워크

이스라엘의 창업 지원은 아이템 선정부터 글로벌 지향성을 평가하며 유럽, 미국 등 선진 지역 간 연구 협력 네트워크를 구축하여 운영하고 있다. 즉 창업 시부터 글로벌 시장을 목표로 하여 인큐베이팅 센터 입주기업의 선정 시 사업계획의 글로벌 지향성을 평가한다. 또한 이스라엘은 EU 연구 개발 프로그램에 참여하는 유일한 비유럽 국가로 유럽 국가와의 협력 네트워크가 잘 구축되어 있고 미국, 캐나다, 싱가포르, 한국 등 10여 개국과 양자 간 공동 연구개발기금(Bi-National Fund)을 조성하여 운용 중이다. 첨단 벤처기술과 미국 자본을 연결하는 '테크펀드(TechFund)' 로드인 LA 컨퍼런스와 같은 전 세계 유대인 커뮤니티 네트워크를 활용한 행사도 주기적으로 개최하고 있다. 2009년부터 시작된 LA 컨퍼런스는 이스라엘의 벤처기업과 미국의 투자 자본을 이어주는 유대계 커뮤니티 행사로, 21세기 '벤처 창업 국가'로 거듭난 이스라엘의 국가경쟁력 홍보와 자국 신생 벤처기업의 미국 내 교두보 마련을 위한 행사다.

---

**한국형 창업 지원정책**

2017년 5월 9일, 문재인 후보가 제19대 대통령에 당선되면서 새 정부가 탄생했다. 매년 새 정부가 출범할 때마다 주요 아젠다는 변해왔지만 뉴노멀 시대 도래 이후 창업 아젠다는 변하지 않고 있다. 세계 주요 선진국이 산업 변화, 세계 경제위기, 저성장의 문제를 '창업'으로 극복하고 있으며, 스타기업 등을 탄생시켜 세계 경제와 산업을 선도하고 있는 모습만 보아도 국가의 아젠다로 창업을 선택하는 것은 당연해 보인다. 미국은 'Startup America Initiative'를 통해 민간 중심의 창업 지원을 하여 '우버', '에어비엔비' 등 세계적인 스타트업을 탄생시켰고, 영국은 런던을 중심으로 '스타트업 클러스터 조성 및 창업 지원을 통한 육성정책'을 추진하여 영국을 핀테크 산업의 중심지로 만들었다.

문재인 정부는 중소기업청을 '부' 단위로 승격시켰다. 창업·벤처기업 및 중소기업을 대변할 수 있는 조직의 필요성과 여러 부서로 분산되어 있는 창업 지원정책을 통합하여 효율성 있는 지원을 위한 당연한 조치로 볼 수 있다. 하지만 현재 창업 지원정책에는 '중소벤처기업부' 승격 문제뿐만 아니라 창업정책의 근본적인 개선도 필요하다고 생각한다. 2015년 글로벌 기업가정신 모니터(GEM) 설문에 따르면, 초기 창업비율(TEA)은 한국 9.3%(60개국 중 37위)로 평균에 비해 뒤처지지는 않지만 '창업의향 지수'(한국 46.4/평균 51.5), '기업가정신 지수'(한국 63.3/평균 68.2), '기업가정신 생태계 지수'(한국 65.4/평균 76.5)는 글로벌 평균에 미치지 못하고 있는 실정이다. 이는 창업문화가 제대로 정착되지 못했으며 창업 지원정책이 창업 초기 활동에만 집중되어 있음을 보여주고 있다. 그렇기 때문에 창업 선진국의 창업정책 사례를 바탕으로 현 정책을 보완·수정한 한국형 창업 지원정책이 필요하다.

**[그림 2-2] 중소벤처기업부 조직도**

# 제2부

# 창업은 무엇인가?

Chapter 3
# 창업의 이해

# 1. 창업의 정의

## 1) 창업의 의미

'창업'이란 새로운 아이디어를 개인 또는 조직이 이윤 추구를 목적으로 개인이나 법인회사를 설립하여 사업 활동을 시작하는 일을 말한다. 법률적으로 창업이라 함은 새로이 중소기업을 설립하여 기존 사업과 연관 없이 원시적이고 실질적으로 사업을 개시하는 것으로, 사업을 개시한 날부터 7년이 경과되지 아니한 자를 '창업자'로 이른다.

[표 3-1] 창업의 3대 요소

| | |
|---|---|
| 사업기회 | • 창업과정은 사업에 대한 기회를 추구하는 과정<br>• 기회에는 아이디어, 아이템, 기술, 시장 수요, 시장 구조, 시장 규모와 성장 가능성 등이 포함 |
| 창업팀 | • 창업팀(또는 창업가)은 창업 성공의 가장 중요한 핵심요소<br>• 가장 이상적인 팀은 성취도 높은 리더에 의해 주도되고, 구성원이 조직에 몰입하고 헌신하는 팀 |
| 경영자원 | • 창업 아이디어를 구체적인 상품이나 서비스로 개발하는 데 필요한 투입 요소<br>• 경영자원은 인적자원, 재정자원, 유형자원으로 구분<br>• 성공적인 창업을 위해서는 우수한 자원을 확보하는 것이 중요 |

## [표 3-2] 우리나라 창업의 인정 기준

| 주체 | 사업 장소 | 사 례 | | 창업 여부 |
|------|-----------|-------|---|-----------|
| A 개인이 | 갑 장소에서 | 갑 장소의 기존 사업을 폐업하고 | B 법인을 설립, 동종 생산 | 조직 변경 |
| | | | B 법인을 설립, 이종 생산 | 창업 |
| | | 갑 장소의 기존 사업을 폐업 않고 | B 법인을 설립, 동종 생산 | 형태 변경 |
| | | | B 법인을 설립, 이종 생산 | 창업 |
| B 법인이 | 갑 장소에서 | 갑 장소의 기존 사업을 폐업하고 | B 법인을 설립, 동종 생산 | 위장 창업 |
| | | | B 법인을 설립, 이종 생산 | 창업 |
| | | 갑 장소의 기존 사업을 폐업 않고 | B 법인을 설립, 동종 생산 | 형태 변경 |
| | | | B 법인을 설립, 이종 생산 | 창업 |
| A 개인이 | 을 장소에서 | 갑 장소의 기존 사업을 폐업하고 | B 법인을 설립, 동종 생산 | 법인 전환 |
| | | | B 법인을 설립, 이종생산 | 창업 |
| | | 갑 장소의 기존 사업을 폐업 않고 | B 법인을 설립, 동종 생산 | 창업 |
| | | | B 법인을 설립, 이종 생산 | 창업 |
| A 법인이 | 을 장소에서 | 갑 장소의 기존 사업을 폐업하고 | B 법인을 설립, 동종 생산 | 사업 승계 |
| | | | B 법인을 설립, 이종 생산 | 창업 |
| | | 갑 장소의 기존 사업을 폐업 않고 | B 법인을 설립, 동종 생산 | 창업 |
| | | | B 법인을 설립, 이종 생산 | 창업 |
| A 개인이 | 을 장소에서 | 갑 장소의 기존 사업을 폐업하고 | 다시 A 명의로 동종 생산 | 사업 이전 |
| | | | 다시 A 명의로 이종 생산 | 창업 |
| | | 갑 장소의 기존 사업을 폐업 않고 | 다시 A 명의로 동종 생산 | 사업 확장 |
| | | | 다시 A 명의로 이종 생산 | 업종 추가 |

그러나 새롭게 시작한다고 해서 모두 창업의 범주에 속하는 것은 아니다. 타인으로부터 사업을 승계하여 승계 전 사업과 동종의 사업을 계속하

는 경우, 개인 사업자가 법인으로 전환하거나 조직만 변경하여 동종의 사업을 계속하는 경우, 폐업 후 동종의 사업을 계속하는 경우 등은 창업으로 보지 않는다(「중소기업창업지원법 시행령」 제2조 제1항).

## 2) 창업의 유형

창업은 창업의 목적, 특징, 법적 구조, 형태 등에 따라서 분류될 수 있다.

### (1) 창업의 목적에 따른 분류

창업자가 창업하고자 하는 목적에 따라서 기회형 창업(Opportunity Driven Startup)과 생계형 창업(Necessity Driven Startup)으로 나누어진다.

먼저 기회형 창업은 창업자가 기술이나 지식을 기반으로 사업기회를 실현하기 위해 자발적으로 창업하는 것을 말한다. 기회형 창업은 새로운 기술이나 독창적인 아이디어를 기반으로 창업하기 때문에 위험은 많으나 성공하면 큰 수익을 기대할 수 있다. 생계형 창업은 창업자의 생계유지를 위해서 필요에 의해 창업하는 경우를 의미한다. 생계형 창업은 최소비용을 투자해 안정적인 수익을 창출하는 것을 목적으로 하고, 기회형 창업과는 달리 노동집약적이며 비자발적으로 이루어지는 것을 특징으로 들 수 있다.

[표 3-3] 창업의 목적에 따른 분류

| 구분 | 기회형 창업 | 생계형 창업 |
| --- | --- | --- |
| 목적 | 아이디어의 실현 | 생계유지 |
| 특징 | 기술·지식집약적 | 노동집약적 |

| 동기 | 자발적 | 비자발적 |
|------|--------|----------|
| 형태 | 벤처 창업, 소호(SOHO), 1인 창조기업 | 소상공인 창업, 프랜차이즈 |

## (2) 창업 특징에 따른 분류

창업은 창업의 본질적인 특징에 따라서 네 종류로 분류할 수 있다. 우선 '도전창업'은 주로 20대 연령층에서 이루어지는 형태로, 열정과 도전정신을 바탕으로 이루어지는 창업이다. 둘째 '기반창업'은 주로 30대 연령층에서 이루어지는 형태로, 직장생활을 통한 경험, 지식, 인맥 등을 기반으로 이루어지는 창업이다. 세 번째 '전문창업'은 주로 40대 연령층에서 이루어지는 형태로, 특정 분야에 오래 근무한 경력과 전문지식을 바탕으로 이루어지는 창업이라고 할 수 있다. 마지막으로 '안전창업'은 주로 50대 이상의 연령층에서, 생계수단이나 노후대책을 위해 안전성을 중심에 두고 이루어지는 창업이다.

[표 3-4] 창업 특징에 따른 분류

| 구분 | 도전창업 | 기반창업 | 전문창업 | 안전창업 |
|------|----------|----------|----------|----------|
| 연령 | 20대 | 30대 | 40대 | 50대 |
| 기반 | 도전정신 | 적성, 취미, 직장 경험 | 전문지식, 경력 | 안전성, 생계수단 |
| 업종 | 앱 개발업, 웹 서비스, IT 관련 업종 | 제조, 정보 제공 웹 기반 등 기술개발 업종 | 제조, 컨설팅, 기술개발, 음식점 등 | 외식업, 제과점, 스크린골프 등 |
| 형태 | 소호(SOHO), 1인 창조기업 | 벤처, 1인 창조기업 | 벤처, 소상공인, 프랜차이즈 | 소상공인, 프랜차이즈 |

## (3) 창업의 법적 구조에 따른 분류

창업은 창업기업의 법적 구조에 따라서 개인사업자와 법인사업자로 나누어진다. 개인사업자는 창업기업의 소요자본 전부 또는 대부분을 한 개인이 출자하고, 그 자본 운영에 관한 책임을 출자자가 전적으로 지는 형태로, 소규모 자본을 투입하여 적은 인원이 운영하기에 알맞은 형태다. 반면 법인사업자의 경우 대표자는 회사 운영에 대해 일정한 책임을 지며, 주주는 주금 납입을 한도로 채무자에 대해 유한책임을 지는 형태로, 일정 규모 이상으로 성장 가능한 유망사업의 경우에 적합한 형태로 볼 수 있다.

### [표 3-5] 창업의 법적 구조에 따른 분류

| 구분 | 개인사업자 | 법인사업자 |
|---|---|---|
| 자본 조달 | • 소요자본 대부분을 개인이 출자 자본 조달의 한계 | • 다수의 출자자를 통해 대규모 자본 확보 가능 |
| 이윤 분배 | • 이윤의 전부가 개인에 귀속 | • 출자자의 지분에 따라 분배 |
| 경영 | • 경영활동에 대한 무한책임<br>• 개인 역량 의존에 따른 경영의 한계 | • 회사의 형태에 따라 무한 또한 유한책임<br>• 소유와 경영의 분리<br>• 전문경영인 등에 의한 경영한계 극복 |
| 세제 혜택 | • 종합소득세 과세<br>• 2013년 기준 소득세율 6~38% | • 법인세 과세<br>• 2013년 기준 2억 원 이하 10%, 2억~200억 원 20%, 초과 22% |
| 장점 | • 외부감사 대상 비적용 | • 출자금 회수가 쉽고 대외신용도가 높음 |
| 단점 | • 법인 전환 시 신규 법인 설립보다 까다로움 | • 자산총액이 100억 원 이상이면 외부감사 대상 |

## (4) 창업 형태에 따른 분류

창업 형태에 따라서 창업을 분류하면 기술창업과 일반창업으로 나눌 수 있다.

**[표 3-6] 창업 형태에 따른 분류**

| 구분 | 기술창업 | 일반창업 |
|------|----------|----------|
| 목적 | 기회형 창업 | 생계형 창업 |
| 형태 | 개인, 법인 | 개인 |
| 규모 | 1인 이상 | 1인 이상(가족 형태) |
| 특징 | 기술·지식집약적 | 노동집약적 |
| 유형 | 벤처기업, 소호, 1인 창조기업 | 소상공인, 프랜차이즈 |

먼저 기술창업은 창업자의 전문성을 기반으로 새로운 기술이나 지식을 활용하여 사업화하는 형태를 말한다. 기술창업의 형태는 매우 다양한데 주로 벤처기업, 소호, 1인 창조기업 등이 대표적이다. 한편 일반창업은 기술력이나 전문지식보다는 창업자금만 있다면 일반적으로 쉽게 창업하여 상거래를 할 수 있는 형태인데, 대표적으로 소상공인이나 프랜차이즈를 들 수 있다.

① **벤처기업** : 벤처기업은 첨단기술이나 새로운 아이디어를 사업화하는 창조적이고 기술집약적인 중소기업을 의미한다. 기술집약형 사업이라는 특징으로 인해 빠르게 성장이 가능하고 재무적 성과 측면에서 높은 성장률을 기대할 수 있으나, 기술개발 및 사업화 과정에 큰 자금이 필요하므로 실패 시 타격이 크며 기술개발을 위해 고급인력을 확보하기가 어렵다.

② **소호** : 소호(SOHO)는 집이나 작은 사무실에서 정보나 지식 그리고 독특하고 창의적인 아이디어를 기반으로 시작하는 사업 형태이며, 컴퓨터

몇 대와 주변 장비만으로 사업하는 앱 개발자, 대기업과 계약을 맺고 원격으로 시스템을 관리해주는 시스템 프로그래머, 집이나 작은 사무실에서 소규모 자본으로 사업하는 온라인 쇼핑몰 등이 대표적이다.

③ **1인 창조기업** : 1인 창조기업은 자신이 가진 지식, 경험, 기술 등을 활용하여 보다 창조적이고 새로운 서비스를 제공함으로써 이윤을 창출하는 기술집약적 기회형 창업으로, 개인이 사장이면서 직원인 기업을 의미한다. 주로 지식서비스 분야에서 독특한 아이디어를 갖고 있는 개인이 창업을 통해 매출과 이익을 창출하는 유형이다.

④ **소상공인 창업** : 소상공인 창업은 외식업, 소매업, 유통업 등 규모가 작은 점포 형태의 창업으로서 생업을 목적으로 한 자영업자의 창업 형태다. 즉 생계를 영위하기 위한 사업으로, 상대적으로 영세하고 사업주와 경영인이 동일한 개인기업 형태다.

⑤ **프랜차이즈 창업** : 프랜차이즈 창업은 창업자가 기존의 브랜드를 가지고 있는 본사와 가맹점 계약을 체결하고 상호, 상표, 서비스 등을 제공받아 동일한 이미지를 갖고 창업하는 형태다.

# 2. 과학과 기술의 차이

## 1) 이론적 차이

　　과학과 기술의 관계 및 차이를 이해하는 것은 우리가 살고 있는 현대 사회 속에서 과학과 기술이 수행하는 사회적·정치적 역할을 이해하고 과학 기술 연구를 기초로 한 창업을 하는데 있어서 중요하다. 그러나 "과학 기술 혁명을 거치며 과학과 기술은 결합해서 하나가 되었다"거나 "현대 기술은 과학의 내용과 방법이 응용된 응용과학(applied science)이다"라는 식의 소박하고도 현실의 과학 기술의 관계와는 거리가 있는 견해들이 비판 없이 널리 받아들여지고 있다. 그렇기 때문에 과학과 기술을 명확히 구분할 수 있는 이론적 부분을 살펴보고 추후 사회적 맥락에 비추어 차이점을 살펴보도록 하겠다.

　　과학과 기술은 동기, 목적, 대상이 다른 서로 구분되는 분야이며 과학자와 기술자 사회 또한 상이한 가치체계를 가진 상이한 집단으로 볼 수 있다. 1960년대까지의 과학사학자나 기술사학자는 '대상(object)'에서 과학과 기술의 분명한 차이점이 존재한다고 생각했다. 즉, 과학(과학자)은 자연을 다루고 기술(기술자)은 인공을 다루고 있다고 간주했던 것이다. 이들은 이로부터 과학의 법칙(law)은 보편적이고 미래 예측적이지만, 기술의 규칙(technological rule)은 구체적이고 처방적(prescriptive)이라는 것을 말하고 있다. 또 다른 분야인 동기와 과정에서 기술과 과학의 차이는 다음과 같다.

과학과 동기는 지적 호기심이고, 기술의 동기는 실질적인 유용성(utility)이라는 것이다. 또 과학은 가설 연역적이고, 검증하는 과정을 거치지만 기술은 가설을 응용하고 무엇을 실현시키는 과정을 중시한다는 것이다. 비슷한 구분으로 과학과 기술의 '목적(aim)'에서의 차이도 종종 지적되었다. 직접적인 동기가 무엇이든 최종(따라서 종종 겉으로는 드러나지 않고 감추어진)목적을 볼 때, 궁극적으로 과학 활동은 자연을 이해하기 위해서, 기술활동은 인공물을 만들고 개량하기 위해서 이루어진다라는 것이다.

## 2) 사회적 차이

과학과 기술이 구분되는 이유 중 하나는 과학자와 기술자의 교육 과정이 분리되어 있다는 있다. 우리는 대학의 학부, 석사과정에서 공학을 전공하고 과학으로 전공을 바꾸어 석사, 박사과정을 이수하는 경우 또는 반대의 경우를 쉽게 볼 수 있다. 대학의 교육과정에서 과학과 공학은 마치 과학과 의학처럼 명확하게 구분되어 있으며 이 경계를 뛰어 넘는 것은 한쪽의 전공을 포기하는 것과 같다. 또한 과학과 공학의 교육과정에는 중요한 질적 차이도 존재한다. 예를들어 과학 교육에서는 자연 현상에 대한 합리적 이해, 근본적 원리의 추구, 실험, 분석과 종합의 능력, 이론 체계의 중요성, 과학 언어(예를 들어 수학)의 숙달 등이 중시된다. 또 과학연구 경우 자연에 대한 체계적 지식의 창조성 구성이 강조되는 반면 기술자 교육에서는 실제 사람이 만든 인공물 대한 이해, 효과적인 디자인, 효율, 기술적 법칙의 응용과 이를 위한 과학의 변형 등이 강조된다. 분야에 따라 조금씩의 차이는 있지만 기술 교육에서는 상대적으로 근본적 원리나 이론의 중요성이 과학에 비해 덜 하다. 이는 과학자와 기술자 접단이 서로 다른 가치 체계를 지닌 상이한 집단임을 암시한다.

기술자 사회의 가치는 '효용(efficiency)'과 '디자인(design)'으로 압축해서 표현할 수 있다. 효용과 디자인을 추구하는 기술자들의 활동은 철저하게 기존의 기술적·경제적 조건과 가능성 테두리 안에서 이루어지며, 실질적으로 소용이 없는 이론은 기술자들의 사회에서는 별로 주목받지 못한다. 반면 과학자들이 이론의 응용 가능성을 깊이 염두에 두고 연구하는 경우는 거의 없다. 과학자들은 하나의 이론이 얼마나 깊은 인식론적 수준에서 자연 현상을 설명하고, 다른 현상을 예측 하는가에 관심이 있다. 물론 많은 과학자들이 자신의 연구가 언젠가는 인류의 복지에 기여할 것이라고 생각하고 있지만 이런 믿음이 그들의 연구의 내용이나 범위를 결정해주는 것은 아니다.

## 3) 역사적 차이

과학과 기술의 차이점을 역사적 관점으로 보면 과학과 기술의 혁명이 시작점인 서구사회를 보면 알 수 있다. 서구의 경우를 보면 과학자들의 집단과 기술자들의 집단은 뿌리부터 다른데 과학자 사회가 17 세기 과학 혁명기부터 모습을 갖추었음에 비해 기술자 사회는 19세기 이후 형성되기 시작해서 19세기말에서 20세기 초에 현재의 모습을 갖추었다. 서구 많은 나라에서 토목·도시 공학자(civil engineer)와 기계공학자들의 집단이 나타났다. 영국의 경우 19세기 초엽부터 대학에 기술을 가르치는 교수 자리가 생겼지만, 대학이 본격적으로 엔지니어를 육성하기 시작한 것은 19세기 후반이었다. 이들 첫 세대 엔지니어는 독자적인 교육 방법, 독자적인 시험과 제도적 장치를 통해 엔지니어를 교육하고 그들에게 자격을 부여했으며, 스스로의 규범과 가치 체계를 세워나갔다. 이러한 여러 가지 관점을 통해 우리는 과학과 기술의 차이점을 분명히 알 수 있다.

# 3. 기술창업의 특징과 단계, 성공요소

## 1) 기술창업의 특징

기술창업이란 특정 분야의 혁신적인 기술이나 전문적인 지식을 기반으로 창업하는 것을 의미한다. 그러나 해당 기업군을 정의하는 일관된 용어가 없어 벤처, 기술혁신, 혁신선도, 기술집약형 기업의 창업을 포괄하는 의미로 사용하고 있다. 국내에서는 기술창업이라 하면 보통 벤처기업(venture company)을 떠올리는데, 이는 벤처를 '기술집약형 중소기업'이라는 의미로서 HTSF(High Technology Small Firm), NTBF(New Technology Based Firm)로 통용해왔기 때문이다.

미국의 「중소기업 투자법」에서는 '위험이 크나 성공할 경우 높은 기대수익이 예상되는 신기술 또는 아이디어를 독립 기반위에서 영위하는 신생기업'으로 정의하고, 경제협력개발기구(OECD)에서는 'R&D의 집중도가 높은 기업 또는 기술혁신이나 기술적 우월성이 성공의 주요 요인인 기업'으로 정의한다. 일본의 경우 「중소기업의 창조적 사업촉진에 관한 임시조치법」에 의하면 '중소기업으로서 R&D 투자비율이 매출액의 3% 이상인 기업, 창업후 5년 미만인 기업'을 지칭하고, 와세다대학의 '기업가연구회'는 '성장의욕이 강한 경영자가 이끌고 위험을 두려워하지 않는 신생기업으로 제품의 독창성, 사업의 독립성·사회성·국제성을 지닌 기업'이라 정의하였다.

일반적으로 기술창업의 경우 창업자의 특성, 창업 동기, 창업 형태를 기준으로 일반창업과 구분되는 특징이 있다.

**[표 3-7] 기술창업과 일반창업의 분류**

| 창업 분류 | 사업 유형 | 사업 수행 형태 | 특징 |
|---|---|---|---|
| 기술창업 | • 제조업<br>• 전문서비스업<br>• 지식문화사업 | • 신기술 또는 새로운 아이디어를 가지고 제품 또는 서비스의 생산 및 판매 활동을 하는 형태 | • 고위험, 고수익<br>• 소규모 창업으로 고성장을 통한 중견 기업으로 성장 가능 |
| 일반창업 | • 일반서비스업<br>• 도소매업 (건설업) | • 음식업, 미용업, 기타 일반 상품을 단순 유통하는 등의 일반적 사업 형태 | • 낮은 진입장벽, 빈번한 창업과 소멸<br>• 소자본창업, 저부가가치 |

## 2) 기술창업의 단계

일반적으로 기술창업의 단계는 크게 3단계로 나누어 1단계 기술창업 준비, 2단계 창업절차 실행, 3단계 성장전략의 설계 및 실행으로 구분할 수 있다.

**[그림 3-1] 기술창업 준비 절차**

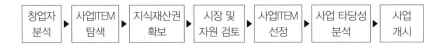

창업자 분석 ▶ 사업ITEM 탐색 ▶ 지식재산권 확보 ▶ 시장 및 자원 검토 ▶ 사업ITEM 선정 ▶ 사업 타당성 분석 ▶ 사업 개시

## (1) 1단계 기술창업 준비

① **창업자 분석** : 기술창업 준비 단계로 가장 먼저 해야 할 부분은 창업자의 역량 분석이다. 창업자 분석과정은 사업을 구상하는 분야를 중심으로 요구되는 다양한 경영역량을 창업자 본인이 얼마만큼 보유하고 있는지 탐색하는 자기 분석의 과정이다. 일반적으로 SWOT 분석을 많이 사용하고, BCG 분석, Value-Chain 분석, 제품 수명주기 분석 등 여러 가지 분석기법을 활용할 수 있다. 조금 더 구체적으로는 창업자 자신과 창업 멤버의 사업 관련 능력을 분석하기 위해 기업가정신, 경험과 지식, 경영 능력 등으로 구분하여 평가할 수 있다.

**[표 3-8] 창업자 분석**

| 경영 능력 | 조직 구축 및 관리 능력, 자원 조달 및 활용 능력, 기획 능력, 마케팅 전략 수립 등 |
|---|---|
| 지식, 경험 | 외부 네트워크, 창업 관련 분야 경험, 지식 경험, 전공, 창업교육 등 |
| 기업가정신 | 진취성, 혁신성, 위험 감수성, 자율성, 창의적 리더십, 사회적 책임, 도전정신 등 |

② **사업 아이템 탐색** : 기술창업의 경우 예비 창업자가 평소 관심을 가지고 있던 분야와 보유한 기술이나 지식 또는 관련 분야에서 사업 아이템을 탐색하게 된다. 이러한 사업 아이템의 탐색 방법은 제품 탐색법과 욕구 탐색법이 있다.

**[표 3-9] 사업 아이템의 탐색 방법**

| 제품 탐색법 | 기존 제품이나 기술을 분석하여 전체 또는 일부 성능을 변경하는 방법으로 기존 또는 신시장에 적용하는 방법 |
|---|---|
| 욕구 탐색법 | 외적인 환경 요소와 창업자의 개인적 욕구가 효과적으로 결합된 아이템을 선정하는 방법 |

③ **지식재산권 확보** : 일반창업과 달리 기술창업의 경우 개발기술이나 지식의 권리보호를 위한 지식재산권 확보는 무엇보다 중요하다고 할 수 있다. 창업자의 배타적 권리보호를 위해서는 특허 등 지식재산권의 확보가 반드시 필요한데, 이는 구체적으로 기술보호, 시장지배, 수익 창출, 특허분쟁 대비의 네 가지 목적으로 이루어진다.

**[표 3-10] 지식재산권의 유형**

| 지적창조물에 관한 권리 | | | | | 영업표시에 관한 권리 | |
|---|---|---|---|---|---|---|
| 영업비밀 | 저작권 | 특허권 | 실용신안권 | 디자인권 | 상표권 | 상호권 |

④ **경영자원의 검토** : 기술기업을 창업하기 위해서는 해당 기술에 대한 경쟁력 구비가 가장 중요하다고 할 수 있다. 하지만 해당 기술을 현실적으로 구현하고 실행할 수 있는 다양한 인적, 물적, 재무적 자원이 요구된다. 먼저 인적자원은 창업자가 관련 기술을 보유하고 있는 경우가 많지만, 관련 기술에 대한 핵심 인재 등이 참여하여 구성되는 경우도 많다. 특히 창업기업의 경우 많은 인력을 보유하기 어려우므로 창업자와 상호 보완을 이룰 수 있는 우수한 인재를 확보, 유지하는 것이 성공의 주요 변수가 될 수 있다. 또한 기술의 실행을 뒷받침할 수 있는 기계와 설비 등 물적자원의 확보가 중요하다. 물적자원이란 제품 생산을 위한 원료, 공장, 설비를 포괄

적으로 지칭하는 것으로, 시제품 생산 이후 양산 시점에서 소재 수급의 문제로 어려움을 겪지 않도록 철저한 준비가 필요하다. 이외에도 초기 소요 자금의 규모와 창업자가 조달 가능한 자본금의 규모, 부족자금의 합리적 조달 방안 마련 등 재무 자원에 대한 준비는 사업의 성패를 좌우하는 중요한 열쇠가 된다.

⑤ **소비자 및 시장 검토** : 소비자 분석이라 함은 현실적, 잠재적 구매자의 구매와 연관된 소비자의 구매 의사결정과정에 영향을 미치는 문화적, 사회적, 인구통계학적, 심리적 영향요인에 대해 분석하여 효과적인 대응을 하는 것을 말한다. 또한 소비자가 원하는 기능과 품질 수준을 갖춘 제품과 서비스를 가지고 성공적인 시장 진입을 할 수 있도록 시장 분석을 통해 효과적인 마케팅 전략을 수립하고 추진해야 한다. 이를 위해서는 마이클 포터(Michael Porter)의 산업구조 분석모형을 토대로 기존 경쟁자 간의 경쟁 강도, 잠재적 진입자의 진입 위협, 공급자 및 수요자의 교섭력, 대체재의 위협 등을 고려할 수 있다.

⑥ **사업 아이템 선정 및 구체화** : 기술 창업자는 아이디어 탐색, 정보수집 과정을 통해 다수의 사업 아이템에서 창업자가 보유한 경영자원 및 능력을 고려하여 사업화가 가능한 예비 아이템을 발굴하고 그 중 가장 적합한 아이템을 최종 선정해야 한다. 사업 아이템의 최종 선정에는 다음과 같은 요소를 고려할 수 있다.

**[표 3-11] 창업기업의 사업 아이템 선정**

| 선정 기준 | 검토 사항 |
| --- | --- |
| 창업자 적성·능력 | 적성 및 취향과의 적합도, 해당 업종 경험 등 사업 수행 능력 등 |

| 시장 및 제품 | 사업화 단계(도입, 성장, 성숙기), 시장 성장성 및 경쟁 수준, 제품 차별성 및 경쟁력(가격, 품질 등) 확보 여부 |
|---|---|
| 수익성·경제성 | 투자 소요금액 및 창업자금 조달 능력, 제품 수익성 및 투자금 회수 시기 |
| 리스크 요인 | 진입장벽 및 시장의 변동성, 소재의 수급, 경쟁업체와의 분쟁 소지 |

⑦ **사업 타당성 분석** : 사업 아이템이 선정되면 선정된 아이템을 비롯한 다양한 분야에 대해 사업 타당성을 분석하는 과정을 거쳐야 한다. 사업 타당성 분석은 기초자료 조사, 창업자 역량 분석, 시장성 분석, 기술성 분석, 수익성 분석 등을 통해 종합적으로 해당 사업의 적절성을 검증하는 단계라고 할 수 있다.

[그림 3-2]

### (2) 2단계 기술창업 사업화

① **창업 의사결정** : 1단계에서 살펴본 준비 단계를 통해 창업으로의 진행 및 사업화 여부를 최종적으로 결정하는 과정으로 회사의 규모, 형태 및 시기 등 실제적인 부분에 대한 의사결정이 수반된다. 적절한 창업 멤버를 구성하고 자본금의 결정, 개인 또는 법인 등 기업 형태를 결정하고 최종적으로 창업을 하게 될 시기를 구체적으로 결정하면 된다.

② **사업계획서 작성** : 최종적으로 사업 개시를 결정했다면 향후 지표가 될 사업계획서를 작성하게 된다. 사업계획서는 사업을 시작하기 전, 또는 사업의 진행 과정에서 다양한 이해관계자에게 창업자 본인 사업의 전반적인 계획과 내용을 일목요연하게 정리해서 제시할 수 있는 문서를 말한다. 다양한 정부 지원제도의 활용을 위해서도 필수적으로 사업계획서를 제출해야 하는 등 여러 측면에서 필요성과 중요성이 강조되고 있다.

**[표 3-12] 사업계획서의 주요 내용**

| 구분 | 주요 내용 | 비고 |
|------|-----------|------|
| 사업계획서 정의 | • 사업을 시작하기 전이나 진행 과정에서 이해관계자에게 사업의 전반적 계획과 내용을 일목요연하게 정리하여 전달할 수 있는 보고서 | |
| 사업계획서 내용 | • 사업 개요, 회사 개요<br>• 사업(제품) 소개 – 개요, 시장성, 차별성 등<br>• 시장 분석<br>• 인력, 설비, 자금 등 경영자원 계획<br>• 마케팅 계획 – 전략 및 판매 목표<br>• 생산 및 운영 계획 – 투입 원가 및 비용<br>• 수익성, 재무상태(추정 재무상태표, 추정 손익계산서, 추정 현금흐름표, 자금 조달계획 등)<br>• 장단기 성장 전략 및 연도별 계획 | • 체계적, 구체적으로 작성<br>• 명확한 산출 근거 제시 |
| 사업계획서 용도 | • 사업의 착수 및 진행을 위한 내부 관리 지표<br>• 마케팅, 영업을 위한 영업망 구축<br>• 연구개발 및 신기술 확보, 상품화 등 일정 계획<br>• 투자자 유치 및 대출 등 | • 목적에 따른 적합성 확보 |

③ **창업 주체 결정 및 회사 설립** : 회사의 유형을 결정하는 것은 창업자 본인의 여건에서 가장 적합한 형태를 고르는 것이 좋다. 제도적 측면에서 개인사업자와 법인사업자로 구분되며, 예전과 달리 주식회사의 최저 자본금제도 등이 폐지되어 소규모 자본금으로도 법인 설립이 가능하고 온라

인 창업 시스템 구축으로 간편하게 회사를 설립할 수 있다. 개인기업과 법인기업의 특징은 간략하게 다음과 같다.

**[표 3-13] 개인사업자와 법인사업자의 특성 비교**

| 구분 | 개인기업 | 법인기업 |
|---|---|---|
| 설립 절차 | • 사업자등록 | • 정관작성 및 법인설립등기 |
| 경영 책임 | • 단독 무한 책임 | • 형태 및 출자에 따른 유한 책임 또는 무한 책임 |
| 의사결정 | • 개인에 의한 신속한 의사결정 | • 이사회 등 다수의 공동결정체제 |
| 경영 능력의 한계 | • 개인의 경영 능력에 따른 한계 | • 소유와 경영의 분리에 따라 개인의 부족을 극복할 수 있음 |
| 이윤 분배 | • 이윤의 전부가 개인에 귀속 | • 출자자의 지분에 따라 분배 |
| 세제 | • 종합소득세 과세 | • 법인세 과세<br>• 대표 급여/퇴직금 인정<br>• 회계의 투명성 엄격히 요구 |
| 기타 | • 외부감사 대상 비적용 | • 대외신용도가 높음<br>• 일정 규모의 자산 보유 기업인 경우 외부 감사 필수 |

④ **사업장 및 설비 검토** : 최종 사업을 개시하는 단계에서 필요한 사업장을 확보하고 입지를 결정하는 과정에서 다양한 옵션을 고려할 수 있다.

**[표 3-14] 창업 초기 사업장 확보 기준**

| 구분 | 정의 | 비고 |
|---|---|---|
| 저렴한 비용 | 계획적 사업 시작이 가능하면서 비용 적은 곳 | 창업보육센터, 중소기업지원센터, 비즈니스 인큐베이팅 센터 등 |
| 최적 입지 선정 | 원료 입지형, 노동력 입지형, 시장 입지형 등 | 사업의 특성 고려 |

| | | |
|---|---|---|
| 자가 사업장 확보 | 사업 확대 및 자금 조달 능력 등을 고려하여 자가 사업장 취득 여부 결정 | 자금 조달에 따른 리스크 등 판단 필요 |
| 개별, 계획 입지 | 제조업 등의 경우 관련 산업단지 입주 등을 통한 시너지 효과 창출 가능 고려 | 비용 대비 효과가 큼 |

## (3) 3단계 기술창업의 단계별 성장 전략

성공적인 기술창업을 위한 세 번째 단계는 단계별 성장전략을 효과적으로 수립하고 시행하는 것으로, 창업 후 지속성장과 경쟁력 강화를 위해 기술 분야별 검토사항 재확인, 기술기업의 인프라 구축, 중소기업 지원제도 활용, 경쟁력 강화를 위한 자문, 지도기관 활용, 단계별 효과적 성장전략 구사, 새로운 사업 포트폴리오를 통한 성공적 사업다각화 등을 추진해야 한다.

### [표 3-15] 기업의 성장 단계별 정의

| 단계 | 정의 |
|---|---|
| 창업 단계 | • 창업을 준비하는 예비 창업자<br>• 사업에 대한 기본적인 아이디어가 정립된 상태<br>• 창업 이후 제품개발 등을 준비하고 있는 단계 |
| 제품개발 단계 | • 인원과 자금을 투입하여 제품개발에 착수하여 진행 중인 단계<br>• 특허 또는 저작권을 출원 등록하여 제품화를 준비하는 단계<br>• 시제품 생산을 완료한 단계 |
| 사업화 단계 | • 생산제품의 사업성 검증을 완료하고 양산 준비, 홍보, 마케팅 활동을 시작하는 단계<br>• 본격적인 판매가 시작되는 단계 |
| 성장 단계 | • 공장 설립 또는 생산능력(capacity) 증강이 이루어지는 단계<br>• 시장점유가 증가하는 단계<br>• 제품에 대한 시장의 인지도가 정착되는 단계 |

① **창업 단계** : 사업체의 설립 과정에서 기업이 이루고자 하는 비전을 정

립하고 이를 위한 지향 목표와 그 목표를 달성하기 위한 전략을 창업 단계에서 수립할 필요가 있다. 또한 기업 운영에 필요한 인력을 확보하기 위해 노동 관련법과 제도를 숙지하고, 각종 정부 지원제도 혜택, 세제 혜택 등을 숙지하여 관련 제도를 활용하고 기업의 외형적 요건을 갖추는 것이 중요하다.

② **제품개발 단계** : 매년 12월 말경 중소벤처기업부가 공고하는 '중소기업 기술개발 및 산학연협력사업 시행계획 통합 공고'를 참고로 창업기업에 해당하는 정부 출연 연구개발 자금을 확보함과 동시에 정부로부터 연구개발에 대한 능력을 인정받은 성과를 내는 것은 후일 기업 활동에 여러 가지 도움을 줄 수 있다. 다만 정부 출연 연구개발 자금은 자금 유입만을 의미하는 것이 아니라 그 이상의 지출을 발생시키므로 명확한 연구개발 방향이 정립된 후 신청하는 것이 바람직하다. 그리고 선행기술 조사 결과에 문제가 없다면 권리 확보를 위해 특허 등의 출원은 필수적이며, 특허출원 시에는 유사 기술이 특허로 등록되지 않도록 방어적인 측면을 특허사무소와 긴밀하게 협의해야 한다. 또한 제품개발 등에 필요한 인원을 확보하는 데 소요되는 인건비는 고용보험지원제도 등을 적절하게 활용할 필요가 있다.

[표 3-16] 벤처기업의 확인

| 구분 | 내용 | 확인기관 |
|---|---|---|
| 벤처투자기업 | • 벤처투자기관으로부터 투자받은 금액이 자본금의 10% 이상일 것<br>• 투자금액이 5,000만 원 이상일 것 | 한국벤처캐피탈협회 |
| 연구개발기업 | • 「기술개발촉진법」 제7조 규정에 의한 기업부설연구소 보유(필수)<br>• 업력에 따라 다음 기준에 부합할 것 | 기술보증기금,<br>중소기업진흥공단 |

| | | |
|---|---|---|
| | – 창업 3년 이상 : 확인요청일 직전 4분기 연구개발<br>비가 5,000만 원 이상이고, 매출액 대비 연구개발<br>비 비율이 별도 정하는 기준 이상일 것<br>– 창업 3년 미만 : 확인 요청일 직전 4분기 연구개<br>발비가 5,000만 원 이상일 것(연구개발비 비율 적<br>용 제외) | |
| 기술평가보증<br>(대출)기업 | • 기술보증기금의 보증 또는 중소기업진흥공단의<br>대출을 순수 신용으로 받을 것<br>• 기술보증기금 또는 중소기업진흥공단으로부터<br>기술성이 우수한 것으로 평가 | 기술보증기금,<br>중소기업진흥공단 |

③ **사업화 단계** : 사업화 단계에서는 대표적으로 ISO 인증과 NET(NEP) 인증 등의 전략 실행이 중요하다. 우선 ISO 인증은 해외 수출, 공기업 및 대기업과의 거래, 금융권의 신용평가, 벤처기업 확인, 이노비즈기업 인증, 경영혁신형 중소기업 인증 등에서 유리하게 작용하거나 가점을 받을 수 있으며, 대부분 품질인증인 ISO9001과 환경인증인 ISO14001을 받게 된다. 수출을 위주로 하는 기업의 경우 ISO26000에 관심을 가질 필요가 있는데, 이는 환경보호를 포함한 기업의 사회적 책임에 포인트를 맞춘 것으로 새로운 무역장벽으로 작용할 가능성이 높아 기업의 관심이 요구된다. 한편 신기술(NET) 및 신제품(NEP) 인증은 국내 기업, 연구기관, 대학 등에서 개발한 신기술을 조기에 발굴하여 그 우수성을 인증함으로써 개발된 신기술의 상용화와 기술거래를 촉진하고, 그 기술을 이용한 제품의 신뢰성을 높여 구매력을 창출하고 초기 시장 진출 기반을 조성하기 위한 목적으로 법적 근거에 의하여 심사 인증하는 제도다.

④ **성장 단계** : 성장 단계에서는 시장으로부터 제품의 성능을 인정받아 기업 성장의 발판을 마련함과 동시에 동 업계 시장점유율 증가가 뚜렷하게 나타나는 시기다. 이 시기에는 인원 증가, 매출액 증가, 공장 설립 또는 증

설, 제반 경영체계의 정립, 자본 증자 등의 현상이 나타난다. 따라서 기업의 확대를 위해 병역특례기업 신청, 외국인 고용, 투자유치, IPO(Initial Public Offering : 주식공개상장, 기업공개) 등을 검토할 수 있는 단계다.

### 3) 기술창업의 성공 요소

기술창업의 성공을 위해서는 많은 요인들이 필요하겠으나 창업을 시작하고 성공적으로 수행하기 위해서는 기본적으로 다음의 네 가지 요소가 필수적이다.

#### (1) 창업 아이템

기술창업에 성공하기 위해서는 우수하고 매력적인 창업기술과 아이템이 매우 중요하다. 특히 기술을 기반으로 창업을 한다는 것은 남들이 가지고 있지 않은 기술을 기반으로 신제품과 서비스를 창출하는 능력이 절대적이라고 할 수 있다. 따라서 기술 기반 창업에서는 기술성, 시장성, 수익성, 독창성을 모두 갖추어야 한다.

#### (2) 창업자의 능력

기술을 기반으로 새로운 제품과 서비스를 개발하는 기술창업기업이 창업에 성공하기 위해서는 창업자의 능력이 매우 중요하다. 따라서 창업자는 기업가정신, 관련 기술에 대한 전문성과 경험, 이를 사업화하는 능력, 실패에 굴하지 않는 열정과 노력을 갖추어야 한다.

#### (3) 창업전략과 계획

기술창업은 새로운 기술과 제품만 있다고 성공하는 것이 아니라 그 기술과 제품을 고객이 구매할 만한 가치로 연결, 전환시켜야만 한다. 따라서 창업자는 합리적이고 창의적인 사업전략과 계획을 수립, 추진할 수 있는 능력을 갖추고 제품과 서비스 개발, 생산, 판매, 자금 조달, 인력관리 등을 할 수 있는 전략과 계획을 수립하여 운용해야 한다.

### (4) 창업자금

사업을 개시하여 추진하기 위한 자금을 창업자금이라고 한다. 좋은 아이템과 전략이 마련되었다 할지라도 자금 없이는 사업을 수행할 수 없다. 따라서 창업자 자기자본뿐만 아니라 정부 지원자금, 투자유치, 외부 차입자금 등의 타인자본을 다양한 형태로 적절하게 조달하는 방안을 수립해야 한다.

[표 3-17] 초기 소요자금 및 자금 규모의 추정

| 구분 | 내용 |
|---|---|
| 개발자금 | • 아이디어 구상 및 제품개발에 필요한 자금 |
| 창업 준비자금 | • 창업 단계에서부터 사업 개시에 이르기까지 소요되는 자금 |
| 고정자산 | • 토지, 건물, 기계장치 등 비유동자산을 구입(임차)하는 데 드는 자금 |
| 운전자금 | • 1회전 기간 동안 사업 운영에 필요한 자금<br>　– 원재료비, 인건비, 외주가공비, 제반 경비 (제품 원가에 해당되는 비용 × 1회전 기간의 제품 투입량)<br>　※ 1회전 기간 : 원재료 구입 단계에서부터 제품의 제조, 판매 후 최종적으로 현금화까지 걸리는 기간 |

**[표 3-18] 자금의 조달 방법**

| 구분 | 금융권 대출 | 자본 증자 |
|---|---|---|
| 조달 방법 | • 금융기관 등으로부터의 대출 | • 창업자 및 초기 주주 추가 출자<br>• 개인, 법인 벤처캐피털 등으로부터의 투자유치 |
| 담보 형태 | • 신용, 유무형 담보 제공 | • 해당 없음 |
| 자금 상환 | • 원금 상환 | • 투자금에 대한 상환의무 없음 |
| 이자 또는 배당 지급 | • 이자의 정기적 지급 | • 이익 발생 시 주주에게 배당금 지급 가능 |

### 일반창업 vs 기술창업

국가 주도로 개발된 공공기술에 기반을 두고 창업한 기업의 생존율이 일반 창업기업보다 30%p 이상 높은 것으로 나타났다. 국가 주도로 개발한 기술이 사업화에 성공하면 안정적 사업 모델로 이어진다는 의미다. 새로 생겨나는 기업만큼 사라지는 기업도 많은 국내 창업 생태계를 개선할 대안으로 주목받는다. 미래창조과학부와 국가과학기술연구회가 국회입법조사처에 제출한 자료에 따르면, 2015년 기준 공공기술 기반 창업기업 생존율은 연차별로 74.3~98.3%를 기록했다. 1~5년차 중 4년 생존율이 74.3%로 가장 낮았다. 모든 연차에서 생존율이 80%를 넘었고, 연차별 평균 생존율은 87.6%였다. 공공기술 기반으로 창업한 1~5년차 기업 10곳 중 8곳 이상이 살아남았다는 뜻이다. 이들 기업은 국가 연구개발(R&D) 성과, 과학기술특성화대에서 개발된 기술로 창업했다. 대학기술지주회사 자회사도 포함됐다. 이들 기업은 초기 사업이 정착해 1년 생존할 확률이 80~90%대로 높았다. 기업 운영이 길어져도 안정적으로 생존했다. 이는 일반 창업기업 생존율보다 월등히 높은 수치다. 2014년 기준 국내 신생기업의 3년 생존율은 50% 이하, 5년 생존율은 27%다. 50~70% 이상 기업이 창업 3년차, 5년차를 넘기지 못하고 사라진다는 의미다.

공공기술 기반 창업기업은 생존율이 높을 뿐만 아니라 연차별 편차도 적었다.

기업이 많이 생기고 많이 사라지는 현상은 우리나라 창업 생태계의 문제점으로 지적됐다. 우리나라는 기업 신생률(활동기업 수 대비 신생기업의 비율)이 비교적 높은 편이다. 2013년 기준 13.8%로 OECD 내 3위다. 하지만 기업 소멸률 역시 12.1%로 2위다. 정부 관계자는 "우리나라 창업문화는 많이 생기고 많이 사라지는 구조이기 때문에 '고위험' 꼬리표가 따라다닐 수밖에 없다"면서 "창업 아이템 선정과 신생기업 육성 측면에서 모두 전문성을 강화할 필요가 있다"고 지적했다. 공공기술 창업이 대안으로 주목받는다. 국가 주도로 개발된 공공 기술은 민간이 접근하기 힘든 거대과학, 고난도 기술이 많다. 성장 잠재력이 높은 분야 투자가 집중되어 사업화가 성공하면 그만큼 파급력도 크다. 여전히 공공기술 기반 창업 비중이 낮은 게 걸림돌이다. 전체 신생기업 대비 공공기술 기반 창업기업 비중은 0.03%에 그치고 있다. 대학기술지주회사 자회사, 연구소 기업, 과기특성화대 창업기업은 2007년 이후 꾸준한 증가세지만 아직 절대 수치가 낮다는 평가다. 국가 R&D 성과 사업화 정책을 강화하고, 공공연구기관 종사자의 기업가정신을 함양할 필요성이 제기된다. 공공 분야에서 개발된 기술을 민간에 이전하는 정책도 요구된다. 기술 이전 인센티브 강화, 창업실적 평가체계 마련도 개선책으로 거론된다.

## [표 3-19] 연도별 공공기술 기반 창업 생존율

| 구분 | 2013년 | 2014년 | 2015년 |
|---|---|---|---|
| 생존율 1년 | 96.0% | 89.3% | 98.3% |
| 생존율 2년 | 94.3% | 96.0% | 83.9% |
| 생존율 3년 | 100.0% | 85.7% | 92.0% |
| 생존율 4년 | 81.8% | 93.1% | 74.3% |
| 생존율 5년 | 77.8% | 68.2% | 89.7% |

자료 : 국회 입법조사처 – 「전자신문」 (2017년 5월 28일)에서 발췌

Chapter 4
# 기업가정신

# 1. 기업가정신 정의와 중요성

## 1) 기업가정신의 정의 및 역사

많은 곳에서 기업가정신(Entrepreneurship)이란 '남들이 발견하지 못한 사업기회를 찾아내어 자신의 책임하에 필요한 자원(돈, 사람, 원자재 등)을 조달하여 사업을 시작하는 정신'이라고 말하곤 한다. 사업기회를 찾아낸다는 것은 시장과 소비자들에게 제품이나 서비스를 발견하거나 기존의 것을 더싼값에 제공할 수 있는 방법을 찾아내는 것을 의미한다. 우리나라 사람들은 윤리적 관점이나 사회적 책임론 관점에서 '기업인이 갖춰야 할 윤리적경영 행동 및 자세' 또는 '이윤의 사회 환원'으로 이해하는 경우가 있다. 이처럼 기업가정신의 의미는 여러 관점에서 다양하게 해석되고 쓰일 수 있기때문에 단편적으로 정의를 내리기 힘들다. 그렇지만 여러 의미로 해석되는가운데 공통적인 핵심요소는 정의를 내릴 수 있다. 바로 '새로운 가치 창출(New Value Creation) 동기와 실천 활동'이다. 에디슨의 백열전구 개발부터스티브 잡스의 아이폰, 숙박 공유 회사 에어비엔비까지 모두 새로운 가치를 창출하기 위해 탄생하였고 그 결과 전에는 없었던 새로운 가치들이 발생하고 있는 공통점이 있다. 기업가정신 범위를 상업적인 영역에서 벗어나보면 기계체조 선수 양학선의 '양학선 기술', 청력을 잃은 베토벤의 음악적성과, 콜럼버스의 신대륙 발견 등 스포츠, 예술, 사회의 넓은 범위까지 사례를 볼 수 있으며 공통점으로 새로운 가치가 탄생하였다. 이렇듯 공통적인 핵심가치를 담고는 있지만 세계 여러 석학들은 기업가정신을 자신의 학문적 분야를 기점으로 여러 가지로 해석하고 있다.

**[표 4-1] 기업가정신의 정의**

| 연구자 | 정의 | 학문 분야 |
|---|---|---|
| 조셉 슘페터 | 그 본질상 생산적 요소의 새로운 조합을 발견하고 촉진하는 것(행동 또는 과정), 창조적 파괴, 신제품, 신서비스, 신원재료 공급원, 신생산 방법, 신시장, 신조직 형태 등 기업조직 또는 기업가가 신조합을 수행하는 과정(활동) | 경제학 |
| 베르트 호슬리츠 | 불확실성 인내 → 생산적 자원의 조정 → 혁신의 도입과 자본의 공급 활동 | |
| 조지 콜 | 이윤 지향적인 사업을 주도하고 개발하려는 목적적인 활동 | |
| 데이비드 카슨 | 희소 자원을 조정하려는 의사결정과 판단 활동(과정) | |
| 이스라엘 커즈너 | 시장에서 중개 기회를 포착하는 과정(또는 활동), 경제의 불균형 상태를 해소하는 과정 | |
| 존 카오 | 부가가치를 창출하는 과정 | |
| 헤이건 | 사회적 불평등에 대한 대응 활동 | 사회학 |
| 데이비드 맥크릴랜드 | 개인의 적절한 위험 도전 성향 | 심리학 |
| 카트너 | 신조직의 창조(과정/활동) | 경영학 |
| 스티븐슨 | 현재 보유하고 있는 자원을 뛰어넘는 기회를 추구하는 것(과정 또는 활동) | |
| 레벤스타인 | 조직의 비효율성을 제거하고 조직의 엔트로피를 역전시키는 과정/활동 | |
| 이안 매밀란과 롱 | 새로운 성장기업을 구축하는 과정 또는 활동 | |
| 럼프킨과 데스 | 조직의 신규 진입 | |
| 슐러 | 사내 기업가들의 혁신적, 위험 감수적 활동 | |
| 로버트 버젤만 | 사내 벤처(팀)를 창출하는 과정 | |
| 김경환 | '위험을 감수'하고 새로운 시장을 개척하기 위해 '신사업을 개척'하고 '혁신을 주도'하는 정신 | 창업학 |

기업가정신의 정의가 많고 다양한 이유는 주목하는 측면이나 바라보는 시각이 제각각이기 때문이다. 기업가정신은 '기업가(起業家)'와 떼어서 생각할 수 없다. 우리나라에서 창업가(기업 창업가)라는 단어로 번역되어 사용되고 있는 기업가는 '산업조직(기업)'을 세우려는 의지를 가지고 실행에 옮기는 사람'을 지칭한다. 기업 창업가를 창업 경영자라고도 하며 '사업을 경영하고 있는 사람' 또는 기업가(企業家)와 구분하지 않고 사용하기도 한다. '기업가 (起業家)'는 오랫동안 여러 연구자에 의해 정의가 내려졌으며, 'entrepreneur' 라는 용어는 캉티용이나 니콜라스가 논의하기 시작하여 '공급은 수요를 창조한다'는 세이의 법칙으로 잘 알려져 있는 세이에 의해 처음 사용되었다. 세이는 기업가를 '경제적 자원을 생산성이 낮은 영역(장소)에서 생산성이 높은 영역(장소)으로 이전시키는 사람'으로 소개하고 있다(정승화, 1999) 기업가가 출현하기 시작했던 17세기 초기에는 생계를 위해 장사를 하는 사람 (earn-ing a living)으로 지칭하기도 했다. 즉 생계형 사업가를 의미했던 것이다. 생계형 사업가는 대개 자영업자를 일컫는 것으로, 오늘날에도 이와 같은 개념이 남아 있어 미국에서는 종종 기업가를 '자기 자신의, 새롭고 규모가 작은 사업'을 시작하는 사람으로 정의하기도 한다. 기업가는 새로운 소규모 비즈니스를 하는 사람이라는 의미를 갖는 것이다.

　그 후 기업가는 사업가, 창업가, 리더, 관리자, 혁신자, 위험 감수자, 경영자 등의 용어와 혼용되어왔다. 사실 '기업가'와 경영자는 동의어가 아니다. 그러나 많은 부분 기업가와 리더, 관리자, 혁신자, 위험 감수자들이 개념적으로 중첩되는 측면이 있다. 산업혁명 이후 최근까지 기업가는 벤처캐피털 (venture capital)이나 엔젤캐피털(engel capital)로부터 투자를 받은, 기술력을 가진 발명가를 의미했다. 산업혁명 이후 사회경제가 고도화되는 과정에서 기업가는 독립적으로 사업을 일으켜 자기 자신과 투자자(investors)를 위한 부를 창출하려는 사람으로 그 개념이 변화되었다. 산업혁명 과정에서 기계가 발명되고, 이를 통해 생산과 판매 활동이 보편화되면서 기업가는 시장이 필요로 하는 것들을 발명해내는 발명가로서 '무에서 유를 창조하는 사람'으로 이해되기 시작했다. 기업가를 산업조직 측면에 초점을 두고 이해할 때와 인간적 측면에 초점을 두고 이해할 때는 다소 다른 시각이 필요하다. 기업가는 기존에 없었던 새로운 가치를 창조하기 위해 도전하고 노력한다는 공통점이 있지만, 인간적 측면에서는 기업가의 개인 심리적·행동적 특징에 초점을 두는 반면, 산업조직 측면에서는 자본을 출자하고 경영을 하는 사업가의 역할이나 경제 시스템에서 수행하고 있는 기능에 초점을 둔다.

## 2) 기업가정신의 역할과 중요성

기업가정신이 중요한 이유는 '기업가정신이 세상을 변화시키고 발전시키는 핵심동인'(김경환, 2016)이기 때문이다. 미국과 일본이 오늘날 세계 최고의 경제 대국이 된 것은 기업가들이 발휘한 기업가정신 덕분이다(한정화, 2012). 미국에서 기업가정신을 발휘한 대표적 기업가로는 GE(General Electric)를 설립한 토머스 에디슨, 포드자동차를 창업한 헨리 포드 등을 들 수 있다. 오늘날에도 애플의 스티브 잡스, 소프트뱅크의 손정의, 알리바바의 마윈 등 전 세계에 기업가정신을 발휘한 인물들이 존재한다. 이들은 기존에 없던 새로운 가치를 창출하여 경제발전, 과학기술의 발달을 이끌어왔다. 우리나라에도 정주영, 이병철 등이 기업가정신을 발휘한 대표적인 인물로 기술과 자본, 부존자원 부족의 역경을 극복하고 세계 10위권의 무역 대국으로 성장할 수 있게 하였고, 현재에도 네이버의 이해진, 카카오의 김범수 등 기업가정신을 발휘하는 대표들이 대한민국 경제 산업을 이끌고 있다.

또한 기업가정신은 사회의 건강성을 유지하는 핵심적인 요인이다. 사회적 계층의 이동을 원활하게 하여 역동성을 갖게 만들 수 있기 때문이다. 사회가 정체되지 않도록 함으로써 지속적으로 발전할 수 있는 힘을 유지하고 촉진하는 것이다. 기업가정신을 통해 사회 구성원들은 성취의 기쁨을 느낄 수 있다. 기업가정신은 경제성장과 사회 발전에서 매우 중요한 역할을 한다. '경영학의 아버지'라고 불리는 피터 드러커는 기업가정신을 바탕으로 끊임없는 혁신을 추구해 나갈 수 있을 때 비로소 한 사회가 '다음 사회'로 진보해 나갈 수 있다고 주장했다. 동서고금을 막론하고 기업가에 의한 새로운 기회 포착과 혁신 그리고 혁신 과정에서 수반되는 불확실한 상황에 대한 인내와 위험을 감수하고 성취를 이루어내려는 노력과 도전정신이 발휘되어야만 사회 경제는 지속적으로 발전할 수 있다. 변화와 혁신을 통해 새로운 가치를 창출하려는 기업가정신이 약해지는 때부터 사회는 쇠락의 길을 걷기 시작한다. 한정화(2012)는 "한국이 지난 50년간 전 세계에 유례가 없을 정도로 탁월한 기업가정신을 발휘할 수 있었던 것은 한마디로 '성취욕과 성공 체험의 선순환 때문이었다"고 주장한다. 높은 성취욕을 바탕으로 도전하고 성공적인 결과를 얻어내게 되자 긍정적 피드백의 사이클이 가속화되어온 것이다. 사실 1960년대 이전 한국인의 성취욕은 그렇게 높은 수준이 아니었다. 전쟁의 폐허에서 벗어나고자 하는 생존의 욕구는 강렬했지만 열악한 환경 속에서 빈곤의 악순환을 벗어나기 힘들었다. 그러나 1960년대 고도 경제성장 과정에서 정책적 인센티브가 주어지고 성공적인 결과가 나타나자, '헝그리 정신(hungry spirit)'을 바탕으로 '하면 된다(can do spirit)'는 도전정신을 발휘하게 되었다.

## [그림 4-1] 기업가정신의 정의

| 개인 | 조직 및 국가 |
|---|---|
|  |  |
| 행동의 모티브이자 정신적 동력 | 국가 및 조직의 발전요인 |

    일본은 경제 대국으로 성장한 대표적인 국가이지만 '잃어버린 20년'이라는 별칭이 붙을 만큼 오랜 시간 침체와 퇴보의 조짐을 보이고 있다. 기업가정신이 쇠퇴한 대표적인 사례가 되어가고 있는 것이다. 미국의 경제잡지 「포브스(Forbes)」는 2013년 1월, 기업가정신 약화가 일본 경제 장기 침체의 주요 원인이 되고 있다는 분석 기사를 내기도 하였다. 우리나라가 일본의 전철을 밟지 않으려면 기업가정신을 다시 활성화시켜야 한다. 기업가정신은 개인으로 하여금 자기 주도적인 삶을 일구어 나가도록 할 수 있는 정신 자세가 될 수 있다. 사람들은 기업가정신을 통해 삶의 의미와 자신이 하고 싶은 일을 발견하며, 그러한 일을 통해 사회에서 가치 있는 일과 삶을 계획하고 실행해 나갈 수 있다. 기업가정신은 미래의 보다 나은 삶을 창조하려는 행동의 모티브이자 정신적 동력이다. 우리가 일하고 노는 방식의 변화, 여행하고 먹는 방식의 변화, 가족을 이루고 아이들을 양육하는 방식의 변화 등 모든 생활 분야에서 삶의 질을 향상시키는 데 요구되는 정신 자세가 바로 기업가정신이라고 할 수 있다.

## 3) 기업가정신과 선비정신

경쟁적인 식민지 건설로 유럽은 부강해져갔지만, 이기적 탐욕으로만 치달았던 기업가정신의 끝은 열강들 간의 세계 전쟁으로 치닫게 되었다. 중상주의 시대에 무역로를 장악 하는 데 해상무역은 매우 중요했다. 무적함대를 자랑하던 스페인이 유럽의 강자로 부상한 다음, 네덜란드와 영국의 연합군이 스페인의 무적함대를 격파하고 네덜란드를 배신한 영국이 세계의 최강자로 부상하였다. 산업혁명의 발상지인 영국 런던에서는 스모그로 수천 명이 하룻밤 사이 목숨을 잃는 사건도 일어났다. 중세 시대 금욕 사회로부터 중상주의 시대의 탐욕 사회가 자본주의 경제 시스템으로 발전하면서 이 시대의 기업가정신은 절제되지 않은 욕심으로 가득 차 결국 파국으로 끝난다는 것을 사람들은 체험하게 되었다. 자본가에 의한 노동 착취가 심화되면서 카를 마르크스는 공산주의 사상을 주장했고, 슘페터를 비롯한 유럽의 지식인들은 자본주의의 대안으로 사회주의를 논의하였다. 1917년 볼셰비키 혁명에 의해 소련이라는 사회주의 국가가 현실로 등장하고, 자본주의 국가들과 사회주의 국가들 간의 냉전 체제가 양강 구도를 형성하게 되었다. 사회주의 국가의 출현에 놀란 자본주의 국가는 복지 국가를 표방하는 수정 자본주의로 진화했다. 제국주의 시대에 탐욕으로 가득 찼던 기업가정신을 반성하고, 기업가정신에 윤리적 경영(Business Ethics)과 사회적 책임(CSR : Corporate Social Responsibility)을 포함하여 강조했다.

최근의 기업가정신은 윤리적 경영과 사회적 책임뿐만 아니라 공유가치 창출(CSV : Creating Shared Value)을 통한 상생 정신을 포함하고 있다. 기업가는 새롭게 창출된 가치를 자기 자신만의 영리만을 채우려고 하지 않고, 고객과 참여 조직 구성원 그리고 사회 공동체 모두 새로운 가치의 수혜를 받을 수 있도록 하는 데 초점을 두어야 한다는 점을 강조한다. 오늘날의 기업가정신은 과거의 골드러시와 같은 황금만능주의와 물질적 탐욕, 착취가 아니라 기업의 사회적 책임(상생), 상호 이익을 통한 물질적·정신적 욕구 충족을 추구한다. 특히 사회적 기업가정신은 보다 나은 삶의 질을 꿈꾸고 지속적으로 하려고 사회적 혁신을 추구하며, 사회적 가치(Social Values) 창출을 목표로 한다. 그리고 사회적 기업가정신을 담고 있는 선비정신은 많은 연구에서도 기업 활동에 긍정적인 영향을 주는 것으로 발견되고 있다. 이정주(2013)에 의하면 청렴 시스템에 대한 기업 내 교육 시스템이 기업의 조직성과를 이끌어내는 데 유의한 영향이 있는가에 대한 연구결과로서 청렴 시스템은 조직몰입과 유의한 수준에 있고, 최고관리자의 청렴 관심 및 실천의지 그리고 조직몰입과 청렴한 행위에 대한 보상이 있을 때 조직몰입은 유의한 결과를 보였다. 이에 따라 기업 대표의 청렴에 대한 인식 제고가 구성원 간의 조직몰입을 통한 기업 경영 성과에 유의한 결과를 낼 수 있을

**[그림 4-2] 선비정신과 경영성과**

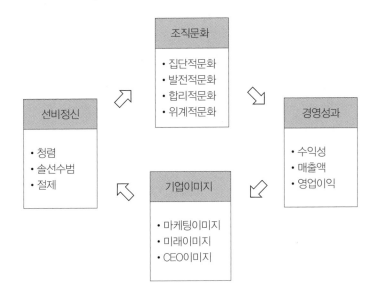

것이라고 판단된다. 또한 이춘우·안명희(2009)의 연구에 의하면 상사가 솔선수범 행동을 많이 하면 부하직원들의 직무만족도와 직무동기가 향상될 수 있다는 실증적 지지 결과가 있었다. 상사의 솔선수범 행동이 부하직원의 직무만족, 직무동기를 높여줄 수 있다는 점은 조직 유효성을 높이는 데 상사의 역할이 매우 중요하다는 시사점을 주고 있다.

선비정신의 유형으로 연구되는 솔선수범이 조직 내 리더의 중요한 역할로서 리더가 갖추어야 할 덕목으로 시사될 수 있는 것이다. 그리고 김호정(2013)은 공공조직에 적용되는 윤리적 리더십은 조직의 특성을 반영하고 서양과 동양의 철학과 관점도 고려하면서 리더십의 다양한 기능을 포괄할 수 있는 인간 지향, 정의, 사회적 책임, 절제가 적합하다고 한다.

이를 통해 선비정신에 대한 연구자들의 선비정신 요소로 절제가 공공기관이라는 공적인 성격을 띄우는 데 집중되어 있기는 하지만 조직의 차원에서 조직 구성원에게 영향을 줄 수 있는 것으로 해석할 수 있다. 따라서 선비정신의 요소인 절제가 기업의 구성원들에게도 영향을 미칠 수 있다고 판단된다. 그렇기 때문에 저자는 윤리적 경영과 사회적 책임 그리고 사회적 기업가정신을 발휘하려면 선비정신이 깃든 기업가정신이 필요하다고 주장하고 싶다. 즉 기업가정신이 가진 '성장, 경쟁심, 성취 추구' 등 각 요소의 한계점은 선비정신으로 극복할 수 있음을 알 수 있다.

## [표 4-2] 선비정신 연구와 개념 정의

| 연구자(연도) | 개념 정의 |
|---|---|
| 이정화(2013) | 김시습의 선비정신은 대세에 휩쓸리지 않는 선비정신으로 의와 예를 실천하였고 정의를 생명처럼 여기며 살았다. 절의를 지키기 위해 자신의 모든 것을 버린 마음은 유가에서 지향하는 선비정신의 핵심이고, 명예와 이익에 좌지우지되며 처세하는 속된 사류를 못마땅하게 여기며 청렴을 지키는 선비의 표상이다. |
| 신익호(2009) | 선비정신은 인격 수양과 곧은 마음으로 수신제가에 힘쓰는 도덕정신, 절개와 의리를 존중히 여기고 강직 청렴한 성품을 갖는 절의정신, 부지런히 학문에 힘쓰고 무예를 닦으며 후진 양성에 힘쓰는 탐구정신, 국가와 사회에 봉사하며 선정을 펼치는 훈업 성취 정신 등으로 자신의 행동에 대한 엄격한 절제, 예를 갖춘 행동, 청렴하고 깨끗한 마음, 물욕 억제 등의 행동 수칙을 가지고 있다. |
| 변창구(2016) | 선비정신이란 '선비'와 '정신'의 합성어로, 전통사회의 한 계층인 선비가 구현하고자 하였던 정신 상태로서 올바른 행동에 대한 확고한 가치관과 신념이다. 선비가 갖추어야 할 덕목에는 수기치인, 사생취의, 견리사의, 지행일치, 솔선수범 등이 있다. |
| 이서행(2001) | 선비정신은 우선 자기 스스로에게 준엄한 비판과 성찰을 가함으로써 자신을 인격자로 가꾸면서 사회를 제도하는 원동력이 되는 것이다. 선조들의 선비정신 발현 양태는 분명 시대를 넘어 우리에게 보여주는 밝은 측면이라 할 수 있다. |

# 2. 기업가정신 교육(해외 사례 중심으로)

## 1) 기업가정신 교육의 필요성

지난 반세기 동안 한국의 경제성장과 발전은 우리 생활을 풍요롭게 만들었고 국제사회에 한국의 위상을 높이는 결과를 가져왔다. 부존자원, 기술, 자본, 경험도 없이 경제개발 착수 50년 만에 국민소득 100달러에서 2만 달러로 전례 없는 고성장을 보여왔다. 그리고 전 세계적으로 앞선 인터넷과 정보·통신기술의 발달로 한국의 성장은 새로운 시대를 맞이하게 되었다. 이때 기업가정신을 가진 기업가들(정주영, 이병철 등)이 한국 경제를 이끌었고, 미국의 경영학자 피터 드러커는 "한국은 기업가정신 지수가 가장 높은 나라"라고 극찬까지 하였다. 그러나 지금은 예전과 달리 청년 니트족(NEET)이 100만 명이 넘고 생계형 창업이 압도적으로 많은 나라로 변했다. 그리고 아직까지 우리 경제와 산업의 발전은 대부분 2차 산업을 근간으로 하고 있어 지식·정보화 시대 그리고 글로벌 경제·사회 체제에 맞는 새로운 성장과 발전을 위한 대응책은 부족하다. 인터넷과 정보·통신기술의 발달은 지식과 정보의 활용을 증진시키며 다양한 서비스와 첨단산업의 발전을 촉진시켰다. 또한 기존의 글로벌 시장경쟁 체제는 더욱 활성화되었다. 이에 국제사회 내 한 국가의 경쟁력 확보는 지식과 정보를 자원으로 한 신기술 개발과 새로운 산업을 발전시키는 방향으로 바뀌고 있다. 따라서 산업발달에 지식과 정보가 새로운 자원이 된 2000년대 이후 대부분의 선진 국가들은 혁신적이며 창의적인 인재 양성과 활용을 통해 국가경쟁력을 강화시키고 있다. 이를 뒷받침하는 주요 움직임은 유럽연합이 지난 2006년 오슬로 아젠다(Oslo Agenda)를 발표하고 전 유럽 국가들에 '기업가정신' 교육의 의무화를 제안한 것과 2009년 세계경제포럼에서 모든 국가들에 '기업가정신' 교육을 의무화할 것을 권고한 것이다(정차근. 2013; 창조경제연구회. 2013).

선진 국가들이 이처럼 시대적 변화에 대응하며 새로운 방향으로 국가경쟁력 확보를 위해 '기업가정신' 교육을 강조하고 있음은 우리 국가와 사회에 시사하는 바가 매우 크다. 과거 1970년대의 교육 체계와 과정을 그대로 되풀이하는 교육 현장, 대학 입시가 최고의 교육 목표로 변질된 학교 교육, 아직까지 우리의 인재 양성을 과거 차별적 직업 분류인 사농공상(士農工商)의 인식 틀에 묶어놓는 사회·문화적 환경 등이 현재와 미래 사회가 요구하는 인재 양성을 방해한다. 지금까지 우리의 청소년들은 초등학교부터 사교육에 의존해 시험을 잘 보는 사람으로 길러지며 시대적 변화에 대응할 역량은 부족하다. 그리고 많은 청년들이 대학을 졸업하고도 안정된 직장에 취업하기 위해 다시 사교육에 의존하는 나약한 존재들이 되었다. 대부분의 대학생들은 스펙과 성적 관리에 연연해 실제 자신이 원하는 일을 못 하고 창의성과 도전정신을 잃어버렸다. 시대적, 세계적 변화 추세를 읽지 못하는 학부모와 기성세대, 학교 교육은 우리 청소년들에게 정해진 진로를 선택하고 안정된 직장만을 찾도록 안내한다. 그리고 새로운 도전이나 혁신을 꺼리는 우리의 사회·문화적 환경은 개인은 물론 국가와 사회의 새로운 성장과 발전을 방해한다.

이렇게 글로벌 경제·사회 체제가 변화하는 상황에서 우리의 청소년들에 대한 교육, 실업, 고용 등의 문제들에 대해 그 심각성을 인지한 과거 정부는 지난 2002년부터 청소년 교육에 변화를 시작했다. 특히 특성화고등학교, 마이스터고등학교, 진로교육, 창업교육, 비즈쿨(BizCool) 프로그램(청소년 창업 마인드를 키우기 위한 창업교육 프로그램), 창업센터 운영, 창업동아리 활동 등으로 인재 양성을 위한 새로운 교육적 지원과 정책을 펴며 정부의 적극적인 변화 의지를 보여주었다. 하지만 아직 교육의 시설 및 인적 인프라가 많이 부족하다. 2002년부터 시작한 청소년 기업가정신 교육은 전체의 1%만 진행되는 중이고, 내용 수준도 기업 방문 및 일반 경제교육 수준에 머무르고 있다. 다시 강조하지만 현 시대에는 창업과 기업가정신이 매우 중요하다. 더 나아가 대표의 기업가정신은 창업뿐만 아니라 인생의 관점에서도 필요한 요소로 보기 때문에 어릴 때부터 시작되어야 하는 전 생애 교육으로 봐야 한다. 이런 교육의 방식을 정확하게 이해하고 이용하기 위해서는 성공적인 사례들을 참조하고 연구해봐야 한다. 그렇기 때문에 기업가정신 교육을 성공적으로 하고 있는 해외 사례들을 살펴보도록 하겠다.

## 2) 미국의 기업가정신 교육

미국 대학의 창업교육은 1945년 하버드대학교에서 마일스 메이스(Myles Mace) 교수가 처음으로 창업과정을 도입한 이래, 1958년 MIT에서 창업과목을 개설하였고, 1970년대에 들어서면서 본격적으로 경영대학에서 기업가정신 교육이 이루어졌다. 학부 전공은 뱁슨대학(Babson College)에서 처음 시작되었으며, 이후 베일러대학교(Baylor University), 캘거리대학교(University of Calgary), 위치타주립대학교(Wichita State University) 등에서 이루어졌다. 석사 수준에서의 전공은 1972년 서던캘리포니아대학교(University of Southern California)에서 최초로 시작되어 기업가정신 교육체계가 조성되었다.

미국의 기업가정신 교육은 이론 수준에서 머무르는 것이 아니라 스탠퍼드대학교, 매사추세츠공과대학교(MIT) 등 연구 중심 대학을 필두로 대부분의 대학에서 실질적인 창업으로 연결될 수 있는 다양한 프로그램을 구비하여 운영하고 있다. 사업계획을 개발하는 것에서부터 면허와 대부금을 얻고 마케팅 활동을 하며 사업을 성공적으로 운영하기 위한 인력 수급에 이르기까지 실질적으로 창업과 연결될 수 있도록 모두 지원하는 것이다. 오늘날 실리콘밸리가 벤처 창업의 메카처럼 인식되고 있는 것은 스탠퍼드대의 독특한 창업교육 프로그램과 제도 및 운영에 결정적인 영향을 받고 있기 때문이다. 그리고 실무적 역량 배양을 위해 대다수 교수는 실제 산업 현장에서 창업 및 기업경영과 관련 경험이 풍부한 인사로 인선되고 있으며 창업환경 분석, 창업교육의 핵심인 기업가정신 및 리더십, 환경 변화에 대한 혁신적인 사고능력 및 의사결정 역량 배양, 다양한 간접경험을 제공할 수 있는 사례 연구 및 관련 연사 초청 세미나 등 실무적 교육 내용으로 구성되어 있다. 특히 주목할 점은 미국 대학들은 창업교육 시간에 창업을 통한 수익 창출보다 기업가정신(Entrepreneurship) 및 사회적 책임(Social Responsibility)을 상대적으로 매우 강조하고 있다는 것이다. 그렇기 때문에 미국 창업문화는 단기적 성과 중심으로 이루어지지 않고 장기적 관점으로 많이 접근한다. 최근 수익 창출과 더불어 기업의 사회적 역할과 책임, 사회적 가치 창출까지 가능한 사업 아이템 발굴을 추구하고 있다.

우리나라의 벤처산업이 닷컴산업의 붕괴와 함께 침체기에 들어선 반면, 미국은 대학들 의 적극적인 창업·기업가정신 교육 및 연구 활동을 기반으로 2000년 초 닷컴 버블 붕괴를 극복하고 창업기업들이 꾸준히 증가했다(2001년 402개에서 2011년 617개로 연평균 약 20개 증가). 교내 창업펀드는 2004년 54개에서 2009년 85개로 증가했고, 엔젤펀드와 벤처캐피털 투자유치는 각각 2004년 46개와 71개에서 2009년 50개와 87개로 증가했다. 이러한 성과는 대학들의 적극적인 교육·연구 활동에 기인하였으나, 보다 근본적으로는 대학 입학 이전인 초·중·고등학생 시기부터 기업가정신, 창업에 대한 인식과 사고방식에 대한 교육을 받음으로써 대학 입학 전부터 이미 준비되어 있는 학생들이 다수 배출되기 때문이다. 미국의 학교에서는 최초 창업교육이 교내 특별활동 프로그램과 같은 용도로 보급됐지만, 1980년대 들어 청소년 문제와 실업 예방을 위해 청소년 교육의 한 분야로 정착되었다. 30개 이상의 주에서 창업 관련 수업이 진행되고 있으며, 아이오와주 등 10여 개 주에서는 학교에서 직업 및 창업과 관련된 과목을 가르치도록 법제화했다.

특히 미국 연방정부는 청소년의 직업교육을 강화하기 위해 테크프렙(TechPrep)과 스쿨투워크(Schol-to-Work) 프로그램을 운영하고 있으며, 이들 프로그램은 특히 전문계 고등학생의 창업교육에 중요한 역할을 수행하고 있다. '테크프렙'은 고등학교 프로그램과 대학 프로그램의 연계(2년+2년)를 통해 이들 두 기관 학습과정의 중복적인 요소를 없애고 학생들에게 기술직과 서비스직에 취업할 수 있는 기회를 제공하고 있으며, '스쿨투워크'는 학교로부터 직업세계로의 원만한 이행을 도울 수 있도록 진로지도를 초등학교 때부터 지원하고, 학생들의 적성·소질 발현 및 적재적소 배치 지원을 연방 및 지방정부에서 의무적으로 실시하는데 교육 내용 중 창업이 중요한 부분을 차지한다. 프로그램을 이수한 청소년들은 희망에 따라 '전국 청소년 기업가정신 경진대회(National Youth Entrepreneurship Challenge)' 등에 참가하여 창업자금을 확보하거나 사업계획을 구체화하는 등 대학 입학 전부터 관련 경험을 축적할 수 있다. 이처럼 미국은 어릴 때부터 시작하여 고등교육, 전문교육 각 단계별로 기업가정신 교육체계가 잘 잡혀 있음을 볼 수 있다. 미국의 기업가정신 교육을 잘 이해하기 위해서는 특히 고등교육(대학교) 내용을 구체적으로 살펴봐야 하기 때문에 기업가정신 교육으로 유명한 대학교들에 대해 간단히 알아보자.

## (1) 뱁슨대학

뱁슨대학(Babson College)은 미국 동부 매사추세츠주 보스턴 근교 웰즐리(Wellesley)에 위치한 사립대학으로, 1919년 금융 자본가이자 기업가였던 로저 뱁슨(Roger W. Babson)에 의해 설립되었다. 본교(Main Campus)는 45만 평의 부지에 조성되어 있으며 학부생 2,000여 명, 대학원생 약 830명, 교수 약 267명으로 미국 내에서도 작은 규모다. 뱁슨대학은 기업가정신(Entrepreneurship) 학부전공을 독립적으로 운영하기 시작한 최초의 대학으로, 기업가정신 교육 분야에서 학부 및 대학원 과정 모두 세계적으로 인정받고 있다. 여기서 특징은 독립적인 기업가정신 학위과정도 운영하고 있지만, 다른 전공에 있어서도 기업가정신이 반영된 교육 체계를 운영할 수 있도록 하는 것이다.

미국 대학들은 저마다 자신만의 기업가정신 철학을 정의하고 있는데, 뱁슨대학은 '사회적·경제적 가치를 창출할 수 있는 기회를 발굴하기 위해 필요한 리더십과 자원 배분 역량'으로 기업가정신을 정의하고 있다. 기업가정신은 단지 기업의 CEO에 국한된 것이 아니라 모든 분야의 모든 직책에 해당되는 것으로, 수익을 창출하는 기업뿐만 아니라 비영리조직, 사회단체 등 모든 조직에서 필요한 역량임을 강조한 것이다. 수업의 질적 수준을 높이기 위해 지속적인 개선 노력을 기울이고 있으며, 학부 및 대학원 교육과정에 대해 다양한 인증기관으로부터 인증을 획득했다. 모든 교수와 스태프, 졸업생은 인센티브와 같은 제도적 강제성보다는 뱁슨대학의 일원이라는 자부심으로 자발적으로 지원하고 있으며, 학생이 입학한 첫해부터 졸업할 때까지 기업가정신에 흥미를 가질 수 있도록 전폭적으로 지원하고 있다. 이러한 노력의 결과, 뱁슨대학은 「U.S. News & World Report」, 「Bloomberg Businessweek」, 「Princeton Review」, 「Entrepreneur Magazine」 등 언론 및 외부 평가기관에서 발표하는 대학 순위의 기업가정신 교육 부문에서 최상위권을 차지하고 있다. 동시에 졸업생 연봉도 아이비리그에 속한 유명 사립대학보다 높은 순위를 기록하고 있다(뱁슨대 8위, 하버드대 13위, 스탠퍼드대 10위, 예일대 22위). 나아가 뱁슨대학은 교육뿐만 아니라 국내외 다양한 기업가정신 기관과 네트워크를 구축하고 연구 활동을 활발히 벌이고 있으며, 이를 통해 뱁슨의 기업가정신 철학을 확산시키고자 노력하고 있다.

### (2) 마틴 트러스트 기업가정신 센터

MIT의 마틴 트러스트 기업가정신 센터(Martin Trust Center for MIT Entrepreneurship)는 1990년대 초반 창설되었다. 이 센터가 수행하는 일은 크게 교육과 연구로 나눌 수 있다. 센터는 기업가정신 교육과 실천 프로그램을 제공하여 첨단기술 벤처기업 지도자를 교육하고, 기업가 혹은 기업들과의 활발한 전략적 제휴에서도 중추적인 역할을 하고 있다. 즉 MIT에서 수행되고 있는 실용적이고 검증된 경험을 바탕으로 한 혁신적인 학술 연구를 비즈니스 및 기술 협력에 활용하고 있다. 이는 MIT가 지닌 기술, 비즈니스 혁신, 발명, 새로운 개념, 새로운 제품 등을 성공적으로 비즈니스화하고, 이를 필요로 하는 기업가들에게 연결하는 데 중요한 역할을 하는 것이다. 커뮤니티 형성 또한 이 센터의 주요 역할로 볼 수 있으며 기업가, 학술단체, 정부 및 관련 업계 지도자를 연결하여 매우 효율적인 네트워크를 구성하고 있다. 이러한 네트워크를 통해 MIT의 학생, 교직원, 기타 이해관계자들 간의 긴밀한 협력이 가능하고, 새로운 벤처기업 탄생에 추진력을 마련할 수 있다. 기업가정신 교육과정은 다음 그림과 같이 이론(Theory)과 실제(Practice)로 구성되어 '창업도구(Entrepreneurial Skill Set)', '기업 내 활동(In-Company Action Learning)', '산업별 중점사항(Industry Focus)'의 세 가지 영역으로 나누어 진행된다.

**[그림 4-3] 마틴 트러스트 기업가정신 센터의 커리큘럼 개념도**

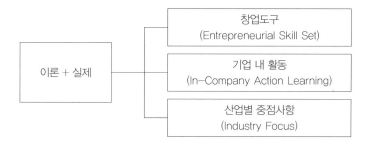

이 그림에서 일단 '이론'과 '실제'라는 부분에 중점을 두고 살펴보면, 이 부분은 해당 교육과정이 추구하는 목표라고 할 수 있다. 즉 이론과 실제의 조화가 MIT가 원하는 창업교육의 모습이다. 이론은 경쟁전략(Competitive Strategy), 창업전략(Entrepreneurial Strategy), 혁신과 창업의 전략적 관리(Strategic Management of Innovation and Entrepreneurship)를 주된 내용으로 하여 구성된다. 이러한 내용을 강의실에서 배운 후, 이를 직접 적용해보는 것은 실제 부분에 해당한다. 실제 부분은 혁신 팀(Innovation Teams)이라는 팀 작업과 신기업(New Enterprises)이라는 창업 실무로 구성되어 있다. 이 이론과 실제는 위의 그림에서 볼 수 있듯이 창업도구, 기업 내 활동, 산업별 중점사항이라는 세 가지 범주에서 개별 과목으로 나뉜다. '창업도구'는 창업에 필요한 전략, 혁신 아이디어, 법률적인 문제, 제품의 형태, 투자유치, 투자전략 등을 가르치는 과목으로 구성된다. '기업 내 활동'에는 글로벌 창업 및 기업 내부의 조직 성격과 관련된 내용들을 가르치는 과목이 포함되어 있다. '산업별 중점사항'은 창업에 있어 산업별 특성과 고려해야 할 점을 교육하는 과목들이 주축을 이루고 있다.

　　MIT의 창업 프로그램은 많은 미국의 대학이 그렇듯, 다수의 기업으로부터 기부를 받고 있다. 개인과 법인 기부자를 제외하고도, 각종 경연과 학교 행사에 다양한 기업들이 후원한다. MIT 창업교육 프로그램의 특징 중 눈여겨보아야 할 점은 정규 교과목 이외에도 학생들이 자체적으로 형성한 다양한 경진대회와 많은 소규모 클럽들이 존재한다는 것이다. 이러한 학생 활동이 바로 기업들의 후원을 통해 이루어지는 것이다. 다양한 경진대회를 통해 소규모 클럽들은 단지 아이디어를 공유하는 공간만을 제공하는 것이 아니라, 특정 목표를 가지고 다수가 지향하는 모의 실전 혹은 창업의 경험을 가질 수 있다. 이러한 클럽들은 학교 정규 과정에서 상세히 접할 수 없는 분야별 산업의 특징에 대한 지식을 공유하는 데 적합하며 MIT Energy Club(글로벌 에너지 문제 관련), MIT Sloan Entrepreneurship & Club(기업가정신 및 리더십 관련), MIT Sloan Healthcare Club(생명공학 및 의학 관련), MIT Sloan Sales Club(판촉 관련), MIT Sloan Tech Club(최첨단 산업기술 관련)이 대표적인 클럽들이다. MIT의 대표적인 기업가정신 경진대회는 'MIT $100K 경진대회'다. 이 경진대회는 크게 PITCH, ACCELERATE, LAUNCH 의 세 가지로 나뉘어 있다. 또한 각 경진대회 하부에 SEGAL FAMILY FOUNDATION ENERGING MARKET, ENERGY, LIFE SCIENCE, MOBILE, PRODUCT & SERVICE, WEB/IT의 6개 트랙이 있다. 클럽과 경진대회 외에도, MIT 창업교육 프로그램은 '벤처 멘토링 서비스(VMS)'를 지원하고 있다. 이 서비스는 전문 자원 봉사자 멘토를 통해 미래의 기업가들에게 도움을 주고, MIT가 가지고 있는 커뮤니티를 통해 기업가 활동을 지원하기도 한다. 한 과정은 신생기업들과 3~4명의 멘토로 구성된다. 멘토링의 내용은 제품개발, 마케팅, 지적재산권, 금융, 인적자원 등 비즈니스 전반에 걸쳐 구성되어 있다.

### (3) 폴스키 센터

시카고대학교의 폴스키 센터(Polsky Center for Entrepreneurship & Innovation)는 우크라이나 이민자 마이클 폴스키(Michael Polsky)가 2002년 700만 달러를 출연하여 만든 센터다. 폴스키는 인베너지(Invenergy)라는 풍력 발전회사를 설립하여 크게 성공했는데, 이 센터를 설립하여 학생들의 기업가정신을 고취하고 학교의 다양한 사업 아이디어를 사업화하는 데 기여하고 있다. 그는 이 대학 졸업생으로 2012년 800만 달러를 추가로 기부했다. 이 센터는 기업가정신에 관한 이론적 교육과 혁신에 대한 실무경험을 가르치고 연구와 모임, 멘토링, 전문가 커뮤니티 결성, 국제 네트워크 구축 등의 기능을 수행하고 있다. 또한 창업교육 이외에도 학생들의 학습 활동과 진로를 상담해주고 창업에 도움이 되는 다양한 회의와 모임을 주선하는가 하면, 각종 창업 관련 경진대회를 유치하는 데 노력을 아끼지 않고 있다. 창업과 관련한 커뮤니티 구축, 벤처 보육을 위한 재정지원 유치 등의 업무도 함께 수행하고 있다. 이 센터는 센터 자체의 원활한 운영과 학교에서 해결할 수 없는 전문적인 서비스를 지원하기 위해 자문위원회(Advisory Board)를 결성하여 운영하고 있으며 여기에는 성공한 창업가, 벤처기관 투자자, 개인투자자와 같은 36명의 각계 외부 명망가들이 참여하고 있다. 이 센터가 보유한 교육과정의 특징은 이론 강좌 이외에 현장 실습을 포함하고 있다는 점이다. 이론 교육으로는 기업가정신과 창업에 관한 기본 과목으로 창업금융, 경제 일반, 전략, 혁신 등에 관한 26개 과목을 개설해서 가르치고 있다. 다른 한편으로, 이 센터는 다양한 실무경험 과정을 마련하고 있어 학생들이 자신이 추진하고 있는 창업 모델을 실제와 유사하게 경험해볼 수 있다. 이를 통해 학생들은 자신이 일하고 싶은 분야나 창업과정에서 자신이 무엇을 해야 하는지 바르게 인지할 수 있는 기회를 부여받는다. 이러한 실습 경험을 통해 학생들은 반드시 자신이 지향하는 바가 아니더라도 기업의 실제 업무 형태를 익히고, 자신이 설립하려는 기업의 구조와 업무 수행 방식을 미리 그려볼 수 있다.

이 센터의 중요한 특징은 각종 창업 경진대회가 잘 조직되어 있다는 점이다. 이러한 특성은 앞서 언급한 MIT 사례에서도 관찰할 수 있는데, 창업 경진대회는 미래의 창업자들에게 경쟁의식을 고취시키고 기업가정신을 함양할 수 있는 기회를 제공하는 데 의의가 있다고 여겨진다. 특히 폴스키 센터의 경진대회는 학생들이 서로 교류하고 외부의 명망 있는 창업가들이나 전문가들의 고견을 청취하며, 그들과 관계를 맺는 아주 중요한 창구 역할을 하기 때문에 아주 정교하게 계획되고 시행된다.

## 3) 유럽의 기업가정신 교육

유럽연합은 아동과 청소년에게 기업가정신 함양을 위한 교육을 제공함으로써 이들이 보다 창조적이고 의미 있는 삶에 도전할 수 있는 기회를 제공하고자 다양한 노력을 기울이고 있다. 특히 기업가정신은 미래 사회가 요구하는 중요한 핵심역량 중의 하나라고 판단하여 청소년들이 기업가정신을 함양하기 위해 필요한 지식과 기술을 학교 교육과 교육과정을 통해 습득하는 것이 중요하다고 보았다. 유럽연합 회원국 간의 다양한 기업 간 교류를 활성화하기 위해 회원국 모두에게 해당되는 공통의 정책과 전략을 제시하되, 개별 국가의 특수한 상황을 고려한 국가별 기업가정신 교육 정책 지침도 마련하고 있다. 여기서는 유럽위원회의 미래 전략 중의 하나인 '2020 교육과 훈련(Education and Training 2020)'이라는 정책 비전하에 기업가정신 함양을 위한 교육을 포함시켰다. '2020 교육과 훈련' 정책의 3대 영역은 'Youth on the Move', 'An Agenda for New Skills and Jobs', 'Innovation Union'인데, 이 모든 영역에서 기업가정신 함양을 위한 교육 내용과 연계되도록 하였다. 다음은 유럽 각 국가들의 기업가정신 교육 정책의 특징이다.

## [표 4-3] 국가별 기업가정신 함양교육 정책의 특징

| 국가/지역 | 정책명 | 수립 시기 | 주관부서 | 내용 및 목적 |
|---|---|---|---|---|
| 덴마크 | 기업가정신 함양교육과 훈련 정책 | 2009 | 과학부, 기술혁신부, 문화부, 교육부, 경제부 | • 기업가정신 함양교육 기관에의 투자<br>• 관련 법, 정책 개발 계획<br>• 예산 분배 계획 |
| 에스토니아 | 기업가정신 함양교육 촉진을 위한 상호 협정 | 2007 | 교육연구부, 경제 소통부, 상공회의소, 국가시험 및 자격증센터, 기업가협회 | 상호 협정 체결 후 상공회의소와 기업교육위원회는 기업가정신 함양교육 프로그램을 위한 보고서 발간 |
| 리투아니아 | 2008-2012 국가 청소년 기업가정신 함양 프로그램 | 2008 | – | 2013-2012 국가교육 정책에서 제시된 기업가정신 교육과 예산 지원 강화 |
| 네덜란드 | • 교육과 기업가정신 실행 프로그램<br>• 교육 네트워크 기업가 정책 | 2009 | 경제부, 교육부, 문화과학부, 농업부, 자연식품부 | 교육기관들에 기업가정신 교육을 위한 내용을 교육 정책과 교과과정에 반영하여 통합교육이 이루어지도록 지원 |
| 스웨덴 | Budget Bill 2009 | 2009 | – | 학교 내 모든 교육과정을 통해 기업가정신 교육이 이루어지는 것이 목적 |
| 노르웨이 | 기업가정신 교육과 훈련 – 의무교육에서 대학까지 | 2009 | – | • 기업가정신 교육과 프로그램의 질 향상 및 프로그램 다양화<br>• 모든 학교(초등학교에서 대학까지)에서의 기업가정신 교육 강화 |
| 영국, 웨일스 | 청소년 기업가 전략 | 2004 | – | 웨일스 지역의 기업가정신 함양교육 강화 |
| 벨기에 | 2011-2014 기업가정신 함양교육 실행 정책 | 2011 | 국무총리, 경제농업부, 교육부, 고용부 공동 | 청소년들이 자신의 사업을 준비하도록 지원 |

자료 : '청소년 기업가정신 함양 및 창업 활성화 방안 모색', 교육부

학교 교육과정에서 기업가정신 함양교육은 크게 세 가지로 나뉘어 실시될 수 있다. 첫째 독립교과목을 통한 교육방법이고, 둘째 모든 교육과정을 통해 실시될 수 있으며, 마지막으로는 기존 교과목 안에서 세부교육 내용으로 다루어질 수 있는 방법이다. 어떤 방법을 통해 이루어지느냐 하는 것은 국가와 학교가 처한 상황과 문화에 따라 달라질 수 있을 것이며, 중요한 것은 아동과 청소년에게 이러한 교육과정의 제공 여부라고 할 수 있다. 유럽의 국가들을 초등학교와 중등학교로 나누어 분석해보면 다음과 같다.

### (1) 초등학교 교육

초등학교에서 이루어지는 기업가정신 함양교육은 대부분 통합교육 과정을 통해서 이루어진다. 네덜란드의 경우는 국가교육 과정에서 언급하고 있지는 않지만, 국가교육 과정이 융통성 있게 운영될 수 있어 학교가 원하는 경우에는 얼마든지 기업가정신 함양교육이 다양한 방법으로 이루어질 수 있다. 통합교육 과정으로 이루어지는 국가들의 경우는 주로 필수교육 과정으로 분류되고 있으며 사회교과, 역사, 지리, 정치, 시민교육과 등을 통해 통합교과목으로 다루어지고 있다. 많은 국가는 아니지만 사회과 교과목 중 하나의 주제로 다루어지는 경우도 있다. 국가별로 살펴보면 불가리아와 라트비아의 경우 'home economics and technology'에 포함되기도 하고 체코는 윤리교과, 리투아니아는 자연과학 교과목, 폴란드는 사회과 교과뿐만 아니라 수학교과에서도 기업가정신 함양교육을 가르치고 있다. 초등학교에서는 주로 통합교과를 통한 기업가정신 함양교육이 이루어지고 있지만, 슬로바키아는 유일하게 독립교과목으로 정해놓았다. 핀란드도 최근 독립교과로 추진하려는 움직임이 있다.

## (2) 중등학교 교육

중등학교에서의 기업가정신 함양교육은 초등학교보다 훨씬 많은 국가에서 필수교육 과정으로 편성되어 있고(회원국 중 3분의 2에 해당), 이 역시 주로 통합교육 과정의 형태를 지니고 있다. 리투아니아, 루마니아의 경우는 필수교육 과정이며 독립교과의 형태다. 불가리아는 과학영역에서 선택과목이며, 덴마크와 스페인은 선택교과목이다. 초등학교와 구별되는 특징은 직업교육이나 경제교육 교과랑 통합교과로 운영되는 사례가 많다는 것이며, 기업가정신 함양교육이 필수교과인 국가는 절반에 해당된다. 그러나 여전히 기업가정신 함양교육은 주로 사회과 교과목에서 이루어진다. 라트비아와 스웨덴의 경우는 기업가정신 함양교육의 일부가 예술과 음악시간에 이루어지고 있으며, 몇몇 국가에서는 초등학교와 마찬가지로 수학이나 과학, ICT 시간을 통해 다루어지고 있어 다양한 교과목과의 연계 안에서 수업이 진행될 수 있다.

## (3) 상급중등학교

모든 유럽연합 회원국의 상급중등학교에서 기업가정신 함양을 위한 교육이 이루어지고 있다. 간혹 기업가정신이라는 용어 대신 비슷한 개념의 다른 용어가 사용되긴 하지만, 한 개의 국가도 빠짐없이 기업가정신 함양을 위한 교육을 제공한다. 통합교육 과정을 통한 기업가정신 함양교육이 가장 흔한 형태이고(3분의 2에 해당), 특이한 것은 독일의 경우 상급중등학교에 올라오면 선택교과목이 된다는 것이다. 독일뿐만 아니라 예외 없이 모든 국가가 기업가정신 함양교육을 제공하고 있지만, 3분의 2가량의 국가들은 선택과목으로 통합교과의 형식을 가지고 있다(불가리아, 리투아니아, 오스트리아, 슬로베니아, 스웨덴, 터키, 노르웨이 등). 스웨덴은 교육과정 개편을 통해 2011년 가을 학기부터 경제과목에서 분리하여 독립교과로 기업가정신 함양교육을 가르치고 있다. 주로 경제, 직업교육과 통합교과로 이루어지며 필수교과목으로 선정하고 있는 국가는 많지 않다. 단, 사회과 교과목에 편성되어 있는 경우는 사회과 교과목이 필수교과목인 경우가 많아 이 경우에는 기업가정신 함양교육이 필수교과목이 된다. 일반 중등학교와 비교해 보면 상급중등학교에서는 그다지 유사과목으로 간주되지 않는 수학이나 과학, ITC 교과목과 통합교과로 가르치고 있는 국가가 줄어들었다(리투아니아, 폴란드, 슬로베니아). 이러한 과목에서 다루어지는 기업가정신 함양교육도 모교과목의 특성상 필수교과목이다. 룩셈부르크의 경우는 기업가정신 함양교육이 프랑스어교과 시간에, 라트비아는 윤리시간에 각각 선택과목의 형태로 다루어지고 있는 점이 특징이다.

# 3. 글로벌 기업가정신 모니터

## 1) 글로벌 기업가정신 모니터
### (GEM : Global Entrepreneurship Monitor) 개요

GEM 지수는 가장 널리 알려진 기업가정신 지수로, 1999년부터 런던 경영대학원(London Business School)과 미국 뱁슨대학(Babson College)이 매년 공동으로 조사하고 있는 글로벌 설문조사다. GEM의 설문조사는 일반성인조사(APS : Adult Population Survey)와 전문가조사(NES : National Expert Survey)로 나누어 시행한다. 일반성인조사(APS)는 62개 조사대상 국가별로 18~64세 이하 2,000명 이상의 일반성인을 표본 추출하여 설문조사를 수행하고, 전문가조사(NES)는 각 국가별 최소 36명의 기업가정신 연구 분야의 전문가를 대상으로 설문조사를 시행한다. GEM 조사는 개념적으로 개인의 혁신적 활동은 경제·사회적 환경과 상호 밀접한 영향을 주고받는다는 인식하에 기업가정신과 경제발전 간의 상호 연관성을 고려하여 조사가 디자인된다. 따라서 조사를 통해 첫째 기업가적 활동을 방해하거나 촉진하는 요소, 특히 사회적 인식, 개인적 성향, 기업가정신 생태계와 같은 요소를 밝혀내고, 둘째 기업가정신이 경제성장에 미치는 영향을 평가하기 위한 플랫폼을 제공하며, 셋째 기업가적 역량을 강화하기 위한 정책적 시사점을 찾고자 설계된다.

다음 그림은 이와 같은 GEM 조사의 개념과 목적을 구현하고자 설계된, GEM 조사의 개념적 틀(conceptual framework)을 보여주고 있다. 기업가정신의 사회적 가치(social value)나 기업가의 개인적 속성(individual attributes)에 영향을 미치는 요인은 '국가적 프레임워크 조건(National Framework Conditions)'과 '기업가적 프레임워크 조건(Entrepreneurial Framework Conditions)'으로 대별될 수 있다. '국가적 프레임워크 조건'은 광범위한 사회, 문화, 정치, 경제적인 환경 요인이다. 이는 요소주도형, 효율성주도형, 혁신주도형 경제를 구별 짓는 요소이기도 하다. 달리 말하면, 경제발전 단계에 따라 기업가정신에 미치는 영향이 다를 수 있다는 것이다. '기업가적 프레임워크 조건'은 기업가의 활동에 보다 직접적으로 영향을 미치는 것으로 창업자금 조달, 정부 정책, 정부의 기업가정신 고취 프로그램, 기업가정신 교육, R&D 기술 이전, 시장의 내부 역동성 및 진입 규제, 물리적 인프라, 사회·문화적 규범 요소 등이다. 기업가정신에 대한 사회적 평판 내지는 가치는 기업가를 직업으로 선택하는 것을 사회가 얼마나 훌륭한 선택으로 평가하는지, 기업가들이 높은 사회적 위치를 갖는지, 대중매체가 기업가정신을 얼마나 긍정적으로 묘사하는지 등으로 평가될 수 있다. 한편 기업가의 개인적 속성은 인구통계학적 특성(성별, 연령 등), 기업가로서의 자신에 대한 인식(능력에 대한 인식, 기회에 대한 인식, 실패에 대한 두려움)과 사업을 시작할 동기 등의 요소를 포함한다.

한편 기업의 동태적 성장과정은 창업을 준비하는 잠재적 기업가 단계, 창업 단계의 초기 기업가 단계, 창업 초기의 위험을 극복한 기업가 단계, 성숙한 기업가 단계 등 여러 단계로 이루어진 하나의 과정으로 볼 수 있는데, 각 단계별로 기업가정신의 성격에 차이가 있다. GEM 조사는 기업의 각 성장 단계별로 기업가적 활동지수, 즉 기업가정신을 설문조사를 통해 측정하고 있다. 초기 기업가적 활동지수(TEA : Total early-stage Entrepreneurial Activity)는 GEM 조사에서 가장 핵심이 되는 지표다. TEA에서는 창업 후

## [그림 4-4] GEM 조사의 개념적 틀(conceptual framework)

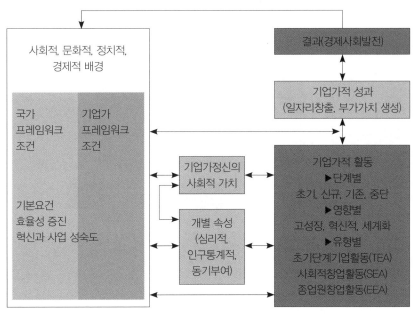

자료 : GEM 2015/16 Global Report, p. 12

수개월 내로 많은 기업가들이 실패하는 것을 고려하여 창업자를 창업 후 3개월까지의 '초기 기업가'와 3개월부터 42개월(3년 반)까지의 '신규 기업가'로 구분해서 조사하는데, 전체 일반인 응답자 중 이 두 경우에 해당하는 비중을 나타낸 것이 TEA 지수다. GEM 조사는 TEA를 성별, 능력의 인지, 기회의 인지, 창업 의지, 초기 단계 기업의 국제화 추진 활동, 초기 단계 기업의 신제품 개발 활동 비율 등으로 분석하고 있다. 또한 GEM 조사에서는 42개월 이상 기업을 운영 중인 중견 기업가와 사업을 중단한 사람들까지 조사하고, 이들을 대상으로 기업의 지속성장과 폐업에 영향을 미치는 요인에 대해서도 조사한다. 다음 그림은 GEM 조사에서 사용하고 있는 기업가적 활동지수, 즉 기업가정신 지수의 조작적 정의와 기업가정신의 특성을 보여주고 있다.

**[그림 4-5] 기업활동 단계별 기업가정신(GEM 조사의 조작적 정의)**

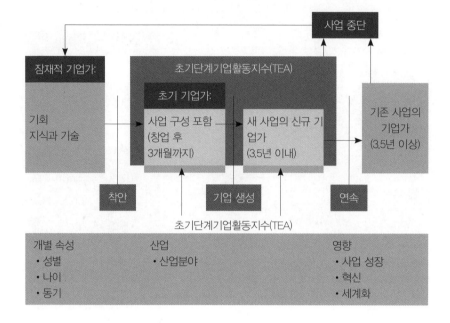

자료 : GEM 2015/16 Global Report, p. 13

## 2) 국내 기업가정신 지수(GEM)

GEM은 일반성인조사 및 전문가조사의 두 가지 설문조사에서 얻어진 자료를 토대로 조사대상 국가들을 '요소주도경제', '효율주도경제', '혁신주도경제'의 세 그룹으로 구분하여 각 그룹별로 기업가정신 지표들의 차이를 분석하고 있다. 한국의 경우 GEM 조사에 참여하지 않은 2003~2007년, 2014년을 제외하고 2000~2002년, 2008~2013년, 2015년의 TEA 비율을 살펴보면 2001년에는 TEA 평균(8.87%)을 상회한 14.32%였으나, 2015년에는 전체 TEA 평균(13.22%)보다도 낮은 9.25%를 기록하고 있다. TEA뿐 아

[그림 4-6] 한국의 창업유형 비율 추이

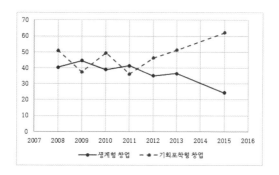

자료 : http://www.gemconsortium.org/data

[그림 4-7] 생계형과 기회포착형 창업유형 국제 비교(2015년, %)

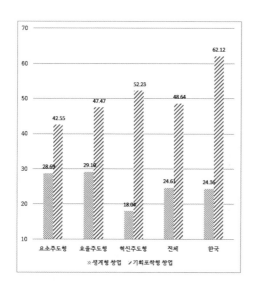

자료 : http://www.gemconsortium.org/data

니라 기존 기업 활동비율 역시 한국은 2008년 12.84%에서 2015년 6.96%로 꾸준한 하락 추세에 있다. 한편 초기 단계 기업 활동지수(TEA) 중에서 다른 대안 없이 생계를 위해 창업한 경우인 '생계형 창업(Necessity-Driven Entrepreneurial Activity)' 비중은 2001년 36.89%에서 2015년 24.36%로 꾸준히 줄어들고 있다. 이는 GEM 전체 평균인 24.61%와 비슷한 수준이고, 혁신주도형 국가의 평균인 18.04%보다는 높은 수준이다. 이에 반해 '기회포착형 창업(Improvement-Driven Opportunity Entrepreneurial Activity)'은 2011년 이후 꾸준히 증가 추세를 보여 2015년 62.12%를 보이고 있다. 이는 혁신주도형 국가 평균 52.23% 및 조사대상 전체 국가 평균 48.64%를 상회하는 수준이다(다음 그림 참조).

한편 기업가정신에 영향을 미치는 환경 평가라 할 수 있는 GEM의 전문가조사(NES) 결과에 의하면 한국은 정부 정책, 세제 및 관료, 기업가정신 프로그램, 내부 시장성, 물리적 인프라, 문화·사회적 규범의 경우 GEM 전체 평균과 한국이 속해 있는 혁신주도형 국가의 평균을 모두 상회하고 있다. 반면 기업가적 금융, 교육 및 훈련, R&D 이전, 상업적·법제적 인프라, 시장 진입 규제의 부분에서는 GEM 전체 평균과 혁신주도형 국가 평균을 모두 밑돌고 있다. 그러나 한국의 NES 지수는 12개 모든 항목에서 2013년을 기점으로 증가 추세에 있다.

[표 4-4] 기업가적 생태계 척도(NES, 2015)

| 항목 | 요소주도형 | 효율주도형 | 한국 | GEM 평균 | 혁신주도형 |
|---|---|---|---|---|---|
| 기업가적 금융 | 4.1 | 3.9 | 3.9 | 4.2 | 4.5 |
| 교육 및 훈련<br>(교육 내 과정 : at school) | 3.2 | 2.8 | 2.8 | 3.1 | 3.4 |

| 항목 | 요소주도형 | 효율주도형 | GEM 평균 | 혁신주도형 | 한국 |
| --- | --- | --- | --- | --- | --- |
| 교육 및 훈련 (교육 후 과정 : post school) | 4.7 | 4.6 | 3.9 | 4.5 | 4.5 |
| R&D 이전 | 3.6 | 3.6 | 3.6 | 3.8 | 4.2 |
| 상업적 · 법제적 인프라 | 4.7 | 4.8 | 4.0 | 4.9 | 5.1 |
| 시장 진입 규제 | 4.0 | 3.9 | 3.2 | 4.1 | 4.4 |
| 항목 | 요소주도형 | 효율주도형 | GEM 평균 | 혁신주도형 | 한국 |
| 정부 정책 | 4.4 | 3.9 | 4.2 | 4.5 | 5.8 |
| 세제 및 관료 | 4.0 | 3.6 | 3.9 | 4.1 | 4.6 |
| 기업가정신 프로그램 | 3.9 | 4.1 | 4.3 | 4.7 | 5.0 |
| 내부 시장성 | 5.0 | 5.0 | 5.1 | 5.2 | 7.3 |
| 물리적 인프라 | 5.7 | 6.3 | 6.3 | 6.7 | 7.0 |
| 문화 · 사회적 규범 | 4.8 | 4.5 | 4.7 | 4.9 | 4.9 |

자료 : GEM 2015/16 Global Report
주 : 리커트 척도(Likert scale) 1~9(1은 매우 불충분한 상태이고, 9는 매우 충분한 상태임)

[그림 4-8] 한국 NES 지수 추이

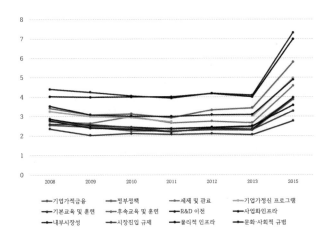

자료 : http://www.gemconsortium.org/data/sets

## 3) 기업가정신지수의 해외 비교 분석

2013년을 기준으로 조사에 포함된 국가들은 총 67개국이며, 국가의 발전 수준에 따라 '요소주도형(factor-driven) 경제', '효율주도형(efficiency-driven) 경제', '혁신주도형(innovation-driven) 경제'로 나뉜다. 요소주도형 경제는 자본, 노동 등 1차적 투입이 기반이 되는 경제로 총 13개국이 포함되었으며, 효율주도형 경제는 규모의 집약도가 발전의 동인이 되는 경제로 총 30개국이 포함되었다. 마지막으로, 혁신주도형 경제는 연구개발, 지식, 혁신 활동이 동인이 되는 경제로 총 24개국이 포함되었다. 우리나라는 혁신주도형 국가에 포함되어 있다.

**[표 4-5] GEM 조사에 포함되는 국가**

| 구분 | 국가 | 특징 |
|---|---|---|
| 요소주도형 경제 : 13개국 | 알제리, 이집트, 이란, 팔레스타인, 앙골라, 보츠와나, 에티오피아, 가나, 말라위, 나이지리아, 우간다, 잠비아, 파키스탄 | 자본, 노동 등 1차적 투입이 기반이 되는 경제 |
| 효율주도형 경제 : 30개국 | 아르헨티나, 바베이도스, 브라질, 칠레, 콜롬비아, 코스타리카, 에콰도르, 엘살바도르, 멕시코, 파나마, 페루, 트리니다드토바고, 우루과이, 튀니지, 나미비아, 남아프리카, 중국, 말레이시아, 태국(타이), 에스토니아, 헝가리, 라트비아, 리투아니아, 폴란드, 루마니아, 보스니아헤르체고비나, 크로아티아, 마케도니아, 러시아, 터키 | 규모 집약도(scale-intensity)가 발전의 동인이 되는 경제 |
| 혁신주도형 경제 : 24개국 | 이스라엘, 일본, 대한민국, 싱가포르, 대만, 오스트리아, 벨기에, 덴마크, 핀란드, 프랑스, 독일, 그리스, 아일랜드, 이탈리아, 네덜란드, 포르투갈, 슬로바키아, 슬로베니아, 스페인, 스웨덴, 영국, 노르웨이, 스위스, 미국 | 연구개발, 지식, 혁신 활동이 동인이 되는 경제 |

자료 : Babson College(2013)

다음 표는 미국, 일본, 한국의 GEM 지표 측정값을 비교한 결과다. 국가별로 주어진 환경적 특성에 따라 측정값이 다르게 나타남을 알 수 있다. 우리나라의 경우 대부분 일본에 비해 기업가정신과 관련된 환경에서 대부분 더 나은 것으로 나타났지만, 미국에 비해서는 몇 가지 지표에서 크게 뒤져 있는 것을 알 수 있다. 먼저 '실패에 대한 두려움' 분야로, 미국이 전체 조사인구 중 31%인 데 반해 우리나라는 42%로 나타났다. 물론 일본의 49%에 비하면 더 낫다고 할 수 있지만, 전반적으로 미국에 비해 우리나라의 사회 풍토가 실패에 대한 관용이 덜 주어지는 환경이라고 볼 수 있다. 다음으로 '안정기 기업의 소유 비율'인데, 미국이 47%인 데 반해 우리나라는 13%로 매우 낮은 수준임을 알 수 있다. 즉 새로운 기업을 창업하는 활동은 미국이나 일본에 비해 크게 뒤지지 않지만, 이를 지속 가능한 기업으로 유지하는 측면에서는 매우 뒤떨어진다고 평가할 수 있다. 이러한 영향으로 인해 초기 창업활동과 안정기 기업 소유 비율을 결합한 '총 창업활동 비율'에서도 미국에 비해 크게 뒤지고 있음이 관찰된다.

**[표 4-6] 미국, 일본, 한국의 지표별 측정값 비교(2013)**

| 구분 | 측정지표 | 미국 | 일본 | 한국 |
|------|---------|------|------|------|
| 태도 | 기회 인식 | 3.7 | 1.5 | 4.2 |
| | 능력 인식 | 4.6 | 1.3 | 3.2 |
| | 기업가적 의도 | 7.5 | 5.7 | 9 |
| | 실패에 대한 두려움 | 31 | 49 | 42 |
| | 직업 선택 시 창업 선호도 | 12.2 | 4.1 | 12.1 |
| | 언론에 노출된 창업 관련 주제에 대한 관심도 | 27 | 17 | 31 |
| | 태동기 창업활동 비율 | – | 31 | 51 |

| | | | | |
|---|---|---|---|---|
| 행동 | 창업기업의 소유 비율 | – | 58 | 68 |
| | 초기 창업활동 비율 | – | 53 | 68 |
| | 안정기 기업의 소유 비율 | 47 | 8 | 13 |
| | 총 창업활동 비율 | 9.2 | 2.2 | 2.7 |
| | 사업 중단 비율 | 56 | 13 | 28 |
| | 생계형 창업활동 | 11 | 11 | 12 |
| | 기회추구 창업활동 | 30 | 42 | 28 |
| | 개선형 창업활동 | 45 | 55 | 50 |
| 열망 | 초기 창업기업의 고성장에 대한 절대적 기대 정도 | 12.7 | 3.7 | 6.9 |
| | 초기 창업기업의 고성장에 대한 상대적 기대 정도 | 10.4 | 2.7 | 3.9 |
| | 초기 창업활동의 신제품–신시장 지향성 | 57 | 60 | 51 |
| | 글로벌 시장 지향적 창업활동 | 15.1 | 4.8 | 9.7 |
| | 기술집약적 영역의 초기 창업활동 | 21 | 25 | 36 |

자료 : Babson College, 2013

OECD가 2014년 발표한 '기업가정신 보고서(Entrepreneurship at a Glance)'에 따르면, 기회추구형(opportunity) 창업 비중이 약 20%로 34개 조사대상 국가 중 최하위를 기록했다(그림 4-7). 반면 생계형 창업 비중은 약 70%로 가장 높았다. 이는 우리나라 경제 수준을 고려해볼 때 지나치게 비대칭적인 결과로서 시급히 개선해야 할 문제로 지적되고 있다.

## "이봐 해봤어?"의 기업가정신, 고(故) 정주영 회장

"기업가란 변화를 탐구하고 대응하며 이를 기회로 이용하는 자다. 기업가 정신이란 일종의 과학도 기예도 아닌 오직 실천일 뿐이다"라고 말한 경영학의 대가 피터 드러커는 국내 정주영 회장을 필자가 주창한 기업가정신의 극적인 사례라고 평가하고 있다. 고(故) 정주영 회장은 어려운 경영 여건에도 불구하고, 생전에 현대그룹을 세계적인 대기업으로 성장시켜 한국 경제의 성공신화를 만들어냈다. 고속도로, 항만, 공업단지 등 경제발전의 초석이 되는 인프라 건설과 중화학공업을 주도하고, 국내 최초의 자동차 고유모델 개발 등 기술 자립을 통해 국내 산업의 고부가 가치화를 선도했다. 현대그룹을 수출주도형 기업으로 성장시킨 정 회장은 '현대'라는 브랜드를 전 세계에 각인시킴으로써 국가 위상을 높였다. 또한 88올림픽 유치 등을 통해 국가브랜드 가치를 높이는 데에도 결정적 기여를 했다. 그의 생전에 국내 재계 순위 1위로 성장한 현대그룹은 지금 비록 범현대그룹으로 분리되었지만, 여전히 한국 경제를 선도하는 기업집단이다.

이처럼 고 정주영 회장은 한국의 대표적인 경제인으로서 한국 현대경제사의 선도자일 뿐 아니라 민족 번영을 생각하는 민족주의자, 사회공동체 발전에 기여한 사회지도자라는 평가를 받고 있다. 한국 근대사에서 기업가정신을 통한 신사업 개척으로 한국 경제의 고도성장과 글로벌화 및 자본주의 발전을 선도한 창조적 경제인 정주영은 민간인으로서 최초로 북한을 방문한 통일 선구자이기도 하다. 남북통일에 대한 사명감과 책임감으로 금강산 관광사업을 성사시킨 그는 남북한 신뢰 증진을 통한 한반도 평화통일의 기반을 구축했다. 올림픽 유치, 체육계 공헌, 문화재단·병원·학교 설립, 장학사업 등을 통해 기업의 사회적 책임을 실천한 모범적인 지도자로도 평가받고 있다. 이런 정주영 회장이 이룩한 국내 발전의 성과만을 보아도 우리는 그의 기업가정신을 확인할 수 있었다. 하지만 그의 진정한 기업가정신은 단순히 결과만으로 평가할 수 없으며 불굴의 정신을 확인할 수 있는 여러 과정을 보고 더욱더 잘 이해할 수 있다.

① 도전과 개척정신의 사례

정주영의 도전과 개척주의는 미곡상 운영에서 자동차수리업(아도서비스, 현대자동차공업사 설립), 현대토건사 설립과 현대건설주식회사 출범 등 현대 창업부터 시작되었다. 전후 부흥기 성장기반을 마련할 때도 고령교 적자공사의 회사 위기에서도 오직 도전과 개척주의 경영이념은 실현되고 있었다. 그 후 계속하여 주한 미국공사와 현대건설의 근대화 시절에도 그는 도전과 개척정신을 실현시키고 있다. 1960년대 다각화의 실현과 자동차 시대의 개막, 1970년대 해외건설과 중공업체제 구축, 1980년대 사업구조 고도화와 자동차·반도체의 수출산업화, 1990년대 북방시장의 개척과 정치 참여, 1998년 말부터 시작한 금강산 관광사업 등등 그 어느 것 하나 도전과 개척주의가 아닌 것이 없는 경영이념하에 성공한 사업들이다.

이런 맥락에서 볼 때, 정주영이 만들고 성장·발전시킨 현대의 경영이념은 앞에서도 지적했지만 창조, 적극적 의지, 근검의 자세에서 더욱 성공률이 높았으며 강인한 실천력에서 비롯되는 것이 아닌가 생각이 든다. 특히 이러한 뿌리는 창조주의와 강력한 개척자적 실천력이라고 생각한다. 그래서 정주영은 창조주의를 가진 기업가라고 부른다. 바윗덩어리가 아무렇게나 뒹구는 허허벌판 모래사장에 세계 최대의 조선소를 건설하겠다는 계획은 창의적인 기업가만이 할 수 있는 일이다. 조선소 청사진 한 장만 가지고 26만 톤급의 대형 선박을 수주한 일, 또한 조선소와 유조선을 동시에 착공하고 조선소가 완공되기도 전에 수주 선박의 진수식을 치러낸 일 등은 창조주의 창의력과 도전 및 신념의 결정체다. 정주영의 기질은 목표를 세우면 힘차게 몰아붙이는 실천력을 지녔다. 그것은 바로 도전의식이 강하고 개척자적 정신이 투철한 행동원리에서 나온다고 볼 수 있다.

② 한국 건설업 사상 최초의 해외 진출 사례

1960년 4·19혁명으로 새 정부가 들어서자 현대는 정경유착으로 성장했다는 국민의 지탄을 받게 되었다. 그 당시 큰 공사는 정부 공사였고 현대는 전후복구공사와 미군 공사 등으로 시공 능력을 인정받고 있었다. 자연히 정부의 큰 공사는 현대가 많이 하게 되었는데 이런 것이 정부와 유착되어 구설수에 오를 수밖에 없었다. 이때 정주영은 권력과 결탁하여 성장했다는 불명예에서 벗어나기로 결심하고 도전과 개척의지를 단행하기로 마음먹었다고 한다. 그리고 해외 진출을 하기로 마음을 굳힌다. 그간 국내 공사 등을 통해 건설기술 노하우를 쌓은 터여서 모험과 도전을 해볼 만했다. 아산 정주영의 이 도전은 조직에 활력을 주었다. 그는 1965년 9월 태국 '파티니 나라티왓' 고속도로 건설공업을 수주했다. 이 공사는 우리나라 건설업 사상 최초의 해외 진출로, 현대는 물론 국가의 경사로 기록되었다. 하지만 2억 8,800만 원이라는 비싼 수업료인 적자를 냈다.

③ 50년 도전과 개척 사례

이후 현대는 국제적인 건설업체로 급속히 성장할 수 있었으며 중동, 알라스카, 괌, 호주 등으로 현대의 개척주의는 빛을 내기 시작했다. 자동차, 조선, 반도체, 항공, 심지어 대선 참여, 북방 경제협력 사업 등 도전과 개척은 50년 동안 계속되었다. 끝으로 정주영은 도전과 개척의 현대정신으로 유치한 88서울올림픽을 자랑스러워했으며, 전경련 회장 시절 올림픽 위원장의 직함은 그에게 강력한 추진력과 기지를 갖게 했다고 기술하고 있다. 그는 모험적인 개척가다. 새로운 일, 어려운 일에 더욱 승부를 거는 도전과 개척정신의 선봉자이기도 하다.

제3부
# 4차 산업혁명과 기술창업

# Chapter 5

# 4차 산업혁명

# 1. 4차 산업혁명의 정의 및 특징

## 1) 산업혁명의 흐름

'혁명'이란 급진적이고 근본적인 변화를 의미하는데, 역사 속의 혁명은 새로운 세계관과 신기술이 경제체제 및 사회구조를 완전히 변화시킬 때 발생했다. 약 1만 년 전 수렵과 채집생활을 하던 인류는 농경사회라는 첫 번째 큰 변화를 맞았다. 몇몇 동물을 가축으로 키우기 시작하면서 일어난 농업혁명은 인간과 가축의 노력이 맞물려 발생했다. 식량 생산이 잘되면서 인구도 늘어나고 많은 사람이 정착하게 되었는데, 그 결과 도시화가 이루어졌다.

이후 18세기 중반 영국에서 발명된 증기기관의 발명으로 인해 전 세계로 기술혁신이 일어나며 사회, 경제적으로 엄청난 큰 변화를 겪게 되는데 이를 산업혁명이라고 한다. '산업혁명'이란 용어는 1844년 프리드리히 엥겔스가 『영국 노동계급의 상황(The Condition of the Working Class in England)』에서 처음 사용한 이후, 아널드 토인비가 1884년 『18세기 영국 산업혁명 강의(Lectures on the Industrial Revolution of the Eighteenth Century in England)』에서 보다 구체화했다.

### (1) 1차 산업혁명

농업혁명 이후에 1700년대 후반에서 1800년대 초반까지 '1차 산업혁명'

이 발생했다. 1차 산업혁명은 철도건설과 증기기관의 발명을 바탕으로 기계에 의한 생산을 이끌었다. 1차 산업혁명에서는 세 가지 기술 분야에서 혁신이 일어났는데 다음과 같다.

① **직물** : 아크라이트의 수방적기, 하그리브스의 다축방적기, 크럼프턴의 뮬 방적기(수방적기와 다축방적기의 결합체)를 이용한 면방적기. 1769년에 특허를 얻었으며 1783년에 그 효력이 발생되었다. 면직·방직 공장이 설립됨에 따라 빠르게 그 효력이 줄어들었다.

② **증기력** : 와트가 발명한 개선된 증기기관은 즉시 광산을 퍼내는 데 이용되었지만 1780년대부터는 동력기로 대체되었다. 이 기술은 수력발전이 존재하지 않았던 작은 규모의 과거 상황으로부터 능률적인 반자동화 공장의 빠른 발전을 가능케 했다.

**[그림 5-1] 와트의 증기기관**

③ **제철** : 철강산업에서 석탄이 숯을 대신하여 철 제련 단계에 사용되기 시작했다. 이것은 구리, 용광로의 선철보다 훨씬 전에 발견되었다.

### (2) 2차 산업혁명

'2차 산업혁명'은 1865년부터 1900년까지 전기와 생산 조립 라인의 탄생으로 대량 생산을 가능하게 하였다. 이 시대에는 화학, 전기, 석유 및 철강 분야에서 기술혁신이 진행되었다. 소비재를 대량 생산하는 구조적 측면의 발전도 있었고 식료품 및 음료, 의류 등의 제조기계와 더불어 가공, 운송 수단의 혁신, 심지어 오락 분야에서도 영화, 라디오와 축음기가 개발되어 대중의 요구에 부응했을 뿐만 아니라 고용의 측면에서도 크게 기여했다.

① **석유화학기술** : 19세기 중반의 2차 산업혁명에서는 석유사업이 활발하게 진행되었다. 인공염료의 개발과 더불어 굴착 기술이 발전함에 따라 대량 생산도 가능하게 되어 자동차, 선박, 비행기 등에도 석유를 활용하기 시작했다.

② **자동차의 내연기관** : 1870년대의 프랑스는 초기 자동차의 원동력으로 내연기관을 적용하는 시도가 이루어지고 있었지만 양산까지는 이르지 못했다. 연료로 석탄 가스 대신 석유를 사용하여 혁신을 이룬 것은 독일의 고틀리프 다임러이며, 이것이 몇 년 후에는 자동차에 적용되었다.

[그림 5-2]
벤츠의 첫 삼륜차 내연기관

또한 이후 미국의 헨리 포드가 내연기관을 대량 생산하여 사회에 큰 충격을 주었다.

③ **전기** : 1879년 에디슨의 백열전구 발명으로 시작된 전기의 역사는 2차 산업혁명의 핵심적인 역할을 했다. 기존의 비싸고 위험했던 가스등을 대체할 혁신적인 전구를 설치하기 위해 발전소도 건설하면서 오늘날 미국의 대표적 기업인 GE, 즉 제너럴 일렉트릭의 전신이 되었다. 전기는 백열전구

[그림 5-3]
에디슨의 백열전구

의 동력원이 됨은 물론, 교통수단과 공장에서도 동력원으로 쓰이게 되었다.

### (3) 3차 산업혁명

1960년대에 시작된 '3차 산업혁명'은 경제학자 제레미 리프킨 등이 내다본 미래의 사회 모습으로 반도체의 탄생과 메인프레임 컴퓨팅, PC, 인터넷이 주도했다. 그래서 3차 산업혁명을 '컴퓨터 혁명' 혹은 '디지털 혁명'이라고도 말한다.

① 컴퓨터 : 1944년 하버드대 교수인 에이컨이 IBM사의 후원을 얻어 우리가 최초의 컴퓨터라 부르는 'MARK-1'을 제작했다. 이후 1970년대 말부터 개인용 컴퓨터(PC)가 보편화되기 시작하고 제조업에도 활용되어 1980년대부터 공장 자동화가 진행되면서 제조업에 혁신이 일어났다.

[그림 5-4]
**최초로 상업적으로 판매된 개인용 컴퓨터 MITs사의 Altair 8800**

② 인터넷 : 1969년에 4개의 노드로 구성된 최초의 인터넷 '아르파넷'이 탄생했다. 모뎀은 방공망 시스템의 일환으로 개발되었고, 1970년대에 소비자 네트워크 구성에 적용되었다. 이어 1983년에는 TCP/IP가 채택되었고, 1991년에는 월드와이드웹(WWW)이 개발되었다. 인터넷은 1994년을 전후하여 일반인의 필수품으로 자리 잡기 시작했다.

'4차 산업학명'은 디지털 혁명을 기반으로 하며 유비쿼터스 모바일 인터넷과 작고 저렴하며 강력해진 센서, 인공지능, 기계학습 등의 출현으로 시작되었다. 3차 산업혁명 이후 더 정교해지고 빨라진 디지털 기술은 사회와 경제의 변화를 이끌고 있다. 기술혁신의 수용 정도가 사회의 발전을 결정하는 데 주요 요인이라는 1차 산업혁명의 교훈은 여전히 유효할 것으로 보인다. 공공기관과 민간 모두 새로운 4차 산업혁명에 대한 이해와 자각이 필요하다.

## 2) 4차 산업혁명의 정의

'4차 산업혁명'이란 용어는 2016년 세계경제포럼(WEF : World Economic Forum)에서 포럼 회장인 클라우스 슈밥에 의해 언급되었으며 인공지능(AI), 사물인터넷(IoT), 빅데이터(Big Data), 모바일 등 첨단 디지털기술이 물리학기술, 생명공학기술과 융합되어 경제·사회 전반에 혁신적인 변화가 나타나는 차세대 산업혁명을 말한다. 정보통신기술이 비약적으로 발전하면서 정보통신기술(ICT) 기반의 새로운 산업시대를 대표하는 용어가 되었다. 컴퓨터, 인터넷으로 대표되는 3차 산업혁명(정보혁명)에서 한 단계 더 진화한 혁명으로도 일컬어진다. 인공지능, 사물인터넷, 클라우드 컴퓨팅, 빅데이터, 모바일 등 지능정보기술이 기존 산업과 서비스에 융합되거나 3D프린팅, 로봇공학, 생명공학, 나노기술 등 여러 분야의 신기술과 결합되어 실세계 모든 제품·서비스를 네트워크로 연결하고 사물을 지능화한다.

## 3) 4차 산업혁명의 특징

### (1) 초지능(Superintelligence/Extra-Intelligence)

'초지능'이란 어떠한 분야에서 가장 뛰어나고 재능을 가진, 인간의 지능보다도 더 뛰어난 지능을 말한다. 영국 옥스퍼드대 철학자 닉 보스트롬은 초지능을 "과학적 창의력, 일반적인 지혜 및 사회적 기술을 포함하여 모든 분야에서 최고의 인간 두뇌보다 훨씬 똑똑한 지성"이라고 정의했다. 인간이 사고하는 방법은 매우 광범위하여 각 분야에 따라 아직까지는 인공지능이 인간의 지능을 따라오지 못하는 경우도 있으나, 최근 알파고(AlphaGo)와 이세돌의 바둑 대결에서 보듯 점점 더 인간의 영역을 넘어서고 있다.

### (2) 초연결(Hyperconnectivity)

'하이퍼 커넥티드'란 미국 시장조사업체 가트너(Gartner)가 기업들의 새 트렌드를 강조하기 위해 2008년 처음 사용한 용어로, 모바일 시대를 맞아 사람과 사람, 사람과 사물, 사물과 사물이 연결된 상황을 일컫는다.

### (3) 더 넓은 범위(scope)

정보통신기술이 비약적으로 발달하면서 PC와 전화를 주축으로 각 가정을 연결시키는 시대에서 이동통신기술의 발전을 통해 모바일을 통한 개인을 연결하는 사회, 이제는 사물에 통신 기능을 추가하여 인간과 사물, 사물과 사물이 연동되면서 물리적으로 훨씬 더 넓은 범위에 영향을 미친다. 또한 인간을 초월하는 지능을 일컫는 초지능(Superintelligence)은 인간이 학습하는 알고리즘을 적용한 인공신경망 기술을 통해 기존에 인간만이 수행했던 다양한 분야에서 인간보다 더 정확한 판단을 함으로써 인간의 전문 영역인 의료, 법률, 예술 등 더 넓은 사회적 분야에 영향을 끼친다.

### (4) 더 빠른 속도(velocity)

기존의 유선통신기술 이상의 더 빠른 이동통신기술 발달이 이루어지고 있다. 기하급수적으로 증가하는 이동통신 속도는 3G 최대 속도 2Mbps, 4G LTE 최대 다운로드 속도 300Mbps, 5G 최대 다운로드 속도 20Gbps로, 증가하는 속도의 증가폭은 가히 폭발적이다. 이러한 이동통신기술의 속도 향상은 제타바이트(ZB)를 넘나드는 빅데이터들이 사회 모든 분야에서 원활하게 소통하는 것을 촉진함은 물론, 네트워크 비용의 하락과 스마트폰의 급격한 보급률 확대로 더 빠르게 인류에 커다란 영향을 끼치고 있다.

[그림 5-5]

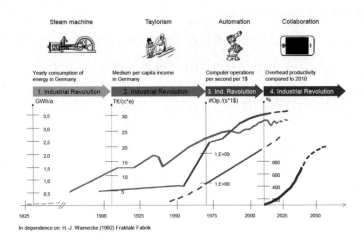

자료 : http://www.gemconsortium.org/data

# 2. 4차 산업혁명을 일으키는 주요 기술의 이해

정보통신기술 발달에 따른 모바일, 사물인터넷(IoT), 빅데이터, 인공지능은 과학과 기술 분야를 넘어서 의학, 법학, 문학, 예술 분야까지 진출하고 있다. 아직까지 이 기술들이 인간의 영역을 완전히 빼앗을 것이라고 단정하기는 어렵지만, 인간이 의사결정을 하는 데 아주 유용한 보조기술이 될 것이라는 점에는 이견이 없다. 세계 각국의 인재들이 이런 영역에 새로운 기술과 새로운 아이디어로 창업하고 있는 상황에서 단순히 관련 학과 전공이 아니라는 이유로 이러한 시대적 흐름을 등한시한다면 경쟁에서 도태될 수밖에 없다. 아주 전문적인 지식은 아니더라도 4차 산업혁명의 새로운 기술에 대한 기본지식을 갖추면 아이디어를 보다 빠르게 현실에 구현하여 기술창업에 보다 쉽게 다가갈 수 있을 것이다. 4차 산업의 핵심기술인 모바일, 사물인터넷, 빅데이터, 인공지능, 생명공학, 물리학 기술 등에 대해 알아보자.

## 1) 모바일 : 통신기술, 센서 기술, 위치정보기술, 플랫폼, 애플리케이션

모바일 컴퓨팅 기술은 '손안의 PC'라 불리는 스마트폰에서 절정을 이루고 있으며 ICT 기술의 집합체라고 볼 수 있다. 스마트폰 단말기에 집적된 통신, 센서, 위치정보, 플랫폼, 애플리케이션(앱) 등 다양한 기술들은 우리

삶의 모든 부분에서 혁신을 일으키고 있다.

## (1) 통신기술

초창기 모바일은 음성통화 위주의 기본 통신에서 시작했으나 인터넷 등 고속 멀티미디어 서비스로 발전하고 위성통신을 활용하여 위치를 파악하는 GPS 시스템과 다른 망을 활용하는 WLAN(Wifi) 기술, 무선 키보드, 무선 이어폰, 무선 마우스 등 주변 기기들을 연결하는 블루투스 기술 등 다양한 통신기술들이 컨버전스되고 있다.

① **이동통신기술** : 이동통신기술은 음성통화 위주의 아날로그 방식에서 디지털 방식으로 전환되면서 급격한 성장을 이루었다. 이동통신은 기본적으로 전자파를 사용하는데 전자파는 거리가 멀어지면 신호의 크기가 계속 작아지기 때문에 일정 거리 이상에서는 사용할 수 없다. 또한 특정 가입자를 수용하기 위한 채널 수가 충분치 않기 때문에 지역을 여러 개의 작은 구역인 '셀'로 나누어서 기지국을 설치하여 구축하는데 이러한 시스템을 셀룰러 시스템이라 한다. 이동통신은 이 셀룰러 시스템을 기반으로 구축되며 시스템의 기본적인 구성요소로는 기지국, 기지국 제어기, 교환기, 홈 위치등록기, 방문자 위치등록기 등이 있다.

---

* **기지국**(BTS : Base Transceiver Subsystem)은 기지국 제어기(BSC : Base Station Controller)와의 유선접속 및 단말기 사이의 무선접속을 위한 인터페이스를 제공한다. 무선신호 송수신, 시스템 동기, 무선채널 부호화 및 복호화, 무선 자원 관리 등의 역할을 한다. 기지국 제어기는 기지국들을 제어한다. 사용자가 서로 다른 기지국에 연결할 때 통신의 중단 없이 바로 연결하는 기능을

하는데 이러한 기능을 '핸드오버'라고도 한다.

* **교환기**(MSC : Mobile Switching Center)는 이동통신 시스템의 핵심으로, 특정 사람에게 전화를 걸었을 때 어디서 전화가 걸려왔는지 확인하고 전화를 건 상대방을 찾아 연결해주는 역할을 한다. 이러한 기능을 수행하기 위해 방문자 위치등록기와 홈 위치등록기의 정보 교환 기능도 가진다.

* **방문자 위치등록기**(VLR : Visitor Location Register)는 교환기 영역에 있는 가입자 정보를 관리하며, 가입자가 다른 방문자 위치등록기로 이동할 경우에 관리 정보가 변경되는 가입자 정보를 일시적으로 저장하는 데이터베이스(DB)를 가진다.

* **홈 위치등록기**(HLR : Home Location Register)는 가입자의 위치정보 등을 보관하는 데이터베이스를 말한다. 단말기의 접속능력과 기본 서비스, 부가서비스 등 가입자 기반의 중요한 데이터들을 등록하고 교환기, 단문메시지센터, 고객망관리센터, 고객센터와 연동해 다양한 정보 제공 기능을 수행한다.

이동통신기술은 음성만을 주고받던 1세대에서 음성과 문자는 물론 1초에 영화 1편을 다운받을 수 있을 정도의 속도(최대 20Gbps)를 가진 5G에 이르렀다.

② **와이파이** : 스마트폰을 사용하는 사람들 중에 와이파이(WiFi : Wireless Fidelity / WLAN : Wireless Local Area Network)라는 말을 들어보지 못한 사람은 거의 없을 것이다. 와이파이는 기존의 PC 사이에 쓰이는 유선 랜을 활용하여 무선 환경에서도 인터넷에 접속할 수 있도록 하는 기술이다.

와이파이와 관련된 표준의 첫 번째 버전은 1997년에 발표되었으며, 최고 2Mbps의 통신 속도를 제공했다. 이후 1999년 9월에는 최대 11Mbps의 속도를 제공하는 IEEE 802.11b 표준과 최대 54Mbps의 속도를 제공하는 IEEE 802.11a 표준이 발표되었다. 이후 와이파이를 지원하는 장치들의 보급이 활성화되고 유튜브(YouTube)와 같은 동영상 서비스의 보급이 퍼지면서 더 빠른 속도의 와이파이 표준이 요구되기 시작했다. 이러한 요구에 대응하여 발표된 표준이 IEEE 802.11n 표준으로, 최고 150Mbps의 통신 속도를 제공한다. 이외에도 IEEE 802.11ac와 같은 표준은 최대 6.9Gbps 의 속도까지 제공한다.

**[표 5-1] IEEE 802.11 버전별 주요 특성 비교**

| 구분 | 802.11 b | 802.11 a/g | 802.11n | 802.11ac |
|------|----------|------------|---------|----------|
| 주파수 대역 | 2.4GHz | 5GHz (11a)<br>2.4GHz (11g) | 2.4 / 5GHz | 5GHz |
| 전송 방식 | DSSS | OFDM | OFDM | OFDM |
| 안테나 기술 | SISO | SISO | MIMO<br>(up to 4 streams) | MU-MIMO<br>(up to 8 streams) |
| 채널 대역폭 | 20MHz | 20MHz | 20/40MHz | 20/40/80/160MHz |
| 최대 전송률 | 11Mbps | 54Mbps | 600Mbps | 6.9Gbps |

③ **GPS** : GPS(Global Positioning System)는 GPS 위성에서 보내는 신호 를 수신해 사용자의 현재 위치를 계산하는 위성항법 시스템이다. 항공기, 선박, 자동차 등의 내비게이션 장치에 주로 쓰이고 있으며, 최근에는 스마 트폰, 태블릿 PC 등에서도 많이 활용되는 추세다.

GPS의 위치를 알려면 4개의 GPS 위성이 필요하다. GPS 위성과 GPS 수신기의 거리는 위성에서 보내는 전파의 도달 시간을 바탕으로 계산하는 데, 위성에 장착된 시계와 수신기에 장착된 시계가 일치하지 않아 오차가 발생하기 때문이다. 따라서 4개 이상의 GPS 위성에서 전파를 수신해야 정 확한 위치를 파악할 수 있다. 이런 GPS 기술은 무선인터넷과 결합하여 내 비게이션과 같은 '위치 기반 서비스(LBS)'를 가능하게 한다.

④ **블루투스** : 블루투스(Bluetooth)는 휴대폰, 노트북, 이어폰·헤드폰 등의 휴대기기를 서로 연결해 정보를 교환하는 근거리 무선 기술 표준을 뜻한다. 주로 10미터 안팎의 초단거리에서 저전력 무선 연결이 필요할 때 쓰인다. 예를 들어 블루투스 헤드셋을 사용하면 거추장스러운 케이블이 없이도 주머니 속 MP3플레이어 음악을 들을 수 있다. 블루투스 통신기술은 1994년 휴대폰 공급업체인 에릭슨(Ericsson)이 시작한 무선 기술 연구를 바탕으로, 1998년 에릭슨, 노키아, IBM, 도시바, 인텔 등으로 구성된 '블루투스 SIG(Special Interest Group)'를 통해 본격적으로 개발되었다. 이후 블루투스 SIG 회원은 급속도로 늘어나 2010년 말에는 전 세계 회원사가 1만 3,000여 개에 이르렀다.

블루투스는 기기 간 마스터(Master)와 슬레이브(Slave) 구성으로 연결되는데, 마스터 기기가 생성하는 주파수 호핑에 슬레이브 기기를 동기화시키지 못하면 두 기기 간 통신이 이루어지지 않는다. 이로 인해 다른 시스템의 전파 간섭을 피해 안정적으로 연결될 수 있다. 참고로 하나의 마스터 기기에는 최대 7대의 슬레이브 기기를 연결할 수 있으며, 마스터 기기와 슬레이브 기기 간 통신만 가능할 뿐 슬레이브 기기 간의 통신은 불가능하다. 그러나 마스터와 슬레이브의 역할은 고정된 것이 아니기 때문에, 상황에 따라 서로 역할을 바꿀 수 있다. 초창기 블루투스의 전송 속도는 최대 1Mbps에 불과했지만, 2010년에는 24Mbps 속도를 유지하면서 손목시계용 코인 배터리로도 수년간 쓸 수 있을 정도로 소비 전력을 낮춘 블루투스 4.0까지 나왔다.

블루투스를 대체할 경쟁 기술도 등장했다. 2010년 발표된 '와이파이 다이렉트'가 그것이다. 와이파이 다이렉트는 인터넷 망 없이 휴대기기 간 직접 연결해 통신할 수 있는 기술로, 기존 와이파이에 버금가는 빠른 속도가 장점이다. 향후 개인 무선 기술 경쟁구도는 저전력을 내세운 '블루투스 4.0' vs 빠른 속도가 강점인 '와이파이 다이렉트'를 중심으로 이루어질 전망이다.

* **블루투스 4.0** : 2010년에 채택된 표준인 블루투스 4.0은 기존 블루투스와 고속 전송(+HS), 저전력(Low Energy) 등을 포함한 규격이다. 저전력은 연결을 빠르게 하는 부분에 초점을 맞춰 새롭게 설계됐다. 고속 전송은 와이파이 기반이며, 기존 블루투스는 클래식이라는 이름으로 과거와 동일한 기술이 포함됐다. 블루투스 스마트(Bluetooth Smart)와 스마트 레디(Bluetooth Smart Ready)라는 것도 존재하는데, 스마트는 저전력 전용 장치로 동작을 위해 다른 장치가 있어야 한다. 스마트 레디는 일반적인 노트북이나 스마트폰에서 쓰인다.

* **블루투스 4.1** : 2013년에 채택된 기술로, 기존 버전의 장점을 가져가면서 기능이 추가된 마이너 업데이트 버전이다. 먼저 블루투스와 LTE 통신 간 공존성을 높였다. 거리가 벌어져 연결이 잠시 끊겨도 다시 접근하면 자동 연결이 가능하도록 했다. 기타 액세서리 장비의 통신 전송 상태를 효율적으로 개선했고, 사물인터넷(IoT)을 위한 IPv6 사용 표준도 추가된 점이 특징이다.

* **블루투스 4.2** : 2014년 하반기에 공개된 기술로, 사물인터넷에 대한 대응이 더 긴밀해졌다. 새로운 인터넷 프로토콜 지원 프로파일(IPSP)이 추가됐기 때문이다. 이외에 데이터 전송 거리의 증가와 개인정보 보호, 보안 연결 등이 핵심이지만 일부 기능은 펌웨어 업데이트가 이루어져야 쓸 수 있다.


### (2) 센서 기술

스마트폰에는 다양한 센서 기술들이 들어감으로써 많은 기능들을 제공한다. 이러한 센서들은 크기가 작은 스마트폰에 장착되기 위해 MEMS 기술로 제작되었다. MEMS(Micro Electro-Mechanical Systems)는 '미세 전자 기계시스템'을 뜻하며, MEMS 센서는 초소형 고감도 센서로서 물리적, 화학적, 생물학적 감지를 통해 외부 환경에 대한 감시, 검출 및 모니터링을 위한 도구로 활용되고 있다. 이러한 다양한 센서들이 수많은 애플리케이션을 기반으로 다양한 서비스를 제공하고 있다. 따라서 어떠한 센서가 어떤 원리로 어디에 쓰이는지 알아둔다면 센서들을 활용한 새로운 서비스 기획이 가능할 것이다.

---

＊ **MEMS** : 작게는 마이크로미터(μm)에서 크게는 밀리미터(mm) 정도의 크기를 가지는 전자기계 소자기술을 말한다. 이처럼 작은 기계를 제작하기 위해서는 반도체 공정기술을 응용해야 한다. 반도체 회로를 만드는 것과 유사한 과정을 거쳐 MEMS 구조물을 제작한다. 기판 위에 진공 상태에서 얇은 막을 입힌 뒤(증착), 레이저 광선을 이용해 원하는 모양의 구조를 새기고(리소그래피), 마지막으로 화학용액이나 가스 등을 이용해 불필요한 막을 제거하면(에칭) 미세 구조물을 얻을 수 있다. 반도체가 평면적으로 미세 회로를 새기는 방식을 통해 만들어지는 데 비해 MEMS는 구조물들을 3차원적으로 배열한다는 점에서 차이를 보이며 실리콘, 고분자화합물(폴리머), 각종 금속 등 다양한 물질을 재료로 한다.

MEMS 기술을 이용해서 만들어지는 장치들은 크기가 매우 작기 때문에 일반적인 크기의 기기들과는 매우 다른 물리적 특성을 보인다. 예를 들면 질량이나 관성 등의 중요성은 줄어드는 대신 표면장력이나 마찰력 등이 핵심 변수가 되는데, 이와 같은 특성을 이용해 전혀 새로운 용도의 제품들을 만들어낼 수 있다. MEMS 센서와 관련된 주요 기술로 초소형화를 위한 기술, 다양한 요소를 하나의 센서로 통합 센싱하는 기술, 3D MEMS 기술 등이 요구된다.

최근 반도체 미세 가공기술의 발전에 따라 패턴의 크기가 수 마이크로미터에서 수십 나노미터(nm) 영역으로 진입했으며, 이러한 나노 기술을 기반으로 NEMS(Nano Electro-Mechanical System) 센서가 연구, 개발되고 있다. 또한 NEMS 센서를 위한 나노 진동자의 진동 측정 기술, 3차원 나노 구조 및 나노 기계 진동자 제작 기술, 고성능 센싱을 위한 기술 등도 함께 필요하다.

① **자이로 센서** : 자이로 센서(Gyroscope)는 가속도를 측정하는 가속도 센서와 달리 '각속도'를 측정한다. 자이로스코프(Gyroscope)가 각속도를 측정하는 기구인데 MEMS 기술을 적용한 칩 형태의 자이로 센서도 각속도를 측정한다. 각속도는 '시간당 회전하는 각도'를 의미한다. 자이로 센서의 측정원리는 다음과 같다.

예를 들어 수평한 상태(정지 상태)에서는 각속도도 0도/sec이다. 물체가 10초 동안 움직이는 동안 50도만큼 기울어졌다면, 10초 동안의 평균 각속도는 5도/sec다. 정지 상태에서 기울어진 각도 50도를 유지했다면 각속도는 0도/sec가 된다. 이러한 과정을 거치면서 각속도는 0 → 5 → 0으로 바뀌었고, 각도는 0도에서 증가해 50도가 되었다. 각속도에서 각도를 구하려면 전체 시간에 대해 적분을 해야 한다. 자이로 센서는 이와 같이 각속도를 측정하므로 전체 시간 동안 이 각속도를 적분하면 기울어진 각도를 계산할 수 있다. 그런데 자이로 센서는 온도의 영향으로 오차가 발생하며, 오차가 적분 과정에서 누적되어 최종 값이 드리프트(drift)되는 현상이 생긴다. 따라서 자이로는 온도 센서도 함께 사용해서 오차를 보상해야 한다.

정지 상태의 긴 시간의 관점에서 보면 가속도 센서에 의해 계산된 기울어진 각도는 올바른 값을 보여주지만 자이로 센서에서는 시간이 지날수록 틀린 값을 보인다. 반대로, 움직이는 짧은 시간의 관점에서 자이로 센서는 올바른 값을 보여주지만 가속도 센서는 기울어진 각도와는 다른 계산 값이 나올 수 있다. 따라서 가속도 센서와 자이로 센서를 모두 사용해서 각각의 단점을 보상할 수 있는 알고리즘을 적용해 롤 또는 피치 값을 계산한다. 많이 적용하는 보상 방법 및 필터링으로는 칼만 필터가 있다.

② **가속도 센서** : 가속도 센서(Accelerometer Sensor)는 단위시간당 직선 운동에 대한 속도의 변화를 측정하는 센서다. 가속도 센서로 측정되는 가속도 값은 보통 동적 가속도 값과 정적 가속도 값을 함께 이용한다. 여기서 동적 가속도는 진동이나 충격에 의해 발생되는 가속도이고, 정적 가속도는 중력 가속도라 생각하면 된다.

③ **조도 센서** : 조도 센서(Light Sensor)는 디바이스 주변의 빛의 밝기를 측정하는 센서다. 센서 표면에 닿는 광자를 측정해서 빛의 밝기를 측정하며 그 값을 럭스(lux) 단위로 변환한다. 일반적으로 1럭스에서 3만 럭스 사이의

**[그림 5-6] 삼성의 갤럭시 S4에 쓰인 센서들**

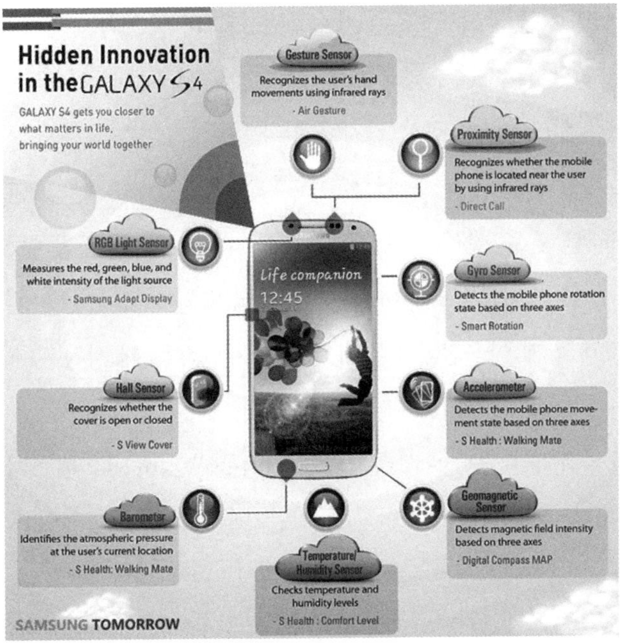

자료 : 삼성전자

측정 범위를 갖는다. 스마트폰 등의 스크린 밝기를 제어함으로써 전원 절감 효과를 얻기 위해 주로 이용된다. 조도의 급격한 변화 등을 검출하여 근접 센서가 없는 디바이스에서는 제한적이지만 근접 센서 역할을 할 수도 있다.

④ **이미지 센서** : CIS(CMOS Image Sensor)로 대표되는 이미지 센서는 촬상관과 고체 이미지 센서로 크게 나눌 수 있다. 전자에는 비디콘, 플럼비콘 등이 있고, 후자에는 금속산화물 반도체(CMOS), 전하 결합소자(CCD) 등이 있다. 이들은 텔레비전, 카메라, 스마트폰 등에 사용되며, 입체적인 피사체나 평면적인 피사체를 렌즈와 함께 사용하여 촬영한다. 고체 이미지 센서 중에는 팩스나 화상계측 등에 사용하는 것도 있다. 인간의 눈으로는 볼 수 없는 자외선 영역 등의 불가시상(不可視像)을 가시상으로 변환하는 것도 이미지 센서의 중요한 기능이다.

최근 4차 산업혁명과 맞물려 모바일과 PC뿐만 아니라 로봇과 드론 보안감시에도 적용되고 5G와 자율주행자동차 분야가 급속도로 성장하면서 이미지 센서에 대한 적용 범위가 점점 커지고 있다.

⑤ **온도·습도 센서** : 온도 센서는 주변 온도와 기기 내부의 CPU 발열량 등을 측정하여 CPU 처리속도를 조절하는 데 사용되며, 습도 센서는 주변 온도 센서의 측정값과 함께 이슬점이나 절대 습도를 계산하는 데 사용된다.

⑥ **적외선 센서** : 적외선 센서는 사용자와의 거리를 측정하거나 제스처를 인식하는 데 쓰이며, 최근에는 홍채인식 등 보안기술에도 적용되고 있다.

⑦ **지자기 센서** : 지자기 센서는 지자계를 이용하여 절대적인 방향을 측정하거나, 내비게이션이 내장된 지도에서 정확한 방향을 알려주기 위해

사용된다. 또한 지자기 센서는 방위의 다른 자기 성분에 의해 쉽게 영향을 받으므로 정확성을 유지하기 위해 잦은 보정을 필요로 한다.

⑧ **기압 센서** : 기업 센서는 대기압을 측정하는 센서로, 측정된 값은 hPa 또는 mbar 단위로 반환된다. 기압 센서는 고도와 기상 상태를 가늠할 수 있는 정보로 기상 상태에 따라 수시로 변하는 물리량이며, 중력 가속도와 마찬가지로 해수면 고도를 0으로 하는 기준치를 갖고 있다. 고도 정보는 GPS 신호를 보정하거나, GPS 신호가 없을 때 단독으로 쓰여서 고도의 변화를 감지하는 데 사용된다.

⑨ **지문인식 센서** : 지문인식 기술에서 사람마다 고유의 특성 차이를 나타내는 손가락 지문의 영상 정보를 획득하는 입력 영상 장치를 말한다. 획득된 원시 지문 영상은 지문의 특징을 추출한 후 데이터베이스에 미리 등록되어 있는 사용자의 특징 정보와 비교, 정합하여 본인 여부를 판단하게 된다. 지문 영상은 광학식, 정전 용량이나 전기 전도를 감지하는 반도체 소자 방식, 초음파 방식, 열감지 방식, 비접촉식, 또는 이런 방식들의 복합 등 다양한 방법으로 획득된다.

### (3) 플랫폼 기술

모바일 플랫폼은 시스템을 구동하는 운영체제(OS)와 미들웨어, 브라우저 같은 필수 프로그램을 통합한 소프트웨어 장치로 단말기의 하드웨어 기능을 응용 프로그램이 사용할 수 있도록 해주고 응용 계층에 프로그래밍 환경과 실행 환경을 제공하는 역할을 한다. 기존 PC에서 흔히 접할 수 있는 마이크로소프트의 윈도우(Windows), 애플의 iOS 등의 개념이 스마트폰으로 확장된 것이라고 볼 수 있다. 대표적인 스마트폰 플랫폼에는 구글의

안드로이드(Android)와 애플의
iOS가 있다.

[그림 5-7] 안드로이드폰

① **안드로이드** : 세계 각
국의 이동통신 관련 회사 연
합체인 '오픈 핸드셋 얼라이
언스(OHA : Open Handset Al-
liance)'가 2007년 11월에 공
개했다. 실질적으로는 세계
적 검색엔진 업체인 구글(Google)사가 작은 회사인 안드로이드사를 인수하
여 개발했으며, 따라서 '구글 안드로이드'라고도 한다. 안드로이드는 리눅
스(Linux) 2.6 커널을 기반으로 강력한 운영체제(OS : Operating System)와 포
괄적 라이브러리 세트, 풍부한 멀티미디어 사용자 인터페이스, 폰 애플리
케이션 등을 제공한다. 컴퓨터에서 소프트웨어와 하드웨어를 제어하는 운
영체제인 '윈도우'에 비유할 수 있는데, 휴대폰에 안드로이드를 탑재하여 인
터넷과 메신저 등을 이용할 수 있으며 휴대폰뿐 아니라 다양한 정보 가전
기기에 적용할 수 있는 연동성도 갖추고 있다.

안드로이드가 다른 휴대폰 운영체제인 애플의 'iOS', 마이크로소프트의
'윈도우 모바일', 노키아의 '심비안(Symbian)'과 차별화되는 것은 완전 개방형
플랫폼이라는 점이다. 종전에는 휴대폰 제조업체와 서비스업체마다 운영체
제가 달라 개별적으로 응용 프로그램을 만들어야 했다. 이에 비해 안드로
이드는 기반 기술인 '소스 코드'를 모두 공개함으로써 누구라도 이를 이용
하여 소프트웨어와 기기를 만들어 판매할 수 있도록 했다. 덕분에 개발자
들은 이를 확장, 대체 또는 재사용하여 사용자들에게 풍부하고 통합된 모
바일 서비스를 제공할 수 있었다.

② iOS : iOS는 아이폰, 아이팟 터치, 아이패드에 탑재되는 운영체제로, 주로 모바일 기기와 애플 TV 등에 탑재된다. 대략 1년에 한 번 새로운 버전이 제공되며, 앱스토어에는 140만 개 이상의 iOS 앱과 73만 개 정도의 아이패드 전용 앱이 등록되어 있다. 이러한 모바일 앱들은 총 1,000억 건 이상의 다운로드 수를 기록하고 있으며, 2015년 7월 iOS 운영체제를 탑재한 기기의 총 판매량이 윈도우 운영체제를 탑재한 PC의 판매량을 넘어섰다.

기본적으로는 맥 OS X를 터치 기반 모바일 기기에 최적화된 형태로 재구성한 것으로, 사용자 인터페이스는 전혀 다르지만 커널 위에 애플의 객체지향 응용 프로그램 환경인 코코아 기반 프레임워크가 올라가 있는 구조는 맥 OS X와 공통적이다. 개발자는 코코아 터치, 미디어, 코어 서비스, 코어 오에스(Core OS)라는 4개의 계층을 통해 운영체제에 액세스하게 된다. iOS에는 사파리(Safari) 브라우저, 아이튠즈, 아이북(iBooks) 등의 기본 프로그램들이 내장되어 있으며, iOS 5부터는 클라우드 기능이 내장되었다. iOS의 홈 화면 디자인은 앱들이 나열되어 있는 형태이며, 응용 프로그램을 실행시킨 후에는 명확하게 종료시키는 것이 아니라 다른 응용 프로그램이나 홈 스크린으로 이동하는 개념이다. iOS의 사용자 인터페이스는 멀티터치 제스처를 기반으로 하고 있으며, 제어 인터페이스들로는 슬라이더(sliders), 스위치, 버튼 등이 있다. OS와의 인터랙션은 두드리기(tab), 화면 쓸어 넘기기(swipe), 두 손가락으로 집기(pinch), 두 손가락으로 집어 펼치기(reverse pinch) 등을 통해 이루어진다.

## (4) 모바일 애플리케이션

'모바일 애플리케이션(Mobile Application)'이란 스마트폰, 태블릿 PC, 휴대용 멀티미디어 기기 등의 모바일 기기를 통해 구동되는 소프트웨어를 말한

[그림 5-8]

자료 : 애플 홈페이지

다. 2007년 아이폰이 선풍적인 인기를 끌면서 애플 앱스토어를 통한 무료/유료 애플리케이션 사용이 급증했으며 애플의 개발자들이 아닌 일반 프로그래머들도 애플리케이션을 개발하여 앱스토어에서 수익을 낼 수 있게 되면서 애플리케이션의 수요와 공급이 폭발적으로 늘어났다. 스마트폰에 탑재된 GPS와 각종 센서들을 활용하여 기존 PC에서는 할 수 없었던 다양한 기능을 가진 엔터테인먼트 앱, 게임, SNS, 정보 검색, LBS, e-book, 증강현실 애플리케이션이 등장했으며, 애플리케이션 하나만 가지고도 회사를 운영할 수 있을 정도로 거대한 시장이 형성되었다. 최근 엄청난 성장을 이룬 스타트업들도 모바일 애플리케이션에 기반을 둔 업체들이다. 애플리케이션은 최근 음성인식, 사물인터넷, 인공지능 기술의 발달로 개인비서 역할이 가능한 새로운 영역으로 계속해서 발전하고 있다.

애플리케이션은 플랫폼과 기능에 따라 구분할 수 있으나 개발에 있어서는 플랫폼에 따라 구분해보는 것이 좋을 것이다. 플랫폼에 따라 나누면 안드로이드, iOS, 윈도우-10 모바일, 타이젠(Tizen) 애플리케이션으로 나누어볼 수 있으며, 안드로이드와 iOS가 OS의 99.8%(2017년 1분기)의 점유율을 확보하고 있어 안드로이드와 iOS 기반 애플리케이션 개발에 대해서만 알아보겠다.

① **안드로이드 기반 애플리케이션 개발** : 안드로이드 OS는 2017년 1분기 기준 86.1%의 점유율로 파급 효과가 가장 큰 기반을 가지고 있다. 윈도우 환경에서 안드로이드 애플리케이션 개발을 하려면 다음과 같은 프로그램이 필요하다.

---

* **JAVA SE Development Kit** : 오라클에서 제공하는 자바 플랫폼으로 개발 툴을 실행하기 위해서 필수적으로 설치해야 한다. http://www.oracle.com 사이트에서 확인할 수 있다.

* **JAVA** : 객체지향 프로그래밍 언어로서 C/C++에 비해 간략하고 쉬우며 네트워크 기능의 구현이 용이하기 때문에, 인터넷 환경에서 가장 활발히 사용되는 프로그래밍 언어다. 자바 프로그램은 운영체제의 종류와 관계없이 대부분의 시스템에서 실행 가능하다.

* **안드로이드 스튜디오** : 안드로이드 스튜디오(Android Studio)는 모든 유형의 안드로이드 기기에서 앱을 빌드하기 위한 가장 빠른 도구를 제공한다. 코드 편집, 디버깅, 성능 도구, 유연한 빌드 시스템 및 인스턴트 빌드/배포 시스템을 사용하여 앱을 빌드하는 데 집중할 수 있다. 안드로이드 스튜디오는 안드로이드 앱 개발을 위한 공식 통합 개발 환경(IDE)이며, IntelliJ IDEA를 기반으로 한다. IntelliJ의 강력한 코드 편집기와 개발자 도구 외에도, 안드로이드 스튜디오는 안드로이드 앱을 빌드할 때 생산성을 높여주는 다음과 같은 기능을 제공

한다.
- 유연한 그레이들(Gradle) 기반 빌드 시스템
- 빠르고 풍부한 기능을 갖춘 에뮬레이터
- 모든 안드로이드 기기용 앱을 개발할 수 있는 통합 환경
- 새로운 APK를 빌드하지 않고도 변경사항을 실행 중인 앱에 푸시하는 인스턴트 런(Instant Run)
- 공용 앱 기능을 빌드하고 샘플 코드를 가져올 수 있는 코드 템플릿 및 깃허브(GitHub) 통합
- 광범위한 테스트 도구 및 프레임워크
- 성능, 가용성, 버전 호환성 및 기타 문제를 파악하는 린트(Lint) 도구
- C++ 및 NDK 지원
- GCM(Google Cloud Messaging) 및 앱 엔진(App Engine)의 통합을 용이하게 하는 구글 클라우드 플랫폼(Google Cloud Platform) 기본 지원

최신 업데이트 내용은 웹페이지를 통해 확인할 수 있다.

https://developer.android.com/studio/index.html

② iOS 기반 애플리케이션 개발 : iOS는 안드로이드에 비해 폐쇄적인 환경을 가지고 있고, Objective-C, Swift 언어와 Xcode 등의 개발 툴로 만들어진다.

∗ Objective-C : C 프로그래밍 언어에 스몰토크 스타일의 메시지 구문을 추가한 객체지향 언어. 현재 이 언어는 애플의 매킨토시의 운영체제인 OS X와 아이폰의 운영체제인 iOS에서 사용되고 있다. Objective-C는 애플의 코코아를 사용하기 위한 기본 언어이며, 원래는 넥스트의 NeXTSTEP 운영체제에서 주 언어였다. 일반적인(Generic) Objective-C는 앞에서 언급한 라

이브러리를 사용하지 않는다.

* **Swift** : iOS, macOS 앱 개발 언어로 애플사가 2014년 발표한 프로그래밍 언어다. 스위프트(Swift) 언어 발표 이후에 등장한 watchOS, tvOS용 앱도 지원하고 있다. 처음에는 애플사 내부적으로 이 언어에 대한 개발이 진행되었지만, 2015년 12월부터 오픈소스로 전환되어 리눅스(Linux)에서도 실행될 수 있는 환경을 제공했다.

* **Xcode** : 엑스코드(Xcode)는 애플이 개발한 OS X의 개발 툴 모음이다. 3.2 버전은 맥 OS X 10.6에 포함되어 있으나 자동으로 설치되지는 않는다. 이전 버전의 맥 OS X에서는 3.2를 지원하지 않기 때문에 옛 버전을 ADC(Apple Developer Connection)에서 무료로 받을 수 있다. 엑스코드의 주요 프로그램은 같은 이름의 통합 개발 환경이다. 여기에는 애플 개발자 문서와 그래픽 인터페이스를 만드는 데 쓰는 인터페이스 빌더가 포함되어 있다.

---

## 2) 사물인터넷 : 통신기술, 센서 기술, 플랫폼 기술

사물인터넷은 만물인터넷이라고도 불리며 센서와 디지털 기술을 사물에 적용하여 인간-사물, 사물-사물 간의 연결을 통해서 새로운 서비스와 가치를 창출해내는 기술이라고 볼 수 있다. 사물인터넷의 핵심기술에는 사물들에게 생명을 불어넣기 위해서는 사물들 간을 이어주는 통신기술과 사물에 기능을 불어넣기 위한 센서 기술, 전체적인 컨트롤 기반이 되는 플랫폼 기술이 있다.

### (1) 통신기술

현재 사물인터넷을 구현하는 기술은 매우 다양하게 개발되고 있으며 기술에 따라 적용되는 분야와 방식이 다르기 때문에 주요 기술들에 대한 내용을 알아둘 필요가 있다.

① **ZigBee** : 저속 전송 속도와 근거리 통신을 위해 '지그비 얼라이언스 (ZigBee Alliance)'에서 개발한 무선 네트워크 기술인데, 작은 크기로 전력 소모량이 적고 값이 싸서 홈 네트워크 등 유비쿼터스 구축 솔루션으로 각광받고 있으며 지능형 홈 네트워크, 빌딩 등의 근거리 통신 시장과 산업용 기기 자동화, 물류, 휴먼 인터페이스, 텔레매틱스, 환경 모니터링, 군사 등에 활용된다.

② **Z-Wave** : 젠시스(ZenSys)가 주축이 된 '지-웨이브 얼라이언스 (Z-Wave Alliance)'에서 제정한 홈오토메이션 무선 전송 방식이며, Z-Wave의 주목적은 무선 네트워크에서 하나 이상의 노드들과 제어 유니트 사이에서 신뢰성 있는 통신을 제공하는 것이다. Z-Wave는 물리 계층, 미디어 액세스 제어(MAC) 계층, 전송 계층, 라우팅 계층, 애플리케이션 계층으로 구성되어 있으며, 900MHz 대역(유럽 : 869MHz, 미국 : 908MHz)과 2.4GHz 대역을 사용하면서 9.6kbps, 40kbps, 200kbps의 속도를 제공한다.

Z-Wave 기술은 장치 간 통신을 위해 컨트롤러와 슬레이브의 두 가지 장치를 정의하는데, 컨트롤러는 슬레이브에서 명령을 전송하며, 슬레이브는 명령에 응답하거나 명령을 수행하는 무선 센서 네트워크 기반의 IoT 기술 기능을 한다. Z-Wave의 라우팅 계층은 소스 라우팅 기반의 라우팅을 지원한다.

③ **INSTEON** : 스마트랩(SmartLabs)에서 개발한 INSTEON은 무선 기술을 활용하여 조명 스위치를 연결하는 기술로, RF 링크와 AC-전원 링크 간 메쉬 네트워크 토폴로지를 구성하여 작은 구역에서 장치 간 통신을 실현한다. INSTEON 기술은 904MHz 대역에서 동작하며, 38.4kbps 데이터 전송 속도를 제공한다. INSTEON의 디바이스들은 전송자 역할, 수신

자 역할, 중계자 역할을 수행할 수 있으며, 동일한 구간에 위치하지 않은 디바이스들 간의 통신은 시간 구간 동기화 방법을 이용한 멀티-홉 라우팅을 사용하여 가능하게 한다.

④ **WAVENIS** : WAVENIS 무선 기술은 WSN 응용과 M2M 응용들을 지원하기 위해 2-way 무선 플랫폼 기술을 제공하며, 코로니스 시스템(Coronis Systems)에서 모니터링 응용과 제어를 위한 프로토콜 스택을 구현하여 빌딩/홈 자동화에 적용했다. WAVENIS 저전력 및 장거리 무선 기술은 간단한 포인트-투-포인트 연결과 여러 리피터 고급 트리 구조, 메쉬 네트워크의 다양한 구성을 지원한다.

⑤ **6LoWPAN** : 비IP 네트워크 기술을 구현하고 있는 전통적 센서 노드 구조는 싱크 노드(Sink Node)를 통해 인터넷과 연결되어 정보를 공유할 수 있다. 이를 위해 센서 노드는 6LoWPAN(IPv6 over Low power WPAN) 같은 기술을 적용할 필요가 있다. 6LoWPAN은 IEEE 802.15.43을 PHY/MAC으로 하는 저전력 WPAN상에 IPv6을 탑재하여 기존 IP 네트워크에 연결하는 기술이며, IPv6 기술로 인해 다양한 스마트 디바이스와 센서 디바이스들이 IP 기반의 네트워크에 연결되는 것이 게이트웨이와 같은 중간 장치 없이 가능해졌다.

⑥ **Weightless** : 화이트 스페이스(white space) 무선 대역을 사용하는 사물 간 통신기술이다. Weightless 통신기술은 최근 몇 년 동안 급증하는 사물 통신의 요구 사항을 만족하기 위해 제안된 것으로 저비용, 초저전력, 광역 통신, 신뢰성, 보안, 다수의 사물 단말 지원, 브로드캐스팅, 스몰 데이터 버스트(small data burst) 등을 지원하는 기술을 포함하고 있다.

기지국과 사물 단말은 Weightless 무선 인터페이스를 가지며 인터넷망과 베이스 스테이션은 셀루라 네트워크와는 달리 인터페이스 규격이 정의되어 있지 않다. Weightless 기반 네트워크 구성요소는 인터넷과 접속하기 위한 베이스 스테이션, 인증, 과금, 유지 보수 등의 기능을 수행하는 네트워크 관리 서버, 사물의 위치정보 데이터를 저장하는 동기화 데이터베이스 등이 있다.

⑦ 5G : 향후 초연결 통신이 현실화되는 5G에서는 대규모 사물이 네트워크로 연결된 상태에서 사물의 상태나 환경 정보를 수집하는 원격 모니터링, 설비나 기기를 원격에서 통제하는 원격 제어, 이동하는 사물의 위치정보와 연계한 원격 추적, 무선 네트워크를 통한 정보 교환 등의 기능이 구현될 것이다. 이를 통해 차량의 자율 주행과 정비 시스템, 보험 상품 연계 및 교통 제어까지도 가능한 커넥티드 차량 서비스, 에너지 절감, 탄소 배출 규제, 위험물 누출 방지 등을 자동화하는 공장·건물·설비 관리 시스템, 원격으로 가전기기를 제어하거나 가정 내 기기 간 통신으로 가사를 자동화할 수 있는 스마트홈 서비스, 그리고 수질, 대기질, 소음 등 삶의 질과 관련된 분야에서도 다양한 사물인터넷 서비스가 가시화될 것으로 예상된다.

국내 5G 포럼 및 글로벌 사업자, 제조사들이 논의하고 있는 5G의 주요 요구 사항은 유무선 통합 All-IT 기반으로 4G 대비 1,000배 용량 증대 및 에너지 절감, 언제 어디서나 개인당 Gbps급의 체감 속도 제공, 사물인터넷 시대의 대규모 디바이스 수용이다. 4G 네트워크 상용화로부터 촉발된 데이터 속도 진화는 5G 네트워크에서도 지속해서 이루어지고 있으며 초연결 통신, 초실시간 처리, 가상화 네트워크 인프라 및 All-IT 진화도 예상된다.

* **초고용량 통신** : 5G 네트워크는 많은 사용자가 밀집된 환경에서도 우수한 수준의 고객 체감 품질을 제공해야 한다. 이를 위해 유럽연합의 METIS 2020에서는 단위 면적당 데이터 전송 용량으로 현재의 1,000배, 사용자당 전송 속도는 10~100배를 5G 네트워크의 기술개발 목표로 설정하여 연구를 추진 중이다. 우리나라 역시 5G 포럼을 통해 최대 전송 속도 10Gbps 이상, 최소 사용자 전송 속도 1Gbps 이상을 지원하는 시스템 규격을 고려하고 있다. 향후 이러한 초고용량을 지원하는 5G 네트워크를 기반으로 현재 일반적으로 제공되는 콘텐츠 용량보다 훨씬 크고 다양한 형태의 초고용량 콘텐츠인 3D 영상 및 홀로그램 등의 몰입형 통신 서비스가 일반화될 것으로 예상된다.

* **초연결 통신** : 5G에서는 현재의 셀 중심 네트워크에서 디바이스 중심 네트워크로 진화될 것이다. 장소, 시간, 사물의 제약 없이 고품질의 통신 서비스를 제공할 수 있고, 다양한 센서로부터 수집된 빅데이터를 분석하여 사용자에게 새로운 가치를 제공할 수 있는 초연결 통신은 5G의 주요 핵심기술 중 하나로 볼 수 있다. 미래의 초연결 통신에서 네트워크에 연결된 개체의 종류는 사용자, 프로세스, 데이터, 사물 등으로 다양화될 것으로 전망하고 있다.

* **초실시간**(저지연) **처리** : 4G 무선통신은 가정에서 일반적으로 사용되는 유선통신에 비해 빠른 전송 속도를 제공하나, 상대적으로 네트워크의 종단 간 (End-to-End) 지연 시간이 길다. 고객이 인지하는 통신 체감 품질은 주로 네트워크의 최대 속도보다 지연 시간에 의해 결정된다. 이 점을 고려했을 때, 5G에서는 종단 간 지연 시간을 수 ms(1,000분의 1초) 단위로 줄여 사용자가 생각하는 순간 반응하는 초실시간 서비스가 보편화될 것으로 예상된다. 예를 들어 원격에서 무선통신을 통해 로봇을 제어할 경우, 사용자의 조작과 로봇의 움직임 간 지연 시간을 사용자가 인식할 수 없게 하기 위해서는 1ms 이하의 지연 시간이 요구된다.

⑧ **D2D 통신** : D2D(Device to Device)는 기지국, 무선접속 공유기(AP)

등의 네트워크 인프라를 거치지 않고 근거리에서 서로 다른 기기와 통신하는 기술을 말한다. 여기에는 UPnP(Universal Plug and Play)와 DPWS(Device Profile for Web Services), WiFi Direct 등이 있으며, 모든 사물을 통신 주체로 하는 'M2M/IoT' 기술에 포함되지만 범위가 무선통신이 가능한 기기 간의 통신에 국한되어 있다. 대표적인 D2D 기술로는 모바일 블루투스를 들 수 있는데, 블루투스를 통해 자신의 스마트폰과 타인의 스마트폰을 연결했을 때 사진이나 데이터 자료 등과 같은 콘텐츠가 기기 간에 전송되는 것과 같은 기술을 말한다.

D2D 통신의 절차는 D2D 통신이 가능한 주변 D2D 단말들을 찾는 '단말 탐색 단계', 단말 탐색 단계에서 찾은 다른 D2D 단말들 중 데이터 전송을 할 단말과 무선 링크를 연결하는 '링크 생성 단계', 그리고 무선 링크를 연결한 단말들 간에 트래픽을 전송하는 '데이터 전송 단계'의 세 단계로 구성된다.

⑨ SDN(Software-Defined Networking) : 사물인터넷(IoT) 시대에는 네트워크 인프라의 확장성 및 유연성에 대한 요소도 고려한다. 사물인터넷 응용 서비스 구축과 활용을 위해 개별 서비스에 최적 성능을 내도록 SDN와 네트워크 기능 가상화(NFV) 기술을 사물인터넷 네트워크에 도입하는 것이다. 이를 통해 사물 단말기와 센서 폭증에 따른 데이터를 효율적으로 처리하는 것은 물론, 기존 네트워크 인프라는 서비스 지향의 단순하고 유연한 구조(Flexible Architecture)를 지원하게 되어 신규 서비스 도입 시간이 단축되고 망 자원의 가상화와 공유를 통한 효율 개선으로 망 구축 및 운용 비용 절감이 가능해질 것으로 기대된다. SDN은 소프트웨어 프로그래밍을 통해 네트워크 경로 설정과 제어 및 복잡한 운용 관리를 편리하게 처리할 수 있는 차세대 네트워킹 기술이다. 이를 위해 SDN에서는 네트워크의 데이터 평면(data plane)과 제어 평면(control plane)을 분리하고 이 사이에 표준화된

인터페이스를 제공하며, 네트워크 운용자가 여러 상황에 맞추어 제어 평면을 프로그래밍하여 데이터 평면에서 이루어지는 통신 기능을 다양한 방식으로 제어할 수 있다.


## (2) 센서 기술

고급 스마트폰에 탑재되었던 다양한 센서들이 규모의 경제로 인한 단가 하락과 기술 발달로 인한 소형화로 각종 사물에 장착되고 있다. 센서들은 다음과 같이 기능에 따라 분류할 수 있다.

동작인식 센서 : 가속도 센서, 중력 센서, 선형가속도 센서, 자이로스코프, 회전 벡터 센서

위치 센서 : GPS 모듈, 지자기 센서, 방향 센서, 근접 센서(적외선 센서)

환경 센서 : 주변 온도 센서, 조도 센서, 기압 센서, 상대습도 센서

기타 센서 : 가스 센서, 화학 센서, 생체인식 센서, 바이오센서

앞서 모바일 장에서 설명한 센서들은 제외하고 나머지 센서들에 대해서 알아보자.


① **중력 센서**(Gravity Sensor) : 중력이 어느 방향으로 작용하는지 탐지하는 센서로, 가속도 센서의 정보를 소프트웨어적으로 가공하여 중력 가속도를 산출하는 원리다.


② **회전 벡터 센서** : 각과 축을 조합하여 디바이스의 방향을 나타낸다. 지자기, 가속도, 자이로 센서들의 값을 합성해서 측정한다.


③ **방향 센서** : x, y, z 3축에 대해 변화하는 회전각을 측정하는 센서

로, 가속도 센서와 지자기 센서의 조합으로 이루어진 소프트웨어 센서다.

④ **가스/화학 센서** : 기체 중에 함유된 특정 화학물질을 검지하여 그 농도를 전기적 신호로 변환해서 출력하는 장치. 가스의 종류에 따라 많은 방식이 있다. 대표적인 것으로 가스의 흡착이나 반응에 의한 고체 물성의 변화를 이용하는 방식(반도체 센서, 세라믹 습온 센서, 압전체 센서 등), 연소열을 이용하는 방식(접촉 연소식 센서), 전기화학 반응을 이용하는 방식(고체 전해질 센서, 전기화학 센서), 물리적인 특성 값을 사용하는 방식(적외선 흡수식 등)이 있다.

⑤ **생체인식 센서** : 앞서 설명했던 지문인식 센서 이외에 최근 삼성전자의 스마트폰 갤럭시 S8에 장착되고 있는 홍채인식 센서, 얼굴인식 센서, 손바닥 혈관인식 센서 등이 있다. 기존의 적외선 초음파 이미지 센서에서 추출한 데이터들을 소프트웨어적으로 분석하여 타인과 구별하는 기술을 적용한다. 직관적으로 이해할 수 있는 기술들이라 자세한 설명은 생략하도록 한다.

⑥ **바이오센서** : 화학물질의 측정은 의료, 생산 공정, 환경 등 여러 분야에서 이루어지며, 여러 가지 화학물질이 섞여 있는 시료에서 특정 화학물질을 선택적으로 측정하기 위해서는 일반적으로 각종 장치, 복잡한 조작, 긴 시간이 필요하다. 그러나 생명체에 존재하는 효소, 항원, 항체 등과 같은 특정 화학물질을 인식할 수 있는 생체물질들을 이용한 바이오센서를 활용하면 이러한 측정을 간단하고 신속하게 수행할 수 있다. 효소 센서로는 혈당량을 측정하는 글루코오스 센서가 최초로 실용화되었으며 알코올 센서, 유기산 센서, 아미노산 센서, 요소 센서 등이 개발되었다. 면역 센서는 항원과 항체 사이의 선택적 결합력을 이용하여 혈액 등 체액에 존재하

는 단백질, 항원, 호르몬, 의약품 등의 측정에 활용된다.

한편 생체 내에는 효소, 항원, 항체 외에도 화학물질을 인식하는 물질이 많이 존재하므로 수용체를 이용하는 수용체 센서, 세포 소기관을 이용하는 센서, 미생물 센서, 세포 센서, 조직 센서 등 각종 센서가 개발되었다.

### (3) 플랫폼

사전적인 의미로 '플랫폼'은 다양한 용도에 공통적으로 활용할 목적으로 설계된 유형의 구조물이라고 정의할 수 있는데, 서비스의 관점에서 다양한 서비스를 제공할 수 있는 공통적인 기반이 되는 시스템 정도로 이해하면 될 것이다. 사물인터넷의 플랫폼도 이런 맥락으로 이해하면 되며, 사물인터넷의 주요 기능은 데이터의 저장, 분석, 합성 등과 같은 데이터 관련 기능과 디바이스 관리, 서비스 관리, 사용자 인증, 보안, 빌링 등 서비스 제공을 위한 공통적인 기능들을 수행하게 된다.

**[그림 5-9] 사물인터넷 서비스 인터페이스 : 서비스들과 플랫폼 사이를 연결**

| 사물인터넷 서비스 플랫폼(IoT Service Platform) | | |
|---|---|---|
| 서비스 관리 | 서비스 스케줄링 | 이벤트 관리 |
| 장애 관리 | 데이터 분석 | 데이터 합성 |
| 과금 | 네트워크 관리 | 디바이스 관리 |
| 네트워크/디바이스(Network/Device) : 인터넷, 이동통신망, 기타 통신 네트워크와 연결 | | |

① **사물인터넷 플랫폼의 구조** : 일반적인 사물인터넷 플랫폼은 서비스 또는 애플리케이션과 관련된 서비스 인터페이스, 다양한 사물인터넷 디바이스의 연결과 관련된 네트워크 인터페이스 부분과 서비스를 위한 여러 기

능들로 구성된 기능 모듈 영역으로 구성된다.

② **사물인터넷 플랫폼의 종류** : 사물인터넷 플랫폼은 기업별로 나누어지는 경우가 많다. 대표적인 플랫폼들로 IBM, 시스코, 오라클, 구글, LogMeln(Xively), Evrythng, ThingWorx, 퀄컴(AllJoyn) 등이 있다. 국내의 경우 이동통신사 중심과 삼성전자, LG전자와 같은 대형 전자제품 제조사를 중심으로 플랫폼 개발이 이루어지고 있으나, 개별 산업별 플랫폼만 개발되고 외국처럼 다양한 응용 분야에 이용할 수 있는 범용 사물인터넷 플랫폼은 발견되지 않고 있다.

사물인터넷에는 '소프트웨어 플랫폼'뿐만 아니라 '하드웨어 플랫폼'도 있다. 하드웨어 플랫폼은 공통적인 기능 모듈들을 포함하고 있는 하드웨어를 말하는 것으로, 이를 바탕으로 다양한 하드웨어 장치를 개발할 수 있다. 최근 들어 오픈소스 하드웨어 플랫폼들이 많이 등장하고 있는데, 오픈소스 하드웨어는 하드웨어를 구성하는 회로도, 자재명, 기판의 도면과 같은 하드웨어 제반사항을 대중에게 공개한 것을 일컫는 말이다. 하드웨어에 대한 지적재산권을 무료로 오픈했기 때문에 기업뿐만 아니라 일반 대중도 자신의 고유한 디바이스를 제작할 수 있다. 가장 대표적인 오픈소스 하드웨어 플랫폼은 아두이노(Arduino)와 라즈베리파이(Raspberry Pi)이며, 이와 관련한 정보 공유 커뮤니티(해커스페이스, 사물놀이 등)를 통해 활성화되고 있다.

## 3) 빅데이터

'빅데이터(Big Data)'란 디지털 환경에서 생성되는 데이터로 규모가 방대하고 생성 주기도 짧으며, 형태도 수치 데이터뿐 아니라 문자와 영상 데이터를 포함하는 대규모 데이터를 말한다. 빅데이터 환경에서는 과거에 비해 데이터의 양이 폭증했다는 점과 함께 데이터의 종류도 다양해져 사람들의 행동은 물론 위치정보와 SNS를 통해 생각과 의견까지 분석하고 예측할 수 있다. 빅데이터는 데이터의 흐름에 따라 다양한 기술이 필요하다. 데이터가 생성되어 데이터를 저장하고 저장한 데이터를 처리하는 기술, 데이터를 추출하고 분석하는 기술, 데이터를 표현하는 기술 등으로 나누어볼 수 있다.

## (1) 빅데이터 저장 및 처리기술

빅데이터 저장 및 처리기술은 미국의 대표적인 IT기업 구글(Google)에서 선도하였다. 구글의 주력 서비스인 웹 검색 서비스 환경에서는 규격이 일정하지 않은 여러 종류의 데이터가 엄청난 양으로 쌓이기 때문에 기존의 전통 방식으로는 처리하는 것이 힘들었다. 이러한 이유로 구글은 대규모 데이터를 안전하고 효과적으로 처리하기 위해 저렴한 하드웨어를 다수 활용하는 대신 성능을 최대한으로 끌어올릴 수 있는 소프트웨어를 직접 개발하는 전략으로 빅데이터 기술을 개발했다. 이후 이런 구글의 빅데이터 처리 소프트웨어의 영향을 받아 야후(Yahoo)의 재정지원을 받아 오픈 소프트웨어인 '하둡'이 더그 커팅에 의해 개발되었다. 하둡은 현재 아파치 재단의 주도로 계속해서 개발이 이루어지고 있다.

① **구글 빅데이터 처리기술** : 구글의 분산파일 시스템(GFS : Google File System)은 대량의 정보들을 안전하고 효과적으로 저장하기 위해 파일을 여러 개 복사하여 여러 대의 컴퓨터에 분산 저장하기 때문에 검색시간도 단축되고 여러 곳에서 동시에 검색이 이루어져도 어느 한 곳에 작업량이 집중되지 않아 빠르게 검색할 수 있으며, 한 대의 컴퓨터가 고장이 나도 거기에 담겨 있는 정보는 다른 곳에 복사본이 존재하기 때문에 데이터 손실

의 염려도 거의 없다. 분산파일 시스템은 데이터 처리를 위한 분산스토리지 시스템인 빅테이블(Bigtable)과 대용량 데이터를 분산 처리하기 위한 목적으로 개발된 프로그래밍 모델인 동시에 이 모델을 구동하는 프레임워크인 맵리듀스(MapReduce)를 사용한다.

② **하둡** : 하둡(Hadoop)은 앞서 설명한 것처럼 구글의 분산파일 시스템의 논문 공개 이후에 아파치 루씬 창시자로 유명한 더그 커팅이 야후의 재정 지원으로 개발한 오픈 소프트웨어이다. 구글의 분산파일 시스템(GFS)과 비슷한 시스템으로 하둡 분산파일 시스템(HDFS)이 있다. 구글의 맵리듀스는 하둡 맵리듀스, 구글의 빅테이블은 에이치베이스로 매칭된다.

③ **클라우드 컴퓨팅 서비스** : 클라우드 컴퓨팅 서비스는 컴퓨터의 하드웨어나 소프트웨어 같은 자산을 구매하는 대신 빌려 쓰는 개념이다. 소프트웨어를 빌려 쓰는 'SaaS(Software as a Service)', 플랫폼을 빌려 쓰는 'PaaS(Platform as a Service)', 인프라를 빌려 쓰는 'IaaS(infrastructure as a Service)'로 구분한다. PaaS 서비스는 윈도우와 같은 OS를 대여해 쓰는 개념이고, IaaS는 서버나 스토리지 네트워크 등 하드웨어 기반의 서비스를 대여해 쓰는 것을 말한다. 기존 웹하드 서비스의 발전된 개념으로 보면 된다.

빅데이터와 클라우드 컴퓨팅은 매우 밀접한 관련이 있다. 빅데이터를 처리하기 위해서는 여러 서버를 통한 분산 처리가 필수적인데 이것은 클라우드 컴퓨팅에 필요한 핵심기술이기도 하다. 기업에서는 빅데이터 구축을 위해 데이터 센터를 구축하고 운영체제와 분석하기 위한 소프트웨어를 설치하려면 많은 비용이 발생하는데, 클라우드 컴퓨팅 서비스를 이용하여 이러한 문제를 저렴하게 해결할 수 있다.

## (2) 데이터 마이닝(데이터 추출 및 분석기술)

'데이터 마이닝(Data Mining)'이란 대규모 데이터에서 가치 있는 정보를 추출하는 것을 말한다. 즉 의미심장한 경향과 규칙을 발견하기 위해서 대량의 데이터로부터 자동화 혹은 반자동화 도구를 활용해 탐색하고 분석하는 과정이다(Linoff&Berry, 1997). 데이터의 형태와 범위가 다양하고 규모가 매우 큰 빅데이터로 인해 데이터 마이닝의 중요성은 더욱 부각되고 있다. 데이터에서 정보를 찾아낸다는 관점에서 통계학과 매우 유사한 부분이 많다. 데이터 마이닝에서 사용하는 주요 분석인 로지스틱 회귀분석, 판별분석, 주성분 분석, 군집분석 등은 통계학에서도 사용되고 있는 분석방법론이다.

① **데이터 마이닝 분석과정** : 다양한 산업에 공통적으로 적용할 수 있도록 표준화된 과정이 있다. 업무 이해, 데이터 이해, 데이터 준비, 모형화, 평가, 적용 등의 6단계로 구성되어 있다.

② **데이터 마이닝 소프트웨어** : 공급자용 소프트웨어 IBM의 Intelligent Miner, 마이크로소프트의 SQL Server 2005, 오라클의 Data Mining, 테라데이터의 Warehouse Miner 등이 있다. 분석용 소프트웨어는 SAS의 Enterprise Miner, SPSS Modeler, R을 들 수 있겠다. 최근 R이 많은 각광을 받고 있다.

---

＊ R : 오픈소스 프로그램으로 통계/데이터 마이닝 및 그래프를 위한 언어다. R은 주로 연구 및 산업별 응용 프로그램으로 많이 사용되고 있으며, 최근에는 기업들이 많이 사용하기 시작했다. 특히 빅데이터 분석을 목적으로 주목받고 있다. 5,000개가 넘는 패키지(일종의 애플리케이션)들이 다양한 기능을 지원하며

수시로 업데이트되고 있다. 프로그래밍 언어를 사용하는 방식으로 일반인들이 사용하기 어려운 인터페이스를 가지고 있으나, 오픈소스임에도 고성능의 컴퓨팅 속도와 데이터 처리 능력, 각종 소프트웨어 및 구글, 아마존 클라우드 서비스와의 API 등 성능의 우수성과 연동, 호환성이 좋고 뛰어난 데이터 시각화 기능도 가지고 있어 사용이 급증하고 있다.

③ **비정형 데이터 마이닝** : '비정형 데이터'란 숫자 데이터와 달리 그림이나 영상, 문서처럼 형태와 구조가 복잡해 정형화되지 않은 데이터를 말한다. 블로그와 게시판 등 웹에서 폭발적으로 발생하는 비정형 데이터는 그 내용을 통해 여론의 흐름을 파악할 수 있다는 점에서 주목받고 있다. 비정형 데이터 분석방법으로는 텍스트 마이닝, 웹 마이닝, 오피니언 마이닝 등이 있다.

---

* **텍스트 마이닝** : 대규모 문서에서 의미 있는 정보를 추출하는 것을 말한다.
* **웹 마이닝** : 인터넷을 이용하는 과정에서 생성되는 웹 로그 정보나 검색어로부터 유용한 정보를 추출하는 웹을 대상으로 한 데이터 마이닝을 말한다. 웹 마이닝은 SNS 데이터를 분석하는 데에도 활용되며, 특정 인물의 네트워크 관계와 주고받는 대화 내용을 통해 영향력 있는 사람이 누구인지, 어떤 주제가 관심을 받는지 분석할 수 있다.
* **오피니언 마이닝** : 어떤 사안이나 인물, 이슈, 이벤트에 대한 사람들의 의견이나 평가, 태도, 감정 등을 분석하는 것을 말한다(Liu, 2007).

---

**(3) 데이터 시각화**(Data visualization)
데이터 분석결과를 쉽게 이해할 수 있도록 시각적으로 표현하고 전달하

는 과정을 말한다. 주요 데이터 시각화 도구로는 마이크로소프트의 엑셀
이나 구글의 스프레드시트가 있으며, 전문적인 프로그래밍 언어로는 파이
썬(python), PHP 등이 있고 오픈소스인 프로세싱과 R이 있다. R은 데이터
마이닝 소프트웨어이지만 통계그래픽 기능도 뛰어나다. 데이터 시각화는
통계그래픽과 지도학적 시각화로 나뉘는데 빅데이터 분석에 활용되는 데이
터 시각화는 대부분 통계그래픽이다. 통계그래픽은 말 그대로 통계분석과
관련된 다양한 분야의 시각화를 포괄한다. 최근 많이 사용되는 통계그래
픽에는 '워드 클라우드(Word Cloud)'가 있다. 워드 클라우드는 문서에 사용
된 단어의 빈도를 계산해서 시각적으로 표현하는 것을 말한다. 많이 나오
는 단어는 크게 표시되어 문서의 핵심을 한눈에 파악할 수 있다.


## 4) 인공지능

인공지능이 생활 깊숙이 들어오고 있다. 우리나라 이동통신사들은 사
물인터넷과 인공지능을 결합한 인공지능 스피커를 출시했고, IBM의 왓슨
은 논문과 의학서적을 연구해 인간 의사보다 뛰어난 정확도의 암 치료법을
제시한다. 2016년 세기의 대결 알파고(알파고 v18)와 이세돌의 바둑 대결에
서 알파고가 승리한 것은 인공지능이 단순한 계산을 통해 이세돌을 이긴
것이 아니라 인간처럼 사고하고 배우는 방식으로 승리했다는 점에서 매우
고무적이다. 더욱 업그레이드된 알파고(알파고 마스터)는 2017년 5월 세계
바둑 랭킹 1위 커제 9단에게도 전승을 거두었다. 최근 주목받는 업체들과
알파고는 인공지능의 한 분야인 머신러닝을 활용하고 있다.

흔히 사람들이 머신러닝의 핵심으로 연산력과 데이터 등을 생각하지만
가장 중요한 건 알고리즘이다.

## (1) 인공지능의 정의와 알고리즘

인공지능이란 인간의 지능으로 할 수 있는 사고, 학습, 자기 개발 등을 컴퓨터가 할 수 있도록 하는 방법을 연구하는 컴퓨터공학 및 정보기술의 한 분야로, 컴퓨터가 인간의 지능적인 행동을 모방할 수 있도록 하는 것을 인공지능이라고 말하고 있다. 쉽게 말하자면 '인간처럼 생각하는 시스템'인 것이다(스튜어트 러셀, 피터 노빅, 『인공지능 : 현대적 접근방식』). 또한 인공지능은 그 자체로 존재하는 것이 아니라, 컴퓨터 과학의 다른 분야와 직간접으로 많은 관련을 맺고 있다. 특히 현대에는 정보기술의 여러 분야에서 인공지능적 요소를 도입하여 그 분야의 문제 풀이에 활용하려는 시도가 매우 활발하게 이루어지고 있다.

앞서 구글 딥마인드의 관계자가 말한 것처럼 인공지능은 하드웨어의 성능보다는 알고리즘(algorism)을 가장 중요하게 생각한다. 이렇게 강조하는 알고리즘이란 무엇일까. 알고리즘은 어떤 문제를 해결하기 위해 명확히 정의된 (well-defined) 유한개의 규칙과 절차의 모임이라 할 수 있고, 명확히 정의된 한정된 개수의 규제나 명령의 집합이며, 한정된 규칙을 적용함으로써 문제를 해결하는 것이다. 알고리즘은 부여된 문자가 수학적인지 비수학적인지, 또 사람의 손으로 문제를 해결할 것인지 컴퓨터로 해결할 것인지에 관계없이 적용된다. 특히 컴퓨터로 문제를 푸는 경우에는 알고리즘을 형식적으로 표현하는 것이 프로그램을 작성하는 데 중요한 요소가 된다.

구글의 알파고는 이세돌과의 대결에서보다 훨씬 적은 10분의 1의 컴퓨팅 파워를 쓰면서도 커제와의 대결에서 전승을 거두었는데, 이는 알고리즘을 더욱 효율적으로 개선했기 때문이라고 밝혔다. 이렇듯 알고리즘은 인공지능을 구현하는 데 가장 핵심적인 기술이라고 볼 수 있다.

## (2) 머신러닝

요즘 많은 사람들의 입에 오르내리는 '머신러닝(Machine Learning)'이란 단어를 최초로 사용한 사람은 일리노이주립대 전기공학과 교수를 역임한 아서 사무엘이다. 그는 1959년 IBM이 개발한 컴퓨터로 사람을 상대하는 체커 게임을 개발했는데, 이와 관련한 논문에서 '머신러닝'이란 말을 처음 사용한다. 아서 사무엘은 머신러닝을 "컴퓨터에 명시적인 프로그램 없이 배울 수 있는 능력을 부여하는 연구 분야"라고 정의했다. 즉 사람이 학습 하듯이 컴퓨터에도 데이터들을 줘서 학습하게 함으로써 새로운 지식을 얻 어내게 하는 분야다.

① **신경모형 패러다임** : 신경모형은 매컬록과 피츠로부터 시작된 인공 신경망 이론이 로센블래트의 페셉트론으로 이어졌고, 이것은 연결주의론 이라는 머신러닝의 한 분야를 형성했다. 연결주의론의 최신 버전이 바로 ' 딥러닝'으로, 최근에 가장 주목받고 있다.

---

* **인공신경망** : 1949년 워런 매컬록과 월터 피츠는 논문을 통해 생물학적인 신경망 이론을 단순화해서 논리, 산술, 기호 연산 기능을 구현할 수 있는 인 공신경망(Artificial Neural Network) 이론을 제시했다. 사람 뇌 안의 대뇌피질에 는 약 1,000억 개의 신경세포인 뉴런이 집중적으로 분포되어 있다. 뉴런들 은 약 7,000개의 시냅스를 통해 신체 안의 신호를 주고받는 네트워크를 구 축하는데 이를 신경망이라고 한다. 인간이 이런 뉴런의 정보처리 과정을 모 방하여 컴퓨터 알고리즘으로 구현한 것을 인공신경망이라고 할 수 있다.
* **딥러닝** : 딥러닝(Deep Learning)이란 동물이나 인간이 상황을 인지하는 처리 절차가 여러 계층으로 체계화되어 있는 방식을 모방하여 설계한 것이다. 기

존에 다층구조로 설계하여 깊어진 인공신경망은 학습이 잘 이루어지지 않
는 문제점이 있었는데, 학습을 위한 데이터들을 비지도 학습(Unsupervised
Learning)을 통해 전처리하면 신경망이 깊어져도 학습이 잘된다는 것을 발견
하면서 급속도로 발전했다. 다만 인터넷에 의해 축적된 방대한 양의 데이터
에서 오는 빅데이터와 이를 처리하기 위한 컴퓨팅 능력 향상의 두 가지 요
소가 없으면 이루어질 수 없는 발견이라고 할 수 있다.

---

② **심벌 개념의 학습 패러다임** : 통계 대신 논리학이나 그래프 구조를
사용하는 것이 1970년대 중반부터 1980년대 후반까지 인공지능의 핵심적
인 접근법이었다.

③ **현대지식의 집약적 패러다임** : 백지상태에서 학습을 시작하는 신경
모형을 지양하고 이미 학습된 지식을 재활용해야 한다는 패러다임을 말한
다. 대표적인 것으로 로스 퀸란의 의사결정 트리 알고리즘이 있다. 의사결
정 트리 알고리즘은 대표적인 지도학습 모델로 환자의 진료 기록을 보고
증상을 유추하는 경우, 대출을 심사할 때 사람의 신용을 평가하는 경우,
대출자의 채무 이행가능성을 예측하는 경우 등이 있다.

### (3) 머신러닝의 학습 모델

① **지도학습** : 학습 데이터에 레이블이 있는 경우를 지도학습이라고 한
다. 레이블이란 예를 들면 사진 속에서 우리가 구별해야 할 물건이 있을
때 그 물건을 미리 정의해놓은 것을 말한다. 대표적인 것으로 분류와 회
귀 모델이 있다.

② **비지도학습** : 학습 데이터에 레이블이 없는 경우를 지칭하며 대표적인 모델로 군집이 있다. 예를 들면 수화자가 다른 여러 통화의 공통적인 노이즈를 분류하는 것을 들 수 있다.

③ **강화학습** : 인공지능의 기본적인 정의에 가장 가까운 모델이라 할 수 있다. 강화학습은 지도학습이나 비지도학습처럼 사전에 사람이 정해준 데이터 분석 시나리오대로 계산을 수행하는 것이 아니라 문제만 주어지고 해결방법은 시행착오를 통해 스스로 찾아내는데, 이러한 방식이 인간의 행동양식과 매우 유사하기 때문이다. 구글 딥마인드의 알파고도 이러한 강화학습을 통해 개발되었다. 강화학습의 주 사용 분야는 프로세스 제어, 네트워크 관리, 자산관리, 로보틱스, 자율주행차 등이 있다.

## (4) 인공지능 기술의 활용

인공지능을 실제로 구현하기 위해서는 컴퓨터 프로그래밍을 사용한다. 인공지능을 구현하기 위한 프로그래밍 언어로 파이썬(Python)과 C가 많이 쓰이고 있는데, 인공지능을 구현하기 위해서는 처음부터 직접 개발하는 방법 또는 공개된 오픈소스를 통해 개발 기간을 단축하거나 아마존, 마이크로소프트(MS), 구글 등이 자사의 클라우드 컴퓨팅으로 인공지능 개발 플랫폼을 제공하는 PaaS(플랫폼형 클라우드 서비스)를 사용하는 방법이 있다. 공개된 인공지능 오픈소스로는 구글의 '텐서플로', 구글 딥마인드의 'DNC(Differentiable Neural Computer)', MS의 '코그니티브 툴킷' 등이 있다.

## 5) 생명공학(biotechnology) :
## 게놈 프로젝트, 유전자 재조합 기술, 유전자 가위, 줄기세포

### (1) 게놈 프로젝트

게놈(genome)이란 생물의 유전물질인 디옥시리보 핵산(DNA)을 담고 있는 그릇에 해당하는 염색체 세트로, 유전정보 전체를 의미한다고 할 수 있다. 이처럼 생명체의 모든 유전정보를 가지고 있는 게놈을 해독하여 유전자 지도를 작성하고 유전자 배열을 분석하는 연구 작업을 '게놈 프로젝트(Genome Project)'라고 한다. 이 프로젝트는 유전자(DNA)의 비밀을 밝히기 위해 1980년대 후반부터 미국, 영국, 일본, 캐나다, 스웨덴 등 여러 나라에서 착수한 연구 사업이다.

1999년 11월에 23개의 DNA 염색체 중에서 22번째 염색체 유전자 지도가 완성되어 백혈병 및 정신질환을 정복할 수 있는 계기가 되었고, 나머지 염색체들의 염기서열도 목표보다 더 빨리 완성할 수 있을 것으로 예상되고 있다. 이 연구가 완성되면 신비에 싸인 인간의 생명 현상을 원초적으로 규명할 수 있으며, 암이나 에이즈 등 난치병 치료와 예방에 획기적인 진전이 있을 것으로 기대된다. 하지만 원자폭탄을 비롯한 과학의 역사에서 보듯이 과학자의 손을 떠난 과학기술의 산물에 대해 인간의 통제가 불가능하다는 사실에서, 유전자 지도의 미래에도 긍정적인 면만 존재하는 것은 아니라는 우려가 섞여 있다.

### (2) 유전자 재조합 기술

'유전자 재조합 기술(Recombinant DNA technology)'은 임의의 생물의 DNA 단편을 다른 DNA 분자에 결합시키는 기술을 말한다. 1973년 미국의 스탠리 코헨(Stanley Cohen) 박사가 처음으로 성공했다. 형질전환, 형질도입,

접합(교배), 세포융합 등을 유전학적으로 보면 대개의 경우 세포 중에서 유전자 재조합이 이루어지고 있다. 유전자 재조합은 세포 내에서의 보편적인 현상이나, 최근에는 특히 시험관 내에서 목적으로 하는 DNA 단편을 다른 DNA에 연결시키는 것을 가리키는 경우가 많다. 이러한 조작이 가능할 수 있었던 것은 각종 제한효소의 발견, DNA 연결효소의 발견, 여러 플라스미드와 파지 등의 벡터에 대한 지식, 형질전환법의 개발 등 분자생물학의 많은 성과들이 일체가 되어 응용되었기 때문이다.

생물 중에서 자연계에 일어나는 유전자 재조합 반응은 아직 완전한 해명에 이르지 못하고 있으나, 시험관 중에서의 반응으로는 거의 완전히 제어된 상태로 임의의 DNA 단편(목적의 유전정보)을 임의의 다른 DNA에 연결할 수 있다. 이 기술에 따라 이미 사람의 인터페론(interferon)이나 성장호르몬을 대장균에서 생산할 수가 있으며 유전자 변형 식품(GMO), DNA 백신, 인슐린 생산 등에 가장 일반적으로 사용되고 있다.

① 유전자 변형 생명체(GMO : Genetically Modified Organism)는 서로 다른 종류의 생명체에서 유전적 재료를 채취하여 분리·이식 과정을 통해 생산한 생명체를 말한다. 아직까지는 주로 식물에 사용되기 때문에 흔히 '유전자 변형 식물' 또는 '유전자 변형 식품' 정도로 알려져 있다. 유전자 재조합 기술은 어떤 생물의 유전자 중 유용한 유전자(예를 들어 추위, 병충해, 살충제, 제초제 등에 강한 성질)만을 취하여 다른 생물체에 삽입해 새로운 품종을 만드는 것을 말한다. 상업적 목적으로 판매가 허용된 최초의 GMO 식물체는 1994년 미국 칼젠사가 개발한 'Flavr Savr'라는 상표의 토마토였다. 토마토는 숙성과정에서 물러지는데, 칼젠사는 이 과정에 관여하는 유전자 중 하나를 변형하여 수확 후에도 상당 기간 단단한 상태를 유지하도록 하였다.

② DNA 백신은 현재 사용하고 있는 백신과는 달리 유전자를 복제하여 주사해 사용한다. 처음 제안된 이후로 개발에 별다른 진전이 없다가 2006년에 조류독감(bird flu) DNA 백신이 긍정적인 결과를 보였다. 일부 DNA 백신은 사람을 대상으로 시험 중이며, 예외적인 부작용이 없다는 것을 증명하고 있다. 사람이 아닌 말을 위한 웨스트 나일(West Nile) 바이러스 DNA 백신은 이미 승인이 난 상태다.

③ 인슐린 생산 : 당뇨병을 치료하는 일반적인 방법은 인슐린을 인위적으로 보충하는 것이다. 즉 환자의 몸속에 외부에서 만든 인슐린을 지속적으로 투여하는 방식이다. 처음에는 소의 췌장에서 얻은 인슐린으로 약을 만들었다. 하지만 그 양이 매우 적었기 때문에 값이 무척 비쌌다. 또한 소의 인슐린은 사람의 것과 일치하지 않았기 때문에 어떤 환자는 알레르기를 일으키기도 했다. 그런데 유전자 변형 기술이 결정적인 해결책을 제시했다. 인간의 인슐린 유전자를 박테리아에 이식하여 인슐린을 생산한 것이다. 박테리아는 번식력이 매우 강하기 때문에 짧은 시간에 많은 양의 인슐린을 만들 수 있었다. 이로써 전 세계 당뇨병 환자들이 부작용이 없는 인슐린을 싼값으로 공급받을 수 있게 되었다.

### (3) 유전자 가위

유전자 가위는 인간세포와 동식물세포의 유전자를 교정하는(genome editing) 데 사용하는 기술이다. 동식물 유전자에 결합해 특정 DNA 부위를 자르는 데 사용하는 인공 효소로 유전자의 잘못된 부분을 제거해 문제를 해결한다. 유전자 가위는 쉽게 말해 '지퍼(DNA)'가 고장 났을 때 이빨이 나간 부위(특정 유전자)만 잘라내고 새로운 지퍼 조각을 갈아 끼우는 '유전자 짜깁기' 기술로 불리기도 한다. 유전자 가위는 유전자 변형 농산물(GMO)에 대한 우려를 줄이는 대안으로도 주목받고 있다. 병충해에 강한 GMO 콩은 식물에 동물 유전자를 집어넣는 기술을 활용해 나온 것이다. 인위적으로 외부 유전자를 넣다 보니 생태계 혼란에 대한 우려가 나올 수밖에 없었다. 하지만 크리스퍼 유전자 가위로 식물의 약한 유전자를 잘라내고 스스로 강한 유전자를 복원하도록 할 수 있다.

유전자 교정기술이 발전하면서 새로운 논란도 불거졌다. 2014년 중국 과학자들은 크리스퍼 유전자 가위로 원숭이의 배아에서 특정 유전자를 바꿨다. 이를 사람에게 적용하면 정자와 난자의 DNA를 바꿔 원하는 유전자를 가진 '맞춤형 아기'로 발전시킬 수 있다.

### (4) 줄기세포

여러 종류의 신체 조직으로 분화할 수 있는 능력을 가진 세포, 즉 '미분화' 세포다. 이러한 미분화 상태에서 적절한 조건을 맞춰주면 다양한 조직 세포로 분화할 수 있으므로 손상된 조직을 재생하는 등의 치료에 응용하기 위한 연구가 진행되고 있다. 인간의 생명을 연장시키고, 불치병을 치료하는 데 줄기세포는 매우 큰 효과를 끼치고 있으며, 다음과 같은 종류가 있다.

① 배아줄기세포 : 배아의 발생과정에서 추출한 세포로, 모든 조직의 세포로 분화할 수 있는 능력을 지녔으나 아직 분화되지 않은 '미분화' 세포를 말한다. 모든 조직의 세포로 분화할 수 있는 능력을 지니고 있으며, 이론상으로는 무한정 세포 분열을 할 수 있다. 이러한 특성을 이용하여 부상이나 질병 등으로 조직이 손상되었을 때 배아줄기세포를 원하는 조직으로 분화시켜서 그 조직을 재생시키는 데 이용할 수 있도록 연구 중이다.

② 성체줄기세포 : 과거에는 한 조직에 있는 성체줄기세포는 오직 그 조

직의 세포로만 분화한다고 알려져 있었으나, 최근에는 다른 조직의 세포로도 분화할 수 있다는 연구결과들이 보고되고 있다. 예를 들어 피부에 있는 성체줄기세포가 신경세포, 근육세포, 지방세포 등으로 분화될 수 있다는 연구결과가 있다. 그러나 배아줄기세포처럼 모든 조직의 세포로 분화하는 것은 불가능하다고 알려져 있다. 성체줄기세포를 치료에 이용할 경우, 치료하고자 하는 환자로부터 직접 성체줄기세포를 얻을 수 있기 때문에 배아줄기세포에 비해 윤리적인 문제가 적고, 환자 자신의 세포를 이용하는 것이기 때문에 면역거부반응도 적다. 그러나 대개는 소량으로 존재하기 때문에 분리해내기가 쉽지 않다는 문제점이 있다.

## 6) 물리학 기술

### (1) 3D프린터

3D프린터는 물체를 프린터를 이용해서 뽑아내는 기술이다. 잉크젯프린터에서 디지털화된 파일이 전송되면 잉크를 종이 표면에 분사하여 2D 이미지(활자나 그림)를 인쇄하는 원리와 같다. 2D프린터는 앞뒤(x축)와 좌우(y축)로만 운동하지만, 3D프린터는 여기에 상하(z축) 운동을 더하여 입력한 3D 도면을 바탕으로 입체 물품을 만들어낸다.

① **3D프린팅 기술** : 3D프린팅 기술은 1983년에 시작되었는데, 3D프린팅 기술 전문 업체 '3D시스템즈(3D Systems)'의 공동 창업자 찰스 헐(Charles W. Hull)이 시제품 생산 시간을 단축하기 위해 고안해냈다. 헐이 처음 고안한 방식은 '스테레오리소그래피(SLA : Streolithography Apparatus)'로, 현재도 산업 현장에 쓰이고 있는 이 방식은 캐드(CAD)와 같은 3D 모델링 소프트

웨어로 설계한 모형을 여러 개의 얇은 층으로 나누는 기술을 말한다. 혈의 SLA 방식 프린터는 이후 SLS와 FDM 방식으로 발전했다.

② **3D프린터의 재료** : 일반적인 프린터가 에폭시와 염료로 만들어진 토너나 잉크를 이용하는 것과 달리, 3D프린터는 주재료로 플라스틱 소재를 많이 이용한다. 그러나 다양한 산업 분야에서 3D프린터의 활용 가능성에 주목하면서 플라스틱 소재 외에도 고무, 금속, 세라믹과 같은 다양한 소재가 이용되고 있으며, 최근에는 초콜릿 등 음식 재료를 이용하는 사례도 소개되고 있다. 의학 분야에서 세포를 재료로 인공 장기를 만드는 등의 실험도 진행 중이다.

③ **3D프린터의 활용** : 3D프린터는 전통적으로 항공이나 자동차와 같은 제조업 분야에서 주로 활용되었으나, 최근에는 그 활용 영역을 빠르게 넓혀가고 있다. 가장 대표적인 분야는 의료, 건설, 소매, 식품, 의류 산업이다. 의료 분야는 가장 적극적으로 3D프린터 기술을 도입하고 있으며 관절, 치아, 두개골, 의수 등을 비롯한 인공 귀나 인공 장기를 만드는 데 이용하고 있다. 3D프린터의 동작 방식이 케이크 위에 초콜릿 장식을 하는 것과 비슷하다 보니, 식품 분야에서도 다양하게 활용되고 있다. 장미 모양이나 사람의 얼굴 모양을 한 입체 초콜릿을 만드는 것은 기본이며, 쿠키를 만들거나 라면과 같은 패스트푸드를 만들 수도 있다. 미국항공우주국(NASA)에서는 우주에서 먹을 음식을 만들기 위해 피자나 햄버거를 만들 수 있는 3D 푸드 프린터를 개발하기도 했다.

## (2) 엑추에이터 기술

엑추에이터(Actuator)는 모터나 스위치, 스피커, 램프처럼 전기적인 신호의 변화를 이용하여 물리적인 상태를 바꿔주는 장치를 말한다. 침대와 램프가 서로 연결되어 사람이 잠들면 램프가 자동으로 꺼지는 상황을 생각해보자. 침대에 설치되어 있는 센서가 사람의 움직임을 측정하고 분석하여 잠을 자기 시작했다고 판단을 하면, 램프에 신호를 보내어 램프를 꺼지도록 만든다. 이러한 경우처럼, 어떤 신호에 반응하여 자신의 상태나 주변의 상태를 변화시키는 장치를 엑추에이터라고 한다.

① **엑추에이터의 종류** : 기계공학 분야에서는 물리적인 움직임을 생성하는 방식을 기준으로 엑추에이터를 구분한다. 예를 들면 전기식 엑추에이터, 유압식 엑추에이터, 공기압식 엑추에이터 등이다. 그러나 이런 구분은 모터에서 발견되는 회전운동, 피스톤이나 스위치에서 발견되는 직선운동과 같은 물리적인 움직임을 생성하는 엑추에이터에 한하여 적용이 가능하다.

사물인터넷 시대에는 물리적인 움직임의 변화뿐만 아니라 소리의 변화, 빛의 변화, 온도의 변화, 농도의 변화 등 바뀌는 상태의 유형에 따라 엑추에이터를 구분하기도 한다. 예를 들어 스피커나 도어벨(doorbell) 같은 것은 소리의 변화와 관련된 엑추에이터, 스마트 LED 램프나 LED 전광판 등은 빛의 변화와 관련된 엑추에이터다. 물론 사물인터넷 시대에도 물리적인 움직임과 관련된 엑추에이터가 많이 이용된다. 스마트 도어락(doorlock)이나 스마트 가스락(gas-lock)처럼 모터가 들어가서 직선운동이나 회전운동을 기본으로 하는 스마트 제품들이 이에 해당된다. 센서 장치나 혹은 스마트폰 등이 만들어내는 값을 바탕으로 상태의 변화를 보이는 사물들이 있다면 이들은 모두 엑추에이터라 할 수 있다. 앞에서 설명한 스마트 램프, 스마트 도어락 등이나 스마트폰으로 원격 제어할 수 있는 에어컨, 가스보일러도 이에 해당한다.

② **엑추에이터의 활용** : 엑추에이터가 대표적으로 활용되는 분야는 로봇 분야로, 특히 최근엔 드론(Drone)에 엑추에이터가 많이 활용되고 있다. 드론은 무선전파로 조종할 수 있는 무인항공기다. 카메라, 센서, 통신시스템 등이 탑재돼 있으며 25그램부터 1,200킬로그램까지 크기와 무게도 다양하다. 드론은 군사 용도로 처음 생겨났는데 최근엔 고공 촬영과 배달, 농약 살포, 공기오염 측정 등 다양한 분야로 확대되고 있다. 드론은 모터에 의해 움직이는 프로펠러를 4개 이상 포함하고 있는데, 어떤 드론 제품들의 경우 드론에 부착된 카메라를 상하좌우로 제어하기 위한 모터를 추가로 이용하기도 한다.

또 다른 로봇으로는 스마트펫(SmartPet)이 있다. 스마트펫은 드론과는 달리 주변의 상태나 사용자의 동작 등을 감지하여 반응하는 엑추에이터 제품이다. 다리나 꼬리를 움직이기도 하고, 스마트폰 화면을 이용하여 자신의 감정을 표현하기도 한다.

# 3. 4차 산업혁명에서 파생되는 유망산업

## 1) 빅데이터

빅데이터 기술은 그 기술 자체만으로 산업을 형성하기보다는 다양한 산업에 적용됨으로써 시너지 효과를 내는 역할을 한다. 빅데이터 산업은 빅데이터 처리기술을 서비스하는 기업과 빅데이터를 활용하여 새로운 부가가치를 창출하는 산업으로 나누어볼 수 있다. 빅데이터를 활용하여 새로운 부가가치를 창출하는 산업에 대해 더 자세히 알아보자.

### (1) 미디어와 빅데이터

빅데이터 기술의 활용은 기존의 정형화된 통계 데이터와 설문 데이터 활용을 넘어 비정형화된 사진, 음악, 비디오, SNS의 내용도 분석할 수 있게 한다. 한국의 온라인 언론사들은 최근 심각한 수익 부진을 겪고 있는데 이러한 빅데이터 기술을 활용한 고급정보들을 유료화해서 프리미엄 서비스를 제공함으로써 새로운 돌파구를 모색하고 있다.

미디어 콘텐츠 유통기업인 넷플릭스는 시네매치(cinematch)라는 서비스를 통해 이용자들의 영화 시청 목록을 분석하여 새로운 영화를 추천해주는 서비스로 유료 영상구독 부분에서 가장 높은 시장 점유율을 보이고 있다. 넷플릭스는 다른 경쟁사의 서비스보다 8분의 1 수준의 콘텐츠 수로 스트리밍 서비스 최강자 수준에 올랐는데 가장 큰 비결을 시네매치 서비스로 꼽고 있다. 넷플릭스는 영상마다 시청자들로 하여금 별점을 매기게 한 뒤에 평점을 기반으로 그 시청자가 볼 영상들의 패턴을 분석해 그다음에 볼 만한 영화를 미리 추천한다. 넷플릭스의 알고리즘은 콘텐츠 제작사 입장에서는 자신들의 콘텐츠가 필요한 시청자들에게 효율적으로 노출되므로 광고 효과도 크게 얻을 수 있다. 빅데이터 분석을 통한 추천 알고리즘 개발은 뉴스 언론 미디어에서 새로운 혁명을 일으키고 있다.

### (2) 제조업과 빅데이터

패션회사 자라(Zara)는 미국 MIT 데이터 전문가와 함께 세계 70개국 7만여 개의 매장에서 나오는 빅데이터를 분석해 상품 기획, 디자인, 출시, 재고관리에 적용했다. 최신 유행 트렌드의 디자인을 바로 반영한 제품에 대해서 과거 데이터를 분석하여 상품 수요를 예측, 다품종 소량 생산으로 매장별 적정 재고를 산출하고 가격 결정과 운송 계획까지 실시간으로 데이터를 분석함으로써 세계 최대의 의류기업으로 성장했다.

세계적인 항공기 엔진 제작업체인 롤스로이스는 산업의 특성상 제조과정에서 조그만 실수도 막대한 손실과 인명피해로 이어질 수 있기 때문에, 제조와 엔진 사용 중에 일어나는 다양한 상황에 대한 모니터링과 분석이 필수다. 사물인터넷의 발달로 수많은 센서들이 네트워크로 결합되어 데이터를 수집하고 분석하는 것이 가능해졌다. 하나의 엔진이 작동하는 데 수백 개의 센서로부터 수십 테라바이트의 데이터를 생성하므로 빅데이터 기술 적용이 꼭 필요하다. 롤스로이스사는 제조과정뿐만 아니라 판매 후 서비스에서도 이를 활용하여 엔진의 오류를 진단하거나 수정, 예방하는 데 많은 비용을 절감하는 토털 케어 서비스를 제공하면서 항공기 엔진 시장의 54%를 차지했다.

### (3) 금융과 빅데이터

빅데이터는 국내에서 카드업계와 보험사 위주로 많이 활용되고 있는데, 국내 카드업계는 소비자의 행동 패턴을 분석하여 소비자가 카드를 이용할 때 편의성을 증대시키거나 마케팅 활동에 적극적으로 활용하고 있으며, 신규 상품의 개발에도 적용하면서 빅데이터 활용이 확장되고 있다. 신한카드의 경우 2,200만 고객의 빅데이터를 분석해서 '코드나인'이라는 상품개발 체계를 만들어 신상품을 출시하고, 고객을 세밀하게 분류하여 맞춤형 카드를 개발하고 있으며, 2013년 빅데이터 센터를 설립했다. 롯데카드의 경우 마트와 백화점 등의 계열사와 제휴, 마케팅 및 서비스 중심의 빅데이터 사업을 실시하고 있다. 고객의 소비 패턴 데이터를 분석한 타깃 마케팅을 실시하고 있으며, 빅데이터를 활용한 앱인 '스마트 컨슈머' 앱을 통해 가맹점 평가 및 가맹점 정보, 할인쿠폰 등을 제공받을 수 있도록 하고 있다.

보험사의 경우 보험사기 방지와 보험료 할인제도 개선 등에 활용하고 있다. 현대해상의 경우 사기 범죄 적발 및 예방을 위한 빅데이터 기반 분석 솔루션인 FDS를 도입했는데, 시스템으로 사고가 접수되면 자동으로 사건의 사기 위험도 정도를 보상 담당자에게 전달, 보험사기 여부 판단 및 처리를 지원하도록 하여 전체 사기 사건의 25%를 빅데이터 분석을 통해 적발하고 있으며 삼성화재도 비슷한 시스템을 활용 중이다.


### 2) 인공지능

인공지능 기술은 소프트웨어 기술로 제조업부터 서비스업까지 모든 산업에 적용될 수 있다. 또한 기존의 빅데이터, 로봇 기술과 융합되어 시너지 효과를 일으키고 있다. 현재 각광받고 있는 다양한 인공지능 서비스에 대해 살펴보자.

## (1) 인공지능 개인비서

음성인식 기술의 발달과 클라우드 컴퓨팅 기술의 발달로 인공지능 개인비서가 다시금 조명을 받고 있다. 이미 1990년대 후반부터 음성인식 기술이 탑재된 휴대폰이 있었으나 이용자들에게 큰 영향을 미칠 만한 수준은 되지 못했다. 과거의 음성인식 기술은 사람의 음성을 휴대폰 속에 저장된 명령과 대조해 맞춰주는 매칭 기술이었는데 기존의 기능 외에 할 수 있는 일이 별로 없었다.

최근의 개인비서 서비스는 사용자가 음성인식을 활용해서 명령을 내리면 핸드폰이 분석을 하는 게 아니라 클라우드 서버로 전달되어 분석한 값을 다시 핸드폰이 전달하는 방식으로 이루어지고, 클라우드 서버는 받은 명령에 단순히 반응하는 것이 아니라 명령한 내용을 학습해서 지속적으로 진화한다. 처음에는 사용자의 명령에 적절한 답을 하지 못한다 하더라도 지속적으로 쌓인 정보를 인공지능으로 분석해서 다음에 똑같은 명령을 받았을 때 적절한 답을 찾게 되는 것이다.

음성인식 기술을 가진 대표적인 업체는 뉘앙스다. 애플의 '시리(Siri)'와 삼성전자 'S보이스', 팬택의 '스마트 보이스' 기술 등이 뉘앙스와 뉘앙스의 자회사인 블링고의 음성인식 기술을 통해서 도움을 받고 있다. 현재까지 인공지능 비서 서비스는 플랫폼으로서의 역할이 매우 강하며 그 예로 애플의 '시리', 구글의 '구글 나우' 등이 서비스되고 있다. 또한 마이크로소프트, 아마존, 소프트뱅크 등이 앱이나 로봇의 형태로 인공지능 비서 서비스를 출시하고 있다.

### (2) 통·번역 서비스

1980년대 후반부터 기술개발이 시작된 통·번역 서비스는 서로 다른 언어를 사용하는 사람 사이에 의사소통이 가능하도록 하는 대표적인 융복합 기술로서 최근 인공지능 기술 도입으로 인해 급격한 발전을 이루고 있다.

실시간 통·번역은 음성인식, 자동번역, 음성합성 등 세 가지 핵심기술로 구성되어 있으며, 초기에 명령어 위주의 단어인식에서 문장 단위 연속 음성인식 등으로 발전해왔다. 자동번역 기술은 규칙 기반, 통계 기반 방식으로 나눌 수 있는데 웹을 통한 빅데이터 생산이 가능해짐으로써 통계 기반 자동번역이 주류를 이루고 있고, 번역 성능도 실용화에 가까운 수준으로 발전하고 있다. 대표적인 통계 기반 번역기로는 구글의 '구글 번역기'와 마이크로소프트의 '스카이프 트랜스레이터(Skype Translator)'를 들 수 있고 일반인들은 무료, 기업용은 유로로 운영되고 있다.

IBM은 향후 상용화될 기술 중에 실시간으로 통·번역하는 기술이 가장 파급력이 클 것으로 판단하고 있다. 한국과학기술기획평가원(KISTEP)도 10대 미래 유망기술로 선정한 바 있으며, 일본 총무성은 2020년 일본 내 자동 통·번역 시장만 10조 원으로 크게 성장할 것으로 예측하고 있다.

### (3) AI 기반 금융 서비스

현재 금융 서비스에도 인공지능의 적용이 활발하게 이루어지고 있는데, 투자자문업의 경우 사람의 직감에 의존하는 측면이 많았기 때문에 지금까지 IT 적용 수준이 낮았으나 최근 IBM의 왓슨 같은 검증된 시스템을 활용하는 금융기관이 많이 증가하고 있다. 핀테크 벤처기업들도 컴퓨터가 스스로 학습하는 머신러닝을 기반으로 투자자문업에 직접 도전하고 있다. 20여 년 전 온라인 증권거래를 무기로 찰스 스왑이 미국의 증권사업을 재편한 것처럼, 이제는 인공지능이 투자상담을 대신하는 로보 어드바이저(Robo

Advisor) 회사들이 기존의 온라인 증권사들을 위협하고 있다. 미국의 웰스 포른터, 퍼스널캐피털, 비터먼트 등은 고객이 목표 수입, 리스크에 대한 태도 등 기본적 옵션을 선택하면 해당 유형에 맞춰 알고리즘이 최적 투자를 선택해주는 서비스로 현재 약 200억 달러의 취급액을 가지고 있으며, AT커니는 2020년 약 2조 달러까지 커질 것으로 예측하고 있다.

최근 미국을 중심으로 소프트웨어를 사용하여 자산관리 서비스를 제공하는 로보 어드바이저가 국내에도 도입이 확대되고 있다. 로보 어드바이저는 웹을 기반으로 하거나 모바일 플랫폼을 통해 알고리즘을 기반으로 자동화된 금융자문 서비스를 상대적으로 저비용에 제공하는 것을 일컫는데, 투자자가 자신의 투자성향을 바탕으로 다양한 데이터를 설문을 통해 입력하면 로보 어드바이저는 포트폴리오를 제시하고 운용 및 리밸런싱 서비스까지 제공하고 있다. 로보 어드바이저의 시장점유율은 2015년 0.5% 수준에서 2020년에는 5.6%로 급격하게 상승할 것으로 전망된다. 수수료도 기존 자산관리 서비스의 경우 연간 1%가 넘는데, 로보 어드바이저의 경우 0.5% 수준의 낮은 비용으로 서비스가 가능한 것을 장점으로 수요 확대를 유도하고 있다.

인공지능은 투자자문을 넘어 직접적인 트레이딩 영역에도 적용되고 있다. 이미 2002년 이후 알고리즘 트레이딩의 활성화와 함께 컴퓨터가 정해진 알고리즘에 따라 자동으로 거래하는 방식이 확산되어왔으며, 최근 머신러닝과 같은 인공지능 기술을 활용하여 미래를 예측하는 수준으로까지 발전 중이다.

## (4) AI 기반 기타 서비스

① **저널리즘** : AP통신, 블룸버그, 포브스, LA타임스 등이 로봇기자를

활용하고 있으며, AP통신의 경우 기업 실적기사는 기사 작성 소프트웨어 '워드스미스(Wordsmith)'가 맡고 있다. LA타임스는 '퀘이크봇(Quakebot)'이라는 로봇기자로 지진이 발생하면 자동으로 속보를 띄운다. 미국 캘리포니아주에서 지진이 발생하자 3분 만에 속보를 띄워 신속한 보도가 가능하도록 했다. 로봇기자는 금융, 스포츠, 날씨 등의 단신뉴스를 만들어 인터넷에 배포하고 있으며, 차후에는 다큐와 탐사, 심층기사도 가능할 것으로 보고 있다.

우리나라의 뉴스 서비스도 증권정보를 신속하게 송출하는 서비스를 위주로 로봇기자가 도입되고 있다. 매경미디어그룹은 스타트업 '엠로보(M-Ro-bo)'를 통해 인공지능 로봇 저널리즘을 도입하기로 결정했다. 단 1초 만에 기사와 도표를 만들어내고 영어, 중국어 기사도 작성한다.

② 예술(미술/음악/문학) : 인공지능은 수학적이고 논리적인 분야뿐만 아니라 인간의 예술적인 분야까지 파고들고 있다. 구글의 '그레이 에어리어 파운데이션(Gray Area Foundation)'이라는 예술 분야 조직은 '딥 드림(Deep Dream)'이라는 인공지능 프로그램을 통해 인공신경망 기술을 적용하여 기존의 사진과 이미지의 특징적 요소를 중심으로 나름대로 추상화를 그려냈으며, 이 중 29점이 전시회에서 9만 7,605달러에 팔렸다. 영국의 화가이자 컴퓨터 프로그램 개발자인 헤럴드 코헨은 '아론(Aaron)'이라는 프로그램을 개발하여 기계 장비와도 연결, 사진을 보고 그림을 그리는 게 아니라 처음부터 끝까지 사람의 간섭 없이 알아서 색과 모양을 선택해 그림을 완성시키기도 했으며, 독일 튀빙겐대학 연구진은 딥러닝을 활용하여 예술가의 스타일을 흉내 내서 그림을 그리는 인공지능도 개발했다.

또한 음악 분야에서 도냐 퀵 예일대 컴퓨터공학 교수는 '쿨리타(kulitta)'라는 인공지능 작곡 프로그램으로 기존 악부를 이용해 기본음계 조합을 분석하여 학습을 통해 고난도 음계를 재조합함으로써 작곡에 성공했다. 미국의 UC산타크루스대에서 개발한 인공지능 작곡 프로그램 '에밀리 하웰(Emily Howell)'이 만든 노래는 이미 아이튠즈, 아마존 등 온라인 콘텐츠 시장에서 팔리고 있으며, 영국 케임브리지대에서 만든 작곡 프로그램 '주크덱(Jukedeck)'은 이용자가 원하는 곡의 장르, 분위기, 재생시간, 박자 등을 선택하면 1분 안에 조건에 맞는 노래를 만들어낸다. 국내에서도 소프트웨어 전문가와 음악 전문가로 구성된 픽토뮤직연구소가 10여 년 전부터 연구를 시작해 모바일 기반의 인공지능 작곡 시스템 '픽토뮤직(PictoMusic)'을 개발하는 데 성공했다. 픽토뮤직은 사진과 이미지 같은 정보를 통해 사용자가 원하는 대로 악기를 선택하여 800가지 장르의 음악을 작곡, 연주, 공유 및 판매할 수 있게 해주고 있다.

인공지능은 소설 창작에도 도전하고 있다. 가장 앞선 번역 기술을 가지고 있다고 평가되는 구글의 경우, 인공지능을 활용하여 수많은 작가의 작품에서 추출한 수많은 짧은 문장을 이용해 작가의 문체를 학습시켜 구분할 수 있을 만큼 기술을 발전시켰다. 일본 공립 하코다테미래대에서는 실제로 인공지능이 소설을 쓰도록 하여 4편의 단편소설을 완성시켰는데, 이 작품들 중 하나가 문학상을 1차 통과하기도 했다.

③ **법률 서비스** : 기존에 법률 서비스의 디지털 기술은 인터넷 법률 상담과 같이 제한적으로만 적용되어왔는데 변호사가 상담하는 전문 영역으로 변호사법 위반에 대해 논란이 많기 때문이다. 하지만 자동 상담 서비스와 변호사들을 보조해주는 프로그램 위주로 시장이 성장하고 있다. 미국의 경우 로펌 주니어 변호사들이 주로 수행하는 문서 리뷰를 컴퓨터가 대신하는 소프트웨어 및 서비스 매출이 지속적으로 증가하고 있으며, 소장이나 신청서를 자동으로 작성해주는 온라인 서비스도 괄목할 만한 성장세를 보이면서 실용성을 입증하고 있다. 미국의 로스 인텔리전스(ROSS

Intelligence)라는 회사는 IBM의 인공지능 '왓슨(Watson)'을 기반으로 대화형 법률 서비스를 제공하고 있다.

국내에서 인공지능을 접목한 법률 서비스 업체로는 인텔리콘 메타연구소가 대표적인데, 이 연구소는 2011년 변호사와 인공지능 전문가들로 연구팀을 꾸려 지능형 법률정보 시스템 '아이리스'를 개발하는 데 성공했다.

④ **교육 서비스** : 인공지능 교육 서비스는 일대일 개인 지도를 인간이 아닌 컴퓨터가 대신해줄 수 있다는 점에서 주목받고 있다. 교육과정 중에서 가장 효과가 있는 방식은 가정교사 방식의 일대일 지도 방식인데 이는 많은 교사를 채용해야 하는 만큼 비용이 많이 들어 도입이 불가능하나, 최근 인공지능을 통해 프로그램이 학생들을 일대일로 교육 지도할 수 있는 방법들이 개발되고 있다. 엘리멘털 패스(Elemental Path)는 2015년 2월 크라우드펀딩 킥스타터를 통해 스마트 장난감 '코그니 토이(Cogni Toys)'를 발표했는데, 이는 IBM의 왓슨을 기반으로 하는 인공지능의 음석인식 기능과 자연어 처리기술을 기반으로 장난감이 아이들과 대화하면서 스스로 새로운 어휘를 학습하게 하고 아이와 같이 성장하며 부모에게 어떻게 놀았는지 확인도 시켜줄 수 있다. 이러한 제품들을 기반으로 일대일 학습지도 영역이 더 발전될 것으로 보인다.

인공지능 기술은 기존 교육의 보조적인 역할도 할 수 있을 것으로 보이는데, 익스펙트 랩스(Expect Labs)가 개발한 '마인드멜드(MindMeld)'라는 채팅 애플리케이션은 딥러닝 기술을 활용하여 채팅 참가자들의 대화를 분석, 문맥을 이해한 후 대화와 연관성이 높다고 판단되는 정보를 검색하여 제공해준다. 이러한 기술이 원격수업에 적용된다면 교사와 학생들 간의 대화나 토론 중에 실시간으로 보조 자료가 제공되는 방식 등으로 수업 능률이 높아질 것으로 전망된다.

⑤ **보안, 재난, 안전 서비스** : 지능형 감시 시스템은 가장 유력한 성장 산업으로 꼽히는데 보안, 안전과 교통, 산업 분야에서 CCTV로 대표되는 24시간 감시 시스템의 설치가 급증하고 있기 때문이다. 기존에는 인간이 수많은 CCTV를 보고 위험 상황을 바로 감지하기 어려웠는데, 최근 영상 분석 기반의 인공지능 기술이 발달함에 따라 사고 및 범죄 징후 등을 보다 빠르게 감지할 수 있게 되었다. 또한 미국 국방성, 중앙정보국, 국토안보부 등은 수배 중인 사람의 이름이나 키워드를 입력하면 해당하는 사람의 소재 위치를 정확하게 지도에 표시해주는 '메타카타' 프로그램을 개발하여 특정인이 현재 어디에 있는지까지 검색할 수 있게 되었다.

최근 우리나라에서는 기존 가정용 인터넷 기반의 시장에 지능형 홈 CCTV를 결합하여 IoT 기반의 인공지능 서비스를 진행 중이다. 가정의 움직임이나 소리 등을 감지해주고 사용자에게 알림을 해주는 기능들이 서비스되고 있다.


## 3) 사물인터넷

### (1) 스마트홈(커넥티드홈)

스마트홈은 TV, 냉장고, 세탁기, 전자레인지 등 기본적인 가전뿐만 아니라 조명, CCTV등 다양한 집 안의 디바이스들이 네트워크에 연결되어 지능형 서비스를 제공할 수 있는 주택을 의미하며, 이미 오래전부터 개발되어오고 있었으나 최근에 사물인터넷(IoT) 시대가 도래하기 시작하면서 더욱 주목을 받고 있다. 스마트홈은 스마트홈 허브 분야, 조명 분야, 온도 및 공기조절 분야, 가전 분야, 보안 분야 등으로 나눌 수 있다.

① **스마트홈 허브 분야** : 인공지능 음성비서와 같은 서비스를 활용하여 가정 내 기기들을 컨트롤할 수 있게 한다. 통신규격은 지그비(Zig-bee)를 많이 쓰고 있다.

② **스마트 조명 분야** : 기존 조명업체들을 필두로 집 안의 전구들을 하나로 모아 컨트롤할 수 있게 해주는 서비스를 진행 중이며, 일부 스타트업의 경우 전구 스위치에 사물인터넷 엑추에이터 제품을 달아서 앱으로 점등을 제어할 수 있도록 하는 서비스도 진행 중이다.

③ **스마트 온도 및 공기조절 분야** : 기존 보일러 업체들과 통신사, 에어컨 업체 위주로 스마트폰과 연동되는 시스템을 개발하고 있다. 공기청정 분야도 IoT가 접목되어 스마트폰으로 미세먼지, 가스, 이산화탄소, 온도, 습도 현황과 세부 수치를 파악하고 수치 변화에 따라 푸시 알람을 보내준다.

④ **스마트 가전 분야** : 우리나라의 삼성과 LG가 주도하고 있는 스마트 가전 분야는 각국의 음성인식 플랫폼과 결합하여 다양한 기능을 선보이고 있다. 음성인식을 통해 조리 순서에 맞춘 조리법 읽어주기, 음성을 이용한 온라인 쇼핑, 음악 재생 등 주요 기능 음성명령, 최신 뉴스나 날씨 등 생활 밀착형 음성응답 등을 지원해 별도의 스크린 터치 없이 목소리만으로 명령을 실행할 수 있다. 또한 냉장고 내에 장착된 3대의 카메라를 통해 보관 중인 식품을 스마트폰으로 언제, 어디서나 확인하고 식품별 보관일을 설정할 수 있다. 냉장고 외 세탁기와 청소기 등도 스마트폰과 연동하여 언제, 어디서나 원할 때 가전을 조작할 수 있도록 하는 서비스들이 있다. 이외에도 프라이팬 '스마티팬스' 등과 같은 조리 기구에 센서를 부착하여 새로운 서비스를 하거나 커피포트와 레인지를 스마트폰과 연동시키는 등 새로운 분야

가 계속 개발되고 있으며, 플러그 전원을 제어하여 기존의 가전도 활용할 수 있는 스마트 플러그들도 계속 개발되고 있다.

⑤ **스마트 시큐리티 세이프티 분야** : 스마트홈의 보안은 IoT로 연결된 캠이 집 안을 감시하는 것을 위주로 시장이 점점 커지고 있다. 홈CCTV를 제외한 다른 분야에서는 스마트락과 스마트 도어벨, 스마트 화재경보기 등의 제품이 있다.

⑥ **엔터테인먼트 분야** : 스마트 TV 분야와 셋톱박스 역할을 하는 구글의 '크롬캐스트'와 '애플TV' 및 아마존 '파이어'를 활용한 방식 등이 있으며, 소니의 '플레이스테이션'과 같은 게임 콘솔기기와 스마트 오디오 분야 등이 있다.

### (2) 스마트 팩토리

'스마트 팩토리'가 지니는 사전적 의미는 '영리한 + 공장'이라 할 수 있으나, 이를 다시 풀어서 보면 '생산 전략에 기반을 둔 제조 여건 변화에 유연하게 대응하고, 공급망 관리(SCM : Supply Chain Management) 통합 관점의 QCD(Quality, Cost, Delivery) 및 제약 관리로 생산 운영을 신뢰성 있게 수행하는 공장'이라 할 수 있다. 가정의 모든 가전과 센서들이 네트워크를 통해 연결되어 스마트홈을 구축하듯, 스마트 팩토리는 IoT 기술로 공장 내의 모든 센서들과 장비 엑추에이터들이 연결되어 제품의 생산 효율과 품질을 상승시킬 수 있게 한다.

## 4) VR/AR 산업

### (1) 가상현실(Virtual Reality)

가상현실은 컴퓨터 등의 ICT 기술을 기반으로 실제와 유사한 특정 환경 또는 상황을 만들어내는 것 혹은 그 기술 자체를 의미한다. 실제와 유사한 환경이나 상황에서 가상현실은 사용자의 오감을 자극하여 공간적, 시각적으로 다양한 체험을 가능하게 하며, 사용자는 실재하는 디바이스를 이용해 조작이나 명령을 가하는 등 가상현실 속에 구현된 것들과 상호작용이 가능하다. VR은 플랫폼에 곧바로 이어지는 하드웨어인 HMD 분야를 기반으로 다양한 소프트웨어와 콘텐츠로 발전하고 있는데, 제조 분야에서 자동차나 비행기 설계 등에 가상현실을 활용하여 물리적인 차체 모델의 제작을 줄이고 다양한 차체 설계를 시도해볼 수도 있다.

의료 분야에서는 의사의 어시스트나 환자의 스트레스 감소, 의대생의 학습 도구, 의료 관계자의 훈련 등에 폭넓게 이용되고 있다. 실제로 병원 밖을 나갈 수 없는 환자들이 VR 디바이스를 통해 밖으로 여행하는 듯한 느낌을 주어 스트레스와 불안이 감소되는 효과를 일으켰다. 교육 분야에서도 가상현실을 활용함으로써 실제로 가보기 힘든 고대 유적지 등을 VR로 체험함으로써 교육적 효과를 높일 수 있으며, 사고나 위험 현장 등을 교육하기 위한 가상훈련 시스템에서 마치 실제와 같이 몰입해 훈련할 수 있다는 장점을 가지고 있다. 소매나 마케팅 분야의 경우에도 가상현실에서 제품의 사용감을 전달하도록 하는 서비스가 개발되고 있으며, 뉴스나 언론기관에서도 전쟁이나 스포츠 사건을 보다 생생하게 전달하기 위해 360도 카메라 등을 활용하여 VR 서비스를 제공하고 있다. 이외에 게임과 성인용 콘텐츠도 VR의 주요 시장으로 발전할 것으로 전망하고 있다.

## (2) 증강현실(Augmented Reality)

증강현실은 현실 세계에 가상 정보를 실시간으로 증강하는 가상현실(VR)의 하나의 분야에서 파생된 기술이다. 즉 실제 환경에 가상 사물을 합성하여 원래의 환경에 존재하는 사물처럼 보이도록 하는 컴퓨터 그래픽 기법이다. 최근 폭발적인 인기를 끌고 있는 게임 '포켓몬Go'는 구글의 자회사에서 분사한 나이언틱랩스(Niantic Labs)가 개발했으며, 닌텐도(Nintendo)의 간판 게임이자 동명의 애니메이션으로도 유명한 '포켓몬스터'를 위치정보 시스템과 증강현실로 구현한 게임이다. 포켓몬Go는 전 세계에서 폭발적인 인기를 끌었고 출시 7개월 만에 글로벌 매출 10억 달러를 달성했다. 현재 AR/VR 관련 서비스 중에서 가장 파급력이 큰 사건으로 여겨진다.

AR기술은 실제 상황에서 다양한 콘텐츠를 결합할 수 있기 때문에 O2O 마케팅 분야에도 적극적으로 활용되고 있다.


## (3) MR(혼합현실)

'혼합현실(Mixed Reality)'은 현실 공간과 가상 공간을 혼합하여 현실의 물건과 가상의 물건이 실시간으로 영향을 주고받는 새로운 공간을 구축하는 기술 전반을 가리킨다. 즉 증강현실과 가상현실을 포함하는 개념이다. 현실 세계에 가상의 이미지를 현실 세계의 일부처럼 느껴지도록 생동감 있게 투사하고, 여러 사람이 동시에 같은 상황과 이미지를 체험할 수 있는 기술을 구현한다.

VR/AR 산업은 초기 게임과 영상 등 엔터테인먼트 위주의 서비스가 형성되고, 이후 교육이나 의료 등 다른 산업으로 확대될 전망이다. 하지만 국내 가상현실 콘텐츠 시장의 경쟁력은 하드웨어 분야에 비해 낮은 수준으로 콘텐츠 시장의 생태계 조성이 필요하다.

## 5) 드론/로봇 산업(AI, 액추에이터)

### (1) 드론

드론은 앞서 소개한 바와 같이 전파로 조종하는 무인항공기를 일컫는데, 최근에 일반화된 이론은 '사람이 탑승하지 않는 항공기'로 정의되어 사용 중이며 사용 목적과 크기, 형태에 따라 다양한 형태와 기계요소로 구성되어 있다. 드론 산업은 군수 시장뿐만 아니라 소비자 시장과 서비스 시장에까지 크게 성장하면서 다양한 관련 분야 사업이 등장하고 있다. 가장 알려진 사업은 물류배송 사업이다. 아마존은 '프라임에어(Prime Air)'라는 30분 이내 배달 서비스를 제공하기 위해 드론을 사용할 것임을 밝히면서 이목을 끌었다.

드론은 건설 및 인프라 점검, 측량 및 건강정보 구축에도 활용될 수 있다. 지적 조사와 해안 조사를 사람이 직접 가지 않고 간편하게 측정할 수 있으며, 사람의 접근이 어려운 지역에도 쉽게 접근할 수 있다. 드론은 이밖에 적조, 오염, 산불 감시나 소방, 무인경비에도 활용되고 있다.

최근에는 드론레이싱 분야도 새롭게 생기면서 국내에서도 한국드론레이싱협회와 KT 등의 기업을 중심으로 프로팀이 창설되고 있다. 드론은 셀카 드론, 조종기가 필요 없는 드론, 웨어러블 드론 등 다양한 분야로 계속 확장되고 있다.

### (2) 로봇

적용 분야별 시장 규모 추이는 자동차 산업용 로봇이 제조업 로봇 수요를 지속적으로 견인하고 있는데, 그동안 상대적으로 규모가 작았던 금속(가공), 플라스틱화학 분야, 식음료 분야에서의 활용도 많이 증가하고 있다. 대규모 장치산업 중심으로 활용되었던 로봇 활용 영역이 중소 제조기업으로 확장되고 있는 추세다. 현재 제조업용 로봇의 가격 인하가 지속적으로 이루어지고 있으며 협업로봇, 양팔로봇 등 중소제조업에서의 로봇 활용은 더 활발해질 것으로 보인다. 가정용, 엔터테인먼트, 노인&장애 보조 등 개인 서비스 로봇도 지속적으로 발전하고 있는데 인공지능, 센서 기술의 발전으로 최근 인간과 교감하는 소셜로봇의 개발이 주목받고 있다.

### (3) 스마트카

사물인터넷(IoT)과 인공지능 기술의 발달은 자동차를 더욱더 혁신시키고 있다. 자율주행 자동차, 드라이버 오버라이드 시스템, 생체인식차량 접근 제어, 종합자동차 트래킹, 액티브 윈도우 디스플레이, 원격 자동차 정지, 스마트/개인형 인-카 마케팅 등이 최근 주요 이슈이며 지속적인 발전을 거듭하고 있다. 애플 '카플레이', 구글 '오토' 등의 플랫폼들이 관련 시장을 가지고 치열한 경쟁을 벌이고 있다.

## 6) 디지털 헬스케어

클라우스 슈밥은 세계경제포럼에서 4차 산업혁명에 대해 역설하면서 유전자 조작을 통한 맞춤형 아기의 등장에 대해 언급하고 있으나 이는 아주 극단적인 분야이며 윤리적인 논란이 많다. 실제로는 개인의 유전정보부터 시작해서 다양한 건강과 관련된 정보를 활용한 헬스케어 산업이 발달하게 될 것이다. 이를 '디지털 헬스케어'라고 한다. 디지털 헬스케어 산업은 디지털화된 개인의 건강정보 데이터의 흐름에 따라 구성된다. 크게 개인의 건강 데이터를 수집하기 위한 산업과 수집한 데이터를 개인 디바이스 애플리케이션과 의료기관 소프트웨어에서 한 번에 통합 관리될 수 있도록 하는 플랫폼 산업, 이렇게 수집된 데이터를 바탕으로 건강 증진, 예방, 치료하는 산업으로 나눌 수 있고, 개인의 건강 증진 목적으로 활용하느냐, 의료인의 치료 목적으로 활용하느냐와 쓰이는 기술에 따라 산업이 세부적으로 갈리게 되며, 새로운 기술 활용에 따라 관련 산업이 지속적으로 늘어나고 있다.

**[표 5-2] 디지털 헬스케어 서비스 구성**

| 구분 | 주요 내용 |
|---|---|
| 하드웨어 | 웨어러블 헬스케어 디바이스와 같은 건강정보 측정을 위한 하드웨어 |
| 소프트웨어 | 헬스케어 애플리케이션 등 |
| 플랫폼 | 헬스케어 정보 전달을 위한 통신 및 데이터 관리와 분석을 위한 플랫폼 |
| | → 이와 연계된 서비스로 구성 |

자료 : 융합연구정책센터(2015년 9월) 자료 재정리

**[표 5-3] 디지털 헬스케어 생태계 구성 및 주요 제품 현황**

| 구분 | | 주요 내용 |
|---|---|---|
| PHD (Personal Health Device) | 개념 | 가정용 또는 휴대용 기기에 센서를 내정, 웨어러블 디바이스 등 언제 어디서나 개인의 건강상태를 측정할 수 있는 장치 |
| | 주요 제품 현황 | Fitbit band(핏빗), FuelBand(나이키), Shine(미스핏), Gear(삼성전자) |
| PHA (Personal Health Application) | 개념 | 스마트기기에 내장된 카메라, 센서 및 액세서리를 이용해 개인의 건강상태를 측정·관리할 수 있는 애플리케이션 |
| | 주요 제품 현황 | Nike Move(나이키), S-health(삼성전자), Runkeeper(피트니스키퍼) |
| PHI (Personal Health Information) | 개념 | PHD, PHA를 통해 수집된 ECG, 심박수, 활동량 등 개인 건강정보 데이터 |

자료 : 한국보건산업진흥원(2014년 9월) 자료 재정리

우리나라의 주요 전문가들은 미래에는 더 많은 개인이 자신의 유전정보부터 소유하게 되고 이와 맞춤한 서비스들이 출시될 것이며, 개인의 유전정보와 기업을 연결하는 플랫폼이 대두된다고 예측하고 있다. 그러나 우리나라는 의료인이 아닌 사람이 유전자 검사를 하는 것은 법으로 금지되어 있다. 현재 가장 눈에 띄는 성장을 보인 것은 웨어러블 업체이나 현재까지의 측정기술로는 시장이 한계에 다다랐다고 보고, 각 특수 용도별 니치 시장이 더 활성화될 것으로 예측하고 있다. 또한 의사들은 디지털 헬스케어의 직접적인 수혜를 입을 것으로 예상하는데, 이는 사람을 진료하는 것은 의료인이어야 하는 법률적인 문제로 디지털 헬스케어 기술이 의사를 대체하기보다 의사들을 보조하는 수단으로 쓰일 가능성이 높기 때문이다.

## 7) 공유경제(모바일)

'공유경제'는 2008년 하버드대 로렌스 레식(Lawrence Lessig) 교수의 저서 『REMIX』에서 처음 등장했는데 최근 대량 생산, 대량 소비의 자본주의 경제와 대비되고 소유 대신 한번 생산된 제품을 다수가 함께 사용하는 협력 소비를 전제로 한 경제 방식을 말한다. 모바일을 중심으로 한 ICT 기술의 발전은 개인의 유휴자산을 합리적인 방식으로 공유하고 그에 따른 수익 분배도 손쉽게 할 수 있도록 하여 공유경제를 촉진했다.

공유경제는 공유 대상에 따라 구분할 수 있다. 가장 크게는 부동산, 차량, 기타 자산으로 나눌 수 있다.

## 8) 블록체인(Block Chain)

'공공 거래 장부'라고도 부르며 가상 화폐로 거래할 때 발생할 수 있는 해킹을 막는 기술이다. 기존 금융회사의 경우 중앙 집중형 서버에 거래 기록을 보관하는 반면, 블록체인은 거래에 참여하는 모든 사용자에게 거래 내역을 보내주며 거래 때마다 이를 대조해 데이터 위조를 막는 방식을 사용한다. 블록체인(Block Chain)은 대표적 온라인 가상 화폐인 비트코인(Bitcoin)에 적용되어 있다. 비트코인은 누구나 열람할 수 있는 장부에 거래 내역을 투명하게 기록하며, 비트코인을 사용하는 여러 컴퓨터가 10분에 한 번씩 이 기록을 검증하여 해킹을 막는다. 현재 블록체인 기술을 적용한 새로운 가상화폐가 계속해서 등장하고 기존 금융 시스템에도 적용되어 온라인 계약과 같은 다양한 거래에 사용될 수 있을 것으로 전망되며, 기존에 보안 취약이 우려되었던 사물인터넷 등과 헬스케어 분야에도 적용이 가능할 것으로 보인다.

---

**4차 산업혁명 관련 중소벤처기업부의 정책 기조**

중소기업 현장에서는 4차 산업혁명에 대한 인식과 대응이 미흡한 것이 현실이다. 중소기업중앙회가 2016년 중소기업을 대상으로 실시한 설문조사에 따르면 전체 응답자의 89%가 "4차 산업혁명을 모른다"고 답했을 정도다. 중소기업 창업·혁신 주무 부처인 중소벤처기업부는 이러한 점을 감안해 4차 산업혁명에 대한 중소기업의 인식을 높이고 4차 산업혁명 생태계를 조성한다는 방침이다. 우수 기술인력의 창업 활성화, 규제 혁파 및 제도 개선, 유망 분야 인식 개선을 중점 시책으로 추진할 방침이다. 우선 4차 산업혁명 핵심기술 및 시장 변화에 대해 잘 알고 있는 우수 기술인력이 과감히 창업할 수 있는 환경을 조성한다. 대학, 연구소, 기업 등 우수 기술인력의 창업 활성화를 위해 벤처·창업 지원제도 및 사업을 정비한다. 이들이 4차 산업 관련 신기술 및 시장에 진출할 수 있도록 중기부 사업을 활용해 지원한다. 연구개발(R&D) 및 벤처 투자를 확대해 기술 경쟁력을 높이고 우수 인력의 양성 기반을 마련한다. 기술 사업화를 가로막는 규제 혁파도 주요 추진 시책 중 하나다. 사업을 일단 허용한 뒤 문제가 생기면 규제하는 '네거티브 규제'와 신기술에 대해 규제 없이 실험할 수 있는 '규제 샌드박스' 제도 등을 도입해 새로운 기술의 원활한 사업화를 촉진한다.

기술보호 및 대·중소기업 상생 등 제도 기반도 마련한다. 중소기업 기술보호 제도를 강화해 대기업과의 정당한 기술 거래가 이뤄지도록 유도하고, 중소기업 기술 분쟁·조정 중재 제도를 활성화하기 위해 시정·명령제도 도입을 추진한다. 현재 중기부는 기술 유출 피해 중소기업이 조정·중재 신청을 하면 법률 자문 및 법률 대리인 선임 비용을 지원한다. 하지만 분쟁·조정 건의 대다수가 소송으로 이어지면서 중소기업의 경제적 부담이 가중되고 있는 상황이다. 이에 따라 중기부는 보다 강력한 조치로 기술 탈취 기업에 경제적인 측면뿐만 아니라 평판 측면에서도 타격을 입을 수 있도록 법과 제도를 정비한다는 방침이다. 징벌적 손해배상 제도 강화해 대기업의 기술 탈취 관행으로부터 중소·벤처기업을 보호할 계획이다. 중기부는 헬스케어, 스마트시티, 스마트공장 등 4차 산업혁명 유망 시장 분야에 대한 중소기업의 인식을 높이기 위해 교육과 홍보도 강화한다. 최근 부각되고 있는 무크(MOOC) 등 온라인 교육 방식을 활용해 선진국의 4차 산업혁명 대응 동향을 중소기업에 적극 알릴 계획이다. 기업 간 인수합병(M&A) 제도를 활성화하는 등 4차 산업혁명 시대에 맞는 대·중소기업 상생 모델도 모색한다.

하지만 이러한 중기부 정책은 시행되기까지 시간이 다소 걸릴 것으로 보인다. 큰 방향은 정했지만, 세부 정책 수립은 장관 취임 이후에나 구체화될 것으로 예측된다. 박성진 장관 후보자가 자진 사퇴하면서 당분간 장관 공석이 불가피하기 때문이다. 부처 정책은 최종 결정권자인 장관 결재가 이뤄져야 집행으로 이어질 수 있다. 무엇보다 중소·벤처기업 정책은 타 부처와의 긴밀한 조율이 필요해 장관의 영향력이 절대적이다. 중기부 관계자는 "곧 출범할 '4차 산업혁명 위원회'를 통해 중소기업 분야 4차 산업혁명 대응 과제를 구체화할 것"이라고 말했다.

자료 : 「전자신문」(2017년 9월 21일)

Chapter 6
# 지적재산권

# 1. 지적재산권의 개념과 종류

## 1) 지적재산권의 개념

'지적재산권(Intellectual Property Right)'이란 인간의 지적 활동으로 얻어진 정신적, 무형적 결과물에 대하여 전통적인 물권이나 채권과는 달리 별도의 재산권으로서 법으로 보호받는 권리의 총칭이라고 말할 수 있다. 지적재산권은 동산, 부동산 등의 유체물에 대한 유체재산권과는 반대되는 인간의 지적·정신적 산물, 즉 외형적인 형태가 없는 무체물에 대한 재산권으로 일종의 무체제산권에 속하며, 일반적인 재산권과 마찬가지로 사용, 수익, 처분 권한이 부여됨은 물론이고 자산적 가치가 높아 국가산업 발전과 기업의 경쟁력을 결정짓는 요체다. 20세기 산업 사회에서 21세기 지식 정보화 사회로 이행됨에 따라 국가 간 국경 없는 무한 경제 전쟁이 치열해지면서 세계 각국은 자국의 생존전략으로서 지적재산권의 창출과 보호에 힘을 기울이고 있다.

## 2) 지적재산권의 종류

지적재산권은 크게 특허권, 실용신안권, 의장권, 상표권을 포함하는 '산업재산권' 및 문학, 예술, 음반 등에 대한 창작물을 보호하는 '저작권'과

식물 신품종, 반도체 프로그램 배치설계, 컴퓨터 프로그램 및 영업비밀 등
을 포함하는 '신지적재산권'으로 대별되며, 다음에서 각각에 대해 살펴본다.

**[표 6-1] 지적재산권의 종류**

| | | | |
|---|---|---|---|
| 지적재산권 | 산업재산권 | 특허 | 기술적 창작인 원천, 핵심기술(대발명) |
| | | 실용신안 | 라이프 사이클이 짧고 실용적인 주변 개량기술(소발명) |
| | | 디자인 | 심미감을 느낄 수 있는 물품의 형상, 모양 |
| | | 상표 | 타 상품과 식별할 수 있는 기호, 문자, 도형 |
| | 저작권 | 협의의 저작권 | 문학, 예술 분야 창작물 |
| | | 저작인접권 | 실연가, 음반제작자, 방송사업자 권리 |
| | 신지적재산권 | 산업저작권 | 컴퓨터 프로그램, 데이터베이스, 디지털 콘텐츠 |
| | | 첨단산업 재산권 | 반도체 배치설계, 생명공학, 인공지능, 인터넷 사업방법 |
| | | 정보 재산권 | 영업비밀, 멀티미디어 |
| | | 신상표권 /의장권 등 | 캐릭터, 트레이드 드레스(Trade Dress), 프랜차이징, 퍼블리시티권(Publicity), 지리적 표시, 인터넷 도메인네임, 새로운 상표 (색체상표, 입체상표, 소리, 냄새상표 등) |

## 가. 산업재산권

'산업재산권'이란 지적재산권의 한 유형으로, 인간의 정신적 창작의 결
과물로서 산업에 이용되는 무형의 재화에 대하여 재산권으로 보호하는 권
리를 말한다. 일반적으로 산업재산권이라 함은 인간의 정신적 창작물에 대
하여 보호되는 권리 중 산업과 관련한 권리를 지칭하며, 기술적 사상의 공
개 대가로 국가가 일정 기간 동안 독점 배타적인 권리를 부여하여 재산권
으로 인정하는 것으로 그 보호의 대상에 따라 특허권, 실용신안권, 디자인
권 및 상표권으로 분류된다.

특허권은 아직까지 없었던 물건 또는 방법을 최초로 발명했을 경우 그 발명자에게 주어지는 권리이며, 실용신안권은 이미 발명된 것을 개량하여 보다 편리하고 유용하게 사용할 수 있도록 한 물품의 형상, 구조 또는 조합에 부여되는 권리다. 반면 디자인권은 물품의 형상, 모양이나 색채 또는 이들을 결합한 것으로서 시각을 통해 미감을 일으키게 하는 것이며, 상표권은 상품을 업으로 생산·가공·증명 또는 판매하는 자가 자신의 상품을 타 업자의 상품과 식별시키기 위해 사용하는 기호, 문자, 도형, 입체적 형상 또는 이들의 결합과 이들과 색채가 결합된 것으로 타인의 것과 명확히 구분되는 것에 부여되는 산업재산권이다.

**[그림 6-1] 산업재산권 특징 비교**

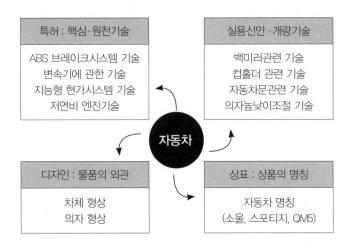

다음은 산업재산권 제도에 관한 것으로 정의, 보호대상, 등록요건, 존속기간 등을 간략하게 나타냈다.

## [표 6-2] 산업재산권 제도의 개요

| 구분 | 특허 | 실용신안 | 디자인 | 상표 |
|---|---|---|---|---|
| 정의 | 자연법칙을 이용한 기술적 사상의 창작, 고도의 것(아직까지 없었던 물건 또는 방법으로 최초로 발명한 것) | 자연법칙을 이용한 기술적 사상의 창작(이미 발명된 것을 개량해서 보다 편리하고 유용하게 쓸 수 있도록 한 물품) | 물품의 형상, 모양, 색체, 또는 이들의 결합으로 미감을 갖는 것 | 타인의 상품과 식별되도록 사용하는 기호, 문자, 색체, 또는 이들의 결합 |
| 보기 | 전자를 응용하여 처음으로 전화기를 생각해낸 것과 같은 발명 | 분리된 송수화기를 하나로 하여 편리하게 한 것과 같은 형상이나 구조에 관한 것 | 탁상전화기를 반구형이나 네모꼴로 한 것과 같이 물품의 외관에 대한 형상 모양, 색체에 관한 것 | 전화기 제조회사가 자사 제품의 신용을 유지하기 위해 제품이나 포장 등에 표시하는 표장으로서 상호, 마크 등 |
| 보호 대상 | 물건(물질, 장치), 방법(사용, 제조방법) | 물품의 형상, 구조 또는 이들의 조합에 관한 고안 | 물품의 형상, 모양, 색체 또는 이들의 결합을 통한 심미감 | 상표 사용자의 업무상 신용, 수요자의 이익 |
| 등록 요건 | • 산업상 이용 가능성<br>• 신규성<br>• 진보성 | • 산업상 이용 가능성<br>• 신규성<br>• 진보성 | • 공업성<br>• 신규성<br>• 창작성 | 자타 상품의 식별력 여부 |
| 부등록 대상 | 공서양속, 공중위생을 해치는 발명 | • 국기 훈장과 동일, 유사한 고안<br>• 공서양속, 공중위생을 해치는 고안 | • 국기, 국장 등과 동일, 유사한 의장<br>• 공서양속 위배 의장<br>• 타인 업무와 혼동 우려가 있는 의장 | • 국기, 국장 등과 동일, 유사한 상표<br>• 공서양속 문란 상표<br>• 타인의 성명 명칭, 상호<br>• 타인의 등록상표와 유사한 상표 |
| 존속 기간 | 출원일로부터 20년 | 출원일로부터 10년(구법 적용분은 15년) | 등록일로부터 20년 | 등록일로부터 10년(10년마다 갱신 가능. 반영구적 권리) |

## 나. 저작권

'저작권'이란 저작권자가 자신의 창작한 저작물에 대해 가지는 권리로서 지적소유권 중의 하나이며, 인간의 사상 또는 감정을 표현한 저적물의 저작자에게 부여되는 인격적 권리와 재산적 권리를 총칭하는 것이다(주자람, 2015). '저작권'은 시, 소설, 음악, 미술, 영화, 연극, 컴퓨터프로그램 등과 같은 저작물에 대하여 창작자가 가지는 권리를 말한다. 예를 들면 소설가가 소설작품을 창작한 경우 그 원고 그대로 출판·배포할 수 있는 복제·배포권과 함께 그 소설을 영화나 번역물 등과 같이 다른 형태로 저작할 수 있는 2차적 저작물 작성권, 연극 등으로 공연할 수 있는 공연권, 방송물로 만들어 방송할 수 있는 방송권 등 여러 가지 권리를 가지게 된다. 이러한 저작권은 크게 저작재산권과, 인격권으로 나누어볼 수 있다.

저작권은 토지와 같은 부동산과 마찬가지로 매매하거나 상속할 수 있고, 다른 사람에게 빌려줄 수도 있다. 만일 어떤 사람이 허락을 받지 않고 타인의 저작물을 사용한다면 저작권자는 그를 상대로 민사상의 손해배상을 청구할 수 있고, 그 침해자에 대하여 형사상 처벌을 요구(고소)할 수도 있다. 저작권자는 일반적으로 저작권을 다른 사람에게 양도하거나 다른 사람에게 자신의 저작물을 사용할 수 있도록 허락함으로써 경제적인 대가를 받을 수 있다. 이러한 저작권의 경제적 측면을 저작재산권이라고 한다. 저작자, 예를 들면 소설가는 위에서 본 바와 같이 여러 가지 형태로 저작물이 이용되는 과정에서 그 소설의 제목, 내용 등이 바뀌지 않도록 하는 동일성 유지와 함께 출판된 소설책에서 자신의 성명을 표시할 수 있는 성명표시권, 그 소설을 출판할 것인지의 여부를 결정할 수 있는 공표권을 가진다. 이는 저작자의 인격을 보호하고자 하는 측면에서 주어진 권리이므로, 저작인격권이라 하여 저작재산권과 구분한다.

결국 저작권이 있기 때문에 저작자는 저작물의 사용에 따른 경제적인 대가를 받게 되며, 동시에 그 저작물이 사용되는 과정에서 저작자가 작품 속에 나타내고자 하는 창작 의도를 그대로 유지시킬 수 있게 된다. 그러나 토지와 같은 부동산도 공공적 목적 등을 위해서는 일정한 범위 안에서 재산권의 행사가 제한되는 것처럼, 저작재산권도 일정한 범위 안에서는 저작자가 그 권리를 행사할 수 없도록 되어 있다. 예를 들면 비영리 목적의 개인적인 이용의 경우나 교육 목적을 위한 경우, 시사보도를 위한 경우 등에 대해서는 저작재산권의 일부가 제한된다.

### (1) 저작물의 정의

저작물이란, 인간의 사상 또는 감정을 표현한 창작물을 말한다(저작권법 제2조 제1호). 저작물은 인간의 지적·문화적 창작을 넓게 포괄하며 문학 작품(시·소설·각본), 그림, 사진, 음악, 영상, 연극, 건축, 지도, 컴퓨터 프로그램 등이 포함된다.

저작물로 인정되려면 다음의 세 가지 조건을 충족해야 한다. 첫째는, 인간의 사상 또는 감정이 글이나 그림, 음악 또는 다른 형태로 표현되어 있어야 한다. 저작권은 특정한 사상이나 감정의 표현을 보호하며 사상 또는 감정 그 자체를 보호하는 것은 아니다.

두 번째는, 창작성이 있어야 한다. 저작권으로 보호받기 위해 고도의 창작성이 요구되는 것은 아니며, 창작성은 타인의 것을 모방한 것이 아닌 저작자 자신만의 독자적인 사상 또는 감정을 표현한 것을 말한다. 사실 그대로를 기록한 것은 저작물로 보호되지 않는다. 저작권을 인정받은 저작물은 법적으로 보호를 받는다.

세 번째는, 저작물은 표현되어야 한다. 저작물로 보호되는 것은 인간의 사상이나 감정 그 자체가 아니다. 표현되지 않은 단순한 아이디어는 저작물로 인정되지 않는다. 여기에서 표현이란, 글이나 그림, 음악 또는 다른 형태 등 외부로 나타내는 것을 의미하며 표현의 방법에는 제한이 없다.

위 조건들을 충족하더라도 보호받지 못하는 저작물이 존재한다. 저작권법은 다음과 같은 저작물은 보호받지 못한다고 규정하고 있다(저작권법 제7조).

① 헌법, 법률, 조약, 명령, 조례 및 규칙
② 국가 또는 지방공공단체의 고시, 공고, 훈령, 그 밖에 이와 유사한 것
③ 법원의 판결, 결정, 명령 및 심판이나 행정심판절차 그 밖에 이와 유사한 절차에 의한 판결, 결정 등
④ 국가 또는 지방자치단체가 작성한 것으로 (1)부터 (3)까지의 편집물 또는 번역물
⑤ 사실의 전달에 불과한 시사보도

### (2) 저작권의 특징

저작권은 앞에서 서술한 바와 같이 크게 저작인격권(Moral Right)과 저작재산권(Economic Right)으로 구분되어진다. 저작인격권은 일신전속적인 권리로서, 타인에게 양도가 불가능하며 저작인격권에는 자신의 저작물을 공표할 수 있는 ① 공표권, 그 저작자가 자신임을 표시하는 ② 성명표시권, 저작물을 자신이 창작한 그대로 바꾸지 않고 이용하도록 하는 ③ 동일성유지권 등의 권리가 포함된다.

저작재산권이란 저작자가 자신의 저작물에 대해 갖는 재산적인 권리를 뜻한다(저작권법 제10조 제1항). 따라서 일반적인 물권(物權)과 마찬가지로 지배권이며, 양도와 상속의 대상이고, 채권적인 효력도 가지고 있다(저작권–편집자를 위한 저작권 지식, 2008, 김기태). 또한 저작재산권은 저작자가 자신의 저작물에 대해서 갖는 배타적인 이용권이라고 할 수 있다. 자신이 직접 저작

물을 이용하거나 타인에게 저작물을 이용하도록 허락하고 그 대가를 받을 수 있다. 저작재산권에는 ①복제권 ②공연권 ③공중송신권 ④전송권 ⑤전시권 ⑥배포권 ⑦2차적저작물작성권 등 일곱 가지가 있다.

저작권은 시간적으로 제한된 권리이다. 저작권은 한 사회의 문화 발전에 이바지하는 수단이 되어야 한다는 측면으로 법에 의해 보호 기간이 한정된다. 저작권의 보호 기간은 베른조약(Berne Convention,1886)을 통해 저작자 사후 50년으로 제정되었으나, 미국은 1998년 저작권기한연장법을 통해 저자 사후 70년으로 연장하였다. 또한, 한·미FTA(Free Trade Agreement)의 교역 협상 조건으로 인해 한국도 미국과 같이 70년으로 연장하였다. 2011년에 개정된 저작권법에 따르면 일반적인 저작재산권 보호 기간(term of protection)의 원칙은 '저작자가 생존하는 동안과 사망한 후 70년간 존속'하고 2인 이상의 저작자가 공동으로 창작한 공동 저작물의 저작재산권은 '맨 마지막으로 사망한 저작자 사망 후 70년간 존속'한다고 명시되어 있다(제39조 1항,2항. 2011.6.30 개정)(문화산업의기초이론, 2014. 4. 15., 김평수). 법에 의해 정해진 시간이 경과된 이후의 저작물은 누구의 소유도 아니다. 이를 공유 저작물(Public Domain)이라고 하며, 공유 저작물의 경우에 다른 사람의 허락을 받지 않고 누구나 자유롭게 사용할 수 있게 된다. 저작권은 저작물을 창작한 때부터 발생하며 어떠한 절차나 형식의 이행을 필요로 하지 아니한다(저작권법 제10조 제2항). 이를 '무방식 주의'라고 한다. 저작권 등록 여부에 관계없이 저작권은 저작자가 저작물을 창작한 시점부터 권리가 발생한다.

그럼에도 저작권 등록을 하는 이유는 등록함으로써 저작권 침해를 당하였을 때, 창작자 및 창작시점에 대한 입증 책임을 면하기 위함과 일정한 사항에 대하여 추정력과 대항력 등의 법적 효력을 부여해서 사후적인 책임을 경감시키고 안전한 거래를 도모하기 위함이다.

### (3) 저작자/저작권자

저작자란, 저작물을 창작한 사람을 말한다. 저작권자란, 저작권법에 의하여 저작권을 인정받아 그 권리를 행사할 수 있는 사람으로 저작재산권을 가진 자연인이나 법인(단체)을 말한다. 저작재산권의 경우 양도 또는 상속이 가능하므로 양도나 상속에 의해 저작재산권이 타인에게 이전될 수도 있으므로 저작자와 저작재산권자가 바뀔 수도 있다.

따라서, 저작자가 반드시 저작재산권자와 동일한 것은 아니다. 저작권자라 하더라도 저작에 참여한 주체의 저작인격권을 침해할 수 없다. 이를테면 저작권자가 영화의 내용을 임의로 재편집하여 공표하는 경우 저작물의 동일성이 상실되므로 저작자의 인격권이 침해되는 것으로 본다. 따라서 권리자의 허락이 없으면 내용이나 제목 등을 바꿀 수 없다.

### (4) 저작권의 소멸

저작재산권자가 상속인 없이 사망한 경우 또는 저작재산권자인 법인 또는 단체가 해산된 경우 민법 제1058조 또는 기타 법률의 규정에 따라 국가에 귀속될 수 있다(저작권법 제49조). 이때 저작재산권은 소멸한 것이 되어 일반 국민들에게 공유된 것으로서 널리 이용할 수 있다. 하지만, 저작권 중 저작인격권의 경우 국가로 귀속되지 않는다.

### (5) 저작재산권의 제한사유

저작권법은 저작물과 관련된 권리의 보호뿐만 아니라 그 공정한 이용을 도모함으로써 문화 및 국민경제의 건전한 발전에 이바지함을 궁극적인 목적으로 하고 있다. 저작권법은 기본적으로 저작작의 권리를 보호하기 위함이지만, 동시에 저작물의 이용을 활성화하고 문화와 관련 산업의 발전을 지향한다. 또한, 저작권법은 저작자의 개인적 부를 보장하기도 하지만 과학과 문화의 발전을 도모하고자 하는 데 본질적인 목표가 있다. 이러한 측면에서 우리나라 저작권법은 일정한 경우에 저작권자의 허락 없이도 저작물을 자유롭게 복제, 배포 등을 할 수 있는 경우를 규정하고 있다.

### ① 교육을 위한 목적

고등학교 및 이에 준하는 학교 이하의 학교의(초, 중학교) 교육목적을 위한 교과용 도서에 공표된 저작물을 게재하는 것은 허용된다(저작권법 제25조1항). 이 경우에는 저작물을 이용하고자 하는 자는 문화체육관광부장관이 매년 고시하는 기준에 의한 보상금을 해당 저작권자에게 지급하여야 한다(저작권법 제25조 제4항).

또한 특별법에 의하여 설립되었거나 유아교육법, 초·중등교육법 또는 고등교육법에 의한 교육기관 또는 국가나 지방자치단체가 운영하는 교육기관 및 교육기관의 수업을 지원하기 위하여 국가나 지방자치단체에 소속된 교육지원기관은 그 수업 목적상 필요하다고 인정되는 경우에는 공표된 저작물의 전부 또는 일부분을 복제·배포·공연·전시 또는 공중송신할 수 있다(저작권법 제25조 제2항).

### ② 사적이용을 위한 복제

공표된 저작물을 영리를 목적으로 하지 않고 개인적으로 이용하거나 가정 및 이에 준하는 한정된 범위 안에서 이용하는 경우에는 그 이용자는 이를 복제할 수 있다(저작권법 제30조). 이와 같이 비영리적인 목적으로 공표된 저작물을 개인이나 가정과 같이 한정된 장소에서 이용하는 것을 '사적 복제'라고 하며 저작권자의 허락 없이 복제할 수 있다.

③ 공표된 저작물 인용

논문 또는 글을 쓸 때 필요한 경우 타인의 창작물의 일부를 이용하는데, 보통 출처를 표시하는 방법으로 이용한다. 이를 '인용'이라고 한다.

저작권법 제28조에서 "공표된 저작물을 보도, 비평, 교육, 연구 등을 위하여 정당한 범위 안에서 공정한 관행에 합치되게 이를 인용할 수 있다"고 규정하고 있다. 타인의 저작물을 정당한 범위 내에서 공정한 관행에 합치되는 방법으로 인용을 하고, 합리적인 방법으로 출처를 명시한다면 타인의 저작권을 침해하는 것이 아니다. 따라서 저작권자로부터 별도의 허락을 받을 필요가 없다.

---

**저작권을 활용한 비즈니스 모델 사례 ; 뮤지코인 비즈니스 모델**

뮤지코인은 창작자로부터 저작권의 일부 또는 전부를 확보하고 일정 단위로 블록체인 기술을 기반으로 저작권을 조각으로 나누어 투자자 그리고 팬(fan)에게 경매, 거래를 할 수 있도록 만든 플랫폼이다. 상품 판매 플랫폼과 같이 매수자와 매입자를 연결시켜 주는 단순 중개인의 역할이 아니라, 곡에 대해 투자를 희망하는 불특정 다수의 사람들에게 저작권 분할 공개를 통해 투자와 거래를 할 수 있도록 장을 제공하는 역할을 한다. 저작권을 창작자가 아닌 투자자 혹은 가수의 팬(fan)이 자신이 투자하거나 소유하고 싶은 곡의 저작권 조각을 원하는 조각만큼 구입하여 저작권 일부를 소유하고 투자할 수 있다.

창작자는 공개한 자신의 저작권료 지분 일부를 주식처럼 조각을 내어 무형자산인 저작권으로 거래를 통해 부가적인 수익 창출이 가능하다. 창작자 입장에서는 창작활동에 필요한 자금을 빠르게 조달 가능하며 이자나 상환의 부담이 없다는 점이 뮤지코인의 참여 요인이다. 뮤지코인은 일본으로 시장 확장을 계획 중이며, 일본이 K팝의 접근성이 가장 좋고 저작권과 아티스트의 권익 보호에 대한 인식이 높기 때문이다.

---

## [그림 6-2] 뮤지코인(Musicion)의 비즈니스 모델

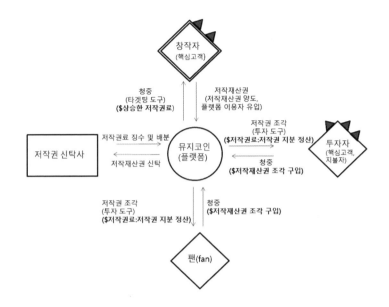

뮤지코인의 주요 참여자는 일반 투자자, 가수의 팬(fan), 창작자, 저작권 신탁사(한국음악저작권협회, KOMCA)와 같이 크게 4가지 유형으로 구분할 수 있다. 일반 투자자는 낮은 은행금리와 고위험의 펀드 또는 주식투자 대신 뮤지코인의 음악저작권에 투자하는 사람들을 말한다. 팬(fan)은 일반 투자자와는 달리 투자의 목적보다는 자신이 좋아하는 가수나 노래의 저작권 일부를 구매함으로써 해당 곡의 가치를 높이고 저작권 일부를 소유하는 것에 만족을 느끼는 사람들이다. 창작자는 자신이 창작한 음악 저작물인 자신의 곡의 저작재산권 일부 또는 전부를 뮤지코인 플랫폼에 양도하고 상승한 저작권료의 절반을 뮤지코인으로부터 받을 수 있다. 저작권신탁사인 한국음악저작권협회는 뮤지코인이 창작자로부터 확보한 저작재산권에 대해 발생하는 저작권료를 징수하고 분배할 수 있는 비영리기관을 말한다.

## 다. 신지적재산권

저작권과 산업재산권을 바탕으로 발전해왔던 전통적 지적재산권 제도는 과학기술의 급속한 발달과 사회 여건의 변화에 따른 새로운 지적재산의 등장으로 그 미비점을 노출시켰다. 예를 들면 반도체 배치설계나 컴퓨터 프로그램의 경우 그것을 저작권으로 보호할 것인지, 산업재산권으로 보호할 것인지의 문제는 간단한 것이 아니다. 이러한 문제가 발생하는 근본 원인은 전통적 지적재산권 제도가 생성될 당시에는 존재하지 않았던 형태의 지식재산이 등장함에 따라 기존의 제도로는 보호의 공백 혹은 중복이 생기기 때문이다. 이로 인하여 새로운 지식재산을 기존의 제도에 편입하는 노력은 계속되어왔으나, 새로운 분야에 대한 지식재산권의 설정은 이미 그 한계에 다다르게 되었다. 이러한 현상은 비단 저작권뿐만 아니라 특허의 경우도 컴퓨터 프로그램, 반도체 배치설계, 유기화학, 생명공학 분야에 대한 특허권 인정 여부가 쟁점으로 부각된 바 있으며 그 중 일부는 아직도 논의 중이다.

'신지적재산권'에 대한 공통적인 특징을 종합해보면, 과학기술의 급속한 발달과 사회 여건의 변화에 따라 종래의 지적재산권 법규의 보호범주에 포함되지 않으나 경제적 가치를 지닌 지적창작물을 의미한다고 할 수 있다. 신지적재산은 ① 과학·기술 발달로 인한 확대, ② 상표·의장의 보호대상 확대로 나눌 수 있으며, 다만 제도적 보호과정에서 기존의 지적재산들과는 다른 특성을 보이고 있으므로 신지적재산이라는 범주로 분류된다. 다음에서 신지적재산권의 각각에 대하여 살펴본다.

### (1) 반도체 직접회로

반도체 직접회로의 배치설계 보호권은 트랜지스터, 다이오드, 저항, 콘덴서와 집적시킨 전자회로를 보호받는 권리다. 반도체 직접회로의 회로배치는 일반저작물 및 프로그램과 성질이 다르므로 저작권법으로 보호하기 어려운 면이 있어 미국, 일본 등에서는 별개의 입법(미국의 반도체칩보호법, 일본의 회로배치법)으로 보호하고 있다.

반도체칩의 배치설계를 창작하기 위해서는 상당한 시간과 비용이 소요되나, 반도체 칩과 그 배치설계를 복제하기 위해서는 불과 몇 개월의 시간과 5만 달러 이하의 비용이면 가능하다. 이러한 반도체 관련 기술이 특허를 받을 수 있다면 이를 보호하는 데 문제가 있을 수 없다. 그러나 반도체칩의 배치설계는 특히 요건인 신규성과 진보성을 충족하지 않는 경우가 많으므로 특허에 의해 보호받는 것이 어려울 수 있다. 또한 저작권법도 배치설계와 실용적인 품목은 보호할 수 없으며, 칩의 도면만 보호할 수 있을 뿐이지 최종적인 칩 제품은 보호할 수 없다.

반도체 집적회로의 보호대상 요건은 ① 반도체 직접회로의 제품을 전제로 할 것, ② 반도체 직접회로를 제조하기 위한 공간적 배치설계일 것, ③ 창작성이 있을 것 등이다.

### (2) 컴퓨터 프로그램

국내의 저작권법은 컴퓨터 프로그램을 저작물의 일종으로 명시하고 있으며 필요한 사항은 따로 법률로 정하도록 하고 있다. 국내 저작권법에 의한 컴퓨터 프로그램 보호의 경우 프로그램을 창작성이 있는 저작물로 간주하고 있으므로 창안자의 권리 보호라는 측면에서 한계를 보여주고 있다. 컴퓨터 프로그램 관련 기술의 개발을 유도하기 위한 지적재산 보호의 필요성이 대두되어 우리나라도 「컴퓨터 관련 발명의 심사기준」을 개정했으며 1998년 8월 1일 출원분부터 적용하고 있다.

### (3) 데이터베이스

데이터베이스(DB)는 여러 분야에서의 지적 결과를 정리하고 축적한 자료로 일반 대중의 이용에 따라 기술 및 문화의 발전에 기여함으로써 그 보호의 필요성이 대두되고 있으며, 정보화 사회로 대변되는 현대에는 다양한 형태의 데이터베이스가 등장하고 그 활용의 중요성이 더욱 강조되고 있다. 이에 따라 데이터베이스 산업의 발전은 괄목할 성장을 거듭하며 정보 산업의 중요 위치를 차지하고 있다.

전통적 지적재산권 제도의 시각으로 보면 데이터베이스의 기술적 사상에 대한 보호는 특허로서 보호하며, 그 내용에 관한 것은 저작권으로 보호하는 것이 일반적인 접근방법이다. 그러나 ① 멀티미디어 데이터베이스의 경우처럼 데이터베이스의 '내용(저작권)'과 데이터베이스의 '기술적 사상(특허권)'에 관한 경계가 모호해지는 상황이 발생하고, ② 최근 유럽연합을 중심으로 저작권의 핵심요건 중 하나라고 할 수 있는 '창작성' 요건을 완화하려는 시도가 나타나고 있으며, ③ 저작권의 기본 이념인 표현방법에 대한 보호가 아닌 데이터베이스 구조 등 기능에 대한 보호가 시도됨에 따라 데이터베이스의 보호는 새로운 국면을 맞고 있다.

특허권에 의한 데이터베이스의 보호 문제는 데이터 구조의 기능성이 실현되도록 구조적이고 기능적 관계를 정의하는 구축방법에 관한 문제로, 데이터베이스의 구축이나 검색방법 등에 존재하는 기술적 사상에 대한 보호 문제다. 이러한 경우 특허의 일반적인 요건인 발명의 성립, 산업상 이용 가능성, 신규성, 진보성 등 특허의 일반적 요건에 비추어 판단한다.

### (4) 인공지능

일반적으로 인공지능에는 언어 이해, 추론, 문제 해결 등 인간의 지적 행동을 대신해서 수행하는 기계적인 시스템으로서 인간의 지식을 정리하고 지식 베이스를 만들어 보존하는 한편, 이를 이용한 추론을 실행하여 판단하는 구축 순서가 요구되며 대표적인 응용 시스템으로는 전문가 시스템, 기계 번역, 패턴 인식, 지능 로봇 등에 적용되고 있다. 현재 인공지능 시스템은 방법 및 장치 발명으로 다양하게 출원되고 있으며, 발명의 청구 범위 구성요소로서 기존의 플랜트와 컴퓨터, 인공지능 알고리즘(전문가 시스템, 퍼지이론, 신경망 등)의 장점만을 결합한 형태로 출원되고 있다. 또한 인공지능 시스템을 하드웨어로 구현한 뉴론칩, 퍼지칩, 인공지능 컴퓨터 등이 개발되어 특허출원되고 있고, 이러한 특허는 대부분의 국가에서 특허대상이 되고 특허요건도 만족하여 특허가 허여되고 있다.

일반적으로 인공지능의 개념을 구현하기 위한 알고리즘은 지식 베이스와 추론엔진을 구성요소로 하여 발명의 목적을 달성하고 있으며, 인공지능이 갖는 비선형성 특징을 기존의 하드웨어(선형성)에서 동작시키기 위해 소프트웨어 형태로 구성하고 있고, 이와 관련된 기술을 특허청구하고 있으나 이 또한 특허대상이 되고 있다. 다만 인공지능 알고리즘의 목적 달성을 위한 수학적 계산과정(추론엔진의 연산방법, 무게중심법, 최대-최소 연산법 등)의 경우, 특허법 제29조 제1항 본문을 위반하여 특허요건을 만족시키지 못하는 경우도 있다. 선진 각국에서는 1980년대 이후 다양한 산업 분야에서 인공지능의 적용 가능성을 연구하고 있으며, 예를 들어 열차의 자동운전, 정수장의 약품주입 제어, 터널의 환기 제어, 엘리베이터 관리 및 가전제품 등에 응용되면서 이를 운용하기 위한 방법 발명뿐만 아니라 인공지능 개념의 알고리즘을 하드웨어화하는 기술개발 및 특허출원도 증가하고 있다.

## (5) 전자상거래 관련 기술(BM특허)

전자상거래란 "인터넷을 비롯한 네트워크와 디지털화를 바탕으로 발생한 새로운 상거래로서 상품 및 서비스의 홍보, 카탈로그의 비치 및 열람,

견적서의 작성, 주문 및 계약 성립의 확인·결제, 기업 내부의 주문 접수처리, 고객 서비스 등 개인과 기업 간에 이루어지는 비즈니스 프로세스 전체를 전자화함에 의하여 이루어지는 거래"라고 정의할 수 있다. 정보통신기술 발달에 힘입어 급성장하고 있는 전자상거래 인프라는 기존의 서면, 대면거래와는 달리 쌍방향적이고 다수, 대량으로 이루어지는 거래방식의 특성상 법적인 측면에서도 기존의 법 이론을 그대로 적용하기 어려운 면이 나타나고 있는데 지적재산권 제도의 보호 측면에서도 그 예외는 될 수 없다 하겠다.

'BM(Business Method)특허'란 컴퓨터 및 네트워크 등의 통신기술과 사업 아이디어가 결합된 영업방법 발명에 대해 허여된 특허를 말하며, 사업 아이디어에 정보 시스템을 결합한 형태로 그 실시를 위하여 아이디어가 소프트웨어 또는 하드웨어에 의해 실현되는 비즈니스 모델, 프로세스 모델, 데이터 모델로 구성되어 있다. ① 비즈니스 모델은 재화나 용역의 거래에 있어 방법을 나타내는 사업 아이디어(경매, 역경매 등)에 관련된 것이다. ② 프로세스 모델은 시계열적인 데이터 처리과정(작업공정, 업무, 기능 등)에 관련된 것이다. ③ 데이터 모델은 업무를 다루는 데이터의 집합 및 속성정보(상품 가격, 형태, 종류 등)에 관련된 것이다. 그러나 영업 관련 발명으로 인정함에 따라 다음과 같은 문제가 대두될 수 있다.

① 인터넷 관련 기술의 특허화에 따른 전자상거래 비용의 상승 문제로서, 인터넷 전자상거래를 행하는 데 필수적인 핵심기술에 대해 특허권이 부여될 경우 특허로열티 지불에 따른 관련 업체의 비용 상승으로 이어지고, 이는 정보이용자 및 구매자인 소비자에게 전가될 가능성이 높아 전자상거래를 위축시킬 수 있다.

② 인터넷 쇼핑몰 운영 등에 따른 온라인상의 권리 침해 문제로서, 가

상의 공간상에서 자료의 전송 및 복제는 보다 용이하게 이루어질 수 있으며 특허권, 디지털 저작권과 관련하여 자신의 권리 침해를 주장하는 권리자와 자유로운 정보의 이용과 유통을 주장하는 이용자 간의 권리분쟁 양상이 격화될 것으로 전망된다.

③ 영업방식, 회계 시스템, 전자지불 시스템, 인증기술 등 새로운 기술의 보호문제로서, 정보통신기술의 발달에 따라 새롭게 등장한 인터넷 관련 기술을 특허권, 상표권 등 기존의 지식재산권 제도의 틀로 원활히 수용해야 하는 문제가 대두된다.

④ 침해, 분쟁 발생 시 사법적 관할의 문제로서, 온라인상의 권리 침해 또는 분쟁 발생 시 인적 관할을 어느 국가로 볼 것인지가 불분명하다.

### (6) 생명공학기술과 특허제도

생명공학기술의 산업화는 1982년 미국 식품의약국(FDA)의 승인을 획득한 유전자 재조합 인슐린을 필두로 생명공학 신제품들이 시장에 등장하면서 본격화되기 시작하여 현재 생물의약, 생물전자, 생물화학, 바이오식품, 생물농업, 생물환경 등 다양한 생물 산업군으로 발전하고 있으며, 최근 인간 게놈 연구의 완료가 가시화됨에 따라 비약적인 성장이 예상되고 있다. 1997년 영국의 로슬린 연구소에 의해 복제양 돌리가 탄생하면서 동물의 무성번식 시대가 본격적으로 개막되는 한편, 1990년대부터 미국 등 선진국을 중심으로 시작된 인간 유전체 연구사업의 완료가 가시화되면서 인간 유전자의 다양한 정보가 밝혀지기 시작했다. 이러한 새로운 기술과 다양한 유전정보가 1990년대부터 개발되기 시작한 유전자 치료법 및 DNA 칩 등과 융합되면서 새로운 형태의 발명이 등장하고, 선진국을 중심으로

이 분야의 다양한 연구성과물에 대해 특허권을 확보하여 보호하려는 움직임이 강해지고 있다.

# 2. 지적재산권 확보 및 관리

앞에서 살펴본 바와 같이 지적재산권은 특허, 실용신안, 디자인 및 상표 등에 관한 권리인 '산업재산권', 문학·예술 분야의 창작자 및 음반제작가나 방송사업자의 권리인 '저작권' 그리고 컴퓨터 프로그램, 영업비밀 등의 '신지 적재산권'으로 분류할 수 있으나, 기술경영과 주로 관련 있는 산업재산권, 특히 특허를 중심으로 유효 지적재산권의 확보 및 관리에 대하여 살펴본다.

## 1) 유효한 지적재산권 확보

### 가. 발명의 종류

#### (1) 물건의 발명
발명의 대상이 되는 객체가 유체의 물건인 발명, 물건의 발명, 물질의 발명 및 조성물 기타의 물리적 특성에 특징이 있는 발명이다.

#### (2) 방법의 발명
방법의 발명은 일반적인 사용 취급 등의 방법이나 물(物)을 생산하는 방법의 발명으로 제조방법과 이용방법으로 나눌 수 있다.

- 제조방법 : 생산방법의 발명이라 하며, 물건의 생산방법에 기술적 특징이 있는 발명을 말한다.
- 이용방법 : 이 발명은 기존의 물건을 이용하여 성립하는 발명을 말하는데 측정방법, 통신방법, 용도발명 등이 여기에 해당된다.

### (3) 식물 발명

유전자조작, 접(接)이나 삽목(挿木) 등에 의하여 변종식물을 발명한 것을 말하며 특허의 대상이 된다(특허법 제31조).

### (4) 동물 발명

동물에 관한 발명의 경우도 인체(人體)를 구성의 필수요건으로 하는 발명으로서 신체를 구속하는 것을 제외하고는 특허를 받을 수 있다.

## 나. 특허등록의 요건

특허출원 발명이 특허를 받을 수 있기 위해서는 몇 가지 요건을 충족해야 한다. 일반적으로 특허요건은 출원인이 갖추어야 할 '주체적 요건', 특허법에서 규정하고 있는 산업상 이용 가능성, 신규성, 진보성을 갖추어야 하는 '객체적 요건' 및 출원 절차 시 충족되어야 할 '절차적 요건'으로 구분되며, 다음에서 각 요건에 대하여 살펴본다.

### (1) 주체적 요건

발명이 특허권을 받기 위한 주체적 요건이란 발명자(출원인)가 갖추어야 될 요건으로서 다음 두 가지를 만족해야 한다.

- 정당한 발명자일 것 : 발명에 대하여 특허 받을 수 있는 자는 발명자 또는 그 승계인이어야 한다.
- 권리능력이 있을 것 : 권리능력이란 권리, 의무의 주체가 될 수 있는 법률상의 지위 또는 자격을 말한다. 민법은 모든 살아 있는 사람(자연인)과 법인에게 권리능력을 인정하고 있으며, 특허법상으로도 특허에 관한 권리능력이 인정된다.

## (2) 객체적 요건

객체적 요건이란 발명이 갖추어야 될 요건과 해당되어서는 안 될 요건을 포함한다. 전자의 요건을 '적극적 특허요건'이라 하고, 후자의 요건을 '소극적 특허요건'이라 한다. 적극적 특허요건으로는 발명의 성립성, 산업상의 이용 가능성, 신규성, 진보성 등을 들 수 있다. 발명이 특허를 받기 위해서는 다음 요건을 갖추어야 한다.

### (가) 발명의 성립성

특허법상의 발명이란 '자연법칙을 이용한 기술적 사상의 창작으로서 고도한 것'을 의미하고, 발명의 성립성 판단시기는 출원 시를 기준으로 하며, 판단기준은 특허출원서에 최초로 첨부된 명세서·도면을 참고하여 특허청구 범위에 기재된 사항을 근거로 파악한다.

발명이 아닌 것은 계산법, 작도법, 암호 작성방법, 컴퓨터 프로그램(리스트) 자체, 과세방법, 영구 기관에 관한 발명 등이 있다.

### (나) 산업상 이용 가능성

특허제도의 목적이 산업 발전에 있으므로 발명은 산업상 이용 가능해

## [그림 6-3] 특허요건

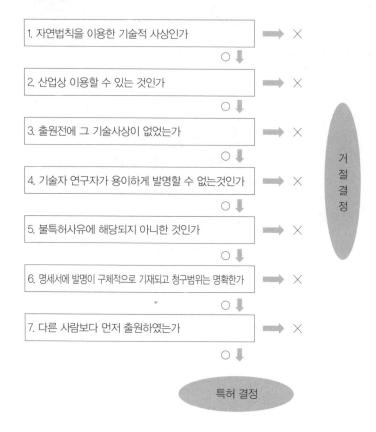

1. 자연법칙을 이용한 기술적 사상인가 ⟹ ✕

2. 산업상 이용할 수 있는 것인가 ⟹ ✕

3. 출원전에 그 기술사상이 없었는가 ⟹ ✕

4. 기술자 연구자가 용이하게 발명할 수 없는것인가 ⟹ ✕

5. 불특허사유에 해당되지 아니한 것인가 ⟹ ✕

6. 명세서에 발명이 구체적으로 기재되고 청구범위는 명확한가 ⟹ ✕

7. 다른 사람보다 먼저 출원하였는가 ⟹ ✕

거절결정

특허 결정

야 한다. 산업상 이용 가능성은 공업, 광업, 농업, 수산업, 어업 등 산업에서 실제 활용되거나 이용될 가능성을 의미하는데, 산업상 이용 가능성에는 '발명이 성립되기 위한 요건'과 '산업상 이용되기 위한 요건'을 포함하는 것을 해석된다(특 제29조 제1항 본문). 그러나 '보험업·금융업'과 '의료업'은 산업에서 제외되며, 따라서 진단방법, 치료방법 등은 산업상 이용할 수 없는 발명으로 특허를 받을 수 없다. 단, 의료기기나 의약의 발명은 이것의 생산 자체가 산업(기계공업, 제약업)상의 이용이 되므로 특허의 대상이 된다.

산업성이 없는 발명은 '학술적·실험적'으로만 이용될 수 있는 발명, '발명 개념'에 해당되지 않는 발명, 반복 생산이 불가능한 발명 등이다.

### (다) 신규성

신규성이란 발명이 '새로움'을 갖추어야 한다는 것을 말한다. 즉 발명이 사회 일반에 알려지지 않은 것을 의미하는데, 신규성을 상실한 발명은 특허를 받을 수 없다(특 제29조 제1항 제1, 2호). 신규성이 상실되는 사유는 ① 특허출원 전에 국내에서 공지되었거나 공연히 실시된 발명이거나, ② 특허출원 전에 국내 또는 국외에서 반포된 간행물에 기재된 발명인 경우다.

신규성이 있는 것으로 보는 경우(특허법 제30조)는 발명이 출원 전에 공지된 경우라도 그것이 특허법에서 규정한 다음의 사유에 해당하면 신규성이 있는 발명으로 본다. ① 발명의 시험, 간행물에의 발표, 학술단체가 개최하는 연구집회에서 서면으로 발표하여 공지된 경우, ② 의사(意思)에 반하여 공지된 경우, ③ 정부 등이 개최하는 국내외 박람회에 출품한 경우.

발명이 신규성이 있는 것으로 인정받기 위해서는 ① 신규성 상실일부터 6월 이내에 출원해야 하며, ② 신규성이 있는 것으로 인정받고자 하는 취지를 기재한 서면을 특허출원과 동시에 제출해야 하며, ③ 신규성이 있는 것으로 보는 경우에 해당함을 증명할 수 있는 서류를 특허출원일로부터 30일 이내에 제출해야 한다.

### (라) 진보성

진보성(inventive step)이란 발명의 창작 수준의 난이도를 말하며, 산업상 이용 가능하고 신규성을 갖춘 발명이 다음 단계로서 갖추어야 될 특허요건이다. 진보성이 없는 발명에 특허를 인정하면 특허권의 난립으로 인해 오히려 산업 발전의 저해요인이 될 수 있으므로 진보성이 요구된다. 진보성은 특허출원한 발명이 당해 발명이 속하는 기술 분야에서 통상의 지식을 가진 자가 특허출원 시의 기술 수준(공지 발명)으로부터 용이하게 발명할 수 없을 정도의 창작 난이도를 갖춘 발명을 말하며, 진보성의 판단 방법에는 발명의 목적, 구성, 효과를 종합적으로 대비하여 구성의 곤란성, 효과의 현저성, 목적의 특이성이 있는 경우 진보성이 있는 것으로 본다.

공지 발명들의 단순한 '집합(aggregation) 발명'은 진보성이 없으나, 공지 발명들의 '조합(combination) 발명'은 진보성이 있는 경우도 있다.

### (마) 소극적 특허요건

이상의 적극적 특허요건을 갖춘 발명이라 하더라도 공공의 질서 또는 선량한 풍속을 문란하게 하거나 공중의 위생을 해할 염려가 있는 경우에는 특허를 받을 수 없다. 소극적 요건은 공익적 측면에서 요구되는 사항이다.

### (3) 절차적 요건

발명이 특허를 받을 수 있기 위해서는 이상의 주체적, 객체적 요건 이외에 특허법이 요구하는 다음의 출원 절차적 규정에도 적합해야 한다. ① 특허출원 절차가 방식에 적합할 것, ② 특허출원 명세서의 기재가 법규에 적합할 것, ③ '1' 특허출원 범위의 요건을 충족할 것, ④ 최선 출원일 것 등이 있다.

## 다. 특허출원의 절차

### (1) 특허출원의 의의

특허출원이란 발명에 대하여 특허를 받을 수 있는 권리를 가진 자가 국가에 대하여 발명의 공개를 조건으로 특허권의 부여를 요구하는 의사표시 행위를 말한다. 이상의 의미가 실현되기 위해서는 발명자는 본인의 발

**[그림 6-4] 특허출원 절차 흐름도**

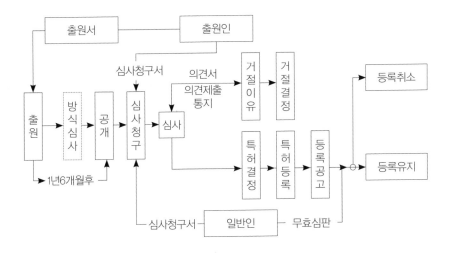

명에 대하여 특허출원 절차를 행해야 하며, 특허출원은 특허법령이 정하는 서식에 따라 작성되어야 함은 물론 요구하는 제 원칙에 부합되게 출원 절차가 행해져야 한다.

따라서 특허출원은 '서면(전자문서, FD출원)'으로 해야 하며, '국어'를 사용하고, '양식'에 적합해야 하는 한편, '수수료(출원료 등)'를 납부해야 한다.

## (2) 특허출원 서류의 작성 요령

특허출원 서류는 출원서, 명세서, 필요한 도면 및 요약서로 구성되며, 각각에 대하여 간략히 살펴보면 다음과 같다.

### (가) 출원서

특허출원서에는 특허출원인의 성명 주소, 대리인의 표시, 발명의 명칭,

발명자의 성명 주소, 우선권 주장에 관한 사항 등을 기재한다.

### (나) 명세서

명세서는 기술개발의 성과인 발명을 문장을 통해 표현하는 부분으로서 발명을 구체적으로 기재하여 공표시키고 거기에 기재된 공표 발명 중에서 보호대상을 특정해야 한다. 이것이 공개된 경우 공중에게는 기술문헌으로 이용되는 한편 발명자에게는 권리서로서 기능하는 부분이다. 이상의 기능이 명세서에 의하여 달성되기 위해서는 명세서에 '발명의 명칭', '도면의 간단한 설명', '발명의 상세한 설명', '특허청구 범위'가 기재되어야 한다. '발명의 상세한 설명'은 기술문헌으로서의 소임을 달성하고, '특허청구 범위'는 특허발명의 보호 범위를 특정하는 일을 한다.

### (다) 도면

특허출원서 작성 시 도면은 필요한 경우 명세서 기재 내용의 이해를 돕기 위하여 첨부하며, 발명의 성질상 도면이 필요하지 않은 경우(방법 발명, 화학 발명은 도면이 필요 없다)에는 제출하지 않는다.

### (라) 요약서

요약서는 명세서가 기술정보로서 쉽게 활용될 수 있도록 하기 위하여 발명을 요약 정리하는 서류로서 출원 서류에 첨부한다.

### (3) 기타 구비서류 첨부

우선권을 주장하는 자, 신규성 의제의 주장을 하는 자, 미생물을 기탁한 자, 대리인에 의하여 출원 절차를 행하는 자들은 관련 서류들을 출원서에 첨부하여 제출해야 한다.

## 2) 지적재산권의 관리

### 가. 발명 등의 발굴

지적재산 부문의 업무는 일반적으로 출원 등의 권리 취득 및 유지를 중심으로 이루어지고 있다. 권리 획득의 시작은 권리의 대상인 발명 등을 발견하는 것이 출발점이다.

#### (1) 특허관리 체계

이를 위해서는 기업 단위 차원의 특허관리와는 별개로 연구 부문별 특허관리가 중요하며, 이를 위해서는 연구주제의 선정 시 특허정보의 활용, 비밀정보 관리, 연구노트 작성, 발명 신고, 특허취득 전략 및 특허명세서 작성 등의 업무가 요구된다. 이러한 업무를 체계적으로 하기 위해서는 종합적인 특허관리자가 필요하다. 특허담당자는 가능하면 연구실에 오래 머무를 수 있는 사람이 적합하며, 특허관리자는 연구실 단위 특허관리에 대한 전반적인 업무와 참여 연구원의 특허교육 등을 담당하게 된다.

#### (2) 비밀정보의 관리

연구개발 과정에서 발생하는 지식은 그 관리를 어떻게 하느냐에 따라 경제적 가치가 현저히 달라지며, 특허로서 보호받기 위한 비밀유지 후 특허출원과 영업비밀로서 보호받기 위한 비밀유지 관리를 지속하는 것은 경제적인 가치를 높여줄 수 있다. 공익적인 목적으로 공개하는 것은 경제적인 가치를 가지지 못하고, 부주의로 인해 공개되는 경우에는 경제적 손실을 유발한다. 따라서 연구개발의 시작부터 지식관리에 대한 방향을 설정해야 하며, 특히 공동 연구개발 또는 연구개발 결과에 대한 특허권을 매도하거나 라이선싱 계약을 체결하는 경우 등 불가피한 정보 공개가 필요한 경우에는 반드시 비밀유지 계약을 체결해두어야 한다.

비밀정보 공개의 유형으로는 ① 연구팀원의 부주의하거나 의도적인 정보 공개, ② 연구팀 내의 연구 구성원과의 정보 교환, ③ 공동연구 시 외부 연구팀과의 정보 교환, ④ 연구성과의 상업적 이용 시 협상과정에서의 정보 공개, ⑤ 종업원 채용 인터뷰 또는 방문자 등에 의한 정보 공개가 있다. 이러한 비밀정보의 공개를 방지하기 위해서는 기관 단위의 비밀정보 관리 규정 제정 및 운영, 비밀유출 방지를 위한 사람의 통제 및 영업비밀로서 보호가 될 수 있도록 경제적인 가치를 가지는 비밀정보를 비밀로서 유지하기 위한 노력을 가하여 영업비밀로서의 보호가 가능하도록 해야 한다.

### (3) 연구노트의 작성

연구노트 작성의 중요성은 연구개발 결과의 활용, 연구개발에 대한 권리 확보 및 발명자가 누구인지 증명할 수 있는 수단으로 활용될 수 있다는 측면에서 매우 중요하다. 연구결과에 대한 특허권을 매도하거나 라이선싱 계약을 체결할 경우, 일반적으로 연구결과에 대한 실사를 실시하는데 그 과정에서 충실한 연구노트의 기재는 연구개발 결과의 활용 측면에서 필수적인 사항이다. 또한 연구개발 결과를 특허 또는 영업비밀로 보호할 수 있으며, 특허로 보호하는 경우에는 시장이 상대적으로 큰 미국에서의 특허획득 시 선발명자에게 특허권을 부여하고 있어 발명자의 입증이 중요하고, 영업비밀로 보호할 경우에도 연구노트의 작성과 관리가 필수적이다.

이러한 연구노트는 관리 및 기록 체제의 유지, 확립을 위해 연구책임자는 연구노트의 중요성 및 작성방법에 대해 지속적으로 교육을 실시하고 연구노트의 배포 및 관리 책임을 부여해야 하며, 연구자는 연구노트의 기재 요건에 맞추어 기록해야 한다.

## (4) 논문·특허전략

일반적으로 논문을 우선하여 발표하고 그 논문에 의해 평가받기를 원하는 경향에서 최근에는 특허와 동시에 추진하는 경향으로 선회하고 있다. 그러나 일부 연구기관은 현재까지도 과학자들에 대해 평가할 때 논문을 특허보다 중요시하고 있는 실정이어서 논문을 가지려는 과학자의 요구와 특허를 통해 연구성과를 경제적 활용으로 연결시키려는 정부 및 기업의 요구를 적절히 만족시켜줄 수 있는 논문·특허전략이 필요하다. 따라서 연구자들은 자신의 연구목적에 따라 논문, 특허, 영업비밀이 가지고 있는 속성을 파악하여 연구업적으로 관리하는 것이 필요하며, 논문 발표와 특허출원은 병행될 수 있으므로 서로의 장점을 이해하여 어느 하나를 선택하거나 둘 다 이용하는 것이 바람직하다.

## (5) 특허대리인의 선정

특허권은 다른 물건처럼 기계가 만드는 것이 아니라 연구자와 특허대리인의 협력에 의해 생성되는 것이다. 일반적으로 출원명세서의 구성과 작성은 특허대리인의 도움으로 이루어진다. 공개문서와 각종 간행물, 연구기록으로부터 정보를 선택하는 관련 업무도 대리인에 의해 이루어진다. 그러나 이는 발명가에 의한 주의 깊은 검토와 고려가 수반되어야 한다. 특허대리인의 경쟁력에 따라 권리 범위와 라이선싱의 효율성에 큰 차이가 발생하며, 최악의 경우 권리 획득에 실패하거나 상업적으로 활용되지 못하는 경우도 있다.

따라서 특허대리인의 경쟁력 평가를 위해 고려해야 할 사항은 ① 특허대리인의 법적 경험의 범위, ② 특허대리인의 기술적 배경, ③ 특허사무소의 규모, ④ 특허사무소의 위치, ⑤ 출원인이 속하는 기관적인 성격과 부합하는 기관과 일해본 경험 등이다.

## (6) 명세서의 작성

특허명세서의 작성은 권리 취득 및 권리 범위 확정에 중요한 요소이다. 따라서 일반적으로 연구자가 기술적인 연구결과를 설명하고 변리사가 특허명세서를 작성하는 것이 가장 효율적이나 현재 대학, 공공연구기관 및 기업의 경우 연구자가 초안을 작성하는 경우가 많다. 변리사가 작성하는 경우에도 과학기술자가 특허명세서를 잘 이해하면 권리 침해를 방지하고 연구성과 권리화의 효율성을 높일 수 있어 과학기술자도 변리사의 수준에는 이르지 못한다 하더라도 특허에 대한 기본적인 이해를 갖추는 것이 좋은 명세서 작성의 매우 중요한 요소 중 하나일 것이다. 다음에서 특허명세서에 대하여 간략히 살펴본다.

### (가) 특허명세서의 구조

특허명세서는 '발명의 상세한 설명'과 '특허청구 범위'로 크게 나누어진다. 발명의 상세한 설명은 특허제도의 목적이 기술을 공개하는 대가로 독점 배타적인 권리를 부여하는 것이므로 이러한 제도의 목적에 부합하기 위해 제3자에게 연구결과를 자세히 설명하는 기능을 한다. 특허청구 범위는 연구결과 중 법적으로 보호받고 싶은 사항을 기술하여 권리 범위를 정하는 법적 기준으로, 발명의 상세한 설명에 의해 뒷받침되어야 하기 때문에 기술공개의 한도 내에서 권리 범위가 정해진다.

### (나) 특허명세서 작성방법

특허명세서의 기본적인 작성방법은 다음과 같다. 발명의 상세한 설명 난에는 실시 사례 등을 포함하여 가급적 자세히 연구성과를 기술해야 하며, 특허청구 범위는 선행기술로 인해 특허권 취득에 장애가 되거나 권리 취득 후 무효가 되지 않는 범위 내에서 폭넓게 기술해야 하나, 반드시 발명의 상세한 설명에 의해 뒷받침되어야 한다. 따라서 포괄적으로 기재된 독립항과 이를 부가 또는 한정하는 종속항을 다수 기재하여 심사과정에서 선행문헌에 의한 법적 요건의 미비를 지적하는 것에 대비함으로써 특허권의 취득 가능성을 높여줄 수 있다.

### ① 특허청구 범위의 구성

특허청구 범위는 하나의 문장으로 표현하며, 그 구성은 전제부(preamble), 전환부(transition), 본체부(body)로 이루어진다. 전제부는 발명의 기본적인 골격을 보여주는 부분으로, 해당 발명의 카테고리를 설명해주거나 발명이 속하는 기술의 분야를 한정하는 역할을 한다. 전환부는 국문으로는 '구성된', '포함하는', '가지는' 등으로, 영문으로는 'comprising', 'consisting of', 'consisting essentially of'라는 단어를 사용하는 부분으로 구성 성분 간의 관계를 나타내준다. 본체부는 발명의 구성을 기재한 부분으로, 발명의 가장 핵심적인 구성요소들을 그 연결 관계를 설명하면서 기재해야 한다.

### ② 특허청구항의 종류

특허청구항은 독립항과 종속항으로 구분되며, 종속항의 경우 특정 독립항의 구성요소를 자세히 설명하는 항으로서 독립항과 비교해 권리 범위가 좁혀진다. 특허청구항은 각각 독립된 권리로서 취급되므로 각각의 청구항에 대한 개별적인 무효 청구가 가능하다.

### ③ 특허청구항의 작성 양태에 따른 권리 범위의 변화

일반적으로 특허청구항 기술 시 추상적으로 기재할수록 권리 범위는 넓어진다. 따라서 타인의 권리 침해에 대비한 넓은 권리 범위를 가진 독립항과 자신의 특허를 선행기술로 무효화하기를 원하는 경쟁자를 대비한 종속항을 동시에 확보함으로써 특허취득의 용이성 또는 특허무효 대응 등 다양한 가능성을 검토하여 독립항과 종속항을 적절하게 설계해야 한다.

## 나. 지적재산권의 활용

### (1) 지적재산권의 평가

전 세계에서 기술평가를 최초로 시도한 미국은 기술적 무형자산의 대부분을 평가 대상에 적용하고(기업자산 평가액 중 73%가 산업재산권 등 무체자산을 인정), 기술평가 결과가 M&A 추진 시 무형자산 평가에 적용되며, 엔젤 및 벤처투자나 기술거래 등에 폭넓게 적용되고 있는 실정이다. 해외 전문가들은 경영활동과 지적재산의 연계가 기업 발전의 핵심임을 인식하고 있으며, 최근 미국 기업의 전체 자산 중 무형자산의 비중이 점점 더 높아지고 있다.

기술가치평가와 관련한 기본적인 발전은 다우케미컬의 지적자산 관리 시스템의 도입으로부터 시작된다. 1994년 다우케미컬은 특허비용이 특허 수입을 초과하는 상황에서 지적자산 관리 시스템을 도입했으며, 주된 내용으로는 지적재산관리 전담팀을 구성하여 지적자산 평가와 관리, 연구개발 분야와 최고경영자 사이에 상충되는 이해관계 조정 및 연구개발이 장기 경영전략과 일치하는 방향으로 진행되도록 조율하는 임무를 부여했다. 이를 위하여 ① 지적자산의 효용 공헌도와 경쟁우위 공헌도를 측정하고, 이후 ② 효용공헌도와 경쟁우위 공헌도의 평가결과를 산술 평균하여 기술요소지수를 계산하고, ③ 특허출원 또는 신기술 개발 등에 의해 발생되는 미래의 현금흐름 증가분을 현재 가치로 환산했으며, 최종적으로 ④ 기술요소지수와 미래 수익 증가분의 현재 가치를 곱함으로써 최종적인 지적자산 가치를 산출하는 기술요소평가법이라는 경제성 평가모델을 개발했다. 이러한 기술요소평가법을 적용하여 약 2만 5,000건의 지적재산을 재평가함으로써 핵심특허 유지, 비핵심특허 라이선스 및 비핵심특허 처분으로 구분하여 특허수익이 특허비용을 상회하는 결과를 얻었다.

**[그림 6-5] 특허의 성장-유지-처분 전략**

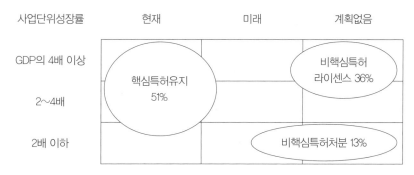

# 3. 지적재산권 분쟁

지적재산권 분쟁의 대응에는 많은 전략적 부분이 존재할 수 있으나, 대표적인 사례에 대하여 다음에서 살펴본다.

## (1) R&D 추진 시 철저한 선행기술 조사로 분쟁 회피

특허분쟁을 미연에 방지하기 위해서는 반드시 선행기술 조사를 철저히 해야 한다. 생산단계 이전에 선행기술을 조사하여 생산할 제품이 기존의 특허권과 저촉될 경우에는 설계를 변경하거나 라이선스 교섭을 하여 기존 특허권자의 특허를 이용하는 방법도 있다. 선행기술 조사 없이 미리 상품을 생산하면 후에 특허분쟁에 휘말려 고액의 로열티를 지불하는 경우가 많으므로 최고경영자는 선행기술 조사 없이 무모한 생산을 절제해야 한다. 과거에는 선(先)생산, 후(後)특허 원칙에 의해 분쟁이 발생할 소지가 많았으나, 이후로는 선(先)특허, 후(後)생산 원칙으로 전환하지 않으면 안 된다. 따라서 선행기술의 조사가 특허권 확보 및 분쟁 예방에 필수적이다. 수작업에 의한 선행기술 조사는 속도, 거리, 복잡성 및 체계적인 정보 등에 관한 문제점이 있기 때문에 인터넷을 이용한 검색이 가장 효과적이다.

## (2) 경쟁기업의 재심사/재발행 특허 예의주시

### (가) 재심사(Reexamination) : 특허권 유효성 확인 제도

침해자에 대해 권리행사를 의도하는 권리자는 자기 특허의 유효성을 강화하는 방책을 생각하는 것이 보통이다. 특허의 유효성을 확인하는 시스템으로는 연방법원에서의 심리와 특허청에서의 재심사가 있다. 종래의 통계에 따르면, 소송에 의한 특허의 무효화율이 30%인 것에 대하여, 재심사에 의한 무효화율은 14%에 불과하다. 이 때문에 권리자로서는 무효 자료가 알려진 경우, 특허침해 소송을 제기하기 전에 재심사로 특허 유효의 확인을 받아두고자 할 것이다. 재심사에 의해 유효성을 재확인받은 특허는 권리가 한층 강화된 효과를 누리고, 그 후의 소송에서 같은 자료에 의해 무효로 될 가능성은 극히 희박해진다. 따라서 국내 기업은 경쟁 선진기업이 관련 특허에 대해 재심사를 청구하는지 그 동향을 수시로 체크함으로써 위험특허의 존재를 예지할 수 있다.

### (나) 재발행(Reissue) : 권리자의 특허권리 범위의 강화 포석으로 이용하는 제도

재발행은 자기 특허의 기재에 불비가 있는 경우의 정정 수단이다. 특허 발행 후 2년 이내에는 권리 범위의 확대도 인정된다. 이 때문에 권리자로서는 특허침해 소송을 예정하는 경우, 특허의 불비를 보완하고 이것을 강화하기 위해 재발행을 청구하는 사례가 적지 않다. 바꾸어 말하면, 재발행 절차를 취하는 특허는 분쟁 제기의 가능성을 숨기고 있는 권리라고 말할 수 있다. 따라서 재심사와 마찬가지로 재발행 특허의 체크는 위험특허를 예지하는 데 매우 유효한 수단으로 활용될 수 있다.

### (3) 업계의 동향 탐지

#### (가) 타사의 활동 상황

오늘날과 같은 특허의 다양화 시대에서 한 가지 특징은 특허분쟁의 대형화다. 즉 특허권자는 수많은 기업을 상대로 경고를 발하고, 다수의 기업을 피고로서 특허침해 소송을 제소하는 경우가 많다. 특히 특허권 행사를 전업으로 하는 특허관리회사의 경우는 상대 기업을 몇 개의 그룹으로 분류하고, 단계적으로 교섭을 진행하는 것이 보통이다. 이 때문에 국내 기업이 선진기업 및 국내외 관련 업계의 특허활동 상황을 주의 깊게 계속 관찰한다면 위험특허를 예지할 수 있는 경우가 많을 것이다.

#### (나) 소송 제기 전의 교섭 상황

소송 전의 타사의 교섭 상황은 비공개로 진행되는 경우가 많기 때문에 상세한 정보를 입수하는 것이 용이한 일은 아니다. 그러나 분쟁의 대형화(즉 다수 침해기업의 존재)와 함께 미국 업계소식지 등을 통하여, 미국 전문가 중에는 업계 동향에 정통한 사람도 많이 있으므로 신뢰할 수 있는 미국 전문가와 연락을 긴밀히 하여 협력을 얻는다면 타사의 협상 내용을 비교적 상세하게 파악할 수 있고, 이를 바탕으로 당해 기업의 대응전략을 수정하는 데 도움을 얻을 수 있을 것이다.

#### (다) 소송 제기 후

소송제기 후의 상황에 관해서는 실무가와의 개인적인 접촉 이외에 데이터베이스에 의해 특허번호를 지정하여 소송의 진행 상황을 간단히 알 수 있다. 한편 계속 진행 중인 소송에서는 일반의 열람을 위해 소송 기록을 제공하고 있으므로, 비밀로 분류된 서류 이외에는 모두 열람, 복사가 가능하다. 위험특허를 둘러싼 분쟁의 포인트를 알고 장래의 분쟁에 대비하기 위해서는 중요 서류를 열람하고 사본을 구하는 것은 극히 유효한 수단이다.

### (라) 판례 속보

선진기업이 타사와의 분쟁에 있어서 이미 판결이 내려진 특허가 장래에 자사를 위험하게 만드는 경우도 적지 않으므로 판결 내용을 신속하게 입수하여 미리 분석해보는 것이 필요하다. 한국전자산업진흥회의 특허지원센터 홈페이지(www.ipac.kr) 등과 같은 국내외 분쟁 속보를 적절히 활용해야 한다.

### (마) 미국 ITC(국제무역위원회)

ITC에 제소되었던 사건에 대해서는 리스트 열람이 가능하고, 제소 사실은 곧바로 일반에 공개된다. ITC 홈페이지(www.usitc.gov)를 통해 ITC의 최근 조사일정과 간행물(영문 자료)을 입수하여 동향을 파악할 수 있다.

## (4) 특허맵 작성 및 활용

### (가) 특허맵의 개념과 종류

특허정보의 각종 서지사항(권리정보)과 기술적 사항들을 정리 및 가공하여 분석결과가 한눈에 파악될 수 있도록 도표화한 것을 말하며, 그 종류로는 다음과 같은 것들을 들 수 있다.

### (나) 특허맵의 작성 순서

- PM테마 결정 : PM테마 결정 시 목적을 명확하게 결정하고 요점을 설정한 다음 그 범위를 좁게 한다.
- 대상자료 수집 : 특허명세서를 입수할 때 고려해야 할 점은 자료의 조

사 범위를 결정하고 대상자료를 선정하는 것이다.

- 자료 분석 : 수집된 자료로 특허 내용을 분석하여 요약하고 일정하게 표준관리가 가능하도록 한다.
- 목록 작성 및 데이터화 : 요지 리스트를 취합하여 목록을 작성하고 각종 데이터를 전산 처리하여 분석한다.

### (다) 특허맵의 활용

특허맵을 활용하여 특허정보를 체계적으로 해석, 분석하는 것이 가능해지면 이를 통해 개발 장애요인, 공백기술의 파악을 통한 연구기술개발 방향의 설정 및 자사 제품의 타사 특허 침해 여부 판단이 용이해진다. 따라서 신규 사업 시 사업 방향과 영역의 결정, 제품개발 및 설계 변경의 기준을 제시하여 사전에 특허침해 분쟁의 소지를 피해가는 방책을 수립하는 것이 가능하다.

**[표 6-3] 특허맵의 활용목적과 용도**

| | |
|---|---|
| 연구개발 전략 수립<br>(Techno Map) | R&D 동향 파악, 공백 기술 분야 파악, 중요 특허 파악 |
| | 기술 분야의 체계 파악, 자사의 위치 설정 |
| | 경쟁사의 동향 파악, 시장 동향 및 상품의 변혁과 흐름 파악 |
| 경영 전략 수립<br>(Manage Map) | 신규 사업 방향 및 가능성 파악 |
| | 자사 기술 매각, 해외 진출, 기술 도입 |
| | 사업화 시 주의를 요하는 권리 파악 |
| 특허 전략 수립<br>(Claim Map) | 정보 제공, 이의신청 및 무효 심판 등의 자료 |
| | 특허관리망 형성 |
| | 강력한 특허권 취득을 위한 명세서 작성 |

### (5) 특허감시체제 구축

우리 중소·벤처기업들은 앞에서 설명한 선행특허조사 활동 외에도 특허감시체제(Patent Watch Program)를 적극적으로 구축할 필요가 있다. '특허감시체제'라 함은 ① 특정 기술 분야에서 출원 공개되거나 등록된 특허의 동향을 실시간으로 탐지하고, ② 특정 선진기업의 특허활동을 일일이 체크하는 시스템을 말한다. 특허감시체제를 운용하는 기업은 특정 기술 분야 또는 특정 선진기업의 특허가 공개되는 즉시, 자사의 제품군과 비교·분석을 실시하여 특허침해 가능성을 사전 점검함으로써 미래에 특허분쟁이 야기될 가능성을 최소화할 수 있다. 만약 자신의 제품이 침해할 가능성이 있는 타인의 특허나 특허출원을 발견했다면 앞에서 소개한 선행기술 검색 및 비교·분석을 통해 특허이의신청, 특허의 무효, 정보 제공 등 특허등록을 저지시킬 수 있는 선행기술을 찾아낼 가능성도 있다.

### (6) 특허권 매입도 훌륭한 특허전략의 일종

설비투자 및 제품 출시가 본격적으로 이루어진 후 특허침해 소송을 당하면 대단히 불리한 입장에 처하는 경우가 많다. 따라서 제품을 수출하고자 하는 나라에서 특허권을 확보하고 있지 못한 상태라면 실제 제품을 수출하기에 앞서 특허권을 매입하는 방법으로 특허권을 확보한 후 들어가는 것도 적극 고려할 필요가 있다.

### (7) M&A를 활용하여 분쟁 예방

일반적으로 M&A는 부정적인 개념으로 알려져 있지만, 기술을 보유하고 있지는 못하나 충분한 자금을 보유한 경우에는 우수한 기술을 특허로 보유하고 있는 업체를 인수함으로써 자본과 기술의 결합에 의한 기업의 성장을 도모할 수 있을 뿐만 아니라, 특허분쟁에서 분쟁의 위험을 회피하고 협상력을 높이는 효과적인 방안 중 하나가 M&A라는 수단이다.

### (8) 직장 내 R&D 투자 확대 및 직무발명 제도의 활성화

기술경쟁이 더욱더 치열해지고 있는 현재 산업사회에서 기업의 생존은 기술개발력에 있다고 해도 지나친 말이 아니다. 타사의 개발기술에 따라가는 패턴의 개발은 투자나 위험부담이 적을 수 있으나 특허망이 도처에 깔려 있기 때문에 특허분쟁의 소지가 높다. 따라서 신제품이나 기술개발을 위한 투자를 더욱 확대하여 창조적인 기술개발 활동을 적극적으로 추진해야 할 것이다. 또한 직무발명제도의 활성화 등을 통해 기업 내 발명자에게 판매이익의 일정 비율을 지불하는 등 인센티브 제도를 도입하여 직장 내 발명 분위기를 확산시킬 필요가 있다.

### (9) 기술개발 활동의 권리화 및 해외 출원의 확대

자체기술이 취약한 우리나라 기업은 선행기술을 조사하여 기술의 개량과 이용 발명을 촉진하고 개량기술을 해외에도 출원, 권리화하여 산업재산권 분쟁이 발생할 경우 크로스 라이선스(Cross-License)에 활용하는 등 적극적으로 대비해야겠다. 또한 변리사와 연구원 간에 충분한 토의를 하여 수준 높은 권리를 획득하는 것도 중요하다. 일본의 경우 선진기술의 조사로 이것을 이용해 선진 각국에 특허로 출원하여 권리로 획득함으로써 분쟁 발생 시 크로스 라이선스를 하여 특허분쟁에 효과적으로 대응하고 있다.

### (10) 특허 전담부서의 설치 및 전문요원 양성

특허분쟁이 발생했을 때 최고경영진을 보좌하여 신속하고 적절하게 조기 대응하기 위해서는 사내에 특허전담부서 설치와 전문요원 양성이 선결되어야 한다. 따라서 자사 특허기술의 분석, 경쟁기업의 특허활동 감시, 장래 분쟁 가능성에 대비, 연구개발의 방향 제시, 특허분쟁에서의 대처능력 개발, 외국 법규와 소송관행의 파악을 상시 업무로 하는 전담부서를 통해 전문요원을 양성해야 할 것이다. 현대의 특허분쟁에서는 특허전문가의 확보 여부가 승리의 토대가 되므로 기술, 법률 및 외국어 능력을 고루 갖춘 특허전문가의 확보가 중요하다. 특허 관련 팀에 유능한 변리사 혹은 변호사를 채용하여 일반 직원에게 관련 전문지식을 보급하도록 하고, 동시에 일반 직원들도 국내 교육기관이나 외국의 전문연수기관에 장기 파견훈련을 시킴으로써 전문가로 육성할 필요가 있다.

### (11) 부실특허권 삭제 노력

각 기업의 특허전담요원은 항상 경쟁기업의 특허출원 및 등록 동향을 입수하여 법적, 기술적으로 분석함으로써 경쟁기업의 특허권이 공지, 공용기술 즉 하자 유무를 발견하여 하자가 있는 특허권에 대해서는 무효심판이나 권리 범위 확인심판 등을 청구하는 방법으로 자사의 업무와 관련되는 타인의 부실권리를 사전에 무력화시켜 특허분쟁의 발생을 예방해야 한다. 우리나라에서의 경우 또한 일반 공중심사(이의신청) 기간 중에도 경쟁사에 출원에 대하여 관련 자료가 있는 경우 적극적으로 이의 신청을 제기하여 부실권리 등록을 사전에 예방하는 노력이 필요하다.

출원 공개일로부터 2개월 이내에 미국 특허청에 선행기술 참고자료를 제출할 수 있다. 물론 이때의 선행기술은 특허나 간행물 형태여야 한다. 제출 한도는 총 10개다. 다만 특허 허가 통지가 발송되거나, 출원 공개일로부터 2개월이 지난 경우에는 기간 이내에 제출할 수 없었음을 입증한 경우에만 제출이 가능하다. 특허청 심사관은 이렇게 제출된 선행기술 자료를 반드시 심사해야 할 의무를 부담하지는 않으며, 제출자도 제출 시 설명 자료를 덧붙일 수는 없다. 이러한 선행기술의 제출에도 불구하고 특허된 경우 그 특허는 더욱더 강력한 효력을 보유하게 된다.

### (12) 제소정보의 조기 입수

제소정보의 조기 입수는 소송 사건에서 매우 중요한 작업이다. 법원의 경우도 마찬가지이지만 특히 ITC에 제소할 경우 제소의 승패를 좌우할 만큼 영향력이 크다.

### (13) 제품 출시보다 특허출원 우선

특허제도는 발명을 공개하는 대가로 특허권을 부여하는 제도이므로 이미 일반에 알려진 발명에 대해서는 특허권을 부여하지 않는다. 즉 새로 개발한 기술을 특허출원 전에 제품 출시 또는 팸플릿을 통한 광고 등으로 공개하게 되면 추후에는 특허를 받을 수 없다. 따라서 공개 이전에 특허출원을 먼저 하는 것이 무엇보다 중요하다.

### (14) OEM 생산계약 시 특허분쟁 책임 소재 명확히

OEM 방식으로 제품을 수출하거나 부품을 수입하여 완제품을 만든 후 수출하는 방식의 사업인 경우, 만일의 특허분쟁에 대한 책임 소재를 계약으로 명확히 해놓지 않으면 예상하지 못한 특허분쟁에 휘말려 손해를 보는 경우가 많으므로 유의할 필요가 있다.

### (15) 주요 부품 도입 시 특허권 관련 조항 삽입

주요 부품을 국외로부터 도입하여 완제품을 생산 수출할 경우 해당 부품으로 인해 발생할지도 모르는 특허분쟁에 대해서는 모든 책임을 부품 공급업자가 지도록 특허권 관련 조항을 삽입하여 구입 계약을 체결하도록 해야 한다. 주요 부품 공급선에서는 부품 공급 독점으로 인해 해당 부품에 대한 특허권 관련 조항의 삽입 자체를 거부하거나, 부품 공급단가의 인상을 요구하는 경우가 많아 곤란을 겪게 된다.

선진 외국 기업의 부품을 도입, 완제품을 생산하여 수출하는 경우 미국 특허권자는 부품제조업체인 선진 외국 기업보다 완제품 제조업체인 한국 기업을 즐겨 공격한다. 그 이유는 ① 선진 외국 기업으로부터의 크로스 라이선스 전략과 역제소 우려, ② 부품보다는 완제품에 대해 로열티를 받는 것이 경제적으로 실익이 크기 때문이다. 결국 완제품 제조업체인 한국 기업은 일부 부품 때문에 완제품 전체에 대해 로열티를 물어야 하는 불합리한 경우가 발생하는 것이다. 따라서 이러한 불의의 손해를 입지 않으려면 부품 도입 계약 시 반드시 이 부분을 짚고 넘어가야 할 것이다.

### (16) 자사의 기술비밀 보호의 생활화

만일의 경우를 대비하여 자사에서 외부로 배포되는 모든 기술 관련 자료와 부품에는 영업비밀 자료임을 표기하여 자사 기술비밀 유출을 차단한다. 또한 경쟁 선기업의 수중에 자사의 기술비밀이 넘어감으로써 특허침해 논란이 용이하게 제기될 소지를 사전에 예방하는 효과를 거둘 수 있다.

### (17) 기술계약(도입, 연구개발) 시 특허권 보호 조항 반영

기술계약 체결 시 과거, 현재, 미래에 발생 가능한 특허분쟁 상황을 최대한 검토하여 반영시킴으로써 추후 분쟁 가능성을 미연에 방지할 수 있도록 한다.

## [표 6-4] 지적재산권 분쟁 대응 전략

| | 조치사항 | 내용 |
|---|---|---|
| 1 | R&D 추진 시 철저한 선행 기술 조사 | 선행기술의 조사가 특허권 확보 및 분쟁 예방에 필수적 |
| 2 | 재심사/재발행 특허 예의 주시 | 재심사/재발행 특허는 분쟁 위험을 안고 있는 특허이므로 지속적인 관심 |
| 3 | 업계의 동향 탐지 | 선진기업 및 국내외 관련 업계의 특허활동 상황을 주의 깊게 관찰하여 위험특허를 조기 발견 |
| 4 | 특허맵 작성 및 활용 | 특허맵을 활용하여 특허정보를 체계적으로 분석함으로써 연구개발 방향 설정, 개발 장애요인 파악, 설계 변경의 기준 등으로 활용 |
| 5 | 특허감시체제 구축 | 선진기업의 특허활동을 실시간 체크함으로써 미래의 분쟁 가능성을 최소화 |
| 6 | 특허권 매입 | 전략적인 특허 매입으로 크로스 라이선스 전략 구사와 협상력 강화 |
| 7 | M&A 활용 | 특허 보유 업체를 인수하여 분쟁 위험 회피 |
| 8 | 직장 내 R&D 투자 확대 및 직무발명 활성화 | 직장 내 발명 분위기 확산 |
| 9 | R&D 결과물의 권리화 | 개량기술의 출원, 권리화를 통해 크로스 라이선스에 활용하는 등 적극적으로 대비 |
| 10 | 특허 전담부서 설치 및 전문요원 양성 | 특허분쟁에서는 특허전문가의 확보 여부가 승리의 토대 |
| 11 | 부실특허권 삭제 | 자사의 업무와 관련되는 타인의 부실권리를 사전에 무력화 |
| 12 | 제소정보의 조기 입수 | 특히 ITC 조사절차에서 제소정보 조기 입수 |
| 13 | 제품 출시보다 특허출원 우선 | 공개 이전에 특허출원을 먼저 하는 것이 중요 |
| 14 | OEM 생산계약 시 특허분쟁 책임 소재 명확히 | 책임 소재를 명백히 하여 예상치 못한 분쟁 발생에 대비 |
| 15 | 부품 도입 시 특허권 관련 조항 삽입 | 부품업체보다는 완제품 업체에 대해 제소하는 경향이 있으므로 이에 대비 |
| 16 | 자사의 기술비밀 보호의 생활화 | 자사 기술의 유출을 방지함으로써 분쟁 논란을 미연에 차단 |

| 17 | 기술계약 시 특허권 보호 조항 반영 | 추후 발생할 가능성이 있는 특허 상황을 최대한 예측하여 반영 |
|---|---|---|

자료 : 한국지식재산연구원

# Chapter 7

# 기술창업 아이템 및
# 창업 모델 개발

# 1. 비즈니스 모델 캔버스

## 1) 비즈니스 모델의 정의

지금까지 비즈니스 모델에 대한 여러 연구는 이미 오래전부터 많은 연구자들에 의해서 제시되고 있으며, 문헌적 정의들 또한 다양하게 정의되고 있다. 비즈니스 모델의 개념들은 연구자의 목적과 방향 관점에 따라 다소 차이는 있지만 비즈니스 모델을 바라보는 근본적인 정의는 유사하다. 비즈니스 모델의 체계적 연구자인 폴 티머스(1998)는 "다양한 비즈니스 수행자와 그들의 역할을 포함하는 상품, 서비스, 정보 흐름의 구조이고, 이는 다양한 비즈니스 수행자에게 돌아가는 잠재적 혜택(Benefit)과 수익 원천(Profit)에 대한 서술을 포함하는 것이다"라고 정의했다. 결국 비즈니스 모델은 경영 분야에서 수익(Profit)을 창출하는 프로세스의 구조를 의미한다. 구체적으로 기업이 어떻게 비즈니스를 할 것인가, 다시 말해 상품을 누구에게 어떻게 팔 것인가 또는 어떻게 수익을 지속적으로 창출할 것인가 등의 내용을 정리해놓은 것으로 정의할 수 있다.

새로운 형태의 사업은 새로운 형태의 비즈니스 모델을 요구하며, 그것이 온라인이든 오프라인이든 간에 새로운 사업을 구상할 때 비즈니스 모델은 성공을 위한 중대 요소다. 알렉산더 오스터왈더(2010)는 "비즈니스 모델은 비즈니스(Business)와 모델(Model)의 합성어로, 여기서 '비즈니스'는 상품이나 서비스를 제공하기 위한 활동으로서 재무, 상용화, 산업적 측면을 포

## [표 7-1] 비즈니스 모델과 사업계획 비교

| 사업계획서 | 비즈니스 모델 |
|---|---|
| • 상세한 문서로서 재무적 예측자료가 많이 담겨 있음<br>• 새로이 창업을 하기 위해 대출을 신청하면, 금융기관에서는 사업계획서를 요구<br>• 금융기관측에는 대출 신청자가 추후 대출금을 상환할 능력이 있을지 평가하기 위해 상세한 자료를 모두 필요로 함 | • 압축적이고 상세한 내용을 담을 필요가 없음<br>• 기업이 수익을 창출하기 위한 구체적 방법을 서술<br>• 머리로 기억할 수 있을 정도로 충분히 작은 개념으로 존재해야 함<br>• 여러 마디의 말보다는 하나의 그림으로 표현되는 것이 적합 |

자료 : http://www.gemconsortium.org/data

함하고 있으며, '모델'은 복잡한 객체나 프로세스(Process)에 대한 표현이나 묘사를 뜻함으로써 결국 목표를 가진 다양한 참여자, 개념과 서로 간의 관계를 포함하는 개념적인 도구로서 특정한 기업의 사업 논리(Business Logic)를 나타내는 것"으로 정의했다. 즉 비즈니스 모델에 대한 개념 정의는 그 산업과 관련한 판단을 확실하게 하는 데 매우 유용하다고 보았다. 또한 오스터왈더는 비즈니스 모델의 목적은 비즈니스 구성요소 분석을 통해 기업의 경쟁우위를 확보하기 위함에 있다고 언급했고, 기업이 고객을 제대로 만족시키기 위해 그들의 요구나 행동상의 특징, 그 외의 다른 특성에 따라 분류해 적절히 대응하고 접근해야 하며 고객 세그먼트(Customer Segment)를 통해 어떠한 유형의 조직을 겨냥하는지 규정할 필요가 있다고 보았다. 다음 표는 비즈니스 모델 정의에 관한 여러 의견들의 내용이다.

## [표 7-2] 비즈니스 모델 정의

| 연구자 | 비즈니스 모델의 정의 |
|---|---|
| Timmers(1998) | 다양한 사업 참여자와 그들의 역할을 포함하는 제품 서비스, 정보 흐름의 구조이며, 다양한 참여자들의 잠재적인 이익과 수익 원천을 설명해주는 청사진 |
| Venkatraman & Henderson(1998) | 고객과의 상호작용, 자산 형태, 지식 수단 등의 세 가지 측면에서 전략을 수립하기 위해 조정된 계획 |
| Amit & Zott(2000) | 사업기회의 가치 창출을 위해 설계한 거래 내용, 구조, 관리를 설명해주는 것 |
| Ethiraj 외(2000) | 가치 창출 계획 |
| Rappa(2000) | 수익을 창출하기 위해 사업을 영위하는 방식 |
| Johnson 외(2008) | 고객 가치 제안, 수익 공식화, 핵심 자원, 핵심 프로세스의 네 가지 구성요소가 서로 맞물려 가치를 창출하고 전달하는 것 |
| Teece(2008) | 고객 가치를 통한 수익, 비용의 실행 가능 구조, 고객의 가치 제안을 설명하는 논리와 자료 그리고 다른 증거를 분명하게 표현하는 것 |
| Casadesus Masanell & Ricart(2010) | 기업의 실현 전략을 표현하는 형상 |

## 2) 비즈니스 모델 캔버스(Business Model Canvas)

현재 비즈니스 모델에 관한 의견 및 내용은 다양하게 나와 있다. 하지만 가장 대중적으로 혹은 공신력 있게 사용되는 기법은 알렉산더 오스터왈더의 '비즈니스 모델 캔버스'다. 비즈니스 모델 캔버스는 중요한 각 구성요소 9개의 내용들을 도표로 만든 것이다. 이렇게 한 이유는 모델 캔버스 위에 도식화할 때 여러 사람들이 각 구성요소에 대한 내용들을 쉽게 표기해가며 토론할 수 있기 때문이다. 이렇게 직접 캔버스를 활용하여 비즈니스 구상을 해보면 모델에 대한 이해도를 높일 수 있고, 창의적으로 사고

하는 데에도 효과적이라고 한다. 비즈니스 모델 캔버스를 구성하고 있는 9개 요소는 고객 세분화, 가치 제안, 유통, 고객 관계, 수익 흐름, 핵심 자원, 핵심 활동, 핵심 파트너, 비용구조로 이루어져 있으며 각 요소의 내용은 다음 표와 같다.

### (1) 고객 세분화

고객 세분화는 기업이 얼마나 상이한 유형의 사람들 혹은 조직을 겨냥하는지 규정한다. 그리고 기업은 고객을 좀 더 제대로 만족시키기 위해 그들의 행동상 특징, 라이프 스타일, 욕구 등에 따라 분류하여 적절히 대응하고 접근해야 한다. 비즈니스 모델에 따라 고객 세분화는 하나가 될 수 있고 여러 개일 수도 있다. 또한 조직은 핵심 타깃으로 삼아야 할 고객층과 집중하지 않아도 될 고객층을 결정해야 한다. 그리고 일단 결정이 내려지면 고객층에 특화된 요구를 제대로 파악할 수 있는 비즈니스 모델을 더욱 신중하게 설계할 수 있다.

### (2) 가치 제안

가치 제안은 타깃 고객이 명확해야 하고, 제공하는 혜택을 명확히 기술해야 하며, 경쟁사의 가치 제안보다 우월해야 하고, 현재의 자원과 능력으로도 지속적인 실행이 가능해야 한다. 가치 제안이 고객들의 서비스 이용 및 제품 구매의 가장 핵심 근거이기 때문이다. 가치 제안의 구성요소는 다음과 같다.

① 타깃 고객을 명확히 선정
② 제공되는 편익과 가격이 구체적으로 기술
③ 경쟁사의 가치 제안보다 우월

④ 현재의 기업자원과 능력을 통해 실현 가능
⑤ 충분한 수요와 이익 가능성 존재

### (3) 유통

비즈니스 모델 유통은 고객과 만나는 접점을 의미한다. 그렇기 때문에 해당 상품이나 서비스를 알릴 수 있는 홍보 채널, 판매 장소, 커뮤니케이션 등을 포함하는 구성요소로 볼 수 있다. 채널은 고객 경험에 매우 지대한 영향을 미치는 접촉 수단이기 때문에 앞에서 언급한 상품의 가치 제안과 고객층에 따라 올바르게 구성하는 것이 중요하다. 채널은 접점의 방식에 따라 영업부서, 웹사이트, 직영 매장, 파트너 매장, 도매상 등 다섯 가지 유형이 있다.

### (4) 고객 관계

고객 관계는 지속적이고 더 원활한 수익을 창출하기 위한 활동이다. 이 활동이 중요한 이유는 빠른 산업 변화, 낮아진 기술 장벽, 세계화 현상으로 인해 빠르게 경쟁업체가 나타나거나 고객의 전환 비용이 높아졌기 때문이다. 이런 이유로 애플은 아이튠즈를 통해 구매된 음악이나 프로그램을 하나의 애플 플랫폼에 담아 다른 기기로 사용하게 하였고, 국내 통신사들은 막대한 마케팅 비용을 들이면서 소비자들을 유인하고 있다. 자원이 부족한 스타트업에서 고객 관계를 관리하기 위해서는 고객 가치와 서비스에 집중해야 하며, 그러기 위해서는 고객 데이터와 피드백에 중점을 두고 서비스 질을 높이는 데 최선을 다해야 할 것이다.

### (5) 수익원

아무리 창의적이고 탁월한 비즈니스 모델도 수익모델이 애매하거나 결여되어 있다면 아무 소용이 없다. 수익모델이 좋아야만 빠른 기간 내에 재무적으로 탄탄한 회사로 성장할 수 있기 때문이다. 그렇기 때문에 수익방법과 그 형태에 대해 알아볼 필요가 있다.

- 광고 수익모델 : 트래픽이 많은 특정 사이트에서 배너 등 광고를 게재하거나 사이트 후원업체 지정을 통해 광고수입을 발생시킬 수 있는 모델이다. 흔히 이들 사이트에서는 사용자들에게 콘텐츠나 서비스를 제공하고 동시에 이들에게 광고를 노출시킨 다음 광고주들로부터 광고료를 받는 모델이다. 회원 수가 많거나 회원들이 전문화, 차별화되어 있을 경우 광고단가가 더 높다.
- 판매 수익모델 : 사이트에서 재화를 판매함으로써 발생되는 수입을 뜻한다. 제품이나 서비스, 정보를 소비자에게 판매해서 수입을 올리는 방법이다. 아마존닷컴, 롯데닷컴, 인터파크몰 등이 이러한 예에 속한다.
- 거래수수료 수익모델 : 고객-판매자 간의 거래를 촉진시키는 대가로 수수료를 부과하거나 거래액의 일부를 취하는 데에서 수입을 내는 모델이다. 예를 들어 이베이는 가장 규모가 큰 경매 사이트로, 온라인 경매 마켓플레이스를 소비자들에게 제공해주고 소비자 간의 온라인 판매가 성공할 경우 판매자로부터 적은 거래 수수료를 청구한다.
- 구독료 수익모델 : 콘텐츠(가령 잡지, 신문 혹은 그 밖의 정보 서비스)를 구매한 고객으로부터 받는 구독료 수입을 의미한다. 무료 콘텐츠를 유료화할 경우에 성공하기 위해서는 유료 콘텐츠가 높은 부가가치를 지니고 있으며 타사가 쉽게 모방해 제공할 수 없다는 점을 부각시켜야 한다.
- 제휴관계 수익모델 : 트래픽이 많이 몰리는 사이트에서 고객들이 제

휴관계에 있는 제3자 업체 사이트에서 구매하도록 유인함으로써(가령 온라인 판촉 이벤트 소개) 매출 기회를 확대시켜주고 그 대가로 추천 수수료를 받는 모델이다. 이 모델에서는 일반적으로 매출이 실제로 발생한 경우에 한해서만 수수료를 받게 된다.

### (6) 핵심 자원

고객이 원하는 '가치'를 제공하기 위해 필요한 주요 재료로 물적자원, 인적자원, 재무자원으로 구분할 수 있다.

- 인적자원 : 모든 기업 형태가 인적자원을 필요로 하지만, 특히 지식집약적이고 기술집약적인 산업 분야에서 핵심 자원으로 간주된다. 현재 대부분의 스타트업은 기술집약적 형태가 가장 많기 때문에 인적자원에 보다 집중해야 할 필요가 있다.
- 물적자원 : 생산시설, 건물, 자동차, 기계, 시스템 등 대규모 사업단위의 기업이 핵심으로 필요로 하는 자원이다. 특히 유통에서 그 사례를 볼 수 있는데 국내에서는 쿠팡이 좋은 예가 되겠다. 쿠팡은 온라인 회사이지만 대부분의 투자금이 창고시설 확충, 배송물류 시스템 확장 등 물적자원에 집중하여 서비스 질을 높이고 있다.
- 재무자원 : 스타트업에서 재무자원은 가장 필요로 하지만 가장 소홀히 생각하는 자원으로 볼 수 있다. 스타트업에서 재무자원 관리는 단순히 투자를 받거나 매출을 올리는 것이 아니라 돈을 어떻게 쓰느냐가 더 중요하다. 그렇기 때문에 재무관리를 위해 단기, 장기 계획을 세워 효율적으로 써야 한다. 또한 핵심인력을 유지하기 위해 스톡옵션이나 인력비를 항상 고려하여 사업을 진행해야 한다.

## (7) 핵심 활동

핵심 활동이란 기업의 비즈니스를 제대로 영위해 나가기 위해서 꼭 해야 하는 중요한 일을 의미한다. 그리고 비즈니스 모델의 유형에 따라 핵심 활동은 상이하다. 마이크로소프트(MS)는 소프트웨어 개발, PC 제조업 델(DELL)은 공급망 관리, 컨설팅회사 맥킨지(McKinsey)는 기업의 문제 해결이 핵심 활동이다. 그렇기 때문에 스타트업의 핵심 활동은 고객 유형, 회사의 가치, 채널과 연관 지어 최적화된 핵심 활동을 하는 것이 포인트다. 다음은 기업의 유형에 따른 대략적인 핵심 활동을 정리한 내용이다.

- 생산 : 우수 품질의 제품 설계, 제조, 운송 등 생산 활동은 제조업에서 가장 큰 비중을 차지한다.
- 문제 해결 : 컨설팅회사, 병원, 기타 서비스 조직의 경영을 위해서는 '문제 해결'이라는 활동이 가장 중요하다. 지식 관리, 훈련 등도 필요한 활동이다.
- 플랫폼/네트워크 : 네트워크와 중개(matchmaking) 플랫폼, 소프트웨어, 브랜드도 플랫폼의 기능을 할 수 있다.


## (8) 핵심 파트너십

핵심 파트너십은 기업 비즈니스를 원활히 작동시켜줄 수 있는 '공급자-파트너' 간의 네트워크를 의미한다. 비즈니스 모델을 최적화하거나 리스크를 줄이거나 자원을 얻기 위해 서로 연합하는 형태이며 비경쟁자들 간의 전략적 동맹, 경쟁자들 간의 전략적 파트너십(Coopetition), 새로운 비즈니스를 개발하기 위한 합작투자(joint-venture), 안정적 공급을 확보하기 위한 '구매자-공급자' 관계 등 네 가지로 분류할 수 있다.

## (9) 비용구조

비용구조는 기업의 비즈니스 모델을 운영하는 데에서 발생하는 모든 비용을 의미한다. 특정한 비즈니스 모델을 운영하는 동안 발생하는 핵심적인 비용들을 의미하기 때문에 가치를 만들어내고 전달하고 고객 관계를 유지하고 매출을 일으키는 것은 모두 비용이 발생한다고 볼 수 있다. 그리고 핵심 자원, 핵심 활동, 파트너십을 정의하고 나면 비용구조를 비교적 쉽게 파악할 수 있다.

[표 7-3] 비즈니스 모델 캔버스의 주요 내용

| 구성요소 | 주요 내용 |
|---|---|
| 고객 세분화 | 제품이나 서비스를 전달하고자 하는 주요 고객들의 유형을 의미 |
| 가치 제안 | 제품이나 서비스를 통해 고객에게 전달하려는 가치가 무엇인가를 의미 |
| 유통 | 제품이나 서비스를 어떤 채널을 활용해서 전달할 것인가를 의미 |
| 고객 관계 | 고객 관리를 위해 어떤 유형의 관계를 형성할 것인가를 의미 |
| 수익 흐름 | 고객이 현금을 지불하는 원천은 무엇인가를 의미 |
| 핵심 자원 | 고객 가치를 전달하기 위해 필요한 핵심적인 자원은 무엇인가를 의미 |
| 핵심 활동 | 고객 가치를 전달하기 위해 필요한 핵심적인 활동은 무엇인가를 의미 |
| 핵심 파트너 | 고객 가치를 전달하기 위해 협력하고 있는 파트너들은 누구인가를 의미 |
| 비용구조 | 고객 가치를 전달함에 있어서 발생하는 비용은 무엇인가를 의미 |

# 2. 린 런치패드

## 1) 린 런치패드 개요

'린 런치패드(Lean LaunchPad)'는 콜롬비아 대학교수이자 『기업 창업가 매뉴얼』과 『성공 전략 4단계』의 저자인 스티브 블랭크가 만든 프로그램이다. 그의 고객 개발론은 에릭 리스에게 영감을 주어 『린 스타트업』의 기반이 되었다. 스티브 블랭크는 스탠퍼드대학, UC버클리 하스경영대학, 컬럼비아대학에서 고객 개발과 기업가정신을 가르치고 있는데, 스타트업이 대기업의 축소판이 아니라 전혀 다른 구조로 이루어져 있으며 이질적이고 특수한 것이기 때문에 기존과 다른 방법으로 운영해야 효율적이고 성공적인 창업을 할 수 있다고 주장한다.

그의 고객 개발 과정은 2011년 실습형 수업인 린 런치패드를 통해 비즈니스 모델 디자인과 고객 개발을 통합하여 빠르고 실질적인 고객 상호작용 및 반복적인 비즈니스 모델 개발 실습을 수행한다. 2011년 미국 국립과학재단의 지원을 받아 최고의 과학자들과 엔지니어를 훈련시키는 아이군단용 훈련에서 적용하고 있다. 기존의 경영학은 더 이상 스타트업에 유용하지 않으므로 빠르게 성장하는 스타트업을 위한 새로운 경영학을 제시하는 것이 블랭크의 고객 개발 방법론이다. 린 런치패드는 MOOC 콘텐츠를 통해 무료로 수강할 수 있으며 유다시티(Udacity)에서 'How to Build a Startup – The Lean LaunchPad'에 들어가면 된다. 린 런치패드 내용은 강의를 통해 누구나 쉽게 접근하여 배울 수 있기 때문에 다음 장에서 주요 내용만 간단히 살펴보자.

## 2) 린 런치패드 내용

린 런치패드의 핵심 내용 중 '고객 개발 방법론'에 대해 간단히 알아보자. 고객 개발 방법론은 기존의 경영학이 더 이상 스타트업에 유용하지 않으므로 빠르게 성장하는 스타트업을 위해 새로운 경영학을 제시한다. 고객 개발은 고객 발굴, 고객 검증, 고객 창출, 회사 설립의 4단계로 이루어진다.

### (1) 고객 발굴(customer discovery)

첫째, 고객 발굴 단계는 창업가의 비전으로 기업에 대한 비즈니스 모델의 가설을 세우고, 가설 검증을 위한 실험을 설계하는 단계다. 창업가는 비즈니스 모델 가설을 위해 비즈니스 모델 캔버스 또는 린 캔버스와 같은 비즈니스 모델링 도구를 사용한다. 설계된 비즈니스 모델 가설을 토대로 창업가는 현장으로 나가서(get out of the building) 실제 고객을 만나 고객의 문제를 제대로 이해하고 이를 해결할 만한 방법을 충분히 제공하는지 가설을 검증해야 한다. 이를 토대로 얻은 정보를 기반으로 가설을 수정한다. 고객 발굴 단계는 고객 문제 해결을 위한 충분한 시장과 가설 검증에 대한 일치를 확인한다.

### (2) 고객 검증(customer validation)

둘째, 고객 검증 단계는 고객 발굴 단계로부터 충분히 검토된 비즈니스 모델을 기반으로 수익성 가능한 비즈니스 여부를 확인하는 단계다. 고객의 수가 증가함에 따라 고객 모집, 수익, 채널, 기능 개선 등 다양한 방법으로 비즈니스 성장 여부를 확인한다. 또한 마케팅과 세일즈 로드맵을 개발하여 시장 확장을 위한 가능성을 검증한다.

### (3) 고객 창출(customer creation)

셋째, 고객 창출 단계는 검증 단계에서 확보된 고객으로부터 배운 방법을 통해 마케팅 비용과 자금 지출로 추가적인 고객 창출을 이루어내는 단계다. 경쟁자가 명확한 기존 시장, 새로운 신규 시장, 기존 시장의 기회를 포착하여 진입하는 재분류 시장(틈새시장, 저가 시장 등), 미국과 같은 해외 시장에서의 기회를 자국에 맞게 들여오는 복제 시장 등 시장의 형태에 따라 전략과 기회를 창출한다.

### (4) 회사 설립(company building)

마지막, 회사 설립 단계는 고객 발굴, 검증, 창출 단계를 통해 찾은 반복과 확장 가능한 비즈니스 모델로부터 임시 조직인 스타트업이 기업으로 탈바꿈하는 단계다. 이 시기에 스타트업은 기존의 고객 개발, 제품 개발과 같은 임시 조직에서 기획, 연구, 개발, 마케팅, 세일즈 등 기존 회사와 같은 공식적인 조직을 갖추어 나간다. 이때 기업은 각 부분의 책임자를 찾고 체계적인 사업 확장을 위한 과정을 진행한다.

## 3) 린 런치패드 적용 사례(게임회사 슈퍼셀)

### (1) 팀 단위의 가설 검증

'슈퍼셀'은 수평적 기업 구조로 환경을 구성하고 소위 셀(Cell)들로 이루어진 조직구조를 만들었다. 셀 단위의 조직은 10명 이내로 구성되어 있고, 각 셀 멤버 모두 동일한 자격으로 자유롭게 토론하며 건설적 아이디어를 나눈다. 이 중 개발할 만한 콘텐츠를 발견하면 리더와 서너 명의 디자이너가 모여 현실화 가능성을 따진다. 캐릭터, 게임 유저의 움직임, 이들에게 제공해야 할 보상까지 폭넓고 구체적으로 논한다. 그 결과 다시 아트디렉터와 프로그래머에게 넘어간다. 이들의 손에서 마침내 사용자 인터페이스(UI)와 구동 로직이 결정된다. 첫 번째 프로토타입(Prototype) 또한 이때 만들어진다. 일종의 MVP인 셈이다. 셀 내의 테스트를 통과하면 프로토타입에 대한 전사적 테스트가 진행된다. 다른 셀의 동료들이 전문가이자 게임 유저의 입장에서 빠른 피드백을 제공한다. 이런 방식을 거쳐 최소의 비용으로 제품에 대한 가설 검증을 빠르게 할 수 있었다.

### (2) 고객 검증을 위한 테스트 시장

슈퍼셀은 고객 발굴을 위해 캐나다 시장을 고객 검증 시장으로 선정하여 MVP 제품을 출시했다. 캐나다 앱스토어에 올려 반응이 좋으면 본격적으로 글로벌 릴리즈를 한다. 이런 방식으로 끊임없이 게임을 버리고 탄생시키고를 반복하면서 제품 출시 리스크를 최소화하고 고객의 문제 해결 방식에 쉽고 빠르게 대처할 수 있었다.

### (3) 제품의 속성에 따른 마케팅 전략

셋째, 슈퍼셀의 마케팅 방식은 독특하다. 매출 2조 원가량(2016년 기준)을 올리는 업체에서 출시된 게임은 단 4개. 하지만 4개의 게임에서 발생하는 매출은 세계 상위권이며 성장속도는 1위다. 과감한 마케팅 전략으로 이런 결과를 볼 수 있는데, 만약 게임이 재밌고 고객에게 가치 있다고 판단되면 대량의 자본을 들여 광고 및 이벤트를 실시한다. 국내에서도 '클래시 오브

클랜' 홍보를 위해 100억이라는 거금을 투자하여 TV, 대중교통 옥외 광고, SNS 광고, 연예인 광고 등 당시 게임 광고계에서는 파격적인 광고를 하였고, 전 세계적으로 매년 2,000억 원의 광고비를 쓰고 있다. 이런 전략은 결국 창업자가 생각하는 소셜 게임의 특성을 고려하여 다양하고 많은 사람들을 게임 속에 연계시켜서 지속 가능한 플레이 가치를 담은 결과로 볼 수 있다.

### (4) 합병을 통한 조직구조 재편

슈퍼셀은 흔히 아는 스타트업과 다르다. 초기 투자회사로부터 140억이라는 투자를 받고, 창업자 또한 다른 회사로부터 이미 그 능력을 인정받은 상황에서 시작했다. 그렇기 때문에 '회사 설립' 부분에서 슈퍼셀에 대한 설명은 의미가 없고, 텐센트와의 합병 부분에서 의미를 찾을 수 있다. 2016년 6월, 중국 기업 텐센트가 89억 달러에 지분 84%를 보유함에 따라 슈퍼셀은 텐센트의 자회가 되었다. 슈퍼셀이 기존에 가진 셀 단위의 부서는 재미있고 가치 있는 게임을 출시하기 위해 최적화된 방법이기는 하지만, 모바일 게임시장의 높은 성장과 중국 시장의 다수 경쟁업체 진입에 대응하기 위해서는 구조화된 조직이 필요했다. 그렇기 때문에 개발자뿐만 아니라 전문화된 법, 마케팅, 재무, 인사조직 부서를 가진 텐센트에 합병되어 시너지를 낼 수 있는 사업을 진행하고 있다.

# 3. 린 스타트업

## 1) 린 스타트업 개요

'린 스타트업'이란 일본 자동차회사 도요타의 '린(Lean) 제조방식'을 경영에 적용한 것이다. 린 제조는 낭비 없이 지속적인 개선을 통한 생산성 향상을 목표로 하고 있으며, 이를 적용한 린 스타트업에서는 문제 해결책뿐만 아니라 문제 발견 자체에서도 린 방식을 적용하고 있다. 즉 문제(고객)가 무엇(누구)인지조차 규정되지 않은 상태에서 제품 또는 서비스를 제공하고, 이에 대한 반응을 고려하여 다시 문제를 규정하고, 개선된 해결책을 제시하는 과정을 끊임없이 반복한다. 따라서 린 스타트업을 적용하기 위해서는 무엇보다도 빠르고 가벼운 체질이 필수라고 할 수 있다.

스타트업의 25%가 설립 1년 후에, 50%가 설립 4년 이내에 실패한다고 한다. 높은 실패 이유 중 첫 번째는 경쟁력 부족(46%)이며, 두 번째가 경험 부족(41%)이다(Entrepreneur Weekly, 2013년 7월). 이때 린 스타트업은 불확실한 환경에 놓인 스타트업에 경쟁력과 경험을 동시에 제공해주는 방법이 될 수 있다는 점에서 더욱 스타트업들의 주목을 받고 있다. 린 스타트업 방법론을 도입한 스타트업들은 첫 제품 출시 후 소비자들의 반응을 살피고, 무엇이 잘못됐는지 학습하고 개선하는 사이클을 반복하게 된다. 이 과정에서 그들은 자신의 제품을 구입할 실제 소비자는 누구인지, 그들이 좋아하는 것은 무엇인지 더욱 구체적으로 알아갈 수 있고 자연스레 경쟁력도 높아진다. 한 차례 시행착오를 겪는 데 드는 비용도 상대적으로 낮다 보니 실패에 대한 부담이 줄어 '시행착오-학습-개선'을 수차례 반복할 수 있고, 부족했던 경험도 빠르게 보충할 수 있다. 끊임없는 개선을 통해 경쟁 역량을 높일 수 있으며, 특히 빠른 속도로 되풀이되는 시행착오 속 학습을 통해 경험 부족이라는 한계도 극복할 수 있다. 린 스타트업은 주먹구구식 접근이 아니라 반복적인 검증을 통해 실제 시장의 니즈와 해결방안을 찾아낼 수 있는 과학적 접근법이 될 수 있기 때문이다. 「하버드비즈니스리뷰」는 린 스타트업이 비즈니스의 모든 것을 바꿀 것이라고 하였다. 즉 불확실성에 놓인 현대의 모든 조직이 린 스타트업 방법론을 통해 새로운 발전의 계기를 마련할 수 있을 것으로 평가하고 있다.

## 2) 린 스타트업의 주요 내용

린 스타업의 기본 구조는 'BML 피드백'이다. BML은 Build(제작하기), Measure(측정하기), Learn(학습하기)의 앞 글자를 조합한 단어로, 누가 고객이고 무엇을 원하는지 알아내기 위해 기업이 가정하고 있는 것을 잘게 쪼개 테스트하는 사이클을 뜻한다. 핵심 기능을 갖춘 시제품을 제작해(Build) 시장에 출시하고 고객들의 반응을 살핀 뒤(Measure) 개선점을 찾아(Learn) 반영하는 게 한 사이클이다. 설문조사 솔루션 '오픈 서베이'를 출시한 아이디인큐는 고객의 니즈를 반영하기 위해 3개월간 웹사이트는 70번, 아이폰 앱도 12번이나 업데이트하는 과정을 거쳐 모바일 설문조사 서비스 1위에 오를 수 있었다.

[그림 7-1] BML 피드백

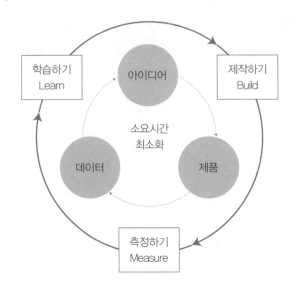

학습하기 Learn

아이디어

제작하기 Build

소요시간 최소화

데이터

제품

측정하기 Measure

자료 : 린 스타트업

린 스타트업 중 또 하나 중요한 내용은 '린 캔버스(Lean Canvas)'다. 린 캔버스는 알렉산더 오스터왈더가 창안한 비즈니스 모델 캔버스를 수정한 것이며, 『린 스타트업』의 저자 에릭 리스가 개념을 활용하여 구체적인 실행 방법을 알려준 내용이다. 린 캔버스는 비즈니스 모델 캔버스와 일부 흡사하지만 목적과 방법에서 조금 차이점이 있다. 비즈니스 모델은 창업자 또는 경영활동자 모두를 포함하여 활용할 수 있지만, 린 캔버스는 초기 창업기업에만 적용 가능한 방법이다. 또한 비즈니스 모델 캔버스는 고객 세그먼트, 채널, 고객 관계를 중시하고 사업의 수익과 비용구조 파악을 우선으로 하지만, 린 캔버스는 문제점과 솔루션에 집중되어 있다. 그렇기 때문에 사용자는 이런 차이점을 인지하고 목적과 상황에 맞게 각 도구들을 활용하면 된다.

다음은 린 캔버스 구성요소를 표현한 표다. 지금부터 린 캔버스를 구성하는 각 요소에 대해 자세히 살펴보고 요령에 대해서도 알아보자.

[그림 7-2] 린 캔버스 구성요소

| 문제<br>가장 중요한 세<br>가지 문제<br><br><br><br><br>**1** | 솔루션<br>가장 중요한 세<br>가지 기능<br><br>**4** | 고유의 가치 제안<br>제품을 구입해야<br>하는 이유와 다른<br>제품과의 차이점<br>을 설명하는 알기<br>쉽고 설득력 있는<br>단일 메시지<br><br>**3** | 경쟁 우위<br>다른 제품이 쉽게<br>흉내 낼 수 없는<br>특징<br><br>**5** | 고객군<br>목표 고객<br><br><br><br><br>**2** |
|---|---|---|---|---|
|  | 핵심 지표<br>측정해야 하는 핵<br>심 활동<br><br>**8** |  | 채널<br>고객 도달 경로<br><br>**9** |  |
| 비용 구조<br>고객 획득 비용, 유통 비용, 호스팅, 인건비 등<br><br>**7** |  |  | 수익원<br>매출 모델, 생애 가치, 매출, 매출 총 이익<br><br>**6** | |

제품         시장

## (1) 문제

린 캔버스에서 문제는 창업하게 되는 시작점으로 볼 수 있기 때문에 매우 중요하고 핵심적인 요소 중 하나다. 먼저, 고객이 불편을 느끼거나 잠재적인 불편이 있는 문제를 적어야 하는데 보통 핵심 문제 1~3가지를 기술한다. 유의할 점은 고객의 입장에서 생각해 문제를 적어야 한다는 것이다. 보통 많은 창업자들은 문제보다 솔루션을 먼저 찾아 솔루션에 맞는 문제를 상상하는 오류를 자주 범한다. 그렇기 때문에 문제점을 객관적으로 잡기 위해서는 설문조사 또는 객관적인 통계치를 활용하여 파악하는 것이 중요하다.

### (2) 고객군

문제가 정해지면 문제를 가진 고객을 정해야 하는데 여기서 최대한 구체적으로 고객을 정의하고, 초기 사용자층을 파악하여 빠르게 기능화할 수 있도록 해야 한다. 고객층을 구분하는 방법에는 인구통계, 지리, 라이프스타일 등이 있으며 문제와 가장 적합한 방법으로 구분하는 것이 좋다. 예를 들어 다이어트 제품을 개발할 경우, 인구통계학적으로 구분하여 10~20대 여성 대상으로 고객을 정할 수 있다. 여기서 더 구체적으로 초기 사용자를 파악한 뒤 빠르게 제품을 테스트하여 제품에 대한 검증을 하면 되겠다.

### (3) 고유가치 제안

린 캔버스에서 가장 중요하며 제품 존재의 이유인 요소다. 고유가치가 없다면 제품의 존재 이유도 없으며 제품이 성공할 수도 없다. 제품이 가진 차별점과 이유가 분명해야 고객이 생기며 제품이 존속할 수 있다. 그렇기 때문에 여기서는 왜 당신의 제품이 고객에게 필요한지, 또 기존 솔루션에 비해서 어떤 차이점이 있는지 분명하게 적어야 한다. 앞에서 고객 대상을 구체적으로 명시하라는 이유도 고객이 명확해야 제품의 고유가치도 명확해지고 차이점이 분명히 드러나기 때문이다. 여기서는 3W(Who/Why/How)로 답을 정확하게 적어야 하며, 앞에서와 같이 최대한 객관적인 통계 및 조사 내용을 근거로 만들어야 한다.

### (4) 솔루션

고유가치가 정해지면 가치를 실현시키기 위한 기능 세 가지를 적어야 한다. 여기서는 핵심적인 기능만을 기술하여 빠르게 피드백 받아서 더 좋은 기능 또는 소비자에게 더욱더 필요한 기능으로 수정하는 것이 중요하다. 그렇기 때문에 완벽한 해법이 아닌 검증을 위한 해법을 적는 칸으로 보면 된다.

## (5) 채널

좋은 제품과 서비스가 있더라도 고객이 제품을 접할 수 없으면 창업은 실패한다. 그래서 처음부터 선정한 고객에게 맞는 채널을 고려하여 테스트해야 한다. 초기에는 대규모 채널 확보가 어렵고, 비용이 많이 드는 오프라인 채널은 힘들기 때문에 온라인 채널로 활동하면 된다. 만약 그것 또한 어렵다면 지인 또는 소속되어 있는 집단 대상으로 채널을 정하여 시작하면 된다.

## (6) 수익원

많은 창업자들이 초기 검증 단계에서 수익에 대해 고려하지 않기 때문에 추후 어려운 환경에 놓이는 경우가 꽤 있다. 테스트라는 명목으로 무료 또는 싼 가격으로 판매하여 추후 정상적인 가격으로는 판매가 어려워져서 망한 케이스도 많다. 검증에는 제품뿐만 아니라 가격도 포함되어 있음을 명심해야 한다. 아무리 좋은 제품도 적절한 가격이 책정되지 않으면 팔리지 않는다. 그리고 초기 싼 가격에 구입한 고객은 후에 더 높은 가격으로 같은 제품을 구입하려 하지 않는다. 그렇기 때문에 일정 프로모션 형태로 할인은 가능하지만 무료 또는 너무 낮은 가격으로 시작하면 안 되며, 수익원 구조 및 방법에 대한 철저한 검증 및 결정이 필요하다.

## (7) 비용구조

많은 초기 창업자들이 비용을 제품 원가 또는 제품 제작 비용으로만 고려하여 사업을 시작한다. 하지만 실제 창업에서는 이것을 제외한 마케팅, 인력, 기타 비용 등 창업에 필요한 비용들이 많다. 이런 비용들이 제대로 파악되지 않는다면 창업을 진행하다 자금 문제로 실패할 수 있다. 물론 초기 시작하는 단계이기 때문에 많은 비용구조를 파악할 필요는 없지만 인건비, 마케팅 비용 등 시제품 판매라도 필요한 비용구조는 철저히 파악하고 있어야 한다. 그래야 고객에게 적절한 제품 가격이 책정되고 검증 단계에서 성공할지에 대한 명확한 판단 근거가 나올 수 있기 때문이다.

### (8) 핵심지표

사업의 목적과 전략에 따라 성과에 따른 지표는 다르지만 보통 다음과 같은 지표를 공통적으로 사용한다.

① 사용자 유치 : 제품을 찾은 사용자를 고객으로 전환

② 사용자 활성화 : 제품에 관심 있는 사용자를 고객으로 전환

③ 사용자 유지 : 제품을 재구매하거나 서비스를 지속적으로 이용

④ 매출 : 판매를 통한 수익

⑤ 추천 : 구전 활동을 통해 고객에게 홍보

### (9) 경쟁우위

창업을 할 때는 창업을 한 분명한 이유와 목적이 있어야 한다. 그래야 경쟁자가 생기더라도 이유와 목적으로 극복할 수 있고 이겨낼 수 있기 때문이다. 초기에 기존의 비슷한 제품이 없다고 하더라도 사업성 있어 보이고 진입장벽이 낮으면 비슷한 경쟁자가 무수히 나타난다. 이때 다음과 같은 경쟁우위가 없다면 극복하기 힘들 것이다.

① 내부자 정보, ② 팀워크, ③ 진입시장에 대한 전문적 지식, ④ 개인 인지도 및 명성, ⑤ 기존 고객, ⑥ 네트워크 효과

# 4. 플랫폼 비즈니스 모델

## 1) 플랫폼 비즈니스 개요 및 특징

정보기술의 발전은 문서의 연결(월드와이드웹)에서 출발하여, 사람과 상품의 연결(인터넷 상거래), 사람의 연결(소셜 네트워크 서비스), 사물의 연결(IoT)에 이르기까지 모든 것의 연결을 가능하게 했고, 이러한 연결의 결과로 만들어지는 네트워크는 기존에는 불가능했던 새로운 가치를 창출했다. 구글은 월드와이드웹(WWW)이라는 네트워크를 기반으로 콘텐츠 생산자와 소비자를 연결했고, 아마존은 구매자-상품-판매자를 연결하는 네트워크, 페이스북은 친구들의 네트워크를 만들었다. 그런가 하면 우버는 운전사-차량-탑승객의 네트워크를 만들어 기존의 많은 비즈니스를 도산시키거나 위태롭게 만들었고, 기존의 상식으로는 이해할 수 없는 기업가치를 만들고 있다. 우리는 현재 이렇게 네트워크 형태의 사업 모델을 '플랫폼'이라고 한다.

플랫폼의 어원을 먼저 살펴보면 'plat-구획된 땅'과 'form-형태'의 합성어로서 '구획된 땅의 형태'를 의미한다. 즉 경계가 없던 땅이 구획되면서 계획에 따라 집이 지어지고, 건물이 생기고, 도로가 생기듯이 '용도에 따라 다양한 형태로 활용될 수 있는 공간'을 상징적으로 표현한 단어이다. 플랫폼의 사전적 정의를 보면 "다양한 상품 생산 혹은 판매를 위해 공통적으로 사용하는 기본구조(예. 자동차/전자제품 플랫폼, 방문서비스 네트워크)[1] 또는 상품 거래 혹은 응용 프로그램을 개발할 수 있는 인프라(예. 온라인쇼핑몰, 운영체제, 앱스토어 등)"[2]로 정의하고 있다. 학문적으로는 "2개의 다른 집단이 상호 작용하는 매체로 망 외부성(network externality)이 발생하며, 양면시장과 다면시장이 있다."[3] 또는 "서로 다른 이용자 그룹이 거래나 상호작용을 원활하게 할 수 있도록 제공된 물리적, 가상적 혹은 제도적 환경"[4]으로 정의하고 있다. 플랫폼 하면 기차를 타고 내리는 정거장이 먼저 떠오른다(플랫폼전문가그룹, 2013). 플랫폼은 한마디로 무언가를 타고 내리는 승강장이다(류한석, 2012). 본래 기차에 승하차하는 공간이나 강사, 음악 지휘자, 선수 등이 사용하는 무대, 강단 등을 뜻했으나 그 의미가 확대되어 특정 장치나 시스템 등에서 이를 구성하는 기초가 되는 틀 또는 골격을 지칭하는 용어로 컴퓨터 시스템, 자동차 등 다양한 분야에서 활용되고 있다. 플랫폼에 대한 최근 업계의 정의는 외부 생산자와 사용자가 상호 작용하면서 가치를 창출할 수 있게 해주는 것에 기반을 둔 비즈니스 모델로 보고 있다. 이런 플랫폼이 되기 위해서는 일정한 컴포넌트(component)와 규칙(rule)을 보유하여야 한다. 플랫폼은 디지털 기술과 SW 도구를 기반으로 간편하게 생산자와 사용자를 연결해 새로운 가치를 창출하는 것이다. 또한 생산자와 사용자의 관계뿐만 아니라 사용자들끼리 꼭 맞는 상대를 만나서 상품이나 서비스 또는 사회적 통화를 서로 교환할 수 있게 해주어 모든 참여자가 가치를 창출하게 해준다.

플랫폼 생태계의 주요 참여자는 생산자(producer), 소비자(consumer), 플랫폼 제공자(provider), 소유자(owner)로 구성된다. 플랫폼 생태계의 플레이

---

1) 웹스터 사전

2) Wikipedia

3) Rochet, J. C., & Tirole, J. (2006). Two-sided markets: a progress report. The RAND journal of economics, 37(3), 645-667.

4) 이상규(2010)

어는 4가지 주요 역할을 수행하지만 한 역할에서 다른 역할로 빠르게 전환할 수 있다. 플랫폼 제공자는 최초로 컴포넌트(SW, HW, 서비스, 아키텍처)를 구성하고, 플랫폼 소유자는 제공자가 제안한 컴포넌트를 받아들이고 함께 규칙[(이해관계자의 상호호환 보장, 상호 정보교환 프로토콜, 권리와 책임(policy)]을 설정하는 데 참여하고 확산시킨다.[5]

**[그림 7-3] 플랫폼 생태계 주요 Player**[6]

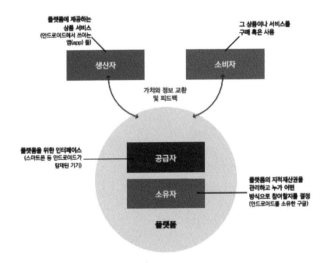

## (1) 효율성

플랫폼 비즈니스는 왜 전통 비즈니스보다 효과적인 것일까? 플랫폼은 무엇을 바꾸어서 효율을 만들어 내는가?

5) Marshall W. Van Alstyne, Geoffrey G. Parker, and Sangeet Paul Choudary, 2016 "Pipelines, Platforms, and the New Rules of Strategy" Havard Business Review
6) Marshall W. Van Alstyne, Geoffrey G. Parker, and Sangeet Paul Choudary, 2016 "Pipelines, Platforms, and the New Rules of Strategy" Havard Business Review

① 게이트키퍼(gatekeeper)의 부재

플랫폼 비즈니스에서는 게이트키퍼가 없다. 예를 들어 출판업에서 편집장의 판단으로 출판 여부가 결정되나 아마존의 킨들러 플랫폼에서는 자유롭게 출판이 가능하다. 기존에는 번들로 구매해야 하지만 게이트키퍼가 없어지면 소비자들은 더 자유롭게 자신들에게 적합한 상품을 고를 수 있는 것이다. 예를 들면 학생들은 학교 강의 묶음 선택에서 자신이 원하는 강의 혹은 서비스를 직접 선택(Coursera)[7]한다.

② not-even-mine-inventory(내 것이 아닌 재고 시스템)

플랫폼 사업자는 not-even-mine-inventory(내 것이 아닌 재고 시스템)를 가질 수 있으며 이는 기업의 자원관리 및 매니징 포인트 절감에 막대한 효과를 만들어 낸다.

③ 품질관리 방식의 변화

모든 서비스의 품질관리 방식이 바뀐다. 모든 종류의 플랫폼은 고객의 feed back loop(피드백 고리)에 의해 자체적으로 품질관리가 진행된다. 품질이 떨어지는 서비스나 상품은 사용자의 외면을 받아 자연스레 퇴출되는 것이다.

플랫폼이 전통적인 파이프라인 사업을 이길 수 있는 이유는 한계비용과 한계수익에서 우위와 긍정적인 네트워크 효과를 통해 가치를 창출하기 때문이다. 예를 들어 호텔산업은 호텔 확장 시 수많은 비용이 필요하다. 그러나 에어비앤비의 경우 거의 0의 비용이 들고, 긍정의 네트워크 효과가

---

7) 2012년 스탠퍼드대학 컴퓨터과학과 앤드류 응(Andrew NG) 교수와 다프네 콜러(Daphne Koller) 교수가 설립한 1세대 MOOC 플랫폼. 기본적으로 코세라의 강의는 무료이며 수료증을 받으려면 유료로 등록해야 함.

나타나기 시작하면 생산 증가가 소비 증가로 이어지고 소비 증가는 다시 생산 증가로 이어지는 선순환을 하게 되는 것이다. 현재 포춘 500대 기업 중 상위에 포진한 기업들이 파이프라인 사업을 플랫폼사업으로 대체 중이다. 과거에는 SW가 세계를 집어삼켰지만 이제는 플랫폼이 세상을 지배하고 있다.[8] 과거의 산업이 규모의 공급 경제라고 한다면 플랫폼은 규모의 수요 경제가 작동하는 곳이다. 과거 비즈니스의 규모가 크면 클수록 생산, 마케팅, 유통 등 비용절감에 의한 경쟁우위를 확보, 반면 플랫폼 기반 사업자는 네트워크가 크면 클수록 사용자들에게 더 많은 가치를 창출한다.

### (2) 양면 네트워크 효과

다면시장(Multi-sided Market) 혹은 플랫폼 비즈니스(Platform Business)로도 불리는 양면시장은 단면시장(One-sided Market)과는 대조되는 개념의 시장을 일컫는다. 여기서 단면시장은 우리가 흔히 알고 있는 수요자와 공급자가 존재하는 일반적인 시장을 말한다. 그리고 양면시장은 하나의 플랫폼을 중심으로 서로 다른 두 개 이상의 집단이 존재하고 이들이 플랫폼을 통해서 거래하는 시장을 가리킨다. 어떤 시장이 양면적이라는 것은 일반적으로 어떤 플랫폼이 서비스를 제공하기 위해서 두 집단(혹은 다수)의 참여가 필요한 경우 하나의 그룹이 플랫폼에 참여하면 나머지 그룹이 이 플랫폼에 참여할 때 느끼는 가치가 증대된다는 것이다. 이를 네트워크 효과라고 하며, 또한 양면시장에서 플랫폼은 고객에게 이익을 제공하는 유일한 통로는 아니지만 간접 네트워크 효과를 증대시킴으로써 자사 이익은 물론 양면의 이용자 집단에게 효익을 제공할 수 있다. 이처럼 양면적 플랫폼 사업자가 활동하는 시장을 다면시장 혹은 양면시장이라고 하는데 그에 관한

---

8) Marc Andreessen. 넷스케이프 창업자. AOL에 회사를 100억 달러에 매각한 후 투자자로 Facebook, twitter, LinkedIn 등에 투자

경제이론을 모두 통칭하여 양면시장이론[9]이라고 한다. 이와 같은 양면시장형 플랫폼 비즈니스가 창업자들이나 기존 사업자들 사이에 주로 회자되는 이유는 양면시장에서는 적어도 2개 이상의 이용자 집단의 유입과 간접 네트워크 효과 발생으로 인한 임계규모가 달성되면 플랫폼의 확장이 빠르게 이루어지기 때문이다.

**[그림 7-4] 플랫폼 양면시장의 특징[10]**

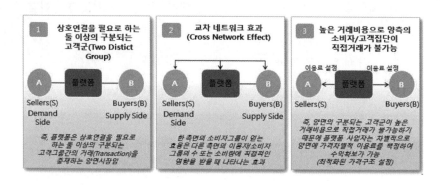

최근의 양면시장형 플랫폼 비즈니스는 둘 이상의 이용자 집단이 플랫폼에 집결하기 때문에 이용자 확산 속도가 일반 단면시장형 비즈니스보다 산술적으로 최소 2배는 빠르게 된다. 또한 네트워크 효과로 인한 이용자집단의 임계규모 달성이 다른 이용자에 집단성장 촉진제 역할을 하게 되어 네트워크의 확산 속도는 단면시장보다 훨씬 빠르게 진행된다. 이렇게 네트워크에 편입이 되면 잠금 효과로 인해 해당 네트워크에 고착되어 성장을 더욱 확산시키게 되는 것이다.

---

9) 장 티롤(Jean Tirole), 미시경제학자, 프랑스 툴루즈 1대학 교수. 2014년 노벨 경제학상
10) Evans, D.S. & R.Schmalensee, 2008, Competition Law and policy, 1, Chapter 28) 참조하여 재정리

그러면 무엇이 네트워크 효과를 극대화해 주는가? 네트워크가 크면 클수록 사용자들에게 더 많은 가치를 창출(구글의 경우)해준다. 네트워크 효과가 확장되려면 반드시 양쪽 시장이 동일한 비율로 성장해야 한다. 이런 네트워크 효과에는 4가지 유형이 있다.

**[표 7-4] 양면(다면) 네트워크 효과의 4가지 유형**[11]

| 효과 | 세부 내용 | 구분 | 효과 내용 |
|---|---|---|---|
| 동일면 (same-sided) 효과 | - 시장의 한쪽 면에 있는 사용자가 같은 쪽 사용자에게 영향을 주면서 생기는 효과<br>- 소비자가 타 소비자에게, 생산자가 타 생산자에게 영향을 미침 | 긍정적 동일면 효과 | - 동일한 유형의 사용자가 늘어날 때 사용자들에게 돌아가는 긍정적인 혜택. 게임에서 게이머가 많을수록 더 재미있는 게임을 함(C2C). 전화기 많으면 가입자 혜택 증가 |
| | | 부정적 동일면 효과 | - 플랫폼의 한 쪽 면의 수적 성장이 부정적 효과를 보임 |
| 교차 (cross-side) 효과 | - 시장의 한쪽 면에 있는 사용자가 다른 쪽에 있는 사용자에게 영향을 미치면서 발생하는 효과<br>- 소비자가 생산자에게, 생산자가 소비자에게 미치는 효과 | 긍정적 교차 효과 | - 반대편 시장 참여자가 증가하면서 이득을 얻음. 예 비자카드 vs 가맹점(상점). 언제나 대칭적이지 않음 |
| | | 부정적 교차 효과 | - 생산자의 수가 증가하면 소비자에게 긍정적 혜택, 반대로 복잡성과 비용이 증가<br>- 이것을 최소화하기 위해 큐레이션이 필요 |

11) Jean-Charles Rochet & Jean Tirole, Platform Competition in two-sided market(Journal of the European Economic Association, June 2003, I(4) : 990-1029) 재정리

## 2) 플랫폼 비즈니스의 수익 모델

### (1) 수수료 모델

애플의 앱스토어, 우버, 에어비앤비, 알리바바 등이 중개 수수료 모델을 선택하고 있다. 애플은 앱스토어 입점을 신청한 어플을 검토한 후 입점을 승인하고 유료 판매 시 수수료 30%를 가져간다. 우버도 드라이버가 벌어들인 매출의 0~30%를 중개 수수료 명목으로 가져간다. 호텔을 중개하는 호텔엔조이닷컴은 수수료 형태로 판매액의 7~0%를 가져간다. 전 세계 최대 숙박 공유 플랫폼 에어비앤비는 숙박을 예약한 게스트와 숙소를 빌려주는 호스트로부터 중개 수수료를 받는다. 이처럼 중개수수료 모델은 플랫폼 비즈니스에서 가장 흔하게 볼 수 있는 수익 모델이다.

### (2) 구독료

구독료는 제품이나 서비스에 대한 비용을 한 번 또는 지속적으로 미리 지급하는 고객을 확보하는 수익 모델이다. 예를 들어 채용에 특화된 버티컬 플랫폼 링크드인은 기본적인 서비스를 무료로 제공하면서 고급 정보 서비스는 프리미엄 구독료를 받는다. 링크드인의 수익 중 프리미엄 구독료 매출의 비중은 약 18%고 나머지는 광고와 솔루션에서 발생한다.

### (3) 광고

광고다. 구글과 페이스북처럼 거대한 사용자 집단을 가진 플랫폼 기업은 매출 대부분이 광고 수익으로 발생한다. 구글의 2015년 매출액 745억 달러의 90%가 광고에서 나온 것으로 나타났다.

### (4) 라이센싱

라이센싱은 계약된 조건에 따라 제품이나 서비스를 사용할 권리를 개인이나 기업에 제공하는 것을 말한다. 예를 들어 아마존 웹서비스(AWS)는 기업이 대규모의 IT 인프라에 투자하지 않고도, 마치 전기처럼, 사용한 만큼 지불하는 클라우드 서비스를 제공한다. AWS는 클라우드 분야에서 마이크로소프트와 구글, IBM을 합친 것보다 큰 규모로 성장했다. AWS 매출은 아마존 전체 매출의 1/10 수준이나 영업 이익은 전체의 30%를 상회한다.

### (5) 아이템 판매

아이템 판매다. 플랫폼에서 유용하게 사용할 수 있는 기능을 판매해 수익을 창출하는 모델로 게임 아이템, 캐릭터, 기프티콘 판매 등이 일반적이다.

## 3) 플랫폼 비즈니스 모델 맵

### (1) 개요

플랫폼은 공통의 활용 요소를 바탕으로 본연의 역할도 수행하지만, 보완적인 파생 제품이나 서비스를 개발·제조할 수 있는 기반을 뜻한다. 즉 IT 산업에서 플랫폼은 공급자와 수요자 등 복수 그룹이 참여하여 각 그룹이 얻고자 하는 가치를 공정한 거래를 통해 교환할 수 있도록 구축된 환경이라고 표현될 수 있다. 그러나 이런 특징은 앞에서 설명했듯이 기술의 발달로 가능해진 새로운 형태의 사업 모델이기 때문에 기존의 사업전략 및 툴(tool)을 적용하여 사업 성공요인을 분석하거나 적용하기 어렵다(정경희, 2017).

전통적인 비즈니스의 수익 창출은 고객이 기업의 창출하는 가치에 대해 비용을 부과하는 반면에, 플랫폼 비즈니스는 플랫폼의 사용자 중 특정 그룹이 가치를 창출하고 또 다른 그룹이 비용을 지불하는 것을 파악하는 것이 핵심이다. 그래서 최근 비즈니스 모델 개발 및 분석을 위한 도구(tool)로 비즈니스 모델 캔버스 및 린 캔버스가 폭넓게 사용되고 있지만, 전통적인 비즈니스와 근본적으로 상이한 플랫폼 비즈니스 모델은 적용하는 것에 한계가 있다. 이런 한계점을 극복하기 위해 나온 도구가 '플랫폼 비즈니스 모델 맵(PBMM : Platform Business Model Map)'이다. 플랫폼 비즈니스 모델 맵은 컬럼비아 경영대학원 교수인 데이비드 로저스(2016)가 만든 것으로, 플랫폼의 모든 중요한 사용자들을 확인하고, 서로 다른 사용자들 사이에서 발생하는 거래 및 가치 창출을 분석하기 위해 설계한 도구다. 그는 저서 『The Digital Transformation Playbook』에서 PBMM 도구의 프레임을 적용하여 여러 플랫폼 기업들을 설명하고, 도구 사용방법 등을 알려주고 있다. 그렇다면 PBMM은 어떻게 활용될 수 있는지, 적용된 사례를 보며 내용에 대해 알아보자.

### (2) 플랫폼 비즈니스 모델 맵의 구성요소

플랫폼의 구조는 전통적인 제품 및 서비스, 도·소매 기업들과 많은 차이가 있다. 이에 따라 성공적인 플랫폼을 위한 전략을 수립하기 위해 사용자 간의 가치 교환 이해가 매우 중요하다. PBMM은 플랫폼 사업자들의 비즈니스 모델을 이해하기 위한 효과적인 도구로서 플랫폼을 이용하는 다양한 사용자, 수익 및 가치 창출 구조에 대한 이해를 돕는 데 활용되고 있다. PBMM의 주요 사용자 집단과 구성요소는 다음 표와 같다.

[표 7-5] PBMM의 주요 이해관계자 표기 형태

| 형태 | 주요 이해관계자 |
|---|---|
| 원 ○ | 플랫폼 |
| 다이아몬드 ◇ | 지불자(플랫폼에게 이익을 주는 고객) |
| 직사각형 □ | 수위트너(직접적인 이익을 주지는 않지만 다른 가치 있는 고객을 끌어들이는 데 도움이 되는 고객) |
| 스파이크 ▲ | 그들이 끌어들이는 다른 고객의 수 |
| 이중테두리 ◈ | 핵심고객(네트워크 효과의 왕, 가장 많은 스파이크를 갖는 고객) |
| 화살표 → | 가치교환의 의미 : (굵은 표시) 금전적인 가치 (괄호 안에 가치) 플랫폼에 의해 제공되는 가치 또는 플랫폼에게 제공하는 가치 (괄호 밖에 가치) 다른 고객에게 제공하는 가치 |

  PBMM을 만들기 위한 과정으로 첫째 플랫폼에 참여하는 고객을 구분해야 한다. 둘째 고객별로 다른 고객으로부터 받는 가치 및 플랫폼으로부터 받는 가치를 확인하고, 셋째 다른 고객에게 제공하는 가치와 플랫폼에 제공하는 가치를 확인해야 한다. 마지막으로 유인된 고객 및 인지도를 조사·분석하여 PBMM을 만들기 위한 구성요소별 분석을 완료해야 하며, 로저스는 다음과 같은 질문과 연구를 통해 답을 찾아야 한다고 말한다.

[표 7-6] 요인분석을 위한 일곱 가지 질문

| 요소 | 질문 |
|---|---|
| 고객 | 플랫폼에 명확한 고객 유형은 누구인가? |
| 다른 고객으로부터 받는 가치 $ 굵은 표시 | 각 고객들의 유형은 다른 고객으로부터 받는 가치는 무엇인가? (금전적인 가치는 굵은 표시) 그것들은 어느 고객으로부터 받는 가치인가? |

| 플랫폼으로부터 받는 가치<br>$ 굵은 표시 | 각 고객들은 플랫폼으로부터 받는 가치는 무엇인가?<br>(금전적인 가치는 굵은 표시) |
|---|---|
| 다른 고객에게<br>제공하는 가치<br>$ 굵은 표시 | 다른 고객에게 제공하는 가치는 무엇인가?<br>(금전적인 가치는 굵은 표시)<br>어떻게 그 가치를 받는가? |
| 플랫폼에게 제공하는 가치<br>$ 굵은 표시 | 각 고객들은 플랫폼에게 어떤 가치를 제공하는가?<br>(금전적인 가치는 굵은 표시) |
| 그들이 끌어들이는 고객 | 각 고객마다, 플랫폼에 어떤 고객의 유형을 끌어들이는가? |
| 인지도 | 아래 기준에 따라 각 고객들은 어떤 인지도인가?<br>(핵심고객: Linchpin) 가장 많은 사용자를 끌어들이는 핵심 고객<br>(지불자: payer) 플랫폼에게 금전적 가치를 제공하는 고객<br>(주요 지불자: primary payer) 플랫폼에게 가장 많은 금전적<br>가치를 제공하는 고객<br>(스위트너: sweeteners) 플랫폼에게 금전적 가치를 제공하지는<br>않지만, 다른 고객들을 끌어들이는 가치를 제공하는 고객 |

질문에 대한 답이 끝나면 각 참여자(고객) 기준으로 그 답에 대한 분석
표를 기입해야 한다. 구성요소별 분석이 완성되면 도표의 정보를 사용하여
다음의 5단계 프로세스를 통해 PBMM을 완성할 수 있다.

1단계는 '플랫폼 고객(사용자)의 위치'다. ① 맵 중앙에 플랫폼의 이름을
작성한다. ② 핵심고객(linchpin)은 플랫폼 이름 바로 위에 작성한다. ③ 주
요 비용 지불자(primary payer)는 플랫폼의 바로 오른쪽에 작성한다. ④ 시계
방향으로 이동하면서 다른 지불자(payer)의 이름을 작성한다. ⑤ 마지막으
로 다른 고객을 끌어들이지만 비용은 지불하지 않는 고객(sweeteners)의 이
름을 작성한다. 2단계는 '플랫폼 고객(사용자)의 형태'다. ①플랫폼은 원 형
태로 나타낸다. ② 지불자는 다이아몬드 형태로 나타낸다. ③ 고객은 끌어
들이지만 비용 지불은 안 하는 고객은 네모 형태로 나타낸다. 3단계는 '플
랫폼 고객(사용자)의 스파이크 표시'다. 각각의 고객 형태에 그들이 끌어당
기는 다른 고객 유형의 수를 스파이크로 표시한다. 4단계는 '특정 고객이

플랫폼으로부터 받는 화살표 표시'다. ① 화살표 옆에는 다른 고객으로부터 받는 가치를 작성한다. ② 괄호 안에는 플랫폼 자체에서 받는 가치를 작성한다. 두 경우 모두 금전적 가치를 굵게 표시한다. 5단계는 '특정 고객이 플랫폼에 주는 화살표 표시'다. ① 화살표 옆에는 다른 고객에게 제공하는 가치를 작성한다. ② 괄호 안에는 플랫폼 자체에 제공하는 가치를 작성한다. 두 경우 모두 금전적 가치는 굵게 표시한다.

### (3) 플랫폼 비즈니스 모델 맵 적용 사례 : 에어비앤비

에어비앤비(Airbnb)는 전형적인 '공유경제' 유형의 플랫폼 사례다. 비즈니스 모델은 앞에서 설명했듯이 서비스 제공과 서비스를 찾는 두 참가자(고객)가 함께하는 서비스다. 두 당사자가 함께 제공하는 핵심가치 외에도 에어비앤비는 두 고객 유형 모두에 대해 에어비앤비가 제공하는 가치를 바탕으로 경쟁업체와 차별되는 점도 있다(고객 네트워크의 거대한 규모). 에어비앤비의 수익 창출 방법은 공급자 수수료 3%, 소비자 지불 수수료 6~12%가 있다. 또한 각 고객이 다른 고객을 유치하기 때문에 '핵심(linchpin)' 고객은 없지만 손님은 '주요 지불자(primary payer)' 고객으로 볼 수 있다.

**[표 7-6] 일곱 가지 질문을 통한 요인분석표**

| 고객 | 다른 고객으로부터 받는 가치 | 플랫폼으로부터 받는 가치 | 다른 고객에게 제공하는 가치 | 플랫폼에 제공하는 가치 | 그들이 끌어들이는 고객 | 인지도 |
|---|---|---|---|---|---|---|
| 수요자 (게스트) | 숙박 | 예약도구 예약통계 안전 | 예약금$ | 수수료$ | 공급자 | 주요 지불자 (primary payer) |
| 공급자 (호스트) | 예약금$ | 숙박등록 수요통계 보험 | 숙박 | 수수료$ | 수요자 | 지불자 (payer) |

요인분석이 완료되면 5단계 프로세스를 통해 PBMM을 하나씩 그리면 된다. 먼저 앞에서 설명했듯이 에어비앤비 이름을 맵 중앙에 작성한다. 이후 각 참여자 수요자, 공급자 이름을 양옆에 쓰되 주요 지불자는 수요자이기 때문에 수요자 위치를 오른쪽으로 작성하면 된다. 실제 많은 플랫폼에서 많은 유형의 고객이 존재하지만 에어비앤비는 두 가지 고객의 유형만 있기 때문에 1단계는 여기서 마무리가 된다. 다음은 2단계로 플랫폼 고객의 시각화 형태를 맞춰 그려주면 된다. 에어비앤비에서는 주요 지불자와 지불자만 있기 때문에 마름모 형태의 도형만 양옆으로 그려주면 된다. 3단계는 스파이크 표시로 각각의 고객 형태에 그들이 끌어당기는 다른 고객 유형의 수를 그리면 된다. 에어비앤비는 각 유형의 고객만이 서로를 끌어당기기 때문에 각각 하나씩만 그리면 되겠다. 4단계와 마지막 5단계 내용인 화살표와 가치를 그리는 것은 분석표를 보고 맞는 내용을 하나씩 맞춰 기입하여 PBMM을 완성하면 된다. 다음은 PBMM 완성 그림이다.

**[그림 7-3] PPMM : 에어비앤비**

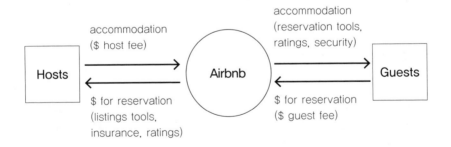

# 주요 비즈니스 모델 형태

| 번호 | 모델명 | 소개 | 수익방안 | 예시 |
|---|---|---|---|---|
| 1 | 프리미엄 모델 | 제품과 서비스의 기능적 차이가 크게 나지 않는 수준에서 제품/서비스가 제공하는 기능과 가치를 고객이 경험할 수 있도록 하는 모델 | - 사용료<br>- 무료(트래픽) | - 에버노트<br>- Wix<br>- 식스샵 |
| 2 | 미끼 모델 | 본체와 부속품으로 나누어진 제품에서 부속품의 교체에 따른 비용을 통해 지속적인 수익 발생 | - 교체비용<br>- 인건비용 | - 면도기<br>- 정수기<br>- 프린터 |
| 3 | 유통 모델 | 제조사와 소매점, 도매점과 고객들 사이에서 사업자 혹은 구매고객들이 필요로 하는 제품을 매입하여 판매하거나 필요한 사업자에게 중계하는 모델 | - 유통 수수료<br>- 보관료 | - 양판점<br>- 시장<br>- 마트/백화점 |
| 4 | 플랫폼 모델 | 각각 구분되는 사용자 그룹들이 네트워크 효과에 따라 서로 간에 사용자들의 기반을 확장할 수 있도록 돕는 모델 | - 광고 게재료<br>- 제품/서비스 판매 수수료<br>- 가입료 | - 트위터<br>- 페이스북<br>- 카카오톡 |
| 5 | 허프&포크 모델 | 물품이나 인력들을 한곳으로 집결시킨 후 그 곳에서 각자의 도착지로 이동하거나 분지할 수 있도록 일체의 기능을 제공하는 비즈니스 모델 | - 수거비<br>- 배송비<br>- 물품 보관비<br>- 중계 수수료 | - 택배사<br>- 공항<br>- 구인/구직 사이트 |
| 6 | 상품/서비스 판매 모델 | 구매자들에게 상품이나 서비스를 판매하거나 A/S를 지원하는 모델로, 직접 구매자 혹은 간접 구매자 대상으로 함 | - 상품/서비스 판매비<br>- A/S비 | - 상점<br>- 온라인 쇼핑몰<br>- 제조사 |
| 7 | 광고 모델 | TV, 라디오, 배너, 옥외 광고판, 온라인 사이트나 모바일 애플리케이션 등 고객의 주목도가 높고 트래픽이 높을 것으로 예상되는 매체, 건물, 서비스 사이트 등에 광고를 게재하여 수익을 창출하는 모델 | - 광고 게재료<br>- 광고 기획 수수료 | - 제조사/브랜드사<br>- 온라인 포털<br>- 게임 |

| | | | | |
|---|---|---|---|---|
| 8 | 라이선스 모델 | 제품, 서비스를 구성하는 전체/부분들(콘텐츠, 캐릭터, 제품, 운영 매뉴얼)의 사용 권리를 제3자에게 위임하고 사용에 따른 비용을 지불받는 비즈니스 모델 | – 라이선스비<br>– 설치/유지 보수비<br>– 컨설팅 | – 오라클<br>– 포토 이미지 |
| 9 | 임대 모델 | 일상용품, 차량, 건물, 공간, 사무용품등을 일정한 기간 동안 사용할 수 있도록 임대자에게 대여하고 이에 대한 사용료를 지불받는 비즈니스 모델 | – 가입료<br>– 월 사용료 | – 정수기<br>– 복사기<br>– 자동차 |
| 10 | 검색 모델 | 인터넷상의 정보나 뉴스, 기사 등을 손쉽게 찾아볼 수 있도록 검색어 기반의 서비스를 제공하거나 기업이나 기관 등에서 자체적 사용을 목적으로 검색 기능을 부가할 수 있는 서비스/제품을 제공하는 모델 | – 광고 게재료<br>– 검색 모듈 판매비 | – 구글, 네이버<br>– 검색 모듈 개발사 |
| 11 | 부분 유료화 모델 | 제품/서비스의 전체 기능들 중 대부분을 제한 없이 무료로 사용할 수 있도록 허용하고, 그 중에서 특정 기능들을 필요에 따라서 사용자들이 유료로 구매하여 사용할 수 있는 모델 | – 부분 상품/ 서비스 구매비<br>– 선물하기 | – 모바일 게임<br>– WordPress |
| 12 | 가입형 모델 | 일정 수준의 기능들을 갖춘 제품/서비스를 한시적 혹은 지속적으로 사용하거나 전달받기 위해서 월 기준 혹은 분기나 연간 기준으로 비용을 지불하는 비즈니스 모델 | – 월 사용료<br>– 선물하기 | – 미미박스<br>– 넷플릭스 |
| 13 | 프랜차이즈 모델 | 서비스 제공자가 제품, 서비스, 상품 공급, 설비, 브랜드를 일괄적으로 표준화하고, 이를 기반으로 서비스 가입자가 사업을 영위하도록 하는 비즈니스 모델 | – 가입비<br>– 컨설팅비<br>– 자재비/ 배송비 | – 롯데리아<br>– 커피빈 |
| 14 | 대행 모델 | 외부의 회사나 기관 등에서 요청한 제품/서비스 대상의 기획, 개발, 홍보 등의 다양한 일들을 자사 단독으로 혹은 파트너사와 협력하여 제공한 후 이에 수반되는 일체의 비용을 지급받는 비즈니스 모델 | – 대행 수수료<br>– 컨설팅비 | – 홍보 마케팅 PR대행사<br>– 회계사, 세무사 등 |

| 15 | 공유경제<br>모델 | 물품, 공간, 서비스 등을 소유가 아닌<br>차용과 대여의 관점에서 활용하는<br>경제활동의 개념에 기반한 비즈니스<br>모델 | – 중계 수수료<br>– 대여 수수료 | – 쏘카<br>– 에어비앤비 |
|---|---|---|---|---|
| 16 | 마켓<br>플레이스<br>모델 | 구매자와 판매자들을 이어주는 판매<br>장터 | – 입점료<br>– 판매 수수료 | – 11번가<br>– 아마존 |
| 17 | 제휴<br>모델 | 상품/서비스 판매/홍보/마케팅/개발<br>등을 위해서 외부 파트너사와 협력<br>하거나, 반대로 외부 파트너사들에<br>필요한 일정 영역의 업무들을 돕기<br>위해 협력하는 모델 | – 판매 수수료<br>– 트래픽 유입<br>– 교차 판매 | – 아마존<br>– 통신사<br>– 애플 |
| 18 | 오픈<br>비즈니스<br>모델 | 아이디어나 기술, 서비스/제품들을<br>외부에 공개하고, 이를 통해서 사용<br>자, 협력자, 구매자들을 확보해 나가<br>는 방식의 비즈니스 모델 | – 유료 서비스<br>– 유료 상품<br>　판매 | – 레드햇<br>　(리눅스)<br>– P&G |

# Chapter 8

# 기술 및 제품개발 전략

# 1. 제품개발계획 수립

## 1) 제품개발 및 생산관리의 이해

명확한 고객 시장을 정하고 고객에게 어떤 제품을 전달할지 계획을 수립한 후 실제 제품을 물리적인 형태로 생산하기 위해 필요한 첫 번째 단계는 바로 제품개념 생성이다. 이런 제품개념 설정은 소비자의 요구사항 확인에서부터 시작된다. 또한 제품개발은 많은 시간과 노력이 필요하다. 하지만 이런 노력에도 불구하고 성공적인 제품개발 성과를 얻는 과정에는 매우 어려운 과제들이 존재한다. 제품개발에서 직면하는 어려움은 기술창업가가 제품을 개발하기 전에 염두에 두어야 할 것이다.

[그림 8-1] 제품개발 단계

## 2) 제품개발과 생산관리의 방법

### (1) 소비자 요구사항의 수집

효과적인 제품개념 생성과 성공적인 제품 형태를 완성하기 위해서는 고객의 숨겨진 요구사항을 적극적으로 수집해야 한다. 많은 기술창업기업이 실패하는 원인은 고객의 요구사항을 등한시하고 기술의 우월성만을 내세워 사업을 진행하기 때문이다. 고객의 요구사항을 수집하는 방법에는 다음과 같은 것이 있다.

① **인터뷰** : 개발팀 중 1명 이상의 팀원들이 1명의 고객과 요구사항에 대해 논의한다. 인터뷰는 주로 고객의 환경에서 이루어지며 대략 1~2시간 정도 소요된다.

② **핵심 그룹** : 진행자는 8~12명의 고객들로 이루어진 그룹과 2시간 정도의 토론을 진행한다. 핵심 그룹은 일반적으로 여러 명의 개발팀이 그룹을 관찰할 수 있도록 진행한다. 이를 위해 만약 가능하다면 양방향 관찰이 가능한 거울이 설치된 방에서 진행하면 좋다.

③ **사용되고 있는 제품 조사** : 현재의 제품을 사용하는 고객 행동을 살펴보거나 신제품이 어떻게 쓰일지에 대한 조사 작업을 통해 고객 요구에 대한 많은 정보를 수집할 수 있다. 고객과 같이 제품을 사용해보고, 고객과 직접적인 접촉을 통해 개발팀이 제품을 사용하면서 직접 경험해보지 못한 많은 정보를 얻을 수 있다.

## (2) 제품개념 생성 활동

'제품개념(concept)'은 적용 기술, 작동 원리, 제품의 모양새에 대한 개략적인 설명을 말한다. 즉 제품개념은 어떻게 제품이 고객의 욕구를 만족시킬 것인지 간결하게 설명하며, 대개 스케치나 간단히 만들어진 3차원 모델에 간결한 설명이 첨가된 형태로 표현된다. 일반적으로 제품개념 생성과정은 제품개발 과정에 비해 비용이 적게 들고 신속하게 수행될 수 있어 비용과 시간적인 측면에서 부담 없이 진행할 수 있다. 스케치를 통해 고안된 아이디어를 구체화하면 제품화 가능성에 대해 비교적 신속하고 저비용으로 평가 작업을 수행할 수 있다. 제품개발 과정 초기에 모든 가능한 대안들을 고려하여 제품개념을 생성한 경우 개발 과정 후기에 더 나은 개념을 발견하거나, 현재 개발 중인 제품보다 훨씬 더 나은 제품을 경쟁사가 시장에 출시해서 당황스러운 상황이 벌어질 가능성을 크게 낮출 수 있다. 따라서 제품개념의 생성은 기술창업기업의 제품개발 단계에서 매우 중요한 절차다.

## (3) 제품개념 선정

제품을 개발함에 있어 개발팀은 초기 단계에서 고객의 요구사항을 정의하고, 다양한 방법을 사용해서 고객 요구에 부합되는 제품개념들을 만들어낸다. 개념 선정 단계는 고객의 요구사항과 여러 기준들을 근거로 하여 개념들을 평가하는 프로세스를 말하는데, 각 개념의 강점과 약점을 비교하고, 하나 또는 그 이상의 개념을 선택하여 좀 더 검토하고 시험하여 발전시키는 과정을 포함한다. 개념 선정을 위한 방법에는 다음과 같은 것들이 있다.

① **외부의 의사결정** : 개념 선정이 고객, 제품 의뢰자 및 외부 단계에 위임된다.

② **제품 책임자** : 제품개발팀의 가장 영향력 있는 사람이 개인의 경험, 통찰력 및 선호에 근거하여 개념을 선택한다.

③ **직관** : 개념의 느낌에 의해 선택되는 것으로 명백한 선택 기준이나 균형점 찾기는 사용되지 않는다.

④ **복수 투표** : 개발팀원이 고려 중인 개념들에 대해 복수 투표를 한다.

⑤ **장점 및 단점 비교** : 개발팀이 각 개념의 장단점을 정리하여 공유하고, 팀의 최종적인 의견을 근거로 개념을 선택한다.

⑥ **의사결정을 위한 매트릭스** : 개발팀이 미리 정의된 기준에 의해 개념을 평가하고 중요도를 정량화한다.

### (4) 시제품 제작

시제품(Prototype)은 제품 전체에서 하나 이상의 관심 있는 영역을 유사하게 만드는 것을 의미하며, 두 가지 차원으로 분류될 수 있다.

**[표 8-1] 물리적 프로토타입과 포괄적 프로토타입**

| 물리적 프로토타입 | 포괄적 프로토타입 |
| --- | --- |
| • 제품과 유사하게 제작된 실제 인공물<br>• 개발팀이 관심을 가지는 제품의 관점을 테스트와 실험을 위해 실질적으로 인공물에 구현하는 것을 의미 | • 일반적으로 사용되는 프로토타입의 의미<br>• 똑같은 크기와 똑같은 기능을 제공하여 실제 상품 특성의 대부분을 충족시킴 |

## (5) 생산관리

신기술을 보유한 기술창업의 경우 창업 준비 및 초기 단계에서 한정된 자원으로 인해 직면하는 가장 큰 장벽은 생산을 어떻게 할 것인가이다. 이렇듯 생산에 관련된 이슈는 이분법적으로 생산을 할 것인지와 말 것인지로 구분할 수도 있지만, 기업성장 단계에서 어디서 생산 관련 이슈가 발생되느냐에 따라서도 결정된다.

제품개발단계 중 시제품 생산이 필요한 경우에는 직접 시제품을 생산할 것인지, 시제품 생산 전문 업체에 아웃소싱해야 할지 의사결정을 내려야 한다. 또한 시제품 단계를 거쳐 대량생산 단계로 진입할 경우 막대한 자본이 필요한 시기이므로 생산설비를 구축해야 할지, 생산부문을 아웃소싱할지 의사결정해야 한다.

# 2. 기술가치평가 (Technology Valuation)

## 1) 기술가치평가 이해

'기술가치평가'란 창업자가 가진 기술을 체계적인 방법으로 평가하여 화폐 가치로 환산하는 과정을 말한다. 기술창업의 경우 위험성과 성공 시 기대 수익이 모두 높은 신기술의 개발이나 아이디어의 사업화를 수반하기 때문에 기술의 가치는 사업의 성패를 좌우하는 가장 중요한 요소가 된다. 기술가치평가는 일반적으로 기술거래 투자 및 융자, 현물출자, 전략 수립, 청산, 소송, 세무 등 다양한 목적에 의해서 이루어지며, 창업자는 사업의 기반이 되는 기술에 대해 정확한 가치를 산정함으로써 기술의 우수성을 인정받고 금융 대출 등을 위한 담보로 활용할 수 있다. 기술력의 객관적 판단과 정확한 판단을 통해서 기술거래 시 공정한 거래뿐만 아니라 기술을 담보로 한 평가나 자금 조달 측면에서의 원활한 활용을 위해 창업자가 기술가치평가 방법을 이해하는 것은 매우 중요하다.

[표 8-2] 기술가치평가의 목적과 용도

| 목적 | 용도 |
|---|---|
| 이전·거래 | 기술의 매매, 라이선스 가격 결정 |
| 금융 | 기술의 담보권 설정 또는 투자유치 |

| 현물출자 | 기술 또는 지식재산권의 현물출자 |
|---|---|
| 전략 | 기업의 가치 증진, 기술상품화, 분사(spin-off), 장기 전략적 경영계획 수립 |
| 청산 | 기업의 파산 또는 구조조정에 따른 자산평가, 채무상환계획 수립 |
| 소송 | 지식재산권 침해, 채무 불이행, 기타 재산 분쟁과 관련된 소송 |
| 세무 | 기술의 기증, 처분, 상각을 위한 세무계획 수립 및 세금 납부 |
| 기타 | 특례상장 등 |

## 2) 기술가치평가 방법

기술가치평가 방법은 다양하게 존재하는데 일반적으로 시장접근법, 수익접근법, 원가접근법으로 구분한다.[3]

어느 방법을 적용하는가는 평가목적, 대상기술, 평가상황 등에 따라 달라질 수 있으며, 평가시점 현재 동질성 있는 기술에 대한 가격을 시장에서 관찰할 수 있는 경우에는 시장접근법을 우선 적용할 수 있다. 또한 평가접근법이 적용되는 상황에서 요구되는 가치평가 투입변수의 견고성을 고려하여 가장 적절한 평가접근법이나 방법을 적용하는 것이 타당하다. 개별 평가접근법 간 평가구조가 서로 상이하고 연관된 평가요소 추정결과에 따라 결과가 달라질 수 있으므로, 평가결과의 합리성과 객관성을 담보하기 위해서는 단일 평가접근법보다는 복수의 평가접근법을 사용할 것을 기업회계기준 등에서 권고하고 있다.

---

3) 산업통상자원부, 기술평가기준 운영지침(사업통상자원부 고시 제2014-97호, 2014년 6월 18일).

## (1) 시장접근법(Market Approach Method)

대상기술과 동일 또는 유사한 기술이 활성시장에서 거래된 가치에 근거하여 비교·분석을 통해 상대적인 가치를 산정하는 방법으로, 시장접근법을 적용할 경우에는 비교 대상과 어느 정도 유사성이 있는지 판단하여 비교 대상과 유의한 차이가 있을 때는 그 차이를 적절히 조정해야 한다. 일반적으로 기술평가 시에는 시장접근법을 우선 적용하는 것이 원칙인데, 이는 전통적으로 독립적인 당사자들 사이에서 발생하는 공정한 거래를 가장 잘 반영하는 것이 시장이고, 이러한 시장이 기술의 가치를 가장 잘 나타낼 수 있다고 보기 때문이다. 다만 기술 시장은 일반적인 상품 시장과는 달리 기술 제공자의 의지에 따라 움직이는 판매자 위주의 시장이므로, 실질적으로 평가 자료의 비교가 경쟁 관점에서 어렵다는 문제가 있으며, 기술거래의 속성상 비밀스럽게 이루어지는 경우가 많고 기술거래가 이루어졌다 하더라도 거래 조건이 공개되지 않는 경우가 많아 시장접근법을 기술가치평가에 적용할 때는 이러한 비교 가능성의 문제가 존재한다.

### [그림 8-2] 시장접근법에 의한 기술가치평가 절차

동일 또는 유사기술 등 비교 가능한 기술거래사례 조사
(기술 유형, 기술 활용, 산업적용분야, 기술거래 시점 등 조사)

공정한 거래에 의한 실제 기술거래 여부 확인 및 신뢰성 검증

비교대상 분석항목, 비교분석방법 적용
(비교 분석항목 등을 활용한 평점평가법 적용)

| 비교대상기술의 매매 또는 라이선스 거래와 대상기술의 거래조건 비교 |
|---|

↓

| 라이선스 가격을 조정 또는 미래의 매매 또는 라이선스 거래가격 추정<br>(단일추정치 또는 범위 추정치 제시) |
|---|

**시장접근법 사용이 가능한 전제조건**

- 비교 가능한 기술에 대한 활발한 거래 시장이 존재할 것
- 비교 가능한 기술에 대한 과거 거래 실적이 존재할 것
- 거래 정보가 접근 가능할 것
- 거래 당사자가 자유의사에 의해 거래하는 시장의 특성을 보일 것
- 기술비교가 가능하도록 업종이 동일하거나 유사할 것
- 수익성, 시장점유율, 신기술의 영향, 시장 신규 참여에 대한 장벽, 법 보호 범위, 경제적 잔존기간 등에 대한 조건이 유사할 것

**(2) 수익접근법**(Income Approach Method)

대상기술의 경제적 수명기간 동안 기술 사업화로 인해 발생할 경제적 이익을 추정한 후 할인율을 적용하여 현재 가치로 환산하는 방법으로, 수익접근법의 가치 산정에는 기술의 경제적 수명, 현금흐름, 할인율, 기술기여도 등 네 가지 평가요소의 추정이 필요하다.

첫 번째 단계에서는 평가하고자 하는 해당 기술의 기술성, 시장성, 사업성에 대한 전반적인 분석을 수행한다. 해당 기술의 수준은 어느 정도인지, 기술에 대한 시장의 수요와 규모는 어느 정도인지 파악하고 사업적 관점에서 이익 창출이 어느 정도 되는지를 분석하는 것이다.

**[그림 8-3] 수익접근법에 의한 기술가치평가 절차**

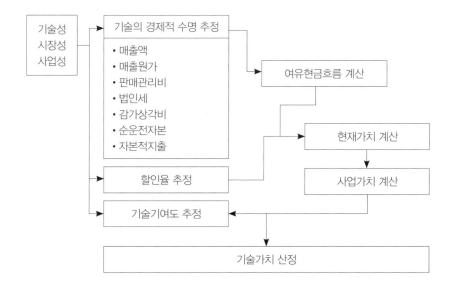

두 번째 단계에서는 기술성과 시장성, 사업성에 대한 분석을 토대로 기술의 경제적 수명과 여유현금흐름(FCF : Free Cash Flow)을 추정하게 된다. 기술의 경제적 수명은 해당 기술을 이용하여 이익이 창출되는 기간을 의미하고, 여유현금흐름은 기술의 경제적 수명기간 동안 기업이 영업 활용을 유지 또는 확대하면서도 자유롭게 사용이 가능한 현금을 의미한다.

세 번째 단계에서는 기술의 경제적 수명기간 동안 창출될 것으로 기대되는 미래의 여유현금흐름을 현재 가치와 같게 만들어주는 할인율을 적용하여 현재 가치로 합산한 사업가치를 계산한다. 사업가치는 기술자산을 포함한 기업의 다양한 유·무형 자산을 통해 달성되는 것이기 때문에 사업가치에서 순수하게 기술이 기여한 정도를 곱하여 최종적으로 기술가치를 산정하게 된다.

---

수익접근법에 의한 기술가치 = 미래 현금흐름의 현재 가치 × 기술기여도

---

수익접근법을 활용하는 경우에 기술성, 시장성, 사업성의 분석이 잘되었다고 하더라도 기술의 경제적 수명, 여유현금흐름, 할인율, 기술기여도 등을 정확하게 추정하는 데에는 한계가 있다. 따라서 합리적인 가정을 통해 평가요소를 객관적으로 추정하는 작업이 매우 중요하다.

### (3) 원가접근법(Cost Approach Method)

대체의 경제 원리에 기초를 두고 동일한 경제적 효익을 가지고 있는 기술을 개발하거나 구입하는 원가를 추정하여 가치를 산정하는 방법으로, 원가접근법을 적용할 경우 기술개발 비용, 재생산 원가, 대체 원가 등 상세한 원가 정보가 필요하다. 과거에 대상기술 개발에 투입된 비용을 평가 시점에 재투입한다고 가정할 때 소요될 것으로 예상되는 전체 비용 금액에서 대상기술의 수요 감소에 기인하는 가치 감소분을 차감하여 산정한다.

---

원가접근법에 의한 기술가치 = 대체 비용 — 물리적 감소 — 기능적 진부화 — 경제적 진부화

---

원가접근법의 경우 기술을 도입한 사람이 동일한 기술 또는 가치를 가지는 기술을 개발 비용보다 더 많이 지불하고 기술을 도입하지 않을 것에 근거를 두는 산정방법이다. 상품화까지 추가 연구개발이 필요한 초기 단계의 기술이나 아직 시장이 형성되지 않은 기술을 평가할 때 주로 활용되며, 평가절차와 방법이 비교적 단순하고 용이하여 평가시간과 비용을 절감할 수 있는 장점이 있다. 그러나 원가접근법은 과거에 지출된 원가에 근거를 두고 가치를 평가하기 때문에 대상기술이 가져올 미래 수익의 잠재력 또는

리스크를 반영하는 데에는 어려움이 있고, 연구개발에 소요되는 비용과 기술의 실제 가치는 현실적으로 다르다는 한계점이 있다.

# 제4부

# 창업을 어떻게 할 것 인가?

Chapter 9
# 사업계획서 작성

# 1. 사업계획서의 이해

## 1) 사업계획서 개요

'사업계획서(Business Plan)'란 새롭게 추진하고자 하는 사업에 대한 전체적인 개요와 계획을 체계적으로 요약하고 정리한 보고서다. 사업계획서는 추진하고자 하는 사업에 대해 이해당사자들에게 설명하고 홍보하며 소통할 수 있는 도구로서 창업자와 사업을 소개하는 얼굴과 같기 때문에 객관성과 정확성, 전문성과 독창성을 기반으로 작성해야 하고 충분한 설득력을 갖추어야 한다. 체계적으로 작성된 사업계획서는 일반적으로 다음과 같은 장점을 갖는다.

- 기업가의 꿈, 비전(Vision)을 구체화할 수 있는 계기가 된다.
- 보유하고 있는 자원을 가장 효율적으로 사용할 수 있는 방안을 도모한다.
- 조직 내부의 커뮤니케이션 주제가 명확해진다.
- 이해관계자를 명확히 정의하고 그들의 중시 사항을 분석한다.
- 사업의 모의 실행이 가능하다.
- 사업실적 평가의 기준이 된다.
- 제3자와의 전략적 제휴를 위한 토대가 된다.
- 투자유치 및 외부 자금 조달을 위한 전략 수립의 근거로 활용할 수

있다.

    사업계획서는 크게 내부적 목적과 외부적 목적으로 나누어 작성할 수 있다. 내부적으로는 창업자의 사업계획을 구체화시키면서 창업에 필요한 활동들의 달성 여부를 점검하여 자신의 사업에 대한 확신을 갖게 할 수 있다. 또한 창업 팀원들에게 사업에 대한 내용을 공유하여 의견을 교환하고 수정, 보완하기 위해서도 필요하다. 외부적으로는 투자자, 보증기관, 정부기관 등 외부 기관이나 제3자에게 사업계획을 설명하여 투자유치와 창업보육센터 입주, 각종 인·허가 신청 등의 목적을 달성하기 위해 작성한다.

**[표 9-1] 목적에 따른 사업계획서**

| 사업계획서의 주요 이용자 | 관심사항 |
|---|---|
| 내부 이해관계자 | 사업목표, 전략, 실행 가능성, 보상 |
| 벤처투자가 | 기업가치, 현금흐름 |
| M&A 관심기업 | 잠재적 사업 모델, 시너지(기술, 특허 등) |
| 금융기관 | 자금 회수 기간, 안전성, 현금흐름, 유동성 |
| 엔젤투자자 | 경영자 신뢰성, 수익성, 현금흐름 |
| 일반투자자 | 경영자 신뢰성, 수익 전망, 기업가치 |

## 2) 사업계획서 목적에 따른 형태

    사업계획서는 목적과 상대방에 따라 핵심 포인트 및 방법들이 조금씩 다르다.

## (1) 기술보증기금 기술평가보증용 기술사업계획서

- 기술보증기금으로부터 기술평가를 통해 보증을 받아 자금을 융자받기 위해 작성
- 크게 기업 현황 부문과 기술사업 내용 부문으로 구성
- 기술평가를 받을 아이템을 중심으로 기술성, 시장성 및 사업성에 대해 작성
- 기술보증기금 홈페이지(www.kibo.or.kr) 서식 자료실에서 예제 파일을 참고하여 작성

[표 9-2] 기술사업계획서 핵심 포인트

| 핵심 포인트 | |
| --- | --- |
| - 평가기술에 대한 정확한 개요<br>- 평가기술과 타 기술과의 차별성 부각<br>- 평가기술을 통한 사업화 가능성 | - 경영진의 기술 및 경영 능력<br>- 과거 및 현재 기술개발 현황<br>- 사업화 관련 매출 근거의 타당성 |

## (2) 정책자금용 사업계획서

- 사업계획서의 체계성보다는 기업의 신용과 안정성을 더욱 중시하는 경향
- 기본적으로 담보를 요구하며, 담보가 미비할 경우 보증기관의 보증서를 요구하는 경향
- 기업 및 경영자의 신용과 자금 흐름을 매우 중요시함(재무 관련 계획의 타당성 중시)

## [표 9-3] 정책자금용 사업계획서 핵심 포인트

| 핵심 포인트 | |
|---|---|
| – 자금 흐름의 적정성 및 타당성<br>– 최근 3년간 매출 및 이익 수준<br>– 자금 조달계획의 실현 가능성 | – 지식재산권의 명의<br>– 기업 또는 경영자의 신용 상태<br>– 이자 및 원금 상환 가능성 |

## (3) 정부 출연 과제 및 기타 평가용 사업계획서

• 기본적으로 기술의 경쟁력, 시장성, 사업화 가능성 위주로 작성

• 기술의 비교우위 차별성과 독창성이 잘 표현되어야 함

• 경쟁 및 해외 기술과의 차별성, 경쟁우위성 입증에 중점을 두어야 함

## [표 9-4] 정부 출연 과제 핵심 포인트

| 핵심 포인트 | |
|---|---|
| – 경영자의 기술 및 경영 능력<br>– 기존 경쟁 기술과의 비교우위성<br>– 기술의 구체적인 내용과 파급 효과 | – 해당 기술의 사업화 가능성<br>– 국내 산업기술 향상에 대한 영향도<br>– 단계별 기술개발 로드맵 |

## (4) 투자유치용 사업계획서

• 벤처캐피털, 엔젤클럽 등으로부터 투자를 유치하기 위한 목적으로 작성

• 투자기관의 투자 목적 및 의도를 명확히 파악, 그 목적과 의도에 맞게 작성

• 투자자금 회수방안을 제시하는 것이 효과적임

• 시장의 장래성, 사업의 발전성과 수익성, 경영진의 신뢰성과 능력을 부각시켜야 함

**[표 9-5] 투자유치용 사업계획서 핵심 포인트**

| 핵심 포인트 | |
|---|---|
| − 제품의 시장 경쟁력<br>− 시장 규모 및 향후 성장 가능성<br>− 차별화된 마케팅 및 영업방법<br>− 주주 구성 및 지분 변동 내용 | − 경영진의 역량 및 신뢰성<br>− 실현 가능한 예상 수익률<br>− 투자자금 회수방법, 시기, 예상 주가 |

## 3) 사업계획서 주요 요소

창업 단계에서 준비하는 사업계획서는 사업의 목표를 새로 세우고, 이를 이루기 위해 구체적이고 체계적인 방법을 정리하는 문서의 역할을 한다. 빠르게 변화하는 시장 환경 속에서 예상치 못한 변수들이 너무나 많으며, 특히 초기 창업자에게는 부족한 경험과 여러 창업환경들로 인해 발생할 수 있는 문제가 많기 때문에 사업계획서는 사업의 나침반 역할로서 매우 중요하다. 그래서 사업계획서는 산업의 변화, 기업 성장 등 기업 내·외부 상황에 따라 수정해야 하지만 다음과 같은 다섯 가지 요소는 잃지 않고 유지해야 한다.

① **명료성**(Clarity) : 사업계획서는 전달하고자 하는 핵심 내용을 정확하게 표현할 수 있어야 한다. 보통 초기 창업자들은 자신의 아이디어를 알리는 데 급급하여 핵심을 놓치고 장점과 기능만을 나열하는 계획서를 만들어 상대방을 혼란시키는 실수를 한다. 잘 정리되어 있는 계획서를 보면 아이템의 핵심 기능만을 명료하게 명시하여 말하고자 하는 바를 분명하게 전달하고 있다.

② **객관성**(Objectivity) : 사업계획서의 핵심은 얼마나 상대방에게 신뢰를 줄 수 있는가인데 객관성이 그 역할을 할 수 있다. 객관적인 통계자료와 내용들이 사업계획을 뒷받침해줘야 내용의 논리성이 강화되고 전달하고자 하는 내용에 신뢰성을 부여할 수 있기 때문이다. 많은 창업자들이 사업의 시장성, 기술 차별성 등을 주관적인 생각으로 작성하는 실수를 하는데, 이는 상대방에게 의심을 심어줄 수 있는 계기가 된다.

③ **단순성**(Simplicity) : 욕심을 내어 전달하고자 하는 내용을 많이 넣어서 사업계획서 양을 방대하게 작성하거나 전문적인 용어를 남발하면 상대방을 이해시키기 어렵다. 특히 기술창업 분야는 특성상 전문적인 용어가 많이 나오며 기술의 장점을 방대하게 작성하는 실수를 한다. 사업계획서는 내부 또는 외부 타인을 설득하고 이해시키는 작업이다. 자신의 관점이 아니라 상대방의 관점에서 쓰여야 그 목적에 부합한다고 볼 수 있다. 그렇기 때문에 누구나 이해하기 쉽고 편하게 볼 수 있도록 단순하게 사업계획서를 작성해야 한다.

④ **차별성**(Differentiation) : 사업계획서의 가장 큰 핵심은 차별성이다. 차별성은 상대방의 흥미를 불러일으키고 무엇보다 자신의 사업이 무엇인지 가장 정확하게 설명할 수 있는 요인이다. 다른 아이템 또는 경쟁 아이템과 비교하여 자신의 사업 우위성을 보여주면 자신의 아이템의 위치를 정확하게 알 수 있을 뿐만 아니라 투자, 정부 지원 선정의 핵심 키(key)가 될 수 있다. 대부분의 사업성 평가의 가장 큰 비중을 차지하는 것이 차별성임을 기억해야 한다.

⑤ **목적성**(Goal) : 앞에서도 언급했듯이 사업계획서의 목적과 용도에 따

라 그 형태가 달라진다. 그렇기 때문에 상대방의 유형에 따라 사업계획서의 목적에 맞게끔 쓰는 것은 매우 중요하다. 보통 어떤 목적으로 쓴 사업계획서를 다른 분야에서도 활용하는 실수를 범하고는 하는데, 사업은 좋게 평가될 수 있지만 계획서 목적에 부합하지 않아 탈락할 수 있는 문제가 될 수도 있다.

[그림 9-1] 사업계획서 주요 요소

# 2. 사업계획서 작성방법

## 1) 사업계획서 프로세스

지금까지 사업계획서를 이해하기 위해 용도와 목적 등 개요에 대해 간단히 알아보았다. 지금부터는 사업계획서를 어떤 프로세스를 통해 어떻게 작성하는지 간단히 설명해보겠다. 먼저 사업계획서 프로세스에 대해 알아보자.

**[그림 9-2] 사업계획서 프로세스**

| Step 1 목차 구성 | -사업내용에 맞는 전체적인 목차를 구성하여 나열<br>-제품내용, 서비스 흐름, 사업모델 등에 관한 자료를 점검<br>-양식이 정해진 경우에는 작성에 필요한 내용을 확인 |
| --- | --- |
| Step 2 시장분석 및 계획수립 | -시장, 기술, 경쟁사 등의 동향 및 조사를 실시<br>-조사된 내용을 분석하고 사업의 방향 및 실행계획을 수립<br>-사업내용과 유사한 참고 사업계획서를 확보 |
| Step 3 계량분석 | -투자계획, 매출 및 비용계획, 손익분석 등의 분석 실시<br>-내용상 문제점 점검 및 피드백(실행계획 수정)<br>-목표로 하는 수치가 나올 때까지 반복하여 분석실시 |
| Step 4 내용작성 | -목차순서에 상관없이 쉬운 항목부터 세부내용 입력<br>-유사 아이템의 사업계획서를 참고하여 내용작성<br>-내용 작성 후 서체, 글자크기, 색상 등을 통일하여 편집 |

자료 : 기업금융나들목 홈페이지(www.smefn.or.kr)

위의 사업계획서는 일반적인 사업계획서 작성 프로세스이며 목적과 용도에 따라 얼마든지 변화될 수 있다. 다만, 이 프로세스를 토대로 작성하여 목적에 맞게 수정, 보완하면 좋은 사업계획서를 작성할 수 있을 것이다. 그렇다면 사업계획서를 구성하는 요소는 무엇이며 필요한 항목은 무엇일까? 신용보증기금 홈페이지에 그 내용이 정리되어 있으니 한번 살펴보자.

**[표 9-6] 사업계획서의 항목 및 주요 내용**

| 구분 | 작성항목 및 내용 |
|------|------------------|
| 사업 요약 | – 작성항목 : 사업 모델, 시장 전망, 적용기술, 투자금액, 사업 비전 등<br>– 사업과 무관한 사람도 쉽게 이해할 수 있도록 작성<br>– 제품과 서비스에 대한 독창성과 경쟁우위성 부각<br>– 목표 시장, 시장 추세 및 성장성 등에 대한 핵심사항 |
| 회사 개요 | – 작성항목 : 일반 현황, 주요 연혁, 비전, 경영이념, 조직, 지적재산권, 주주 현황, 재무 현황 등<br>– 사실에 근거하여 최대한 성실히 작성하는 것이 핵심<br>– 경영조직의 핵심역량 부각<br>– 회사의 비전 및 목표에 대한 정량(수치)적인 기재 |
| 사업 개요 | – 작성항목 : 사업 필요성 및 효과, 사업 영역, 사업 배경 및 방향, 사업 전략 등<br>– 사업의 핵심역량 및 사업목표(정량, 정성)를 강조<br>– 사업의 목적, 필요성 및 효과, 사업 분야 및 영역 부각<br>– 단계별 사업 방향 및 전략 기재 |
| 제품 및 기술 현황 | – 작성항목 : 제품 개요, 제품 구성, 제품 특징 및 효과, 제품 관련 기술, 기술 우위성 등<br>– 경쟁 제품과의 비교 · 분석을 통한 경쟁우위성 강조<br>– 자사 제품의 특징 및 차별성 기재<br>– 핵심기술 내용을 타 업체와 비교하여 작성 |
| 시장 환경 | – 작성항목 : 시장 현황, 시장 규모, 시장 전망, 경쟁 현황, 고객 동향, SWOT 분석 등<br>– 환경 분석 결과 사업 성공 가능성이 높음을 제시<br>– 제시된 시장 분석 자료에는 반드시 출처 및 근거 기재<br>– 경쟁 현황은 반드시 자사와 경쟁사를 비교 분석하여 작성 |

| 개발계획 | – 작성항목 : 개발 현황 및 방향, 개발 인력 및 비용, 개발 일정 등<br>– 사업 포트폴리오와 연계된 기술개발 로드맵 강조<br>– 지금까지의 연구개발 성과와 향후 연구 방향 부각<br>– 향후 연구개발에 소요되는 비용 및 일정 기재 |
|---|---|
| 투자계획 | – 작성항목 : 사업장 및 시설공사, 설비 및 비품계획, 기타 투자계획 등<br>– 투자금액에 대한 명확한 산출 내역(근거) 제시<br>– 시설 및 설비의 상세 내역 및 구매처 기재<br>– 무형자산(특허권, 영업권 등)에 대한 계획 기재 |
| 마케팅 계획 | – 작성항목 : 마케팅 콘셉트, STP 전략, 4P 믹스 전략(제품/가격/유통/판촉) 등<br>– 마케팅 계획의 실현 가능성에 초점을 맞추어 작성<br>– 구체적인 마케팅 예산 책정 및 기재<br>– 경쟁사와의 차별화된 전략 부각 |
| 생산계획 | – 작성항목 : 생산공정, 레이아웃, 생산계획, 구매계획, 자재계획, 품질계획 등<br>– 가능한 한 상세하게 단계별 실행계획 및 예산 기재<br>– 연도별 생산계획(규모) 및 산출 근거 제시<br>– 구체적인 품질 목표 및 관리 방안 기재 |
| 조직 및 인원계획 | – 작성항목 : 조직계획, 인력계획, 인건비 계획 등<br>– 사업 규모 및 경영환경에 적합한 조직 구성이 포인트<br>– 핵심인재 구성 내역 및 확보 방안 기재<br>– 사업 단계별 조직 · 인력계획을 상세하게 작성 |
| 매출 및 이익계획 | – 작성항목 : 매출계획, 제조원가 계획, 비용계획, 추정 손익계산서, 추정 대차대조표 등<br>– 재무 관련 수치는 반드시 산출 근거 제시<br>– 손익계산서 및 대차대조표의 연계성 확보<br>– 연도별 매출액 및 순이익 추세 부각 |
| 투자 제안 | – 작성항목 : 투자 포인트, 주식가치 산출, 투자 제안 등<br>– 투자자가 얻을 수 있는 이익에 대한 내용 강조<br>– 투자자의 관심을 유도할 수 있는 내용 부각<br>– 투자 조건 및 투자 회수 방안 제시 |

자료 : 신용보증기금 홈페이지(www.kodit.co.kr)

기술창업 분야에서 위 사업계획서 구성 내용 및 프로세스를 따르면 용도와 목적에 따라 순서 및 구성 형태는 변하더라도 기본적인 토대는 만들어진다. 다만 위에서 언급했듯이 많은 연습과 피드백을 통해 사업계획서에 필요한 다섯 가지 요소를 반영할 수 있도록 하고, 각 항목에 들어갈 내용에 대해 더욱더 구체적이고 깊이 알아볼 필요가 있다. 실제 사업계획서를 작성할 때 참조할 수 있는 항목의 구체적인 내용과 예시를 순서에 따라 한번 알아보도록 하자.

## 2) 회사 개요

'회사 개요'는 창업하고자 하는 회사에 관한 객관적인 정보를 제공하는 것으로, 사업계획서를 읽는 투자가, 정부기관, 금융기관 등과 같은 외부 이해당사자들이 회사에 대한 정확한 정보를 갖게 하는 데 목적이 있다. 회사가 무슨 일을 하는지 가장 잘 보여줄 수 있기 때문에 어렵지 않은 부분이지만 신경을 써서 작성해야 한다. 회사 개요의 중요 부분이 있다면 회사의 건강상태를 보여주는 회사 재무 요약과 회사 연혁 부분이다. 상대방이 회사에서 가장 궁금해하는 부분이 바로 이 부분이기 때문이다. 회사의 재무 상태를 요약하는 것은 직전 연도의 결사 결과를 표시하는 것이 좋으나, 대부분의 창업기업은 직전 연도의 재무실적이 미흡할 수 있기 때문에 당해 연도의 연간 추정치를 대신 표기해도 무방하다. 회사 연혁의 경우에도 회사의 역사가 없으면 회사보다 대표의 연혁을 중점으로 나타내도 될 것이다. 그렇다면 실제 회사 개요는 어떻게 쓰이는지 예시를 한번 살펴보고 주요 항목을 정리한 표를 참조하자.

**[표 9-7] 회사 개요 예시**

| 업체명 | | | |
|---|---|---|---|
| 회사 연혁 | | | |
| 사업자번호 | | 법인등록번호 | |
| 개업 연월일<br>(회사성립 연월일) | | 대표이사 | |
| 회사 주소 | | | |
| 주 생산품목 | | 소유 형태 | |
| 총매출액 | | 자산 총계 | |
| 창업 배경<br>및 동기 | | | |

　위 예시는 회사 개요에 주요 구성항목이 모두 들어간 표다. 상대방에 따라 형태는 조금씩 변할 수 있지만 필요한 항목들은 모두 표기되어 있다. 다음은 각 항목들의 주요 내용을 정리한 표다.

**[표 9-8] 회사 개요의 구성 항목과 주요 내용**

| 항목 | 주요 내용 |
|---|---|
| 회사 소개 | 회사명, 업종과 업태, 소재지, 연락처 등은 무엇인가? |
| 주요 제품과 서비스 | 판매하고자 하는 주요 제품과 서비스는 무엇인가? |
| 대표자 및 경영진 | 대표자와 경영진의 현황 및 이력은 무엇인가? |
| 핵심기술 및 역량 | 기술력, 마케팅 능력 등과 같은 회사의 주요 핵심역량은 무엇인가? |
| 재무 현황 | 매출액, 순이익 등의 재무 상태(창업의 경우 추정 재무 현황 기술)는 어떠한가? |

## 3) 사업 개요

'사업 개요'는 사업을 요약해서 설명하는 부분으로, 아이템 개요 또는 요약문이라고도 볼 수 있다. 사업 개요 부분은 사업계획서의 요점을 정리한 것이기 때문에 가장 중요한 부분으로 간주되곤 한다. 또한 사업 개요를 보고 상대방이 사업계획서의 전달 내용을 개괄적으로 파악하며 본문 내용을 읽고 이해하는 데 큰 영향을 끼치기 때문에 사업전략, 마케팅 등 흔히 생각하는 주요 내용 못지않게 잘 작성해야 하는 부분이다. 사업 개요의 큰 목적은 사업의 핵심역량 및 사업의 목표를 강조하여 상대방에게 자신의 사업을 호소하는 것이기 때문에 사업 타당성에 대한 근거를 제시할 필요가 있다. 좋은 역량과 현실적인 목표를 제시했음에도 불구하고 사업에 대한 필요성과 효과가 타당하지 못하면 외부 이해관계자들을 설득할 수 없을 것이다. 앞의 내용을 정리해보면 사업 개요는 객관적이고 합리적으로 상대방에게 전달하고자 하는 사업 내용을 전반적으로 잘 표현하여 작성해야 한다. 다음은 사업 개요의 구성항목과 주요 내용을 정리한 표다.

[표 9-9] 사업 개요의 구성 항목과 주요 내용

| 항목 | 주요 내용 |
|---|---|
| 창업 아이템 소개 | 창업 아이템의 개념과 특징은 무엇인가? |
| 창업 배경 및 동기 | 왜 창업을 하게 되었는가? |
| 창업 목표 | 창업을 통해 달성하고자 하는 목표는 무엇인가? |
| 창업 아이템의 기여도 | 창업 아이템이 주는 기술적, 경제적 가치는 무엇인가? |

추가적으로 사업 개요는 대체적으로 1~3페이지 이내로 요약 작성을 추천한다. 사업 규모나 목적에 따라 용량이 다를 수 있지만 핵심 부분을 간결하고 단순하게 작성하는 것이 중요하다. 다음 그림과 같이 프로세스를 따라 작성하면 핵심을 놓치지 않고 간략하게 정리할 수 있을 것이다.

[그림 9-3]

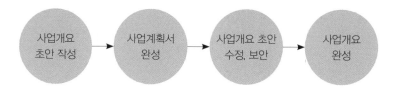

## 4) 제품 및 기술 현황

기술창업자들이 가장 공들이고 알리고자 하는 분야가 바로 제품 및 기술 현황 부분일 것이다. 하지만 기술창업자들은 보통 자신이 개발한 제품 및 기술이 최고라는 식의 표현 오류를 범해 오히려 마이너스 점수를 받는 경우가 많은 분야이기도 하다. 앞에서도 반복해서 언급했듯이 사업계획서는 상대방 관점으로 이해를 시키는 것이기 때문에 객관성과 단순성의 요소를 잊어서는 안 된다. 그렇다면 어떻게 표현해야 객관성과 단순성의 요소를 담아 제품 및 기술 현황을 잘 나타낼 수 있을까?

첫째, 논리적인 흐름이다. '제품 및 기술 개요 → 유사 제품 및 기술의 현황 비교 분석 → 자사 제품 및 기술 특징 및 표현'의 순으로 자신의 제품 및 기술을 표현하면 객관성을 포함하여 잘 표현한 계획서라고 볼 수 있다. 둘째, 누구나 봐도 알 수 있는 용어를 사용해야 한다. 쉽게 이야기해서 10대 아이들이 봐도 무슨 기술과 제품을 설명하는지 알 수 있도록 작성하는 것이 좋다. 사업계획서 대상자들은 연령, 국적, 성별 상관없이 누구나 될 수 있다. 그리고 많은 대상자들이 사업계획서를 보고 이해할 수 있어야 목적을 달성할 수 있는 확률이 높아지기 때문에 모든 대상자들이 보고 이해하도록 만들어야 그 활용가치가 높아진다. 그렇기 때문에 제품 및 기술의 특징을 강조하는 동시에 객관성과 단순성 요소를 잊지 않는 것이 중요하다. 즉 제품 및 기술의 차별성과 고객에게 주는 혜택이 무엇인지를 상대방이 잘 이해하도록 핵심만 표현하면 된다. 다음은 제품 및 기술의 핵심 항목이다.

- 제품과 기술의 종류 및 특성
- 제품 및 기술개발과 관련된 특허, 독점권 권리 등
- 법적, 문화적 예민성
- 제품 및 기술의 개발 단계
- 수명주기
- 포트폴리오 관리
- 경쟁 제품 및 기술과의 비교

추가적으로 소비자 욕구의 빠른 변화와 기술 발달은 제품 및 기술의 빠른 업데이트를 요구한다. 그렇기 때문에 제품 및 기술개발계획도 포함되면 더 좋은 계획서가 완성될 것이다.

[그림 9-4] 기술현황 작성 방법

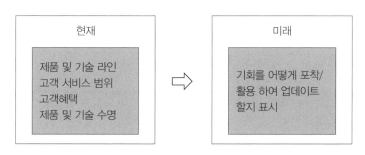

## 5) 시장 환경

시장 환경 분석은 본인 제품 및 기술의 시장 현황을 나타내는 분야, 즉 제품 및 기술이 속해 있는 국내 또는 해외 시장의 전체 판매량, 수요량, 매출 증가 등 시장 상황을 설명하는 분야다. 이 분야 또한 객관성이 무엇보다 중요하기 때문에 조사 내용의 출처를 분명히 밝혀야 하며 구체적인 숫자를 제시해야만 상대방에게 신뢰성을 줄 수 있다. 대부분 국내 시장 자료는 통계청 또는 인터넷 기사를 통해 확보할 수 있으며 다음 표를 참조하면 된다.

[표 9-10] 시장 환경 분석 관련 사이트

| 구분 | 사이트 | 내용 |
|------|--------|------|
| 통계청 | http://kostat.go.kr/portal/korea/index.action | 통계용어 및 다양한 국내 통계자료 |
| 국가통계포털 (KOSIS) | http://kosis.kr/ | 통계청이 운영하는 one stop 통계사이트 |

| 주민등록 통계 | http://rcps.egov.go.kr:8081/jsp/stat/ppl_stat_jf.jsp | 국내 인구통계 자료 |
|---|---|---|
| RISS | http://www.riss.kr/index.do | 국내 학위논문 및 학술지 등 다양한 자료 |
| 한국학술정보 (KISS) | http://kiss.kstudy.com/ | 국내 학술지 및 간행물 등 다양한 자료 |
| 국회도서관 | http://www.nanet.go.kr/main.do | 국내 및 해외 학술지 자료 |
| 국가전자도서관 | http://dlibrary.go.kr/ | 8개 참여기관 자료 |
| e-나라지표 | http://www.index.go.kr/potal/main/PotalMain.do | 사회, 경제, 문화 등 다양한 자료 |
| 한국무역협회 (KITA) | http://www.kita.net/index.jsp | 해외 시장 동향, 환율, 원자재, 보고서 등 전 세계 자료 |
| LG경제연구원 | http://www.lgeri.com/index.do | 국내 대기업 연구소 연구 및 조사 자료 |
| 현대경제연구원 | http://hri.co.kr/ | |
| 삼성경제연구소 | http://www.seri.org/_index_.html | |

## 6) 개발계획

　개발계획은 제품 및 기술의 개발 현황, 투자 계획, 일정 등을 상세히 기술하는 분야이며 지금까지 개발된 결과뿐만 아니라 향후 연구 방향에 대해 부각하는 것을 목적으로 한다. 또한 개발 비용 및 일정을 기재함으로써 투자자에게 필요한 투자 자금과 회수 시간에 대해서도 암묵적으로 표현하는 목적도 있다. 주의할 점은 앞에서도 언급했듯이 개발과 관련된 용어를 쉽게 표현해야 하며, 어려운 단어는 부록에 첨부하여 상세하게 별도 설명해야 한다. 다음은 어떻게 기술해야 할지 간단한 예시를 보며 알아보자.

**[표 9-11] 제품 및 기술의 내용**

| 구분 | 제품명 | 표준산업 분류 | 기호(5단위) | 규격 | 성능과 품질 |
|------|--------|--------------|-------------|------|-------------|
| 주 생산품 | | | | | |
| 부 생산품 | | | | | |
| 제품 개요 | | | | | |
| 용도와 특성 | | | | | |

- 제품명 : 제품 및 기술의 이름과 매출(예상 매출액) 기록
- 표준산업 분류 번호 : 세분류 번호 기록
- 규격 : 상품규격, KS 등 기록
- 제품 개요 : 목표 제품의 용도, 기능, 실용성, 안정성과 주요 고객, 거래처 등 기록
- 용도와 특성 : 목표 제품의 산업 연관성, 용도와 소비 대상, 경쟁 제품과 비교한 특성 등을 제품별로 기록

**[표 9-12] 제품 및 기술개발 과정**

| 아이템 선정 과정 | 창업자의 경력 등 |
|------------------|------------------|
| 사업 전망 | 향후 국내외 시장동향 등 |

- 아이템 선정 과정 : 창업자의 경력, 목표 아이템의 선정 동기, 향후 거래처와의 관계 등을 중심으로 요약 설명
- 사업 전망 : 향후 국내외 시장 동향, 국내 수요처와 수요량, 아이템의 사업성 등을 분석하여 계획 사업의 전망 등을 요약 설명

## [표 9-13] 기술 현황

| 제조기술 내용 | 국내외 기술 경쟁력 |
|---|---|
| 기술인력 보유 현황과 특징 | 기술인력 등 |
| 공업 소유권 등의 등록 현황 | 지적재산권 |
| 규격표시 획득 현황 | ICS, ISO 등 |
| 기술집약형 사업 유형과 신기술 현황 | NET 등 |

- 제조기술 내용 : 동종업계 제품에 대한 국내외 기술 경쟁력, 연관 기술과 비교한 기술 수준, 진출 목표 분야의 기술 발전 추이, 해외 기술 제휴 내역 등을 요약 설명
- 기술인력 보유 현황과 특징 : 기술자격증 보유자, 기술 분야, 기술 등급 등 기술인력 보유 현황과 기술인력 구성의 특징을 기록
- 공업 소유권 등의 등록 현황 : 특허권, 실용신안권, 의장권 등 지식재산권의 종류별로 고안의 명칭, 등록번호, 등록일, 발명자, 지식재산권의 권리자, 실시권자 등을 표시
- 규격표시 획득 현황 : KS, 수입국가의 규격, 공산품 품질 관리등급(1·2·3등급), 품질인증(검. Q마크 등), 형식 승인 등의 표시 종류별로 허가 일자, 허가 품목, 허가 번호, 승인기관 등을 표시, 증빙자료는 별도 기록 및 첨부
- 기술집약형 사업 유형과 신기술 현황 : 12개 기술집약형 중소기업 업종 해당 여부, 과학기술처 고시 신기술 등의 보유 여부와 그 내역을 요약

**[표 9-14] 기술개발투자 현황과 계획**

| 구분 | 연간매출액(A) | 개발투자액(B) | 투자비율(%) | 비고 |
|---|---|---|---|---|
| 기술개발투자 현황 | | | | |
| 기술개발투자 계획 | | | | |

- 개발투자액 : 손익계산서와 제조원가 명세서의 시험연구비, 기술개발비, 교육훈련비, 견본비 등을 기록
- 투자비율 : B/A × 100 = %
- 기술개발 투자계획 : 투자비율 증가계획, 개발비 투자계획 등을 요약 설명

## 7) 투자계획

투자계획은 투자금액에 대한 명확한 산출 근거가 핵심인데 보통 사업장 및 설비공사, 설비 및 제품계획, 기타 투자계획 등을 종합하여 나타낸다. 초기 창업기업은 시설을 소유하지 못한 경우가 많기 때문에 그럴 경우 앞으로 구입할 시설 및 설비에 대한 사전조사를 철저히 하여 얼마가 투자되어 얼마의 비용이 들 것이라는 내용을 기입하는 것이 좋다. 가장 좋은 예시가 자금수지계획표다. 공식적인 재무제표는 아니지만 내부 관리 목적 또는 투자자를 위한 사업계획서 양식으로 자주 쓰인다. 다음은 실무적으로

사용되는 요약자금수지 계획표 양식이다.

## [표 9-15] 자금수지계획표

(자금 소요 부문)

| 구분 | 항목 | 1차 연도 | 2차 연도 | 3차 연도 | 합계 |
|------|------|---------|---------|---------|------|
| 자본적 지출 | 토지 취득 | | | | |
| | 건물 신축 | | | | |
| | 기계장치 | | | | |
| | 차량 취득 | | | | |
| | 기구 등 | | | | |
| 자본적 지출 소계 | | | | | |
| 운영자금 | 운영비 부족분 | | | | |
| 합계 | | | | | |

(자금 조달 부문)

| 자금 조달 원천 | 1차 연도 | 2차 연도 | 3차 연도 | 합계 |
|---------------|---------|---------|---------|------|
| 창업주 투자 | | | | |
| 동업자 투자 | | | | |
| 엔젤투자 | | | | |
| 개인투자 | | | | |
| 금융기관 차입 | | | | |
| 정부 지원금 | | | | |
| 기타 | | | | |
| 합계 | | | | |

일반적으로 사업에 필요한 모든 자금을 자기자본으로 조달할 수는 없으며 얼마만큼의 자금은 타인자본에 의존할 수밖에 없다. 자기자본을 사용할 것인지, 아니면 타인자본을 사용할 것인지는 기업의 재무 상태와 자금의 사용목적에 따라 신중히 결정해야 한다.

## 8) 마케팅 계획

마케팅(marketing)은 19세기 후반 혹은 20세기 초반에 미국을 중심으로 탄생한 학문으로, 물리적인 시장(market)에 현재 진행형인 동명사(~ing)를 붙여 만든 신조어다. 즉 자사의 제품이나 서비스가 경쟁사의 그것보다 소비자에게 우선적으로 선택될 수 있도록 하기 위해 행하는 모든 제반 활동들을 의미하며, 고객의 니즈(Needs)에 맞는 제품 및 서비스를 개발하는 일련의 모든 과정을 뜻하는데, 마케팅 계획 수립이 잘못되면 개발한 기술 및 제품을 고객에게 판매하기 어렵기 때문에 매우 중요한 과정이라 볼 수 있다. 그러므로 제품을 효과적이고 효율적으로 판매할 수 있는 체계적인 마케팅 수립이 필요하다. 어떻게 하면 마케팅을 체계적으로 수립할 수 있을까? 경쟁하고자 하는 목표 시장을 선정하고 제품차별전략, 가격전략, 유통전략 및 촉진전략 등을 중심으로 세부적으로 수립하며 다음 그림의 프로세스를 따라 마케팅 전략을 종합적으로 수립하면 된다.

이 그림은 (1) 내·외부환경 분석, (2) STP 전략 수립, (3) 마케팅 믹스 4P 전략 수립, (4) 실행 및 사후관리 프로세스를 보여주고 있다. 마케팅 전략 수립의 방법은 다양하지만 일반적으로 많이 쓰는 방법이며 마케팅 전략의 큰 그림이라고 볼 수 있다. 그렇다면 각 프로세스 항목은 무엇이며 어떻게 전략이 수립되는지 한번 살펴보자.

## [그림 9-5]

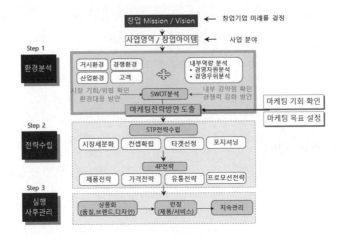

## [그림 9-6] 환경 분석 구성도

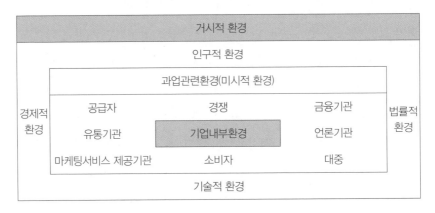

### (1) 내·외부환경 분석

내·외부환경 분석 후 자신의 기술 및 제품 시장 진입의 타당성을 확인할 수 있다. 아무리 좋은 기술이나 제품이라도 시장의 여러 문제점으로 사업을 할 수 없는 경우가 있다. 예를 들어 세계에서 성공한 '우버' 같은 기업도 국내에서는 법적인 문제로 사업을 운영할 수 없다. 이는 좋은 기술 및 제품도 외부환경 분석이 얼마나 중요한지 보여준다. 먼저, 외부환경 분석은 크게 다음 그림과 같이 진행된다.

크게 거시적 환경의 법률적, 경제적, 인구통계학적, 기술적 트렌드 환경을 분석하게 되는데 이 결과로 시장 진입의 타당성을 먼저 확인한다. 다음으로 해당 기업이 속해 있는 미시적 환경을 분석한다. 미시적 환경은 기업 내부 기준으로 공급자부터 경쟁사까지 직접적으로 영향을 끼치는 외부 대상들을 분석한다. 미시적 환경 분석에는 여러 분석기법이 있는데, 그 중 가장 대표적인 것이 마이클 포터의 '5FORCE 기법'이다.

[그림 9-7] 5FORCE 기법

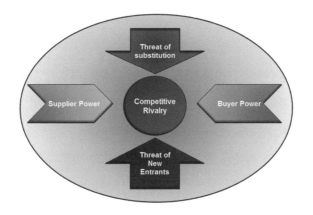

5FORCE 기법은 창업기업에 영향을 끼치는 외부 대상자 또는 환경을 분석한 기법이다. 이 기법에서는 신규 진입자의 위협, 구매자의 협상력, 대체 제품이나 서비스의 위협, 공급자의 협상력, 기존 경쟁자들과의 경쟁 등을 분석한다. 초기 시장 진입 전 마케팅 수립 TOOL로도 쓰이지만, 사업

진행 중에도 다른 전략 수립을 사용하기도 하는 기법이다. 구체적인 내용은 다음 표를 참조하자.

[표 9-16] 5FORCE 기법 내용

| 구분 | 분석 내용 | 구분 | 분석 내용 |
|---|---|---|---|
| 경쟁사 | • 경쟁사 수<br>• 제품의 질 차별성<br>• 기타 차별성<br>• 고객 충성도<br>• 제품대체 비용 | 고객 협상력 | • 고객의 수<br>• 제품 시장 크기<br>• 경쟁사와의 차별성<br>• 가격민감도<br>• 구매대체 비용 |
| 잠재 경쟁사 | • 진입장벽<br>• 시장 크기<br>• 비용우위<br>• 기술장벽 | 공급자 협상력 | • 공급자 수<br>• 공급자 시장 크기<br>• 제품의 독특성<br>• 제품대체 능력 |
| 대체 경쟁사 | • 제품대체 비용<br>• 제품이 대체될 가능성 | - | - |

다음은 다른 분석기법인 SWOT 분석에 대해 알아보자. 'SWOT 분석'은 기업의 내부 환경과 외부 환경을 분석하여 강점(strength), 약점(weakness), 기회(opportunity), 위협(threat) 요인을 규정하고 이를 토대로 경영 전략을 수립하는 기법으로, 미국의 경영 컨설턴트인 앨버트 험프리에 의해 고안되었다. SWOT 분석의 가장 큰 장점은 기업의 내·외부 환경 변화를 동시에 파악할 수 있다는 것이다. 기업의 내부 환경을 분석하여 강점과 약점을 찾아내며, 외부 환경 분석을 통해서는 기회와 위협을 찾아낸다.

- 강점(strength) : 내부 환경(자사 경영 자원)의 강점
- 약점(weakness) : 내부 환경(자사 경영 자원)의 약점
- 기회(opportunity) : 외부 환경(경쟁, 고객, 거시적 환경)에서 비롯된 기회

– 위협(threat) : 외부 환경(경쟁, 고객, 거시적 환경)에서 비롯된 위협

SWOT 분석은 외부로부터 온 기회는 최대한 살리고 위협은 회피하는 방향으로 자신의 강점은 최대한 활용하고 약점은 보완한다는 논리에 기초를 두고 있다. SWOT 분석에 의한 경영 전략은 다음과 같이 정리할 수 있다.

– SO 전략(강점–기회 전략) : 강점을 살려 기회를 포착
– ST 전략(강점–위협 전략) : 강점을 살려 위협을 회피
– WO 전략(약점–기회 전략) : 약점을 보완하여 기회를 포착
– WT 전략(약점–위협 전략) : 약점을 보완하여 위협을 회피

SWOT 분석은 방법론적으로 간결하고 응용 범위가 넓은 일반화된 분석 기법이기 때문에 여러 분야에서 널리 사용되고 있다.

[그림 9–8] SWOT 분석 매트릭스

| 내부환경요인 / 외부환경요인 | Strengths(강점) | Weaknesses(약점) |
|---|---|---|
| Opportunities(기회) | ① SO Strategy | ③ WO Strategy |
| Threats(위협) | ② ST Strategy | ④ WT Strategy |

## (2) STP 전략

내·외부 환경 분석이 완료되면 이제 시장 진입을 위해 어떤 전략을 수립할 것인가 결정해야 한다. 모든 사람들이 자신이 만든 제품 및 기술을 찬양하고 좋아할 것이라고 생각하지만 사람의 기호는 모두 다 다르다. 그렇기 때문에 전략적으로 어떤 소비자를 대상으로 집중적으로 판매할 것인지 결

정해야 하는데, 이 모든 과정을 'STP 전략'이라고 한다.

　STP는 시장 세분화(segmentation), 목표 시장 선정(targeting), 포지셔닝(positioning)의 줄임말이다. 여기에서 세분화라 함은 우리 기업의 제품이 필요할 수도 있는 사람들을 제품에 대한 니즈, 인구통계학적 특성, 구매 행동 등의 일정한 변수 기준에 따라 집단으로 구분하여 전체 시장을 나누는 것이다. 목표 시장 선정은 세분화된 여러 집단 중 하나를 선택하는 것이고, 포지셔닝은 선택된 집단에서 우리 제품이 어떤 이미지 또는 역할을 할 것인지 정하는 것이다.

**[그림 9–9] STP 전략**

　① **시장 세분화** : 목표 소비자를 중심으로 하는 기업의 마케팅 전략 환경을 알아보면, 외부에서 영향을 미치는 환경적인 측면에서는 인구통계학적·경제학적 환경, 사회·문화적 환경, 정치적·법률적 환경, 기술적·자연적 환경 등이 있다. 그리고 그 안에 경쟁업자, 공급업자, 공중 등의 이해관계자가 존재한다. 다시 그 속에는 마케팅 정보 시스템을 비롯한 마케팅 통제 시스템, 마케팅 계획 시스템, 마케팅 조직 시스템 등이 포함되고 있으며, 목표 소비자는 바로 이러한 모든 마케팅의 중심에 자리 잡고 있다. 목표 소비자를 구분, 설정하기 위한 세분화 방법으로는 지리학적 세분화(geographic segmentation), 인구통계학적 세분화(demographics segmentation), 심리학적 세분화(psychographics segmentation), 행동적 세분화(behavior segmentation)

등의 분류방법이 일반적이다.[4]

**[표 9-17] 일반적 시장 세분화 방법**

| 1. 행동적 세분화 | 사용 기회, 사용 방법, 사용량<br>(중사용자, 경사용자, 미사용자) |
|---|---|
| 2. 외적 분석 | 인구통계학적, 지리학적 세분화<br>(지역, 성별, 소득, 교육, 수입, 연령, 가족 규모 등) |
| 3. 내적 분석 | 심리학적 분석<br>(라이프 스타일 분석, 가치관 분석, AIO 분석 등) |

자료 : 서범석, 『광고기획론』


② **목표 시장 선정** : 다음은 세분화되어 나눠진 집단 중 내·외부 환경 분석 등 지금까지 수집된 자료를 활용하여 기업이윤 창출 확률이 가장 높은 집단 시장을 선택한다. 시장을 선정하는 방법에도 여러 가지 전략이 있는데 가장 대표적인 것이 비차별화, 차별화, 집중화 전략 등 세 가지다. 기술창업을 하는 초기 기업은 집중화 전략이 최적화된 것이라고 할 수 있다.

**[표 9-18] 목표 시장 공략 전략**

| 구분 | 특징 | 장점 | 단점 |
|---|---|---|---|
| 비차별화<br>전략 | • 시장 집단 간의 구분이 없음 | • 생산, 광고, 유통 등에서 경제적 현실 가능 | • 제품이 한정되어 있음<br>• 재원이 풍부한 대기업에서만 가능 |

---

4) Philip Kotler & Gary Armstrong, Marketing : An Introduction, Prentice-Hall, 1990, pp. 204~212.

| | | | |
|---|---|---|---|
| 차별화<br>전략 | • 시장 집단 간의 차이가 분명히 있으며 세분화된 집단 중 2개 이상의 시장을 선정 | • 소비자의 만족도가 높고 보다 높은 매출 가능 | • 각 시장 집단마다 마케팅 믹스 전략이 다르게 들어가기 때문에 비용이 많이 듦 |
| 집중화<br>전략 | • 여러 시장 집단 중 경쟁력을 가장 확보하기 쉬운 시장 선정 | • 최적의 마케팅 믹스 전략을 개발해 비용이 적음<br>• 신규 진입 기업에 유리 독점지위 가능성 높음 | • 시장 규모가 작으며 시장 외부 변화에 영향을 많이 받음 |

③ 포지셔닝 : 목표 시장 선정이 완료되면 포지셔닝을 해야 한다. 포지셔닝이란 앞에서도 언급했듯이 선정된 시장에서 경쟁업체와 비교하여 우리 기업 또는 상품이 어떻게 소비자에게 인식되는가를 나타낸 것이다. 여기서 핵심은 경쟁기업에 비해 우위를 점하는 상태로 소비자에게 인식되어야 하는 것이다. 소비자에게 인식된 이미지의 형태를 도표 형태로 나타낸 것을 '포지션 맵'이라고 하는데, 기업은 이 도표를 통해 자신의 기업 위치를 확인할 수 있다.

**[그림 9-10] 국내 자동차 포지셔닝 맵**

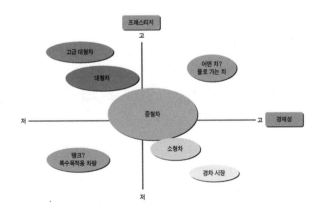

위 예시를 보면 '경제성'과 '프레스티지'라는 2개의 변수로 포지셔닝되어 있는데, 각 변수에 따라 제품 및 기술의 위치는 변할 수 있다. 이런 방법으로 경쟁기업에 비해 우위를 가질 수 있는 위치를 시각적으로 확인하고 어떤 방법으로 전략을 수립할지 알 수 있다.

### (3) 4P 믹스 전략

소비자에게 어떤 이미지로 인식될지 정했다면 소비자에게 인식시킬 수 있는 방법이 있어야 하는데 이것이 '4P 믹스'다. 4P 믹스는 그 자체가 고객에게 가치를 제공함으로써 기업의 마케팅 목적을 충족시키기 위한 목적으로 설계되어야 하므로, 목표 시장에서 제품의 강력한 포지션을 구축할 수 있는 전략들이 통합되어 도출되는 전략적 전술도구라고도 여겨지기 때문이다. 다음에는 4P 믹스의 네 가지 전략에 대한 구체적인 개념을 살펴보고 기술창업기업이 마케팅 활동을 수행하기에 앞서 고려해야 할 내용이 무엇인지 파악해보자.

① **제품전략** : 마케팅 믹스 전략의 가장 기본이 되는 선결요건으로 좁은 의미에서는 고객에게 팔려고 하는 상품을 말하고, 넓은 의미에서는 고객의 욕구를 충족시킬 수 있는 유형, 무형의 모든 것을 말한다. 제품에는 단지 제품 자체뿐만 아니라 디자인, 포장, 서비스 등과 같은 요소들도 포함되어 있다. 기업은 표적시장의 욕구를 충족시킬 수 있는 제품을 만들어야 한다. 제품을 많이 판매하려면 제품에 대한 고객의 욕구를 충족시킬 수 있어야 하고, 그러기 위해서는 먼저 소비자의 욕구를 정확히 파악하여 소비자 입맛에 맞는 부가가치를 높여서 타사의 제품과 차별화해야 한다.

- 서비스 상품의 수명주기
  - 도입기 : 낮은 경쟁과 낮은 마진, 적자를 감수하고 투자를 진행하면서 전략을 세운다.
  - 성장기 : 급격히 경쟁이 증가할 수도 있다. 우선 경쟁우위 전략을 개발하며 고객에게 브랜드 선호를 유도하고 서비스 충성도를 재점검하면서 서비스에 대한 만족감을 심어주어 반복 구매를 유도해야 한다.
  - 성숙기 : 극심한 경쟁으로 이 시기를 버티지 못하고 폐업하는 기업이 많다. 이 시기에는 영업비용을 줄이고 특정 세분시장에 집중하여 전문적인 마케팅을 구상해야 하며, 보조 서비스를 추가로 할 때에는 포괄적으로 여러 가지 혜택을 주어야 한다.
  - 쇠퇴기 : 상품의 구매 욕구가 감소하여 경쟁이 감소하거나, 적은 현금흐름으로 이윤과 시장 성장 속도가 감소하는 시기다.
- 신상품 개발 : 끊임없이 신상품을 개발하면서 기업은 더욱더 이윤을 남기고 발전해야 한다.
- 제품 차별화 전략 : 자사 제품이 경쟁 제품보다 우수한 편익을 제공하고 소비자에게 독특하게 인식되도록 하는 전략을 말한다.

② **가격전략** : 가격은 상품과 서비스의 효용 및 가치, 즉 소비자에게는 상품의 가치를 금액으로 표시한 것으로서 상품과 화폐의 교환비율을 말한다. 가격은 여러 가지 환경을 고려해야 하는데, 이러한 가격전략은 마케팅 믹스 속에서 종합적으로 판단해야 한다. 서비스 제공자는 가격조작을 통해 수요량을 조절할 수 있으며, 가장 빨리 변화의 결과를 얻을 수 있고 수반되는 비용이 없다. 경쟁 환경에 따라 경쟁 제품보다 싸거나 혹은 비싸게 책정할 수도 있고, 소비자의 수요나 심리적 요소에 따라 결정할 수도 있다.

- 가격가치 : 소비자가 서비스에서 얻고자 하는 것 전부를 의미한다.
- 가격결정 : 가격의 상한과 하한을 결정하며 그 범위 안에서 경쟁을 한다.
- 원가우위 전략 : 제품 단위당 적정 이윤을 유지하고 경쟁 제품과의 가격 경쟁에서 유리한 위치를 잡으려는 데 목적이 있다.

③ **유통전략** : 상품과 서비스가 생산자로부터 최종 소비자에게 전달되는 구조적인 과정을 의미한다. 가장 적절한 유통경로를 통해 제품 수요에 맞는 판매처를 선정하여 제품 공급을 계획적으로 수행해야만 효과적으로 판매할 수 있다. 유통경로는 크게 직접 유통경로와 간접 유통경로로 구분할 수 있는데 직접 유통방식, 간접 유통방식, 이 둘을 혼합한 방식으로 구분할 수 있다.

- 유통경로 : 자사 제품의 특성, 시장의 규모 및 특성, 경쟁 환경 등을 종합적으로 고려해서 가장 효율적인 유통구조를 구축해야 한다.

[그림 9-11] 유통경로 유형

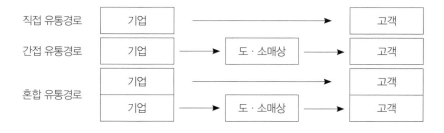

④ **판촉전략** : 현재의 고객과 잠재고객과의 커뮤니케이션 활동을 전개하여 상품을 알리고, 다른 상품과 비교하여 설득하고 소비자의 구매 성향

을 바꾸어 나가는 마케팅 활동으로 대인 판매, 광고, 홍보와 선전, 판매 촉진 등이 있다.

- 판촉의 중요성 : 판촉은 단기 매출에 즉각적 영향을 주며 서비스 브랜드 간의 구분이 모호하여 브랜드 전환을 주어야 한다.
- 광고 : 정보 제공을 목표로 한다. 가격, 제공 서비스 종류와 타 기업과의 차별화를 고객에게 설명하고 설득한다.

## 9) 투자 제안

상대방에게 투자를 유치할 만한 역량과 현실성 있는 사업계획서를 보여줘야 투자유치를 설득할 수 있기 때문에 자사의 역량 분석부터 투자 환경 분석까지 전략적으로 준비하여 사업계획서를 작성해야 한다. 투자자 형태(엔젤, 벤처캐피털 등)에 따라 사업계획서 형태는 조금씩 다를 수 있지만 일반적으로 다음과 같은 투자유치 프로세스를 따르면서 계획을 수립한다.

투자 제안 분야에서 주의할 점은 구체적인 수치를 꼭 제시하고 관련 자료 출처도 명시해야 한다는 것이다. 외부 투자가들로서는 정보의 비대칭성으로 인해 기업 내부 정보에 취약할 수밖에 없으며 이런 불안요소를 항상 가지고 있기 때문이다. 지나치게 포장된 내용이나 허황된 비전은 오히려 역효과를 줄 수 있음을 명심하자.

## [그림 9-12] 투자유치 프로세스

| 배경 | 투자환경분석 | 투자유치 역량분석 | 투자유치 전략수립 |
|---|---|---|---|
| • 비전 및 목표파악<br>• 재무전략 검토<br>• 투자유치 이유 및 목표 명확화<br>• 기존 주주들의 투자유치 동의 | • 벤처 캐피털 업계 동향<br>• 투자금융 동향<br>• 현재/향후 투자 분위기<br>• 자사사업 분야에 대한 투자 매력도 파악<br>• 개별 투자자 활동 분석 | • 사업의 시장성 파악<br>• 차별적인 경쟁력 분석<br>• 사업추진 역량 분석<br>• 경영진의 역량<br>• 지분구조 분석<br>• 투자유치 조건분석 | • 투자유치 조건확정<br>• 투자 후보자 선정<br>• 투자유치 계획수립<br>• IR자료 작성 |

### 엘리베이터 피치

앞에서 언급했듯이 사업계획서는 목적과 용도에 따라 다양하게 쓰인다. 하지만 이런 사업계획서를 보여주는 것도 전략이 필요하다. 하루에도 수십 개에서 수백 개의 사업계획서를 받는 투자자에게는 자신의 사업계획서를 보게 하는 것만으로도 큰 수확이다. 그래서 미국 창업계에는 '엘리베이터 피치(elevator pitch)'라는 것이 있다. 창업자가 엘리베이터에서 투자자를 만났을 때 단숨에 관심 갖게 설득하는 것을 말한다. 즉 '1분 내의 스피치로 투자자의 관심을 끌어 차기 미팅 기회를 확보하는 것'이 엘리베이터 피치의 목표라고 할 수 있다. 성공적인 엘리베이터 피치를 위한 10가지 방법에 대해 요약해보았다.

① Know what you're trying to achieve. 엘리베이터 피치의 목표는 다음 미팅 기회를 잡는 것이다. 짧은 시간 동안 상대방이 당신의 주제가 독창적이라고 관심을 보일 수 있는 방법을 찾아야 한다. 스토리를 이야기하거나 깊이 있는 대화를 위한 포맷이 아니다. 당신의 조직이나 회사를 차별화시키는 데 도움이 되는 메시지를 착안하라.

② Know your target. 만약 당신이 당신의 타깃과 상대방의 니즈를 정확

하게 알고 있다면 당신의 피치는 훨씬 더 막강해질 것이다. 물론 하고 싶은 말이 너무 많을 것이다. 예를 들면 당신의 비즈니스가 무엇을 제공하는지, 또는 과거에 어떤 것이 작용되는지 밝히고 싶을 것이다. 하지만 모든 사람이 여러 주제에 대해 동일한 반응을 보이지는 않는다. 따라서 당신의 서비스나 제품 중에서 상대방이 가장 관심을 가질 것 하나만을 선택해야 한다.

③ It's not about you. 상대방에게 직접적인 혜택으로 연결 지을 수 없다면, 당신 자신의 성과나 과거의 업적에 너무 많은 시간을 낭비하지 마라. 만약 상대방이 당신에게 관심이 있다면 당신에 대해 알아볼 시간은 너무나도 많을 테니.

④ Keep it real. 당신이 자신 없는 어떤 것도 이야기할 필요가 없다. 오히려 당신이 자신 있게 이야기할 수 있는 당신의 조직이나 비즈니스의 큰 '셀링 포인트(selling point)'를 전달하는 것에 집중하라. 만약 상대방이 슬랭이나 비즈니스 전문용어(jargon)를 이해하지 못한다면 가급적 사용을 피하라. 또 '고객지향적인'이나 '독점적으로 포지셔닝된' 같은 상투적인 어휘도 피하는 것이 좋다.

⑤ Be specific. '고객지향적인'이나 '독점적으로 포지셔닝된'의 실제적인 사례에 집중하라. 당신이 포함되기 전에는 불가능해 보였던 문제나, 결과에 몹시 흥분했던 고객 등에 대해 이야기하라.

⑥ Preparation is key. 철저한 준비만큼 중요한 것은 없다. 절대로 즉흥적으로 하지 말라. Don't ever wing it! 첫인상이란 것은 한 번만 가질 수 있다. 상대를 존중하는 만큼 충분히 준비하라! 어떤 질문에도 간결하게 대답할 수 있도록 준비하는 것이 필요하다. 또한 상대방의 반응에 따라서 유연하게 처신하라.

⑦ Solve a problem. 상대방을 위해서 해결한 문제점에 집중하라. 만약 당신이 "어떻게 당신이 나를 돕는다는 거냐?" 또는 "왜 내가 관심을 가져야 되냐?"라는 질문을 받는다면 당신의 엘리베이터 피치는 실패한 것이다.

⑧ Let your passion show. 엘리베이터 피치는 '한 편의 쇼'여야 한다. 중립적으로 전달되는 드라이한

암송 따윈 필요 없다. 당신의 목소리와 단어들에서 'Commitment'를 얻을 수 있도록 하라. 눈 맞춤(eye contact)과 자신감 넘치는 보디랭귀지를 통해 적극적인 몰입(involvement)을 보여줘라.

⑨ Practice. 명쾌한 스피치는 명쾌한 사고를 유도한다. 당신의 피치가 정기적인 것이어도, 코치 등으로부터 지속적으로 피드백을 받아라.

⑩ Keep it short. 사람들의 집중력에는 한계가 있기 마련이고 상황변수가 너무나도 다양하기 때문에 피치는 간단할수록 좋다. 윈스턴 처칠의 명언처럼, "Be clear, Be brief, Be seated."

Chapter 10
# 사업추진계획 수립

# 1. 생산운영계획

## 1) 생산운영계획 개념

생산운영계획이란 창업기업의 제품과 서비스를 생산하고 공급하기 위해 제품과 서비스의 생산규모를 분석해보고 이를 기반으로 생산시설을 어떻게 갖추어야 할지, 원자재 및 부품은 어떻게 조달할 것인지, 생산원가는 어느 정도로 유지할 것인지 등에 관한 계획을 수립하는 활동을 말한다. 생산운영계획이 잘못 수립된다면 제품과 서비스의 원가 및 품질, 생산성이 크게 달라지고 안정적인 제품 공급에 차질이 생기기 때문에 합리적으로 안정적인 생산계획을 수립해야 한다. 생산운영계획 수립은 제품과 서비스에 관한 생산수요예측, 생산입지 및 시설 결정, 원자재 구매에 관한 조달계획 수립, 그리고 생산원가분석 및 관리계획을 수립하는 과정으로 구성된다.

- 생산수요예측 : 시장의 규모와 상황을 분석해 목표 생산량 예측
- 생산시설계획 : 제품과 서비스 생산을 위한 공장 및 사업장의 위치를 결정하고 생산에 필요한 시설과 생산공정을 계획하는 단계
- 원자재 조달계획 : 생산에 필요한 원자재에 대한 정보를 수집하고 공급처를 확보하는 과정
- 생산원가분석 : 생산에 소요된 비용을 분석하고, 생산량과 생산비용에 따른 생산원가를 관리하는 과정

## 2) 생산운영계획 방법

### (1) 생산수요예측

생산수요예측이란 창업하고자 하는 제품과 서비스의 전체 시장 규모와 시장 상황을 기반으로 목표 시장점유율과 판매량을 예측한 후 최종적으로 생산하고자 하는 목표 생산량을 결정하는 과정을 의미한다.

**[그림 10-1] 생산수요예측 방법**

| 시장 규모 추정 |
|---|
| 판매하고자 하는 시장의 전체 규모와 경제 환경, 경쟁사의 전략 등 시장 상황 등을 분석 |

| 목표 판매량 추정 |
|---|
| 시장 분석을 기반으로 예상 시장점유율을 추정하고 목표 판매량을 결정 |

| 목표 생산량 결정 |
|---|
| 목표 판매량과 안전 재고량을 고려하여 최종적으로 목표 생산량을 결정 |

### (2) 생산시설계획

생산시설계획이란 생산활동을 위해 필요한 사업장의 위치를 결정하고 생산에 필요한 공정을 정의한 후 각 공정에 필요한 시설 및 장비, 기자재를 구매하는 과정을 의미한다. 제조업에서 입지 선정 및 생산시설 구축은 사업의 목표와 장기적인 방향을 고려하여 대규모의 자본투자가 이루어지는 것으로서 제품의 생산비, 유통비 등에 중요한 영향을 미치기 때문에 생산 입지와 시설을 구축하는 과정은 매우 중요하다.

**[그림 10-2] 생산시설계획 수립방법**

| 생산입지 선정 |
| :---: |
| 노동환경, 원자재 수급의 용이성, 주변 인프라 여건 등을 고려하여<br>사업장의 위치를 선정하고 예상 비용을 추정 |

| 생산공정계획 |
| :---: |
| 원자재 투입에서 제품의 완성 단계까지 수행되는 모든 작업과정을 정의 |

| 생산설비 확보계획 |
| :---: |
| 생산공정에 필요한 시설 및 장비, 기자재 등의 구매계획을 수립 |

**[그림 10-3] 원자재 조달 계획하기**

| 원자재 구매항목 분석 |
| :---: |
| 제품 생산에 필요한 부품 및 원자재가 무엇인지를 분석 |

| 원자재 수요 분석 |
| :---: |
| 부품 및 원자재별로 필요한 수량을 추정 |

| 공급자 분석    · |
| --- |
| 부품 및 원자재를 공급해줄 수 있는 공급자들을 찾아내고<br>공급자별 가격과 평균 납품기간을 분석 |

## (3) 원자재 조달계획

원자재 조달계획이란 제품과 서비스 생산에 필요한 원자재의 항목을 파악하여 필요한 구매량을 결정하고, 이를 저렴하고 지속적으로 공급해줄 수 있는 공급처를 발굴하는 과정을 의미한다. 원자재에 대한 조달계획이 이루어지지 않는다면 예기치 못한 사고나 문제가 생겼을 때 적절히 대응하기 힘들고, 최악의 경우 생산이 중단되는 사태까지 발생할 수 있기 때문에 지속적으로 안정적인 원자재 조달계획을 수립하는 것은 매우 중요하다.

## (4) 생산원가분석

생산원가분석이란 제품이나 서비스를 생산하는 과정에서 소요되는 모든 생산비용을 고정비(시설 임대료, 장비 구입비 등)와 변동비(재료비, 인건비, 가공비, 기타 경비 등)로 나누어 분석하고, 생산량에 따른 단위당 생산원가를 추정해 보는 과정을 의미한다. 제품 1개를 생산할 때 들어가는 원가를 모르면 합리적인 가격을 결정할 수 없고, 생산원가분석의 실패는 기업의 이익에 큰 영향을 미치기 때문에 생산원가를 정확하게 분석하는 과정은 매우 중요하다.

**[그림 10-4] 생산원가 분석하기**

| 원가구성항목 분석 |
| --- |
| 생산원가를 구성하는 요소를 고정비와 변동비로 나누어 분석 |

| 총생산원가 분석 |
|---|
| 각 항목별 투입된 비용을 분석하여 총생산원가를 계산 |

| 단위당 생산원가 분석 |
|---|
| 총생산원가를 생산량으로 나누어 단위당 생산원가 도출 |

# 2. 재무계획

## 1) 재무계획의 개념

재무계획 수립이란 창업과정에서 발생할 수 있는 비용을 분석하여 창업에 소요되는 자금이 얼마인지 파악하고, 이를 조달하기 위해 자기자금은 얼마나 투자할 것인지, 타인자금은 얼마나 어떤 방법으로 차입할 것인지 분석한 후 상환계획까지 수립하는 모든 과정을 의미한다. 즉 미래의 이익을 예측하고 다양한 가정을 통해 현금을 포함한 투자의 규모가 어떻게 될지 파악해야 하는데, 기존 기업의 경우 과거 재무제표를 통해 미래의 이익을 보다 정확하게 예측할 수 있으나, 처음 시작하는 창업기업은 예측에 의존할 수밖에 없다. 따라서 기술창업자들은 향후 2년에서 3년간의 유동성을 고려한 포괄손익계산서와 재무상태표 작성 등을 통해 재무계획을 수립해야 한다.

**[그림 10-5] 재무계획의 구성 및 수립**

| 재무계획 | | | | |
|---|---|---|---|---|
| 재무 예측 | 매출 예측 | 비용 예측 | 이익 예측 | 성장률 예측 |
| 재무제표 작성 | 포괄손익계산서 작성 | | 재무상태표 작성 | 현금흐름표 작성 |

| 재무 분석 | 손익분기점 분석 | 현금분기점 분석 | 레버리지 분석 | ROI 분석 | ROE 분석 |
|---|---|---|---|---|---|

## 2) 재무 예측

대부분의 재무제표 작업은 미래 지향적인 의사결정을 염두에 두고 수행된다. 기술창업자는 경영계획과 성과목표를 제공하기 위해 예측을 필요로 하고, 더욱이 다양한 상황에서의 예측은 기업가치 추정치의 형태로 유용하게 요약된다. 포괄적 접근법은 많은 예측을 수반하지만 주요 예측 동인으로는 매출액 예측, 비용 예측, 이익 예측, 매출 성장률 예측 등이 핵심이다. 모든 예측은 적어도 암묵적으로 최초 매출액이나 이익과 같은 특정 금액의 예상 행태에 관해 어느 정도 알고 있다는 것을 가정하고, 이에 기반해서 기준 또는 출발점으로 적용하여 예측한다.

### (1) 기술창업 매출 예측

기술창업기업의 매출 예측은 재무 계획에서 가장 취약하고 난해한 부분일 수 있다. 매출 예측은 기업의 매출액 증가율을 추정하는 것이 핵심인데, 아직 시작하지 않은 회사가 판매를 예측하는 것이기 때문에 회사는 불충분한 정보와 가정들에 의존할 수밖에 없다. 따라서 매출에 영향을 줄 수 있는 모든 중요한 요소를 고려하여 매출 증가율을 추정하고 매출을 예측할 수 있다.

① **거시경제의 흐름** : 대부분 기업의 매출은 거시경제와 밀접한 연관을

맺고 있다. 경기호황은 기술창업기업의 상품 수요에 영향을 미치기 때문에 관련 업체의 매출이 증가한다. 또한 경기확장은 매출과 부의 증가를 가져 오고 소비재나 여가활동 등과 관련된 상품 및 서비스의 수요를 증가시킨 다. 반대로 경기불황에는 이런 상품에 대한 수요가 감소하므로 해당 상품 을 제공하는 기업의 매출도 감소한다.

② **산업정보의 활용** : 산업정보는 기업의 매출에 중대한 영향을 미친 다. 산업 전체가 도입기인지 쇠퇴기인지의 여부, 산업 내 경쟁 등의 요소가 모두 기업의 매출에 영향을 준다.

③ **기업 관련 주요 뉴스** : 기업과 관련된 중요한 뉴스는 매출에 영향을 미친다. 예를 들어 한 기업이 최근에 중요한 계약을 체결했거나 곧 체결할 예정이라면 미래 매출이 크게 변할 수 있다. 통상 수년 전에 계약이 체결되 는 업종은 하나의 계약에 의해 파생되는 매출이 수년 내 계속 영향을 줄 수 있다. 또한 한 기업의 대대적인 광고활동의 진행은 그다음 해의 매출에 반영되는 효과를 가져올 수 있다.

## (2) 기술창업 비용 예측

기술창업기업의 비용에 대한 예측은 특별한 경우를 제외하고 각 비용 항목이 매출에서 차지하는 비율이 과거의 수준을 유지할 것을 가정한다. 이러한 가정의 근거는 대부분의 수익과 비용이 안정된 관계를 지니고 있기 때문이다. 재무제표 항목은 마치 인체의 각 부분과도 같아서 서로 유기적 인 관계를 가지고 있으며, 과거 매출 대비 비용비율을 이용한 미래 비용의 예측은 기업의 자산 및 자본구조, 원가관리 방법 등에 큰 변화가 없을 것 임을 가정하는 것이다. 만약 큰 변화가 예상되면 매출 대비 비용비율을 조정해야 한다. 지속성을 갖는 주요 비용항목은 매출원가, 대손충당금, 감가상각비, 이자비용, 직원 급여, 일반관리비, 광고홍보비, 연구개발비, 법인세 및 기타 비용 등이다.

기업의 경영형태에 따라 비용의 구성이 각기 다른데, 일반적으로 포괄손익계산서에는 위의 모든 항목을 매출원가, 판매비와 관리비, 영업외비용 등으로 통합하여 보고하기도 한다. 원가 및 비용을 예측할 때는 주석에서 각 항목의 금액을 찾아 개별적으로 예측한 후 주요 비용항목으로 통합하는 것이 바람직하다. 주석에 공시된 정보가 부족할 경우에는 주요 항목을 분류하지 않고 직접 추정할 수도 있다. 한 가지 주의해야 할 점은 매출액이 증가할 때는 매출원가가 비례적으로 증가하지만, 매출액이 감소할 때는 매출원가가 그에 비례하여 감소하지 않고 하방경직성의 비대칭적 매출원가 형태를 보인다는 것이다. 이는 매출을 증가시킬 때 매출원가를 증가시키는 것보다 매출이 감소할 때 자원 공급을 줄이는 데 따른 의사결정 속도가 느린 것에 원인이 있다.

또한 비용은 변동비와 고정비로 구분할 수 있다. 고정비는 크게 변하지 않으므로 수익이 증가한다고 해서 똑같은 비율로 증가하는 것은 아니다. 대표적인 고정비에는 감가상각비가 있다.

### (3) 기술창업 이익 예측

기술창업기업은 앞서 예측하고 계산한 매출원가율과 판매비와 관리비 등 매출액 비율을 적용하여 매출총이익, 영업이익을 예측할 수 있다. 즉 예상 매출에서 매출원가를 차감하면 매출총이익이고, 매출총이익에서 판매비, 관리비 및 이자비용을 차감하면 영업이익을 계산할 수 있다. 일반적으로 영업이익 이하의 비경상 손익항목은 예측하기 어렵기 때문에 '0'으로 처리한다. 그러나 충분한 근거가 있을 경우에는 비경상 항목도 구체적으로 예측해야 한다. 영업이익에서 비경상 손익을 더해 얻은 법인세비용차감전 순이익에 추정법인세율을 곱하면 법인세비용을 얻을 수 있다. 법인세비용차감전 순이익에서 법인세비용을 차감하면 당기순이익을 얻을 수 있다.

### (4) 기술창업 성장률 예측

기술창업기업의 성장률 예측은 미래의 성과에 대해 예측하는 것으로서 일반적으로 3년의 기간에 대한 성장률을 예측한다. 기술창업기업은 거시경제, 산업, 기업전략 등에 대한 정보를 바탕으로 투자 확대의 가능성과 투자 축소의 필요성을 검토한 후 성장률 예측을 진행한다. 우선적으로 매출액 성장률의 추정에서 출발하여 점차 확대해 나간다.


## 3) 재무제표 작성

미래의 성과를 예측하는 최선의 방법은 이를 포괄적으로 수행하는, 즉 이익 예측뿐만 아니라 현금흐름 및 재무상태표 항목에 대한 예측까지 수행하는 것이다. 따라서 예측된 매출액, 비용, 성장률, 이익 등을 기초로 기술창업기업이 필요한 자금을 조달하여 사용한 내역을 어떻게 체계적이고 합리적으로 분석할 것인가가 중요하다. 이러한 분석은 기술창업기업의 재무상태와 경영 성과를 측정, 기록, 분류, 요약하고 보고하기 위한 일련의 과정과도 같은데 이는 재무제표 내의 포괄손익계산서, 현금흐름표 및 재무상태표의 작성을 통해 가능하다.

### (1) 재무제표의 개념

회계에서 외부 정보 이용자에게 특정 기업의 회계정보를 제공하는 것을 재무보고라고 하고, 이 재무보고를 함에 있어 기업이 사용할 수 있는 대표적인 전달 수단이 바로 재무제표다. 재무제표는 외부 정보 이용자에게 기업 실체에 관한 재무정보를 전달하는 핵심적 재무보고 수단이다.

### (2) 재무제표의 특성
- 재무제표는 화폐 단위로 측정된 정보를 주로 제공한다.
- 재무제표는 대부분 과거에 발생한 거래나 사건에 대한 정보를 나타낸다.
- 재무제표는 추정에 의한 측정치를 포함하고 있다.
- 재무제표는 특정 기업 실체에 관한 정보를 제공하며, 산업 또는 경제 전반에 관한 정보를 제공하지는 않는다.

### (3) 재무제표의 종류
재무제표의 종류는 일반적으로 재무상태표, 포괄손익계산서, 현금흐름표, 자본변동표 등 네 가지를 말하고, 그 외에 주석 등이 있다.

## 4) 재무 분석

재무 분석의 목적은 기술창업기업이 언급한 목표와 전략의 틀에서 기업성과를 평가하는 것이다. 재무 분석의 두 가지 주요 기법으로는 비율 분석과 현금흐름 분석이 있다. 비율 분석은 기술창업기업 재무제표의 다양한 계정과목들이 상호 간 어떻게 관련되어 있는지 평가하는 것이다. 또한 재무 분석가는 현금흐름 분석을 통해 기업의 유동성을 파악하고 영업, 투자, 재무활동으로 인한 현금흐름을 어떻게 관리하고 있는지 평가할 수 있다.

## (1) 손익분기점(BEP)

손익분기점은 총수입과 총비용이 같아져 손해나 이익이 없게 되는 특정 변수의 수치를 말하는 것으로, 특정 변수에는 대표적으로 생산량, 판매량, 매출량, 조업도 등이 있다.

### ① 손익분기점 분석의 가정

- 변동비와 고정비의 구분은 언제나 가능하다.
- 변동비는 조업도에 항상 비례하여 발생한다.
- 원재료, 임금과 같은 원가요소의 가격은 항상 일정하다.
- 제품 단위당 판매가격은 항상 일정하다.
- 원가와 수익의 변화는 매출액이나 생산량 또는 매출수량 중 어느 하나의 기준에 따라 비교된다.
- 원가와 수익의 변화는 관련 범위 내에서 조업도와 선형성을 나타낸다.
- 단일 제품만을 생산한다. 다양한 제품을 생산하는 경우에도 조업도의 변화에 따른 매출 배합은 항상 일정하다.
- 유일하게 조업도만이 원가에 영향을 미치는 요소다(다른 영향요소 무시).
- 생산성은 항상 일정하다
- 기초재고액과 기말재고액의 변동은 거의 없다.

### ② 손익분기점 분석방법 : 등식법

등식법은 손익분기점에서 총수입과 총비용이 같다는 사실에 의거하여 손익분기점을 계산하는 방법이다. 즉 총변동원가와 총고정원가를 합한 총원가가 총수입과 일치하는 점의 판매량을 구한다.

---

단위당 판매가격 × 판매량 = 단위당 판매가격 × 판매량 + 총고정원가

---

### ③ 손익분기점 분석방법 : 공헌이익법

공헌이익법은 제품의 단위당 공헌이익을 파악한 후 총고정원가에 상응하는 총고정이익을 얻으려면 몇 개의 제품을 판매해야 하는가에 초점을 맞추어 손익분기점을 계산하는 방법이다. 이는 이익이 0이 되는 손익분기점에서는 총고정원가와 총공헌이익이 일치하는 원리를 이용한 것이다.

> (단위당 판매가격 − 단위당 변동원가) × 판매량 = 총고정원가
> 판매량 = 총고정원가 / 단위당 공헌이익

단위당 공헌이익에 대한 정보가 주어지지 않고 공헌이익률에 대한 정보만 주어진 경우에는 다음과 같이 손익분기점의 매출액을 구할 수 있다.

> 손익분기점의 매출액 = 총고정원가 / 공헌이익률

### (2) 현금분기점

기업들은 현금의 회수에 큰 관심을 가지고 있다. 따라서 판매량의 변동이 총이익에 미치는 영향도 중요하지만 회사의 현금순환 상태에 미치는 영향도 매우 중요하다. 따라서 현금흐름에 대해 큰 관심을 갖는 기업들은 현금분기점, 즉 현금의 유입액과 유출액이 일치되는 점의 판매량이나 매출액을 파악하고자 한다. 이때의 판매량을 현금분기점이라 하고, 또 이 지점은 공장폐쇄점(shut-down point)이 된다.

> 현금분기점 판매량 = 현금지출 고정원가 / 단위당 공헌이익

## (3) 레버리지

레버리지 효과란 기업의 고정영업비용에 의하여 기업 매출액의 변동 폭
보다 영업이익의 변동 폭이 확대되어 나타나며, 또한 고정금융비용에 의해
영업이익의 변동 폭보다 주당순이익의 변동이 확대되어 나타나는 것을 의
미한다. 여기서 레버리지 분석은 기업이 부담하는 고정비용의 이익에 대한
확대효과를 분석하는 것으로서 영업 레버리지와 재무 레버리지로 나누어
볼 수 있다. 영업 레버리지는 고정매출원가가 영업이익의 증가에 미치는 효
과를 말하고, 재무 레버리지는 고정재무비용이 보통주 주당순이익에 미치
는 영향을 말한다.

## (4) 순익측정지표

① ROI(투자수익률) : ROI(Return on Investment), 즉 투자수익률은 순이
익을 총투자액으로 나눈 것이다. 총투자액은 대차대조표상의 총자산 금
액과 같고 이것은 다시 총자본과 같기 때문에 총자산순이익률 또는 총자
본순이익률도 투자수익률과 같은 의미로 쓰인다. 총자본순이익률은 다음
과 같이 수익성을 나타내는 매출액순이익률과 활동성을 표시하는 총자산
회전율의 곱으로 표시된다.

```
                              = 순이익 / 총자본(총자산)
총자본순이익률(투자수익률)    = 순이익 / 매출액 × 매출액 / 총자산
                              = 매출액순이익률 × 총자산회전율
```

② ROE(자기자본순이익률) : ROE(Return on Equity)는 순이익을 자기자본
으로 나눈 값으로, ROI에 총자본 대비 자기자본의 비율을 곱한 값이다.

타내는 지표로, 주주들의 입장에서 가장 중요한 재무비율이라고 할 수 있다. ROE는 이익과 배당의 성장률을 결정짓는 기본요인으로 기업의 ROE가 계속해서 높게 평가된다는 것은 기업이 수익성 좋은 새로운 투자기회들을 계속 확보한다는 것을 의미하며, ROE가 떨어진다는 것은 좋은 투자기회를 갖고 있지 못함을 나타낸다.

ROE = 순이익 / 자기자본(총자산) = ROI × 총자본 / 자기자본

# 3. 인적자원계획

## 1) 인적자원계획의 개념

인적자원계획 수립이란 창업 팀원들의 핵심역량을 분석하여 업무를 할당하고 추가로 필요한 인력에 대한 채용계획 및 인적자원의 능력 극대화를 위한 인적자원 개발계획을 수립하는 것을 말한다. 모든 것이 부족할 수밖에 없는 창업기업에서 인적자원의 능력은 매우 중요한 핵심자원이기 때문에 한정된 인력을 최대한 효율적으로 활용해야 하고, 이들의 능력을 극대화하기 위한 합리적이고 체계적인 교육훈련계획을 수립해야 한다.

인적자원계획을 수립하기 위해서는 창업팀원들의 핵심역량 및 기업의 핵심업무가 무엇인지 분석하여 인적자원 활용계획을 세우고 이를 토대로 팀원들을 업무에 배치한다. 이어 추가로 필요한 인력을 산정하여 인적자원 수급계획을 세우고 이를 기반으로 채용계획과 확충 방안을 수립한다. 마지막으로 핵심인력들의 능력 극대화를 위해 인적자원의 능력에 대한 개발계획을 수립해야 한다.

## 2) 인적자원계획 수립방법

### (1) 인적자원 활용계획

인적자원 활용계획이란 현재 창업팀이 가진 핵심역량과 창업기업의 핵심업무들을 분석하여 창업팀원들의 업무를 할당하고 추가 채용이 필요한 업무들을 찾아내는 과정들을 말한다. 창업기업은 자원이 한정되어 있고 최소 인원으로 사업을 시작해야 하기 때문에 개개인의 능력과 역할이 성과에 매우 큰 영향을 미치게 된다. 따라서 창업팀의 핵심역량과 업무가 무엇인지, 어느 업무에 몇 명의 인력이 필요한지 최대한 정확하게 분석해내는 것은 매우 중요하다.

**[그림 10-6] 인적자원 활용계획 수립 절차**

| 창업팀의 핵심역량 분석 |
| :---: |
| 창업팀원들의 학력, 경력 등을 기초로 핵심역량 분석 |

| 핵심업무 분석 |
| :---: |
| 사업을 추진하는 데 필요한 핵심업무들 분석 |

| 인적자원 배치 |
| :---: |
| 핵심업무에 따라 창업팀원들을 배치하고 추가로 채용이 필요한 업무 파악 |

## (2) 인적자원 수급계획

인적자원 수급계획이란 인적자원 활용계획을 기초로 하여 채용하고자 하는 인력의 수를 정하고 채용 예정 인력에 대한 채용 조건, 시기, 방법 등을 상세하게 결정하는 과정을 말한다. 인적자원에 대한 수급계획은 기계설비나 장비처럼 쉽게 교체할 수 없는 신중한 의사결정이므로, 창업기업에 적합한 인적자원을 찾는 매우 중요한 과정이다. 특히 창업기업은 인적자원 수급이 쉽지 않고, 어떤 직원을 채용하여 함께 사업을 진행하느냐에 따라 기업의 분위기와 성과에 큰 영향을 미치기 때문에 새로운 직원을 채용하는 것은 체계적인 과정을 통해 신중하게 결정해야 한다.

**[그림 10-7] 인적자원 수급계획 수립 절차**

| 채용 규모 결정 |
| --- |
| 채용이 필요한 업무 분야와 채용 인원을 분석하여 채용 규모를 정함 |

| 채용 조건 결정 |
| --- |
| 채용하고자 하는 인력의 핵심역량, 전공, 나이, 학력 및 경력, 급여 수준 등 구체적 조건을 정함 |

| 채용 시기 및 방법 결정 |
| --- |
| 신규 인력을 채용하고자 하는 시기와 채용 방법을 정함 |

## (3) 인적자원 개발계획

인적자원 개발계획이란 각 업무를 담당하는 인적자원에 대한 업무수행

능력과 수준을 평가하고, 이를 기반으로 팀원들이 지속적으로 능력을 발휘하고 또 새로운 능력을 개발할 수 있도록 교육훈련을 계획하는 과정을 의미한다. 규모가 작은 회사일수록 개인의 역량은 전체적인 성과에 큰 영향을 미치기 때문에 인적자원들의 업무능력 수준을 측정하고 교육훈련을 통해 향상시키는 과정은 매우 필요하다. 또한 창업기업이 지속적으로 성과를 창출하고 새로운 기회를 통해 도약하기 위해서는 인적자원들이 새로운 능력을 끊임없이 개발할 수 있어야 한다. 창업 초기에 있는 기업들은 인적자원 개발에 대한 여력이 상대적으로 부족하지만 장기적인 관점에서 이에 대한 관심을 가져야 한다.

**[그림 10-8] 인적자원 개발계획 수립 절차**

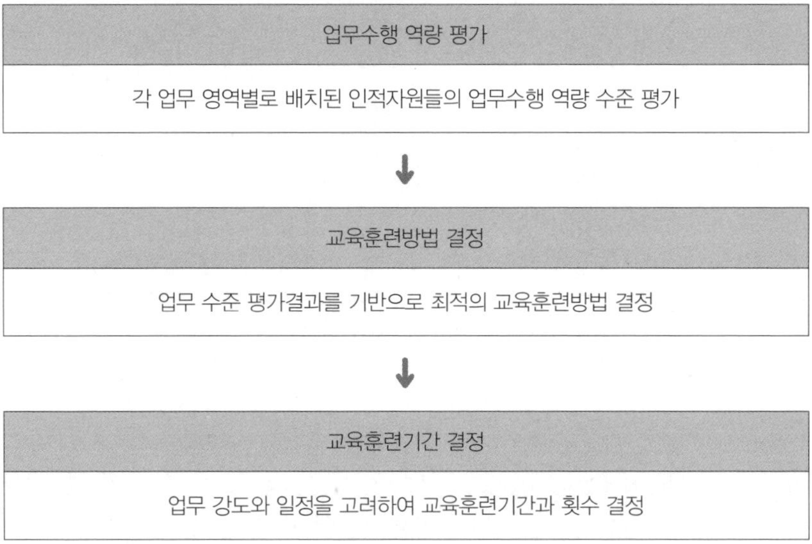

| 업무수행 역량 평가 |
| --- |
| 각 업무 영역별로 배치된 인적자원들의 업무수행 역량 수준 평가 |

| 교육훈련방법 결정 |
| --- |
| 업무 수준 평가결과를 기반으로 최적의 교육훈련방법 결정 |

| 교육훈련기간 결정 |
| --- |
| 업무 강도와 일정을 고려하여 교육훈련기간과 횟수 결정 |

[그림 10-9] 공장을 지어야 한다면? 정부의 창업사업계획 승인제도

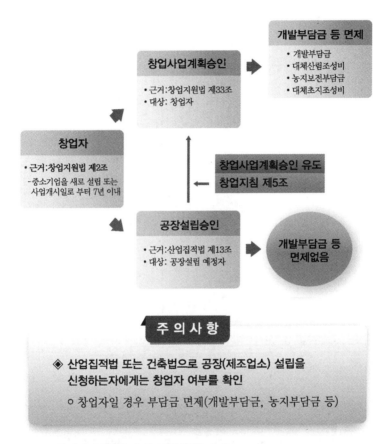

〈 창업사업계획승인 제도 개요 〉

**창업사업계획승인**
• 근거:창업지원법 제33조
• 대상: 창업자

**개발부담금 등 면제**
• 개발부담금
• 대체산림조성비
• 농지보전부담금
• 대체초지조성비

**창업자**
• 근거:창업지원법 제2조
 -중소기업을 새로 설립 또는 사업개시일로 부터 7년 이내

**창업사업계획승인 유도**
**창업지침 제5조**

**공장설립승인**
• 근거:산업집적법 제13조
• 대상: 공장설립 예정자

**개발부담금 등 면제없음**

**주 의 사 항**

◈ 산업집적법 또는 건축법으로 공장(제조업소) 설립을 신청하는자에게는 창업자 여부를 확인

 ○ 창업자일 경우 부담금 면제(개발부담금, 농지부담금 등)

■ 창업사업계획승인 주요(창업자) 요건

 ○ 신규사업자 : 사업 개시일로부터 7년이내
  - (예시) '12.6.1 사업을 개시한자는 '19.5.31까지 신청가능

 ○ 기존사업자 또는 폐업 후 사업재개

자료 : 2015 창업사업계획승인 운영지침, http://www.k-startup.go.kr/ 창업길라잡이

제5부
# 성장과 출구전략

Chapter 11
# 창업실무

# 1. 창업 실체(기업)의 결정

## 1) 창업 실체(기업)의 개요

창업은 새로운 아이디어를 개인 또는 조직이 이윤 추구를 목적으로 개인기업이나 법인기업을 설립하여 사업활동을 시작하는 일이라고 말할 수 있다. 창업에 있어서 창업을 추진하는 주체나 실체의 결정은 실체 내의 인적 설비와 물적 설비를 준비하고 대외적 업무활동을 수행하게 되므로 중요하다. 창업 추진 실체와 관련된 최초의 선택은 기업 형태를 정하는 것이며, 이는 장차 사업 수행에도 큰 영향을 주는 요인이기 때문이다. 기업의 형태는 크게 개인기업과 법인기업으로 나눠져 있으며 각 형태는 장단점이 있기 때문에 다음 상황을 고려하여 신중하게 결정해야 한다.

- 기업의 규모 및 성격과 관련한 본인의 비전
- 기업 공동 소유주의 수
- 소유주와 경영진 간의 관계
- 계획하고 있는 외부 투자자의 개입 정도
- 본인이 경영할 준비가 되어 있는 '구조'의 단계와 형식
- 회사를 설립하고 유지하는 데 드는 시간적, 금전적 비용
- 소송 및 기타 법적 책임 또는 의무에 대한 회사의 취약성
- 각기 다른 소유 구조별 조세 관련 문제

- 기업의 기대 수익(또는 손실)
- 수익을 회사에 재투자해야 할지 여부
- 회사에서 들어오는 현금을 개인적 용도로 사용해야 할지 여부

위와 같이 여러 상황을 고려했을 때 어느 기업 형태가 자신에게 유리한지 알고 싶으면 각 기업 형태가 법적으로 어떤 내용이며, 그 장단점이 무엇인지 알아야 한다. 지금부터 기업 형태의 내용과 특징, 설립 절차에 대해 알아보자.

## 2) 개인기업

일부 회사 중에는 정식 서류를 작성해 제출하는 절차를 거치지 않고 설립할 수 있는 회사들이 있다. 이러한 방법의 장점은 간단하고 비용이 저렴하며 유연성이 있다는 것이고, 단점은 상대적으로 형식을 더 갖춘 회사 구조가 제공하는 여러 가지 보호 장치들의 이점을 이용할 수 없다는 것이다.

### (1) 개인기업(또는 개인회사, 개인사업자)

소기업들의 경우 대부분 개인회사 형태로 출발하는 경우가 많은데, 이는 개인회사가 한 개인이 사업을 시작하기에 가장 단순한 형태의 사업조직이기 때문이다. 이 구조에서 회사는 사업자 자신의 연장선이라고 할 수 있으며, 개인회사를 시작하는 데에는 정식으로 밟아야 할 절차나 제출해야 할 공개 서류가 없다.

① 장점

- 가장 시작하기 쉽고 비용이 적게 드는 사업 형태다.
- 사업체를 지속적으로 유지하는 비용이 매우 저렴하다.
- 개인사업자가 전적으로 결정권을 가지며, 법의 범위 내에서는 자신이 적절하다고 판단하는 바에 따라 의사결정을 내릴 수 있다.
- 업체에서 발생하는 수익은 사업체 차원에서 과세 없이 소유주 개인의 세금 신고 내역으로 직접 들어갈 수 있다.
- 개인회사는 사업 규모가 늘어남에 따라 손쉽게 다른 형태의 사업체로 전환할 수 있다.

② 단점

- 개인회사는 직접 무한 책임을 지며, 해당 사업체의 모든 부채에 대해 법적 책임을 진다. 따라서 사업체 자산뿐 아니라 소유주 개인의 자산도 위험 부담을 지게 될 수 있다.
- 사업 자금을 확보하는 데 불리할 수 있으며, 개인저축이나 소비자 대출 등으로 사업 자금 확보 출처가 한정되는 경우가 많다.
- 대규모 조직에서 일한 경력이 있는 유능한 직원이나, 회사 지분의 일부를 소유할 수 있다는 것에 동기부여가 되는 유능한 인력을 확보하는 데 어려움이 있을 수 있다.
- 단일 소유주이다 보니 다른 소유주들이나 조합원들의 도움을 받지 못하고 혼자서 사업을 운영해 나가야 하고 어려움을 혼자서 감당해야 한다.

## 3) 법인기업

법인기업은 정식 서류 제출 요건이 있어 소규모 사업주들에게는 추가적인 부담이 되지만, 이러한 방식으로 사업체를 공식화할 경우 사업주들에게 소중한 보호 장치와 이점을 제공해줄 수 있다.

### (1) 유한회사

상법에 규정된 회사의 하나로 주식회사, 합명회사, 합자회사와 함께 물적회사(物的會社)와 인적회사(人的會社)의 요소를 가미한 중간 형태의 회사다. 사원 전원의 책임이 간접이며 유한인 점, 분화된 기관을 가지는 점 등 많은 점에서 주식회사와 유사하나, 정관으로 지분의 양도를 제한할 수 있다는 점이 다르다.

① 장점
- 공식적인 구조를 갖추고 있는 만큼 해당 사업체에 신뢰성을 더해줄 수 있다.
- 설립절차는 간단하고 발기설립에 해당하는 방법만이 인정되며, 모집설립에 해당하는 것이 없다.
- 사업체의 자금 조달과 경영 측면에서 유연성을 높일 수 있으며 구조상 선택의 폭이 넓다.

② 단점
- 업무 집행 조합원들은 사업상 부채에 대해 개인적 차원에서 무한 법적 책임을 진다.
- 회사 설립 서류를 작성하는 데 들어가는 비용과 시간이 많이 든다.

– 유한 책임 조합원들은 사업체의 경영이나 지배에 관여할 경우 자신이 가진 유한 책임 자격을 잃게 될 수 있다.

## (2) 합명회사

합명회사의 경우, 2명 이상의 소유주들이 단일 사업체의 소유권을 공동 소유한다. 합명회사의 소유주들은 개인일 수도 있고, 다른 합명회사나 주식회사 또는 협회가 될 수도 있다. 개인회사와 마찬가지로 합명회사도 법적으로 사업체와 그 소유주들은 서로 별개의 존재가 아니며, 소유주들은 각각 개인적으로 무한 법적 책임을 지고 회사 사업 운영에 대해 전적인 권한을 갖는다. 다시 말해, 특정 조합원은 다른 조합원이 내린 사업상 결정에 대해 법적 책임을 지게 된다는 의미다. 합명회사를 만드는 데에는 정식으로 서류를 작성해 제출할 필요가 없을 뿐만 아니라 서면 파트너십 합의서도 요구되지 않는다.

### ① 장점
– 합명회사는 비교적 설립이 간단하지만 파트너십 합의서 작성에 시간을 투자해야 한다.
– 소유주가 여러 사람인 경우 사업체의 자금을 조달하고 운영하는 데 선택의 폭과 유연성이 크다.

### ② 단점
– 각 조합원은 다른 조합원에 의해 발생한 채무라 하더라도, 법원 판결을 포함해 모든 사업상 부채 또는 채무 금액 상환에 대해 연대 책임을 진다.
– 합명회사를 만드는 데에는 공식 절차가 전혀 필요 없기 때문에 당사

자들 중 한 사람이 합명회사를 만들면 된다.

– 합명회사는 그 수명이 한정적이며, 조합원 일방이 파산하거나 그만두거나 사망하는 경우 종료된다.

## (3) 주식회사

주식회사는 사람들이 일반적으로 가장 잘 알고 있는 표준 형태의 법인 기업으로서 법적으로 그 소유주들과는 별개의 고유한 법적 실체로 간주되어 과세 대상이 될 수도 있고, 고소 대상이 될 수도 있으며, 계약 체결의 당사자가 될 수도 있다. 주식회사의 소유주는 주주들이며, 주요 정책과 의사결정 사항을 관장하는 이사회 이사들을 선출하고, 그러한 의사결정 사항을 실행에 옮기고 일상적 사업 경영과 운영을 지시할 수 있도록 임원을 임명하거나 직원을 채용할 수 있다.

### ① 장점

– 법인 형식을 갖추고 있고 주식이 자유롭게 양도할 수 있어, 잠재적 투자자들 입장에서는 사업에 대한 투자를 유치하는 데 도움이 될 수 있다.

– 모든 주주들이 한정적 책임을 지며, 그 책임의 최대한도는 주주들이 투자한 금액, 즉 각 주주별로 회사의 주식을 매입하는 데 지불한 금액이다. 별도의 법적 실체이기 때문에 주식회사는 영구히 지속될 수 있다.

– 주식회사의 존재는 그 주주들, 임원들, 이사들의 사망이나 무능력 또는 다른 사람에게 주식을 양도하는 것으로 인해 영향을 받지 않는다.

– 소유주, 즉 주주들은 자신들을 대신해 사업을 관장할 이사들을 선출할 수도 있고, 자신들이 직접 회사의 이사회에 이사로 참여해 사업을 관장할 수도 있다.

② 단점

- 설립 절차에는 다른 형태의 조직에 비해 더 많은 시간과 비용이 필요하다.
- 주식회사는 정기 이사회 모임, 정기 주주총회 개최 및 다양한 기록 작성관리 요건 준수와 같이 많은 시간과 비용을 요하는 기업의 형식적 절차들을 지속적으로 이행해야 한다.
- 주식회사는 정부 및 일부 지방기관의 감독 대상이며, 따라서 규정 준수를 위해 더 많은 서류 업무가 필요하다.

## 4) 협동조합

사단법인의 한 형태로 공동의 목적을 수행하기 위한 동일한 목적을 지닌 조합원들의 자발적인 사업체다. 즉 재화·용역의 구매, 생산, 판매, 제공 등을 영위함으로써 조합원의 권익을 향상시키고 지역사회에 공헌하고자 하는 사업조직이다. 협동조합은 일반 협동조합인 영리법인과 사회적 협동조합인 비영리법인이 있다.

사단법인은 민법의 규율을 받는 비영리 사단법인과 상법의 규율을 받는 영리 사단법인(상행위나 기타 영리를 목적으로 하여 설립한 사단으로 합명회사, 합자회사, 주식회사, 유한회사의 네 종류임)으로 구분하는데, 보통 사단법인이라고 할 때는 민법상의 비영리 사단법인을 지칭한다.

법인 실체로서 대표적인 형태인 주식회사, 협동조합, 사단법인을 비교하면 다음과 같다.

[표 11-1]

| 구분 | 주식회사 | 협동조합 | 비영리 사단법인 |
|---|---|---|---|
| 중점 가치 | 이윤 극대화 | 조합원 실익 증진 | 공익 |
| 의결권 운영 방식 | 1주식 1표 | 1인 1표 | 1인 1표 |
| 소유 방식 | 투자자 소유 (독점 소유가능) | 조합원 공동 소유 | 사원 소유 |
| 설립인가 | 신고제 | 신고제 | 허가제 |
| 특징 | 상법 적용, 영리사업 | 협동조합기본법 적용, 공동 출자, 이익에 공헌한 비율로 분배 원칙, 영리사업 가능 | 민법 적용, 구성원의 이익을 위한 영리사업 수행 불가 |

## 5) 기업 설립절차 및 구비서류[5]

### (1) 개인기업 설립

개인기업 및 사업을 하기 위해서는 관할 세무서에 비치된 법인설립신고 및 사업자등록신청서를 작성하여 사업자등록을 신청하면 되고, 개별법에 따라 인·허가가 필요한 업종은 사업자등록 전에 해당 업종을 관장하는 주무관청에서 사업 인·허가를 취득한 후 신청하면 된다. 사업자등록신청 시 필요한 서류는 사업자등록신청서 1부, 사업 인·허가증 사본, 주민등록등본 1부만 있으면 되고, 사업자등록 신청일로부터 7일 이내에 사업자등록번호가 나와 사업을 시작할 수 있다. 마지막으로 사업자등록이 끝나면 근로자 명부와 임금대장 작성, 국민연금과 의료보험, 산재보험 및 고용보험 신고 등을 하면 된다.

---

5) 소상공인시장진흥공단, "창업절차-법인설립", 이남주.

## (2) 법인기업 설립

법인 설립의 일반적인 절차는 회사의 구성원인 이사, 감사, 주주들이 뜻을 모아 사업목적, 이사 등의 결정, 정관의 인증, 주식인수, 자본납입, 설립등기 등 일련의 과정을 거치며 그로부터 법원 등기소로부터 최종적으로 등기부등본을 수령하고 기타 서류를 보강하여 궁극적으로 사업자등록을 하게 된다. 그럼으로써 법인 명의의 사업을 영위할 수 있게 되는 것이다.

**[그림 11-1] 법인회사 설립절차**

법인회사(주식회사) 설립은 1인 이상의 발기인이 발기인 조합을 구성하여 법인설립등기를 한 후 법인설립신고 및 사업자등록신청서 내용을 작성하여 신고하면 된다.

## 6) 창업 추진 기업 설립 시 주요 고려사항

### (1) 개인기업과 법인기업의 비교

**[표 11-2] 개인기업과 법인기업의 특성 비교**

| 구분 | 개인기업 | 법인기업 |
|------|----------|----------|
| 설립 절차 | • 사업자등록(보통 2~3일) | • 정관 작성 및 법인설립등기 (보통 1주일) |

| 경영 책임 | • 단독 무한 책임 | • 형태 및 출자에 따른 유한 책임 또는 무한 책임 |
|---|---|---|
| 의사결정 | • 개인에 의한 신속한 의사결정 | • 이사회 등 다수의 공동결정체제 |
| 경영 능력의 한계 | • 개인의 경영 능력에 따른 한계 | • 소유와 경영의 분리에 따라 개인의 부족을 극복할 수 있음 |
| 이윤 분배 | • 이윤의 전부가 개인에게 귀속 | • 법인 단계에서 과세 후 잔여 이윤 출자자의 지분에 따라 분배 |
| 세제 | • 종합소득세 과세<br>• 2016년 기준 소득세율 6~38%<br>• 대표자 급여/퇴직금 불인정<br>• 장부기장 등 상대적으로 덜 엄격함(현금 출금에 대한 가지급금 불이익 없음) | • 법인세 과세<br>• 2013년 기준 2억 원 이하 10%, 2억~200억 원 20%, 초과 22%<br>• 대표자 급여/퇴직금 인정<br>• 회계의 투명성 요구(출금 가지급금에 대한 불이익 큼) |
| 기타 | • 소규모 기업에 적합 | • 대외신용도가 높음, 주주(소유주)와 법인 실체가 독립되어 자금도 분리되어 기록됨 |

## (2) 주식회사와 유한회사 비교

### [표 11-3] 주식회사와 유한회사의 특성 비교

| 구분 | 주식회사 | 유한회사 |
|---|---|---|
| 주주/사원 | • 주주가 다수 가능, 가입과 탈퇴가 자유로움, 주주는 출자가액 한도로 유한 책임 | • 사원이 상대적으로 적고, 가입과 탈퇴 시 다른 사원의 동의 필요, 업무 집행 사원들은 사업상 부채에 대해 개인적 차원에서 무한 법적 책임 부담 |
| 공시의무 | • 외부 감사 대상이면 공시의무 존재 | • 외부 감사 대상이 아니므로 공시의무 부존재 |
| 투자유치 | • 주권 양도성으로 인해 외부 투자유치 적합 | • 정관의 지분 양도성 제한 등으로 대규모 투자유치 어려움 |
| 대상 | • 상당수 기업 채택 형태 | • 자기자금으로 주로 운영되는 회사로서 주로 배당으로 소유주가 이윤을 분배받으며, 자료 공개에 소극적인 회사들이 선호(외국계 투자기업) |

### (3) 주식회사 설립 자본금 규모의 결정

주식회사 설립 자본금 규모는 회사의 상황에 따라 다를 수 있지만, 일반적으로 최소 필요자금으로 3개월분 운영자금과 시설투자비에 해당하는 금액으로 산정할 수 있다. 즉 설립해서 초창기 3개월까지는 준비기간으로 외부에서 거래 수입금이 없기 때문에, 3개월분 운영하는 데 필요한 비용인 원재료비, 인건비, 경비(임차료 등)를 고려하고, 시설투자비로서 임차보증금과 유형자산 구입인 컴퓨터와 비품, 기계장치 등을 고려해야 한다.

### (4) 소유(지분)구조와 경영권과 임원

주식회사의 경우 설립 시 주주는 자본금(출자금)을 납입한 사람들로 구성된다. 자본금 100%를 1인이 납부하기도 하고, 동업 또는 파트너 개념으로 3인이 균등하게 출자하는 경우도 있을 수 있다. 주식은 주주의 사적재산권으로, 주주가 원칙적으로 양도하지 않는 이상 매각을 강제할 수 없어 필요시 주주 정리가 쉽지 않을 수 있으므로 주주 구성에는 신중한 접근이 필요하다.

경영권의 정의는 다양하게 있을 수 있지만 보통 기업의 인적·물적자원의 배분에 대한 최종 결정권으로, 경영권을 보유한 자는 선택한 사업 또는 영업을 자유롭게 경영하고 이를 위한 의사결정의 자유를 가지며, 사업 또는 영업을 변경(확장, 축소, 전환)하거나 처분(폐지, 양도)할 수 있는 자유를 가진다. 한 회사의 최대주주는 경영권을 보유하고 있다고 보므로, 이사회 임원(대표이사, 이사) 선임을 하고 그 이사를 통하여 회사에 대한 운용 통제권을 행사함으로써 경영권을 행사한다.

상법상 보통결의 및 특별결의를 통하여 이사를 선임 및 해임할 수 있다. 이사 선임에 필요한 보통결의 요건은 출석주주의 과반수와 발행주식 4분의 1 이상이며, 이사 해임 때의 특별결의 요건은 출석주주 3분의 2 이상과 발행주식 3분의 1 이상 요건이다. 보통 비상장법인은 주주들이 많지 않으므로 총주식수의 과반수를 보유한 자가 최대주주가 되며, 상장법인은 주주들이 상당히 분산되어 있으므로 총주식수의 과반에 미달하더라도 최대주주가 될 수 있다. 회사 설립 시 보통 경영권 보유 목적 및 향후 동업에 따른 갈등을 최소화하기 위해서라도 최대주주는 주식의 과반수를 보유하는 것이 필요하다고 하겠다. 회사 초창기, 특히 벤처기업이나 중소기업에서는 주식 소유에 따르는 소유권과 회사 경영권이 분리되지 않고 최대주주가 임원인 이사를 동시에 겸함으로써 소유와 경영이 분리되어 있지 않은 경우가 많다.

법인의 임원으로는 대외적으로 법인을 대표하고 대내적으로 법인의 업무를 집행하는 대표이사 및 업무집행기관으로서의 이사(理事), 이사의 사무집행을 감독하는 감독기관으로서의 감사가 있다. 법인의 대표기관이 그 직무에 관하여 타인에게 불법행위로 인한 손해를 가했을 때 법인은 피해자에게 그 손해를 배상해야 한다.

## (5) 세금 부담 측면에서 자금 흐름 고려사항

개인기업의 경우에는 개인기업체 관련 자금 입출금과 개인적 용도의 자금 입출금이 혼재될 경우에도, 개인기업 거래에 관한 기록만 정확히 파악하여 신고한다면 기업에서 유출된 개인적 용도 자금에 대해서 세무상 불이익은 없다. 그러나 법인기업의 경우 주주 또는 경영진 개인의 사적 용도와 업무 관련성이 없는 사유 등에 의한 자금과 법인거래 자금이 독립되기 때문에 법인에서 개인적 용도 등에 의한 자금 유출은 업무 무관 가지급금으로 간주하여 세무상 불이익이 크다고 볼 수 있으며, 이 부분과 관련하여 법인 자금 횡령이라는 위법 행위의 의심을 받을 수도 있다. 따라서 업무 무관 가지급금 처리 우려로 개인사업자를 선택하는 경우도 있다.

# 2. 창업 회계

## 1) 창업 회계 개요

회계의 현대적 정의는 '경제실체(경제행위를 하는 단위기관)의 경제활동에 관한 유용한 회계정보를 인식하여 그 이용자가 합리적인 의사결정을 할 수 있도록 전달해주는 정보 시스템'이다. 회계는 경제주체가 수행한 경제적 행위(이를 '경제적 사건'이라고 함)를 측정하여 회계정보(예 : 재무제표)를 산출하고, 산출된 정보를 정보 이용자들에게 전달하면, 정보 이용자들은 경제적 의사결정에 이용하게 된다. 회계의 주요 기능은 측정 기능과 전달 기능 두 가지로 집약할 수 있다. 회계는 조직의 구성원 또는 외부 이해관계자들이 조직 내외에서 모든 형태의 조직 활동에 대해 이해하고, 간단명료하게 전달할 수 있도록 하며, 조직 전체의 상황을 일목요연하게 파악할 수 있는 도구이므로 '조직의 언어' 또는 '기업의 언어'라고도 한다.

### (1) 회계정보 이용자

회계정보를 통해 내부 이용자인 경영자는 경영 의사결정과 적절한 보상에 이용할 수 있고, 외부 이용자인 채권자(금융기관 등)는 대출과 관련된 원금 회수 및 이자 지급 능력 등을 파악할 수 있고, 주주는 주가의 성장성과 배당의 안정성 등을 검토할 수 있고, 과세관청은 조세 징수에 이용할 수 있고, 거래처들은 신용거래의 지속 여부 등을 판단하는 자료로 활용할 수 있고, 벤처캐피털리스트는 투자 의사결정에 이용할 수 있다.

정보 이용자에 따른 회계를 분류하면 다음과 같다.

**[표 11-4] 정보 이용자에 따른 회계 분류**

| 구분 | 재무회계 | 세무회계 | 관리회계 |
|---|---|---|---|
| 보고 목적 | 외부 이용자 의사결정 | 과세관청<br>과세소득 산정 | 내부 이용자 의사결정 |
| 정보 이용자 | 투자자, 채권자,<br>금융기관 등 | 과세관청 | 경영자, 관리자 등 |
| 작성 기준 | 기업 회계기준 | 법인세법 등<br>세법기준 | 일반적 기준 없음 |
| 정보 내용 | 과거 정보 | 과거 정보 | 과거 및 미래 정보 |
| 정보 형태 | 주로 화폐적 정보 | 주로 화폐적 정보 | 화폐적, 비화폐적 정보 |
| 보고 양식 | 재무제표 등 | 세무조정 계산서 등 | 일정한 양식 없음 |

### (2) 기업의 세 가지 주요 활동

기업의 활동은 크게 재무활동, 투자활동, 영업활동으로 구분할 수 있다. 재무활동은 기업을 설립·운영하는 데 필요한 자금을 조달하는 행위로서 주식 및 회사채 발행, 차입 등을 통해 자금을 조달하는 행위, 배당이나 차입된 자금을 상환하는 행위를 말한다. 투자활동은 조달된 자금의 활용으로, 재화나 용역을 생산·판매하는 과정에서 각종 자산을 취득하거나 처분하는 것과 관련된 활동이다. 영업활동은 기업의 주된 목적과 관련된 활동으로 원재료나 상품의 구입, 제품의 생산, 상품이나 제품 또는 용역의 판매 및 대금의 회수, 인건비의 지급, 판매비와 관리비 지급, 세금 납부 등이 있다.

### (3) 회계기준

기업이 회계처리와 재무보고를 할 때 준수해야 할 기준이 기업의 규모와 상장 여부에 따라 '중소기업 회계기준', '일반기업 회계기준', '(한국 채택)국제회계기준'으로 상이하다. 주식회사가 「주식회사의 외부감사에 관한 법률」(이하 외감법) 제13조에 따른 회계기준(한국 채택 국제회계기준 또는 일반기업회계기준을 말한다)을 적용하는 경우 외에는 중소기업 회계기준을 적용한다. 즉 외감법 적용을 받는 주식회사는 직전사업 연도 말 자산 총액이 120억이상 또는 직전사업 연도 말 자산 총액이 70억 원 이상, 120억 원 미만이면서 부채 총액 70억 원 이상인 회사다. 외감법 적용을 받지 않는 중소기업은 회계처리기준이 간소화된 중소기업 회계기준을 준수하면 되고, 한국거래소에 상장된 주식회사는 한국 채택 국제회계기준과 외감법 적용을 받지만, 상장되지 않은 회사는 일반기업 회계기준을 준수하면 된다.

### (4) 재무제표

리더라면 재무제표를 보고 문제점을 파악하고 해결하는 능력이 요구되며, 재무제표에 대한 영향 효과 분석도 하지 않고 의사결정을 하는 리더는 회사를 곤경에 처하게 할 수 있다. 따라서 리더에게는 자신이 하는 일이 회사에 얼마만큼 수익을 벌어다줄지, 어떻게 해야 수익성이 개선될지 생각하며 일하는 자세가 필요하다. 재무보고는 기업의 주된 세 가지 활동이 회계 정보 시스템의 측정과정을 거쳐 기업에 관한 정보를 정보 이용자에게 전달하는 것을 말한다. 한 회계기간 동안 기업의 영업, 투자 및 재무활동을 요약한 일련의 재무보고서로 재무상태표, 포괄손익계산서, 자본변동표, 현금흐름표, 주석이 존재하며 그것을 재무제표라고 한다.

재무상태표는 특정 시점의 기업 자산과 부채 및 자본을 표시하며, 자산은 재화나 용역을 생산·판매하는 데 필요한 경제적 자원의 재산적 가치로, 이는 주로 투자활동의 결과다. 자산의 회계학적 정의는 과거의 거래나 사건의 결과로 현재 기업이 통제할 수 있고, 미래 경제적 효익이 기업에 유입될 것으로 기대되는 경제적 자원이다. 부채와 자본은 자산을 취득하는 데 필요한 자금을 조달하기 위해 채권자나 주주로부터 각각 조달한 자금의 양을 표시한 것으로, 주로 재무활동의 결과를 표시한다. 부채는 과거의 거래나 사건의 결과로 현재 기업이 부담하고, 미래에 경제적 효익을 갖는 자원의 유출 또는 사용이 예상되는 의무다. 자본은 주주가 출자한 부분과 기업이 창출한 이익 중 재투자 등을 위해 유보된 이익잉여금으로 구분되며, 자산에서 부채를 차감한 금액으로 경우에 따라서 순자산이라 하기도 한다.

포괄손익계산서는 재화나 용역을 생산·판매하는 활동인 영업활동의 결과가 보고되어 기업의 이익이 어떻게 산출되었는지 설명한다. 영업활동의 결과는 수익에서 비용을 차감한 순이익으로 표시된다. 수익은 상품이나 제품의 판매 및 용역의 제공 등 해당 기업의 일반적 상거래에서 발생한 순자산의 증가분이며, 비용은 상품이나 제품의 판매 및 용역의 제공 등 상거래에서 발생한 순자산의 감소분으로, 이에는 판매된 상품이나 제품의 원가인 매출원가 그리고 판매 및 관리활동에서 발생한 판매비와 관리비가 있다.

자본변동표는 재무상태표의 자본 구성 항목에 대해 기초에서 기말까지 변동 내역에 대한 정보를 표시한다. 현금흐름표는 기업의 현금 유입과 유출을 세 가지 주요 활동으로 구분하여 표시해주고 있다. 재무제표의 본문에는 계량화된 재무적 정보만을 반영·보고하고 있으며, 기업과 관련된 질적 정보와 의사결정에 중요한 정보는 주석을 통해 공시하도록 되어 있다.

기업의 주된 세 가지 활동과 재무제표와의 관계를 다음과 같이 정리할 수 있다.

## [그림 11-2] 기업의 활동과 재무제표

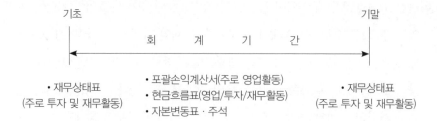

① **재무상태표** : 창업자는 기업의 언어인 회계에 익숙해지려면 최소한 재무제표에 대한 개략적인 이해가 필요하다. 특히 재무상태표는 일정 시점의 회사의 재무 상태를 표시해주는 재무제표로서 현대 경제에는 매우 중요하다.

### [표 11-5] 재무상태표

| 자산             계정과목 약식 설명 | 부채             계정과목 약식 설명 |
|---|---|
| **유동자산** : 사업 연도 말로부터 1년 이내에 현금화되어 유입될 수 있는 자산<br>– 현금성 자산 : 현금과 예금<br>– 매출채권 : 매출 거래에 따른 외상채권<br>– 재고자산 : 원재료, 재공품, 제품<br>– 기타 유동자산 : 기타의 유동자산 | **유동부채** : 사업 연도 말로부터 1년 이내에 변제되어야 할 채무<br>– 매입채무 : 상거래에 따른 재고자산 매입에 따른 채무<br>– 미지급비용 : 재고자산 매입 이외의 상거래에 따른 채무<br>– 단기차입금 : 단기의 차입금<br>– 기타 유동부채 : 기타의 유동 채무 |
| **비유동자산** : 사업 연도 말로부터 1년 초과 기간 내에 현금화되어 유입될 수 있는 자산<br>– 투자자산 : 1년 초과 기간의 장기성예금과 주식 등<br>– 고정자산 : 토지, 건물, 기계장치, 비품 등<br>– 무형자산 : 영업권, 산업재산권, 개발비 등<br>– 기타 비유동자산 : 기타의 비유동자산 | **비유동부채** : 사업 연도 말로부터 1년 초과 기간 내에 변제되어야 할 채무<br>– 장기차입금 : 1년 초과 기간의 차입금<br>– 퇴직급여부채 : 임직원의 퇴직금을 충당하기 위한 부채 |

| | 부채 총계 : 유동부채와 비유동부채의 합계 |
|---|---|
| **자산 총계** : 유동자산과 비유동자산의 합계 | **자본** : 주주 출자 부분과 내부 유보된 이익의 합<br>– 자본금 : 주주가 출자한 부분<br>– 자본잉여금 : 주주 출자 관련 자본금 이외 부분<br>– 이익잉여금 : 이익 중 내부 유보된 부분 |
| | **부채와 자본 총계** 부채와 자본의 합계 |

② **손익계산서** : 손익계산서는 일정 기간의 회사의 손익을 나타내는 재무제표이다.

**[표 11-6] 손익계산서**

| 계정과목 | 계정과목 약식 설명 | 재무비율 |
|---|---|---|
| **매출액** | 일반적 상거래에 따른 매출 | |
| – 상품, 제품, 용역매출<br>– 기타 매출 | | |
| **매출원가** | 매출에 대응되는 원가 | 매출원가율 = 매출원가/매출액 |
| – 재료비 : 제조과정에 투입된 원재료비<br>– 노무비 : 제조에 투입된 인건비<br>– 경비 : 임차료와 감가상각비 등 | | |
| **매출 총이익** | 매출액에서 매출원가를 차감한 금액 | 매출총이익률 = 매출총이익/매출액 |
| **판매비와 관리비** | 판매부대비용과 일반관리비용 | 판매관리비율 = 판매관리비/매출액 |
| – 인건비 : 급여와 퇴직급여<br>– 복리후생비 : 4대보험료와 기타 복리비<br>– 임차료<br>– 세금과공과 | | |

– 감가상각비 : 고정자산 사용에 따라 취득원가를 경제적 내용연수에 따른 원가 배분
– 기타 판매비와 관리비

| 영업이익 | 매출총이익에서 판매비와 관리비를 차감한 금액 | 영업이익률 = 영업이익/매출액 |
|---|---|---|
| 영업외수익 | 일반적 상거래 이외에서 발생한 수익 | |

– 금융수익 : 금융자산으로부터 수익(이자수익 등)
– 기타

| 영업외비용 | 일반적 상거래 이외에서 발생한 비용 | |
|---|---|---|

– 금융비용 : 금융부채로부터 비용(이자비용 등)
– 기타

| 세전 이익 | 영업이익에서 영업외수익을 가산하고 영업외비용을 차감한 금액 | 세전이익률 = 세전이익/매출액 |
|---|---|---|

– 법인세비용 : 이익에 따른 법인세 비용

| 당기순이익 | 세전이익에서 법인세 비용 차감한 금액 | 당기순이익률 = 당기순이익/매출액 |
|---|---|---|
| 주당순이익 | 당기순이익을 발행주식수로 나눈 1주당 순이익 | |

　　재무상태표를 이용하여 기업의 재무적 안정성에 대한 유용한 정보를 얻을 수 있는데, 유동비율은 기업의 유동성(단기지급능력)에 관한 정보를 제공하고, 부채비율은 기업의 재무구조 또는 안정성(장기지급능력)에 관한 정보를 제공한다. 또한 손익계산서를 이용하여 기업의 수익성에 대한 유용한 정보를 획득할 수 있는데, 매출액 영업이익률과 세전이익률 및 순이익률을 통해 수익성(이익 창출 능력)과 미래 현금흐름의 예측정보를 제공하고, 배당가능액과 세금에 관한 정보를 파악할 수 있다.

## (5) 성장 단계 시 기업의 신용평가와 회계 결산

창업 1~2년차에는 기업의 신용평가에서 재무적 비율에 대해 초창기 기업은 예외적으로 가중치가 없거나 적지만, 창업 3년차부터는 기업의 재무제표를 이용한 재무비율이 중요해진다. 따라서 재무비율을 이용하여 기업에 대한 건강상태를 진단해보는 기업건강지표에 대해 살펴보자. 기업의 재무경영지표 중 주요 관심 지표는 다음과 같다.

'안전성 지표'는 유동비율, 부채비율, 차입금의존도, 영업이익 대비 이자보상비율 등이다. '수익성 지표'는 매출액영업이익률, 매출액순이익률, 총자산순이익률, 자기자본순이익률, 총자산 대비 영업현금흐름비율 등이다. '성장성 및 활동성 지표'는 매출액증가율, 영업이익증가율, 당기순이익증가율, 총자산증가율, 자산회전율 등이다.

'유동비율'은 유동자산을 유동부채로 나눈 비율로, 단기채무에 충당할 수 있는 유동자산이 얼마나 되는가를 평가하여 기업의 단기지급능력을 판단할 수 있는 대표적 지표다. 유동비율이 높을수록 단기지급능력이 양호하다고 볼 수 있으나, 과도한 유동자산 보유는 자산운용 효율성을 떨어뜨려 수익성을 저해할 수 있다. '순이자보상비율'은 영업이익을 순이자비용(이자비용 - 이자수익)으로 나눈 비율로, 이자 지급에 필요한 수익을 창출할 수 있는 능력을 측정하기 위한 지표이며, 이자부담 능력을 판단하는 데 유용한 지표다. '부채비율'은 타인자본과 자기자본 간의 관계를 나타내는 대표적인 안정성 지표로, 이 비율이 낮을수록 재무구조가 건전하다고 판단할 수 있다. 경영자 입장에서는 단기채무 상환의 압박을 받지 않고 투자수익률이 이자율을 상회하는 한 타인자본을 계속 이용하는 것이 유리하나, 채권 회수의 안전성을 중시하는 채권자는 기업의 부채비율이 지나치게 높을 경우 추가로 부채를 조달하는 것이 어려울 뿐만 아니라 과다한 이자비용의 지급으로 수익성도 악화되어 지급불능 사태에 직면할 가능성이 높아지기 때문이다.

'차입금의존도'는 장단기차입금과 회사채 합계를 총자산으로 나눈 비율로, 총자산 중 외부에서 조달한 차입금 비중을 나타내는 지표다. 차입금의존도가 높은 기업일수록 금융비용 부담이 가중되어 수익성이 저하되고 안정성도 낮아지게 된다.

기업의 재무적 건강지표는 다수 있지만 실무적으로 많이 검토되는 핵심 재무지표에 대한 건강 체크 상태에 대해 다음에서 살펴보자.

부채비율의 양호한 상태는 200% 이하 또는 기업이 속한 동종산업 평균치 이하 비율이며, 업종에 따라 부채비율이 상대적으로 높을 수 있으므로 업종 간 비율 비교가 필수적이다. 최근 연도 말 2개년 연속 부채비율이 500% 이상이면 정부 출연 연구과제 자금 관련 사전 재무적격성 심사에서 보통 탈락하게 된다. 순이자보상비율의 양호한 상태는 1.5배 이상으로 실무적으로 고려되며, 기업의 회생 여부를 결정지을 때 많이 사용되는 지표다. 유동비율의 양호한 상태는 150~200% 이상 또는 기업이 속한 동종산업 평균치 이상 비율이며, 최근 연도 말 2개년 연속 유동비율이 50% 이하면 정부 출연 연구과제 자금 관련 사전 재무적격성 심사에서 보통 탈락하게 된다.

수익성비율 중 매출액 영업이익률, 매출액 순이익률이 동업종 평균보다 높으면 양호하다고 말할 수 있으며, 총자산(또는 총차입금) 대비 영업현금흐름 비율이 동업종 평균보다 높으면 양호하다고 판단한다. 성장성비율 중 매출액 증가율이 양수이면 신용보증기금이나 기술보증기금에서 보증받을 때 보증한도에서 유리하다.

한편 기업의 건강상태를 나타내는 지표 중 부정적 적신호 예시는 다음과 같다.

완전자본잠식(자본이 음수인 상태, 부채가 자산을 초과한 상태)은 정부 출연 연구과제 신청 시 사전 재무적격성 심사에서 탈락하는 사유이며, 금융기관의 신용으로는 대출 불가 상태다. 요주의 대상이 되는 경영재무지표비율(산업통상자원부 등 정부 출연 연구과제 신청 시 사전 제외 대상은 아니지만 사후 관리 대상)은 다음 사항 중 2개 이상 해당될 때 적용된다.

최근 연도 말 부채비율 300% 이상, 유동비율 100% 이하, 부분자본잠식, 직전 연도 자보상비율 1.0배 미만, 최근 3개년도 계속영업이익 적자 기업, 외부 감사기업의 경우 최근 연도 감사의견 한정.

그리고 금융기관은 재무적 신용평가 시 상기 재무비율 상태는 불량한 상태로 파악하고 있으며, 국세 및 지방세 체납 상태와 금융기관에 채무 불이행자로 등록된 경우, 기업의 부도 상태도 불량한 상태로 인식되고 있다.

신용평가회사로부터 신용평가가 필요한 때는 기업이 대외적으로 투자 유치(전환사채, 주식 형태)를 할 경우, 금융기관으로부터 차입을 고려하는 경우, 공공기관 입찰이나 대기업에 재화나 용역을 제공하려고 할 경우 등이다. 신용평가서에는 종합신용등급과 현금흐름등급 두 가지가 제시되는데 투자적격등급은 BBB 이상이며, 공공기관 입찰 및 대기업 납품 시 최소한의 신용등급은 보통 B등급이다.

재무적 신용평가 등급이 입찰 시 절대적인 낙찰요인은 아니지만, 다른 평가요소에서 경쟁기업과 득점이 비슷할 경우 신용평가등급이 상대적으로 중요해진다. 따라서 신용등급과 회사의 향후 지향하는 목표 등을 위해 재무비율을 활용하여 목표 관리를 하는 기업이 상당수이므로, 재무비율을 활용하는 방법을 알 필요가 있다.

**창업보육센터에서 창업의 공간과 실무를 한 번에 해결!**

'창업보육센터(BI : Business Incubation)'는 기술과 아이디어는 있으나, 제반 창업 여건이 취약하여 사업화에 어려움을 겪고 있는 창업 초기 기업(예비창업자)을 일정 기간 입주시켜 기술개발에 필요한 범용기기 및 사업장 제공, 기술 및 경영지도, 자금 지원 등 창업에 필요한 종합적인 지원을 통해 창업 활성화 및 성공률을 높이기 위한 기업의 멘토 및 디딤돌 역할을 하고 있다.

– 설립 목적

창업보육센터는 "창업의 성공 가능성을 높이기 위하여 창업자에게 시설·장소를 제공하고 경영·기술 분야에 대하여 지원하는 것을 주된 목적으로 설립되었다"(「중소기업창업 지원법」 제2조). 즉 창업보육센터는 핵심기술과 기술에 대한 기술성·사업성·시장성 등은 가지고 있으나 자금, 사업장 및 시설 확보에 어려움이 있는 창업자 또는 예비창업자에게 개인·공동 작업장 등의 시설을 저렴하게 제공하며, 아울러 경영, 세무, 기술지도 등을 지원해서 창업에 따른 위험 부담을 줄이고 원활한 성장을 유도하여 성공 가능성을 높이기 위해 설립된 시설이다.

– 입주기업 지원 프로그램

1. 기술부문 : 기술개발, 기술 이전 및 평가, 디자인 개발 지원, 시제품 제작, 시험, 검사, 장비 지원, 애로기술 지원(전문가 POOL), 보육닥터, 생산공정 관리 등

2. 경영부문 : 사업계획서 작성 및 타당성 검토, 비즈니스 모델 및 전략 수립, 경영 진단, 사업진행도 평가, 재무, 세무, 회계, 홍보, 시장 조사, 판로, 마케팅, 해외 판로 지원, 아웃소싱, 교육 지원, 법인 및 공장 설립 지원, 법률 자문, 특허 지원, 정보 제공 등

3. 행정부문 : 입주 및 졸업기업 간 네트워크 지원, 업무공간 제공 및 관리, 공단입주 등 지자체와의 연계, 사무장비(팩스, 복사기 등) 지원, 회의실, 휴게실 제공, 창고·보관 시설, 주차·보안 서비스, 전산시스템 지원, 사업

관련 유료 DB 지원 등

4. 자금부문 : 정부 및 유관기관 정책자금의 정보 제공, 투자(IR) 지원, 엔젤
   클럽 정보 지원

자료 : 창업보육센터 네트워크시스템(http://www.bi.go.kr)

Chapter 12
# 창업기업의 국제화

# 1. 기업 국제화의 의의

최근 세계 산업의 트렌드가 기술 및 생산의 글로벌화, 네트워크화, 기업·산업·국가 간 연계를 통한 글로벌 가치사슬의 급속한 확대로 이어지면서 과거 국제화의 주된 형태였던 상품 교역을 뛰어넘어 다양한 형태의 국제화가 진전되고 있다. 국내외 경제 환경 변화에 민감한 국내 산업과 기업의 생산성 및 경쟁력 향상을 위해서는 국제 환경의 변화를 빠르게 감지, 이해하고 적극적으로 대응할 필요가 있으며, 이를 위한 방편으로 산업정책 관점에서 국제화를 최대한 활용하려는 시도가 필요하다.

미국의 에어비앤비, 우버 등 단시간 내 대기업 규모로 큰 기업들의 공통점은 바로 국제화다. 에어비앤비는 숙박 공유 플랫폼으로 전 세계 3만 4,000개 이상의 도시에서 사용되고 있다. 2016년 기업가치는 300억 달러로 세계적인 호텔 체인 힐튼그룹을 웃돌고 있다. 우버는 차량 공유제 개념으로 우버 운전기사는 자가 차량을 활용하여 택시 역할을 하고, 고객은 우버라는 프로그램을 통해 우버 '택시'를 이용하는 플랫폼이다. 국내에서는 법적인 문제로 이용되고 있지 않지만, 미국 샌프란시스코 스타트업에서 시작하여 7년 만에 전 세계로 진출해 625억 달러로 비상장기업 중 가장 비싼 기업이 되었다. 만약 이들 기업이 세계 진출을 하지 않았다면 호텔을 하나도 소유하지 않고 세계적인 호텔 기업보다 기업가치가 높거나 공장 하나 없이 자동차업계를 위협할 만한 유니콘 기업은 탄생하지 않았을 것이다.

인터넷이 탄생한 후 전 세계를 국경 없는 네트워크로 만들었지만, 이

열린 네트워크를 활용할 수 있는 사람들은 언어적·문화적 장벽 때문에 소수에 불과했고, 대다수는 자국의 로컬 네트워크 안에 머물 수밖에 없었다. 또한 새로운 웹 서비스를 가지고 글로벌 시장에 진출하기 위해서는 현지에 물리적인 인프라를 구축하지 않고서는 어려웠으며, 초기 벤처기업이 현지인들을 대상으로 마케팅하기란 더더욱 어려웠다. 그러나 현재는 이러한 장벽들을 애플의 앱스토어, 구글의 안드로이드 마켓, 페이스북 등의 글로벌 서비스 플랫폼들이 해결해주고 있어 과거보다 쉽게 글로벌 진출이 가능하게 되었다.

'미미박스'라는 국내 스타트업 기업은 지난 2012년 2월 론칭 이후 국내에서 가장 높은 성장세를 보이고 있는 기업 중 하나다. 미미박스의 초기 성장은 월정액(1만 6,500원)을 받고 소비자에게 맞춤 화장품을 보내주는 서브스크립션(Subscription, 구독) 비즈니스 모델이었다. 하지만 2014년 서비스를 메이크업 아티스트와 협업해 컬래버레이션 제품을 판매하는 모델로 바꿔 더 크게 성장하고 있는 기업이다. 미미박스는 창업 때부터 해외 진출을 염두에 뒀다. 한국 화장품이 글로벌 시장에서 경쟁력 있을 것이라 믿었고, 국내 우수한 중소기업 제품을 해외에 알리는 통로가 되고 싶었다. 설립 초기 미국에서 인큐베이터를 찾았고, 중국은 'K-뷰티' 바람을 활용한 전략을 펼쳤다. 이런 결과, 미미박스의 현재 매출은 국내보다 해외 비중이 더 크다.

미미박스의 핵심 해외 시장은 미국과 중국이다. 이곳에서 미미박스는 모바일 플랫폼과 아임미미, 포니이펙트 등의 자체 브랜드를 중심으로 성장을 가속화했다. 국가별 현지 팀을 운영함으로써 각 국가에 최적화된 비즈니스 모델을 구축하고 그 나라 시장에 맞는 뷰티 콘텐츠와 상품을 제공한 것이 이번 성과의 기반이 되었다. 미미박스뿐만 아니라 해외에서 국내 스타트업이 성공한 사례는 많다. 국내보다 미국에서 먼저 론칭하여 성공한 수학교육 애플리케이션 '노리'가 있고, 일본에서 투자받은 모바일 게임을 위한 데

**[그림 12-1] 미미박스 매출액 현황**

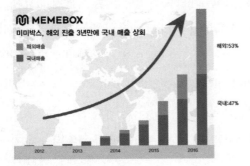

자료 : 미미박스

이터 분석과 실시간 마케팅, 운영 기능을 제공하는 인텔리전스 서비스 업체 '파이브락스'가 있다. 이렇게 국내 스타트업들이 해외 진출을 하는 것은 회사의 입장에서도 중요하지만 국내 전체적 관점에서도 중요하다.

# 2. 기업 국제화의 방법

## 1) 기업 국제화의 유형 및 방법

해외 진출은 투자 대상기업 경영에 직접 참여함을 목적으로 유형의 경영자원인 자본과 인력뿐만 아니라 무형의 경영자원인 경험관리상의 지식, 노하우, 기술 등의 생산요소를 복합적으로 해외에 이전시키는 기업의 경영활동을 말한다. 기업의 해외 진출 유형은 해외 직접투자(FDI), 전략적 제휴, M&A, 합작법인 설립(Joint Venture) 등이 있으며, 이들 방식이 상호 간 복잡하게 얽혀 있어 경계가 분명치 않은 측면이 있으나 해외 진출 유형은 크게 해외 직접투자와 전략적 제휴로 구분할 수 있다. 해외 직접투자로는 그린필드 투자(단독 또는 합작에 의한 신규 법인 설립), JV(합작법인 설립), M&A(기존 기업의 인수 및 합병) 등이 포함되며, JV의 경우 일정 투자를 동반해 파트너 기업과 신규 법인을 설립한다는 측면에서 전략적 제휴 범주에 포함되기도 한다. 전략적 제휴는 2개 이상의 기업이 공동의 전략적 목적을 위해 협력하는 것으로, 자산투자를 동반하는 'Equity-based Strategic Alliance'와 자산투자 없이 협력을 수행하는 'Nonequity based Strategic Alliance'로 구분할 수 있다. 자산 기반 투자의 경우 FDI 요건(투자기업의 지분 10% 이상 보유, 경영 참여) 충족 시 FDI로도 분류된다.

## [그림 12-2] 해외 진출 유형별 차이점

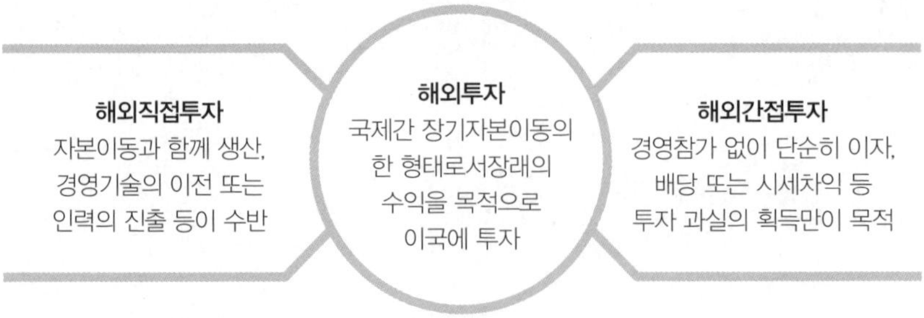

**해외직접투자**
자본이동과 함께 생산, 경영기술의 이전 또는 인력의 진출 등이 수반

**해외투자**
국제간 장기자본이동의 한 형태로서 장래의 수익을 목적으로 이국에 투자

**해외간접투자**
경영참가 없이 단순히 이자, 배당 또는 시세차익 등 투자 과실의 획득만이 목적

## [표 12-1] 해외 진출 유형

| 유형 | 내용 |
|---|---|
| FDI (Foreign Direct Investment, 해외직접투자) | 현지 법입을 설립(단독 or 합작)하거나 현지의 기존 기업을 인수하는 방식, 현지 기업에 대한 투자 10% 이상 지분 보유(IMF 정의)<br>※ M&A, 그린필드형(합작투자, 단독투자) 투자로 구분 가능 |
| M&A(인수합병) | 기존 기업의 지분확보를 통한 경영권 인수, 합병 방식 |
| Greenfield Investment | 신규 법인 설립 방식의 직접투자<br>※ 합작투자(JointVenture), 단독투자(Wholly-owned subsidiary) |
| JV (합작투자) | 공동투자를 통한 합작법인 설립. 단, 모든 JV가 전략적 제휴로 간주되지는 않음.<br>※ JV가 전략적 제휴로 간주되기 위해서는 지속적이며 적극적인 협력 관계가 유지되어야 함<br> – JV 설립을 통한 투자이익에만 관심을 갖는 수동적인 파트너십은 전략적 제휴로 인정되지 않음<br>  예시) Fuji-Xerox의 50:50 지분 투자를 통한 JV 설립 후 Fuji는 지분을 통한 투자이익에만 관심. 동 JV는 마치 Xerox의 자회사처럼 운영되었음 |
| Strategic Alliance (전략적 제휴) | 2개 이상의 기업이 공동의 전략적 목표(기술개발, 생산, 판매, 자본 조달 협력 등)를 달성하기 위해 협력하는 것. M&A와 달리 양 법인의 독립성은 유지<br>※ 자본투자를 병행하는(JV, FDI 등 중소 자본투자) Equity based 제휴와 자본 투자 없이 계약에 의해 양방의 책임과 제휴방법 등을 명시하는 Non-equity based(contractual) 제휴방식으로 구분 |

## (1) 해외 진출 방법

우리나라에서 허용되고 있는 해외 진출(직접투자) 방법에는 ① 외화증권 취득, ② 외화대부권 취득, ③ 외국에서 영업소를 설치, 확장, 운영하거나 해외 사업 활동을 위한 자금 지급 등 크게 세 가지가 있다.

① **외화증권 취득** : 외국에서 사업을 영위하고자 외국 법령에 의한 외국 법인을 신규로 설립할 경우나 이미 설립된 외국 법인 경영에 참가하기 위해 당해 외국 법인의 주식 또는 출자 지분을 취득하는 경우에 필요한 방법이다.

② **외화대부채권 취득** : 상기한 외화증권 취득의 방법으로 이미 설립된 현지 법인 또는 국내 투자자와 실질적인 경제 관계를 수립한(또는 수립하는) 외국 법인에 대하여 동 외국 법인에 투자한 거주자가 상환기간 1년 이상으로 금전을 대여하는 것을 말한다.

③ **외국에서 영업소를 설치, 확장, 운영하거나 해외 사업 활동을 영위하기 위한 자금 지급.**
 - 외국 지점 또는 사무소의 설치비 및 영업기금
 - 외국에서 법인 형태가 아닌 기업을 설치, 운영하기 위한 자금
 - 「해외자원개발 사업법」 제2조에 의한 해외자원개발 사업 또는 사회간접자본개발 사업을 위한 자금(단, 해외자원개발을 위한 조사자금 및 해외자원의 구매자금 제외)

## (2) 해외 진출 유의점

해외 투자는 국내 투자와는 달리 지리적으로 멀고 경제 여건, 산업 발

[그림 12-3] 단계별 해외 진출 흐름도(예시)

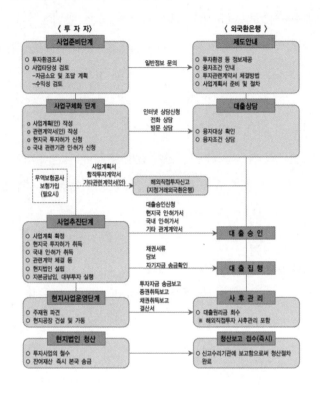

달 정도, 문화, 언어 등과 같은 투자 환경이 우리나라와 다르고 현지 정보 입수도 제한적일 수밖에 없어서 국내 투자에 비해 투자 리스크가 매우 클 뿐만 아니라 실제 투자 과정에서 예측할 수 없었던 문제가 자주 발생한다. 그리고 일단 해외 투자가 결정되고 실행 단계에 접어들게 되면 쉽사리 투자계획을 취소하기도 힘들고, 취소하더라도 이미 투입된 비용과 계약된 내용에 따른 손실을 감수해야 하기 때문에 투자 실행 이전에 투자 여건을 철저히 조사하고 확인해두지 않으면 성공할 가능성은 그만큼 낮아진다. 그렇기 때문에 해외 투자는 계획 단계에서 무엇을 조사할 것인지 체크리스트를 만들고 빠짐없이 조사하여 사업계획에 반영한 후 사업성이 있다고 판단될 때 투자 결정을 내려야 한다. 이는 당연한 이야기 같지만 주위에서 보면 이러한 단계를 거치지 않거나 대충 넘어가는 기업들이 의외로 많다. 투자를 실행하다 보면 크고 작은 문제가 발생하여 사업계획을 변경하거나 일정이 지연되고 심지어는 계획을 취소해야 하는 경우도 있다. 그러나 사전에 치밀한 조사를 통해 사업계획을 수립한 기업이라면 문제점이 적거나, 문제가 있더라도 조기에 해결책을 찾아 정상화가 가능하다.

해외 투자는 국내 투자보다 훨씬 복잡하고 까다로우며 사업 환경도 다르기 때문에 많은 위험성을 내포하고 있으며, 실제로 투자 진출하는 과정이나 현지 운영 과정에서 많은 문제점이 나타나 투자 진출이나 현지 운영 자체를 어렵게 하는 경우도 발생한다. 다음은 해외 진출 경험이 있는 기업과 전문가들이 말하는 해외 투자 시 유의사항을 정리한 내용이다.

### ① 투자 절차보다는 사업계획 수립에 충실하자!

해외 투자 하면 우선 법인설립 및 공장건설 절차를 생각하고 문의하는 기업이 의외로 많이 있다. 이러한 행정적인 절차는 투자가 결정되면 대행사를 통해 처리할 수 있으므로 먼저 투자를 위한 조사 및 사업계획 수립에 충실하여 바른 투자 결정이 될 수 있도록 해야 한다.

### ② 먼저 판매망을 확보한 후 투자하자!

판로 개척과 투자를 병행하여 추진하거나 현지에 투자하면 물건을 사겠다는 현지 바이어의 말만 믿고 투자를 결정하는 경우를 볼 수 있다. 완제품 판매 또는 KD(Knock Down) 부품의 현지 단순조립을 통해 판로를 우선 확보하고 판매 가능성을 확인한 후 투자할 것을 권한다.

### ③ 계약 내용은 꼼꼼히 따져보자!

투자와 수반되는 계약(합작 계약, 기술지원 계약, 판매 계약 등)이 필요하면 변호사 등 전문가에게 자문을 받아보아야 한다. 특히 기술정보 사용 및 판매의 독점권 부여 여부는 향후 현지에서 사업 방향을 고려하여 신중히 결정해야 하고, 혹시 발생할 수 있는 분쟁에서 피해가 없도록 할 수 있는 문구를 계약서에 포함해야 하므로 전문가의 의견이 반드시 필요하다.

### ④ 동반 진출 시에도 타(他) 거래선 개척을 소홀히 하지 말자!

생산한 제품을 구매할 업체와 동반 진출 시에도 동반 업체에 전적으로 의존하기보다는 독자적으로 현지 판매망을 개척하여 투자 리스크를 줄여야 한다. 그것이 동반 업체와 투자기업 모두 원원(Win-Win) 할 수 있는 방법이다.

### ⑤ 공장은 먼저 시스템을 구축한 후 가동하자!

공장을 가동하기 전에 제조, 품질, 구매, 전산, 판매 등 부문별로 시스템 운영을 위한 기준을 만들어 평가한 후 합격 시 정상적인 공장 가동이 되도록 하는 것이 중요하다. 사전에 정해진 가동 일정을 맞추느라 준비되지 않은 상태에서 일단 가동하고 보자는 식의 공장 운영은 나중에 품질 문제 및 납기 차질로 더 큰 경영 손실을 야기할 수 있으므로 설령 가동 일정이 지연되더라도 완벽하게 준비한 후 공장 가동을 하는 것이 정석이다.

### ⑥ 본사와 현지 법인 간 거래 기준을 만들고 준수하자!

공장 가동 초기에는 크고 작은 문제가 발생하여 본사에서 많은 지원이 필요하다. 그러나 아무런 기준 없이 퍼주기 식 지원은 현지 법인의 자생력 확보에 역행할 수 있을 뿐만 아니라 추후 본사와 현지 법인 사이에 이전 가

격 문제도 야기될 수 있으므로 본사와 현지 법인 간 거래 기준을 수립하고
준수하는 노력이 필요하다.

#### ⑦ 주재인력은 어학이 최우선 순위가 아니다!

현지 공장에 주재원을 파견할 때 어학과 업무능력이 모두 뛰어난 적임
자를 찾기란 쉽지 않다. 경험이 없거나 능력이 부족한 현지 근로자들과 함
께 주재업무를 수행하기 위해서는 조직 관리에 탁월하고 업무능력이 있는
사람이 어학능력을 보유한 사람보다 적격이라고 볼 수 있다. 어학이란 현
지 생활을 통해 향상될 수 있지만 업무능력은 단시간에 해결되는 문제가
아니기 때문에 무엇보다도 중요한 것은 기업 내부적으로 능력을 겸비한 적
임자를 사전에 양성하는 노력이 필요하다.

#### ⑧ 현지 문화와 조화를 이루자!

투자기업이 성공적으로 자리를 잡기 위해서는 한국과는 완전히 다른
현지의 문화를 배우고 조화를 이루려는 노력이 필요하다. 특히 교육 수준
이 낮은 공장 근로자들에게 한국식 근로문화를 강요하다가는 높은 이직률
및 경우에 따라서는 노동분쟁의 원인이 될 수 있음을 잊어서는 안 된다.

### (3) 수출

해외 시장에 진출하기 위한 가장 쉬운 방법 중 하나로 국내에서 생산된
제품을 해외로 판매하는 방식인 수출이 있다. 수출 방법은 크게 간접수출
과 직접수출로 나눌 수 있다.

① **간접수출** : 수출과 관련된 주요 기능을 기업이 직접 수행하지 않고
수출업자, 수출대리상, 수출조합 등을 통해 해외 시장에 수출하는 편한 방

법이기 때문에 간접수출은 다음과 같은 상황에 자주 사용된다.

- 수출 활동을 하는 데 소요되는 인적·물적자원이 부족한 경우
- 수출에 대한 전문적 지식이나 경험이 부족한 경우
- 전체 판매액에서 수출이 차지하는 비중이 적은 경우
- 시장 규모가 작은 나라에 수출하는 경우

하지만 간접수출은 직접판매가 아니므로 해외에서 판매되는 유통 과정 파악과 시장정보 수집 및 기반 구축이 어렵기 때문에 신중하게 결정해야 할 방법이다.

② **직접수출** : 해외 진출과 관련된 모든 업무들을 스스로 수행하여 수출하는 것을 의미한다. 해외 시장 조사, 해외 고객조사, 수출가격 책정, 수출과 관련된 전반적인 서류 작성 및 법률 제도 검토까지 기업 스스로 수행하여 수출을 해야 한다. 직접수출은 해외 수출이 가진 단점들을 극복할 수 있으며 해외 시장 변화에 대해 신속히 대처할 수 있는 장점을 가지고 있으나, 해외 전담 인력의 구성 및 조사 비용 등 많은 시간적, 금전적 비용이 발생한다. 그렇기 때문에 수출량의 비중이나 회사의 전략에 따라 수출 방법을 결정 하는 것은 매우 중요하다.

# 3. 기업 국제화의 성공요인

## 1) 사업다각화

벤처·중소기업의 국제화에서 사업다각화는 매우 중요하다. 시장이 좋으면 해당 국가의 후발 대기업 추격이 가속화될 수 있으며, 경쟁력을 가지기 위한 체계적인 마케팅을 전개할 수 있는 환경적 여건이 부족하기 때문이다. 그렇기 때문에 초기 제품으로 시장을 선점했더라도 연속 제품이 출시되지 않으면 자연히 경쟁자의 도전으로 시장에서 도태될 수 있다. 따라서 초기 제품이 성공하면 지속적인 연구개발과 시장 조사를 통해 더 나은 제품과 서비스를 제공해야 하며, 사업을 다각화할 수 있는 전략을 가지고 있어야 한다. 사업을 다각화하기 위해서는 다음과 같은 수립 절차가 필요하다.

첫 번째, 수익성이 높은 핵심역량을 발굴하고 집중해야 한다. 기업의 핵심역량을 정의하기 위해서는 먼저 기업이 영위하고 있는 사업 범위에 대한 분명한 정의가 있어야 한다. 사업 범위는 일반적인 산업 구분에 따를 수도 있고, 개별 기업의 사업 특성에 따른 기능으로 구분할 수도 있다. 이때 기업 운영 목표에 대한 고려가 선행되어야 한다. 예를 들어 다각화를 통한 사업 확대가 매출의 극대화에 있는지, 아니면 수익성의 극대화에 있는지에 대한 고려가 선행되어야 한다.

두 번째, 핵심역량의 주변 사업 대안을 점검해야 한다. 정의된 핵심역량과 관련된 다양한 주변 사업들을 점검하고, 이들을 도식화하여 기업의 핵심역량과 이와 관련된 다양한 다각화 대안들을 손쉽게 파악할 수 있다.

세 번째, 사업다각화 대안으로서 주변 사업을 평가하고 선택해야 한다. 진출 가능한 사업 대안에 대한 구체적인 자료 수집 이전에, 진출하려고 하는 주변 사업이 핵심사업의 역량 강화에 도움이 되는지, 경쟁자로부터 기업을 방어하는 데 도움이 되는지, 그 사업에 대한 수행 능력이 있는지 등을 검토해야 한다.

네 번째, 실행 계획을 마련하고 시행해야 한다. 사업다각화는 목적에 따라 유형이 다르다. 자신의 핵심사업 분야와 연관된 다양한 사업 분야에 대해 불확실성을 제거하기 위한 보험성 투자 형태가 있고, 투자 핵심사업의 역량과 범주를 확대시키기 위해 가까운 분야에서부터 점진적으로 투자의 폭을 확대해가는 형태가 있다. 그렇기 때문에 목적에 따른 유형을 정하고 계획을 마련하여 실행해야 한다.


## 2) 과감한 개혁

해외 진출에 성공하기 위해서는 기업 내·외부의 과감한 개혁이 필요하다. 현재 대부분의 성공적인 세계적 스타트업을 보면 기술혁신, 조직구조의 변화, 비즈니스 모델의 혁신 등 과감한 개혁을 하였다. 국내 기업인 삼성은 일본 대기업 하청구조에서 과감한 내부 조직 개혁을 통해 세계를 선도하는 기업이 되었고, 우리가 흔히 알고 있는 에어비엔비(호텔, 숙박업소), 우버(택시)와 같이 세계적인 유니콘 기업들 대부분은 기존에 있는 기술 및 비즈니스 모델을 혁신하여 성공했다. 중국의 대표적 통신기업인 화웨이는 1987년 창립 초기부터 전체 매출액의 10% 이상을 연구개발에 투자하고 전체 직원의 50% 이상을 연구 인력으로 구성하며 기술개발에 집중하여 지속적으로 중국 기업 특허등록 건수 1위를 차지하고, 가장 혁신적인 중국 기업 중 하나로 손꼽히고 있다. 그 결과 2015년 처음으로 삼성과 애플 다음으로 스마트폰 시장점유율 3위를 기록했고 글로벌 브랜드 88위까지 상승했다. 이렇듯 과감한 개혁은 성공적인 기업 국제화를 위해 중요한 요소다.

## 3) 철저한 시장 분석

기업 국제화를 통한 해외 진출은 리스크가 높은 기업 활동이다. 그렇기 때문에 리스크를 최대한 감소시키면서 사업을 진행하는 것은 무엇보다 중요하다. 특히 벤처·중소기업의 경우 인적, 금전자원의 한계가 있기 때문에 해외 시장 조사의 어려움을 겪고 있지만, 국내 해외 진출 지원제도 및 기관을 활용하면 철저한 시장 조사가 가능하다. 국가기관 KOTRA를 통해 해외 잠재사업 파트너 발굴, 시장 동향, 원부자재 공급선 조사 등 타깃 장에 대한 정보를 제공받을 수 있으며 해외 전시회 또는 박람회에 참가할 수 있다. 뿐만 아니라 중소기업청과 산업통상자원부에서는 2017년 기준으로 기술개발부터 유통망 확보까지 3,729억 원 상당의 모든 지원체계를 통합 제공하고 있다. 이를 활용하면 철저한 시장 분석이 가능한데 조사 세부 내용은 다음과 같다.

먼저, 조사를 의뢰할 업체를 선정하거나 자체 조사단을 꾸리고 정해지면 각 조사단은 연구의 범위, 조사방법, 예산, 일정 등을 계획하고 조사를 할 수 있는 인력 및 장비를 준비해야 한다. 시장 현황 분석에는 업종의 산업 및 동향(트렌드)과 진출 국가의 무역 현황 내용이 있어야 하며 유통 현황도 함께 분석해야 한다. 시장의 잠재 수요, 소비자 태도 및 기호, 유통 경로·기구, 광고매체 등이 예가 되겠다. 그리고 타깃 시장(진출 유망) 분석이 이루어지고 유망 바이어 등을 조사해야 한다. 제품 평가에서는 수명주기, 가격, 디자인 평가 등이 있으며 바이어의 제품 개선 요청사항을 반영해야 한다. 또한 조사항목 중 필수적으로 경쟁대상 등을 분석해야 하는데 이때 기존의 경쟁대상, 잠재 경쟁대상, 제품을 대체할 수 있는 대상까지 확대하여 경쟁대상을 폭넓게 잡아서 철저하게 준비해야 한다. 그래야 초기 시장 선점에 성공하더라도 후에 위협이 될 수 있는 경쟁기업에 대응할 수 있기 때문이다. 이런 경쟁기업 조사 내용에는 경쟁기업의 전략, 경쟁기업의 목표시장, 마케팅 믹스 전략, 기업의 생산량과 생산성 등이 있다. 가장 중요한 조사항목은 진출국가의 법·제도 내용이다. 실제 각 국가의 문화나 법·제도에 따라 사업이 불가하거나 소비자 호응을 얻지 못하는 사업이 있다. 국내에서는 우버가 대표적이다. 세계적인 스타트업 우버는 국내에서는 정치적, 제도적 문제로 진출하지 못하고 있다. 그렇기 때문에 해당 진출국가에 대한 법률 및 제도의 선행 조사는 중요하다. 이런 앞선 기본 조사들이 다 이루어지면 마케팅 계획을 세워서 해외 진출의 가능성 및 리스크를 분석하여 진출하면 된다.


### 4) 브랜딩


글로벌 경쟁에서 세계적 기업들 사이의 소비자들에게 자사의 브랜드를 알리는 것은 기업의 생존과 직결되는 문제다. 브랜드는 타사의 모방을 막아주는 동시에 차별화를 보여주는 좋은 무기다. 잘 만든 브랜드는 기업 이미지를 소비자에게 정확하게 전달하며, 기업 경쟁력은 소비자의 감성을 끌어당기는 브랜드의 역할에 달려 있다고 해도 지나친 말이 아니다. 우리 기업이 수출을 시작하던 초기에는 가격 경쟁에 사활을 걸었다고 해도 과언이 아니다. 그러나 더 이상의 가격 경쟁은 오늘날 국내 시장뿐 아니라 국제 시장에서도 무의미한 전략이다. 이제는 국제적 기준에 맞는 품질을 기반으로 한 우수한 제품을 생산 및 판매하는 데 승부를 걸어야 한다. 그리고 우수한 품질을 보증하고 인지시켜주는 것이 브랜드다. 삼성은 혁신적인 제품과 더불어 선도제품에 대한 브랜드를 가장 잘한 예로 들 수 있다. 브랜드 친숙도를 높이기 위해 글로벌 차원에서 스포츠 마케팅 및 엔터테인먼트 마케팅에 집중했고, 여기서 빼놓을 수 없는 것이 올림픽 공식 후원사(TOP : The Olympic Partners)로서 올림픽 마케팅을 전개한 것이다. 이런 높은 비용이 드는 브랜드 활동을 통해 삼성 브랜드는 세계에서 대중의 인식을 바꾸고 있으며, 세계적으로 인정받는 브랜드로서 더욱더 프리미엄 브랜드로 이동해가고 있다. 브랜드는 소비자들이 관심을 가질 수 있어야 하며, 기업은 이 글로벌 브랜드를 통해 누구보다 강력하고 차별화된 시장 지배력을 가질 수 있어야 한다. 이러한 브랜드가 되기 위한 성공요건은 다음과 같다.

첫째, 당신만의 시장에서 리더가 되라. 시장에서 제일 많이 팔려고 하지 말아야 하며, 시장에서 가장 많이 알리려고 하지도 않아야 한다. 당신이 고객으로 만들고 싶은 그들에게 당신만의 가치를 인정받아야 한다. 당신이 소비자를 지배할 수는 없다. 하지만 당신이 인정받은 가치는 소비자의 마음속에 자리 잡아 소비자들에게 당신이 지배할 수 있는 시장을 만들어줄 것이다.

둘째, 소비자에게 일관된 메시지를 전달해야 한다. 변함없이 믿고 있던 친구가 어느 날 당신의 기대와 다른 행동을 한다면 당신은 어떻게 생각할까? 그것이 당신의 실수이든, 원래 그런 모습이든 그건 소비자에게 중요하지 않다. 중요한 것은 그 친구가 소비자의 기대를 저버렸다는 것이다. 소비자에게 당신이 주는 메시지는 언제나 같아야 한다. 물론 평생을 같이할 수 있는 친구처럼 당신이 소비자에게 주었던 기본 가치를 잊지 말라는 말이지,

정체해 있으라는 말은 아니다. 옷은 언제라도 갈아입을 수 있는 것 아닌가? 코카콜라는 2000년대 들어 지역별로 특화된 마케팅 전략을 펼치다가 다시 전 세계가 하나로 통일된 전략으로 회귀한 뼈아픈 실패의 경험이 있다. 국제적이란 말은 '우리는 세계인과 하나'라는 식의 무의미한 선언이 아니라 세계 어디에 가더라도 당신의 모습을 잃지 않고 있는가에 대한 것이다.

셋째, 세상의 변화를 느껴야 한다. 브랜드는 변하지 않는 역사의 한 페이지와 같은 것이 아니다. 소비자의 마음이 달라질 수 있는 위험에 언제나 노출되어 있다. 글로벌 브랜드로 남아 있기 위해서는 언제나 눈과 귀를 열어라. 시장점유율의 변화와 영업 현장의 목소리를 잘 체크해야 한다. 위기 징후가 왔을 때 즉각 대처하지 않으면 브랜드의 몰락은 순식간에 일어난다.

넷째, 브랜드 투자를 게을리하지 말아야 한다. 기대를 저버리는 친구에게 실망하듯, 변하지 않는 친구도 언제까지 당신에게 신선함을 주지는 못한다. 스스로의 모습은 잃지 않되 언제나 변하라. 당신을 사랑하는 친구가 당신의 친구임을 자랑스러워할 수 있도록 해야 한다.

다섯째, 브랜드 보호를 위해 힘써야 한다. 글로벌 브랜드가 가지는 가치 때문에 언제나 겪을 수밖에 없는 피해가 브랜드 도용이다. 스스로의 명예는 스스로 지켜라. 다행히 브랜드를 보호할 수 있는 장치가 점차 늘어나고 있다.

Chapter 13

# 창업 출구 전략

# 1. 출구 전략의 의의

　'창업→성장→회수→재투자/재도전'의 순환을 통해 벤처 생태계를 구축하여 성장 단계별 맞춤형 투자·회수 시스템을 갖추어 나가는 것이 기술창업 부흥과 발전을 위해 중요하다. 창업 후 일정 정도 성공을 한 뒤에 창업가와 투자자는 그때까지의 노력과 성과를 금전적으로 보상받고 싶어 하고, 투자한 자금을 현금으로 회수하는 것을 보통 '출구 전략(Exit Strategy)'이라고 칭한다. 창업 후 상당 기업이 3년에서 5년 내에 폐업하는 경우가 많은 것이 현실이지만, 기술창업 후 점진적 성장을 하든가 또는 급속한 성장을 한 뒤에 창업가나 투자자는 기업에 투자한 자금을 일정 방식을 통해 회수하고, 그 회수한 자금으로 타 벤처기업이나 기술창업자에게 재투자하거나 그 회수 자금을 기반으로 신규 유망 분야에서 창업을 하기도 한다. 이러한 선순환적 생태계 조성이 구축되어야만 4차 산업혁명 시대에 선도적 발전 여건이 되는 것이다.

　출구 전략의 주요 유형으로는 기업공개인 IPO(Initial Public Offering), 기업 인수합병인 M&A(Merger and Acquisition), 자발적 청산(Liquidation) 등이 있다. 한국에서는 이제까지 출구 전략 형태로 기업공개가 많았지만, 최근들어 M&A도 점진적으로 증가하고 있다. 한편 미국에서는 M&A가 활성화되어 있다.

# 2. 출구 전략의 종류

## 1) 기업공개

기업공개는 코넥스(KONEX), 코스닥(KOSDAQ), 코스피(KOSPI) 세 형태로 이루어진다. 코넥스 시장은 혁신형 초기 성장 중소기업 중심, 코스닥 시장은 첨단산업의 기술기업 중심, 코스피 시장은 대형 기업 중심으로 포지션되어 있다. 코넥스 시장은 현재 상대적으로 주식 거래가 활성화되어 있지는 않다.

### (1) 기업공개(IPO) 의의

상장이란 한국거래소가 정한 요건을 충족한 기업이 발행한 주권을 증권 시장에서 거래할 수 있도록 허용하는 것으로, 최초 신규 상장을 통해 IPO 가 이루어진다. 신규 상장은 상장 예비 심사청구 후 공모(모집·매출)를 통해 이루어진다. 거래소는 원활한 유동성을 유지하고 공정한 가격을 형성할 수 있도록 매매 거래 대상인 주권에 대해 일정한 기준에 따라 심사하여 기업의 자금 조달과 투자자 보호를 도모하고 있다.

① **기업의 인지도 및 브랜드 파워 강화** : 상장법인의 주가 등이 신문, TV 등 언론매체에서 수시로 보도됨으로써 기업의 홍보효과가 커지게 되고 국내외 투자자에 대한 당해 기업의 인지도를 높일 수 있으며, 이로 인해 우수 인재의 입사 지원 증가 및 우수 인력의 확보가 용이할 수 있다. 또한

스톡옵션을 지급받는 경우, 시장가격이 스톡옵션의 행사가격보다 높게 형성되면 스톡옵션의 보유자는 금전적으로 많은 이득을 볼 수 있어 임직원의 동기부여와 인력 확보에 실질적 도움이 될 수 있다.

② **재원 확보 용이 및 기회 확대** : 유상증자, 해외 DR 발행, 전환사채, 교환사채 등 다양한 방법을 통해 대규모 필요자금을 용이하게 조달할 수 있다. 상장법인은 정관이 정하는 바에 따라 이사회의 결의로써 주주의 신주인수권을 배제하고 불특정 다수인(당해 기업의 주주를 포함한다)을 상대로 신주를 모집할 수 있다. 자금 조달 및 운용의 용이성 덕분에 새로운 기회의 모색 및 참여의 폭 확대, 투자 재원의 확보가 가능하여 성장 기반 확보에 도움이 된다.

③ **투자금 회수 및 주식 양도 관련 혜택** : 기존에 장외 거래 등으로 기업에 투자했던 주주들이 공개 시장을 통해 투자금을 회수할 기회가 용이해진다. 주식 양도소득에 대한 비과세(「소득세법」 제94조, 동법 시행령 제157조 제4항)로, 상장주식은 대주주 등을 제외하고 주식 양도에 따른 양도소득세를 부과하지 않고 있기 때문에 상장을 위해 모집하거나 유가증권시장을 통해 양도하는 경우에는 양도소득세가 면제된다. 그러나 비상장주식은 양도차익의 20%(중소기업의 대주주가 아닌 경우 10%, 중소기업 이외 법인의 주식을 소유한 대주주로서 1년 미만 보유 시 30%)를 세금으로 납부해야 한다. 상속 및 증여재산의 시가평가(「상속세 및 증여세법」 제63조 및 동법 시행령 제53조) 관련, 비상장법인이 발행한 주식을 상속 또는 증여할 경우 상속세 및 증여세법에서 정한 산식으로 평가하고, 상장법인이 발행한 주식을 상속 또는 증여할 경우 평가기준일 전후 각각 2개월간 최종 시세의 평균액으로 평가한다.

④ **기업 지배구조 개선** : 상장 규정에서 정하는 다양한 방법(기업분할, 지주회사제도, M&A, 장내 매매 등)을 통해 경영목적에 맞는 구조조정을 원활하게 추진할 수 있고, 상장을 위한 각종 경영 시스템을 점검하여 내부 통제 절차를 강화해야 한다.

## (2) 기업공개 요건

① **코넥스**(KONEX) : 자본시장을 통한 초기 중소기업 지원을 강화하여 창조경제 생태계 기반을 조성하기 위해 2013년 새로이 개설된 중소기업 전용 신시장이다. 자본시장을 통한 중소기업 자금 조달 지원의 부진, 중소기업 지원을 위한 코스닥 시장·프리보드의 기능 미흡, 초기 중소기업에 최적화된 증권시장 제도 필요 등 다양한 배경으로 시작되었고 중소기업 특화시장, 모험자본의 선순환 체계 지원, M&A 등 구조조정을 지원하는 시장의 특성을 가지고 있다. 그렇기 때문에 상장 요건은 다른 시장(코스피, 코스닥)보다 완화되어 있으며, 상장 폐지 요건을 따로 적용하지 않고 있다.

코넥스 상장 요건은 크게 외형 요건과 질적 요건이 있다. 외형 요건은 기업을 평가할 수 있는 객관적인 수치를 뜻하며, 특징으로는 기업이 해당 기업 실정에 맞는 요건을 선택할 수 있도록 기업의 재무 요건을 최소화하고 외형 요건을 선택할 수 있다(매출액, 자기자본 및 당기순이익 중 택일). 질적 요건은 경영진의 시장건전성 저해 행위, 경영 투명성, 회계정보 투명성, 투자 위험 등 공익과 투자자 보호에 부적합한 사유가 없는지 평가 가능한 질적인 요소를 뜻한다.

[표 13-1] 코넥스 상장 요건

| 구분 | | 내용 | 비고 |
|---|---|---|---|
| 중소기업 여부 | | 중소기업 기본법에 따른 중소기업 해당 여부 | |
| 재무 내용 | 일반기업 | ① 매출액 10억 원 이상<br>② 자기자본 5억 원 이상<br>③ 당기순이익 3억 원 이상 중 택일 | 택일 |
| | 벤처투자기업 | ① 매출액 5억 원 이상<br>② 자기자본 3억 원 이상<br>③ 당기순이익 2억 원 이상 중 택일 | 택일 |
| 감사의견 | | 최근 사업연도 감사의견이 적정일 것 | - |

② **코스닥**(KOSDAQ) : 1차 벤처붐 시대에 탄생한 시장(1996년)으로 IT, BT, CT 등 신성장 산업을 육성하기 위해 구축했다. 1990년대 말 외환위기 극복 및 'IT강국 코리아' 신화 달성에 공헌하고 한국 IT산업 발전과 궤를 같이하며 빠르게 성장했지만, 벤처붐 이후 2010~2012년까지 시장 규모가 감소하다 2013년부터 다시 점진적으로 증가했다. 벤처기업 육성을 위해 탄생한 시장이기 때문에 기술평가 통과 시 경영 성과 또는 이익 규모 등 일부 외형 요건의 면제 등 코스피 시장보다 상장 요건이 완화되어 있다.

코스닥 시장에는 형식적 요건과 질적 요건이 있다. 형식적 요건은 재무적 요건과 비재무적 요건으로 다시 나눌 수 있는데, 재무적 요건에는 기업 규모, 자본 상태, 매출액, 경영 성과 등이 있고 비재무적 요건에는 주식 분산, 경과 연수 등이 있다. 그리고 질적 요건에는 기업의 계속성, 경영 투명성, 기타 투자자 보호 등이 있다.

## [표 13-2] 코스닥 상장 요건

| 항목 | 대형법인 | 일반기업 | 벤처기업 | 기술성장기업 |
|---|---|---|---|---|
| 자기자본 | 1,000억 원 이상 | 30억 원 이상 | 15억 원 이상 | 10억 원 이상 |
| 설립 후 경과 수 | 3년 이상 | 3년 이상 | – | – |
| 시가 총액 | 2,000억 원 이상 | 90억 원 이상 | | |

③ **코스피**(KOSPI) : 중대형 우량기업 위주로 형성된 시장으로, 1956년 증권시장의 국제화를 통한 경쟁력 제고 및 세계 각국 증권시장의 국경을 초월한 경쟁에 대응하기 위해 설립되었다. 규모가 크며 국가 경제에 영향을 크게 미치는 점에서 코스피 상장 요건은 다른 2개의 시장보다 까다롭다. 상장 요건의 큰 틀에서는 코스닥과 동일하게 형식적 요건과 질적 요건이 있지만, 상장을 위해 필요한 금액 크기(매출액, 자본 상태 등)와 혜택 항목이 없는 점에서 차이를 확인할 수 있다.

## [표 13-3] 코스피 상장 요건

| 항목 | 국내 법인 | 외국 법인 |
|---|---|---|
| 자기자본 | 300억 원 이상 | |
| 상장 예정주식 총수 | 100만 주 이상 | 국내 공모 100만 주 이상 |
| 매출액 | 최근 사업연도 감사의견이 적정일 것 <br> – | |

## (3) 기업공개 절차

기업공개 절차는 사전준비 단계로서 주관사 계약 체결을 하고 상장을 위한 사전준비를 하며, 준비 과정에서 큰 문제점이 없으면 6개월 정도 소요된다. 이후 상장 예비심사청구 단계에 2개월 정도 소요되고, 예비심사청구 승인이 되면 공모 단계로 증권신고서를 제출하고 IR을 실시하고 최종 공모가를 결정하고 투자자의 청약 및 납입을 받는 데 1.5개월 정도가 소요되며, 주권의 상장 신청 및 매매 개시 단계로 1주일 정도가 소요된다. 일반적으로 기업이 창업하여 성장하는 과정 속에서 경험하게 되는 이슈와 갈등이 존재하므로 그러한 이슈와 갈등을 치유하는 데 소요되는 시간까지 고려하면, 보통 최초 신규 상장 때 상장을 준비하는 기간은 실무적으로 2.5년에서 3년이 소요되는 경우가 많다.

**[그림 13-1] IPO 상장 절차**

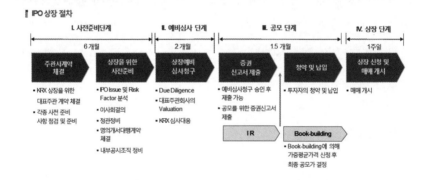

## 2) M&A

### (1) M&A의 의의

'기업합병(Merger)'은 대상기업들이 하나로 합쳐서 단일회사가 되는 형태이며, '기업매수(Acquisition)'는 기업의 자산 또는 주식의 취득을 통해 경영권을 획득하는 형태의 사전적 의미로서 2개의 단어를 합쳐 M&A라고 부른다. M&A란 학문적으로 정립된 용어가 아닌, 실무적 차원에서 형성된 용어로서 '한 기업의 경영진이 다른 주인의 이익을 대리하는 행위로 새로운 경영진에 의해 교체되는 행위'로 설명되며, 경영권(corporate control)이 다른 경제주체에게 이전되어야 하므로 M&A 시장을 '경영권 시장(market for corporate control)'이라고 한다.

최근까지 한국의 경우 M&A에 대한 부정적 인식 등으로 창업가들은 M&A를 기업의 마지막 탈출 수단, 즉 최악의 경우 퇴로로 접근하는 폐쇄적 사고가 많았으나, 최근에는 글로벌 선두 기업인 구글과 애플의 M&A를 통한 사업 재편과 성장, 이스라엘 사례로서 창업 시부터 미국 기업을 포함한 글로벌 기업들을 대상으로 한 인바운드 M&A를 고려하여 기업의 방향을 조율하는 사고, 4차 산업혁명 환경하에서 M&A를 기업 성장전략으로 인식하는 변화가 강하게 일어나고 있다. 또한 최근에는 '창업→성장→회수→재투자/재도전'의 순환을 통해 벤처 생태계를 구축하는 과정에서 M&A가 활발해지고 있다. 수요자 측면 또는 매수자 측면에서 중소·벤처기업이 중견기업으로 성장하기 위해서 또는 지역적 한계를 뛰어넘어 글로벌 기업으로 성장하기 위해서 사다리 기능의 M&A가 점진적으로 증가하고 있는 것이다.

기업의 생존과 성장을 위한 전략은 보통 내적인 방법과 외적인 방법 두 가지 형태로 검토할 수 있다. 내적 전략은 기업 내부의 자체적인 노력과 기술개발을 통해 중장기적 기간에 점진적 발전을 도모하며, 외적 전략은 상대적으로 짧은 기간 내에 여러 개 기업들이 단일의 인적·물적·자본적 지배체제로 결합되는 형태다. 현재의 기술적 변화 속도가 빠른 4차 산업혁명 환경에서 대기업들은 적극적으로 해외 기업을 인수하여 글로벌 경쟁력 강화와 신성장동력 발굴에 M&A를 적극적으로 활용하는 분위기다.

기업 인수합병 후 시너지를 확보 또는 창출하기 위해서는 철저한 사전 준비와 실사가 중요하며 시너지는 영업 시너지, 재무 시너지, 다각화 시너지 등으로 구분할 수 있다. 영업 시너지는 규모의 경제, 통합자원 공유를 통한 비용 절감 등이다. 재무 시너지는 M&A를 통한 보유주식 매각이 상대적으로 적은 양도세를 부담할 수 있게 하고, 법인세 절감효과 도출이 가능하며, 부채비율이 낮은 기업을 인수함으로써 양호한 재무구조를 활용하여 자금 조달 능력을 배가할 수 있고, 사업 위험 분산을 통한 안정적 현금흐름 구조 확보 등을 기대할 수 있게 한다. 다각화 시너지는 신사업의 도입과 기업 내부의 분산투자로 위험 프리미엄을 줄일 수 있고, 국제화를 통해 현지 공장 건설, 인재 양성, 시장 개척 등에 소요되는 시간과 비용을 절감하여 글로벌 기업으로 도약할 수 있게 한다.

### (2) M&A의 형태

상법, 자본시장과 금융투자업에 관한 법률(자본시장법), 독점규제 및 공정거래에 관한 법률(공정거래법)에서 정하고 있는 법적 M&A 형태는 자산에 대한 지배권의 취득방법(기업결합)에 따라 주식 취득, 합병, 영업 양수, 임원 겸임, 새로운 회사 설립 등으로 구분하고, 실무상 사업분할과 기업결합과 관련된 일체의 행위를 광의의 M&A라고 칭한다.

① **매수자 관점에서의 M&A** : 기업의 사업 모델 결합 측면에서 시장의 변화, 기술의 변화, 경쟁구도의 변화 등에 의해 영향을 주고받는 것으로서 그 기업의 수요에 맞게 사업 모델을 통합하여 궁극적으로 하나의 사업 모델로 재구성하는 과정으로 볼 수 있다. 마이클 포터의 산업구조 분석 모델에 따르면, 기업의 수익성은 산업의 다섯 가지 경쟁 세력 요인에 의해 결정된다. 잠재적 진입자의 위협, 대체제의 위협, 공급자와의 교섭력, 소비자와의 교섭력으로 인해 기업의 경쟁력이 결정된다는 모델을 기반으로 경쟁 위치를 향상시킬 수 있는 방향에 따른 주력사업 경쟁 모델 측면에서 구분해볼 수 있다.

수평적 M&A 형태는 잠재 진입자 또는 대체품을 제조하는 기업과의 결합으로, 생산설비의 효율적 활용, 규모의 경제에 따른 생산비용의 감소, 중복투자 배제 등의 경제적 효과를 기대할 수 있다. 수직적 M&A 형태는 원자재, 제품, 유통 등 전후방 연관관계를 형성하고 있는 경쟁전략 모델에서 공급자 또는 구매자 기업과의 결합으로, 생산의 흐름을 개선하고 유통경로를 단축하여 재고관리 비용을 절감함으로써 경영효율성을 증대시키려는 사고에서 발생한다. 혼합적 M&A는 이종업종 간에 발생하는 기업결합으로, 다양한 사업 분야의 복합화를 통해 재무적 위험을 감소시키고 높은 수익을 올리려는 것이며, 성숙 단계에 진입한 기업이 성장 유망산업에 새롭게 진출하기 위한 수단으로 고려하고 있다.

② **매도자 관점에서의 M&A** : 기업 구조조정 형태의 M&A로 영업활동, 재무구조, 주주 구성 등의 개선을 목적으로 회사의 전부 또는 특정 사업 부문을 매도하는 것이다. '역병합(Reverse) M&A'라고도 하며 그 형태는 분리 설립(Spin-off), 분리 공개(Carve-out), 분리 매각(Sell-off) 등이 있다. 전략적 측면에서 규모를 축소해야 하는 경우 또는 부채를 줄이기 위해 일부 사업부를 매각하는 경우를 들 수 있다.

'분리 설립(분할)'은 기업의 일부를 떼어내어 독립기업으로 분리 설립하면서 지분 구성은 그대로 하는 것이다. 즉 기존 회사에 현금 유입은 없으면서 독립기업이 설립되는 것이다. '분리 매각(사업 또는 자산의 양도)'은 현금성 자산을 받고 기업의 일부를 매각하는 것이다. 사업부가 매각되는 것으로서 현금성 자산이 기존 회사에 유입된다는 점에서 분리 설립과 다르다. 정상 시 기업 재편 또는 구조조정 M&A는 자발적 분리 매각을 통해 자본시장에서 집중 투자를 이끌어낼 수 있고, 회생 또는 파산 시 M&A는 채권자를 포함한 이해관계자들의 이해를 조정하면서 기업 재편을 함으로써 복잡하고 까다로운 거래가 되는 경우가 많다.

### 성공한 그대여 나가자(창업출구 전략)

다음카카오가 '김기사'를 626억 원에 전격 인수했다. 카카오택시 출시 40여 일 만에 회원 수 7만 명을 돌파하며 승승장구하고 있지만 다음 측 고민은 '수익 모델 부재'. 이 때문에 이번 M&A가 다음카카오에 '신의 한 수'가 될 것으로 전문가들은 보고 있다. 다음은 '김기사'라는 맹장(猛將)을 등에 업고 일본, 중국으로 진출할 계획이다.

세계 3대 메신저로 성장한 '라인'이 네이버의 구원투수 노릇을 톡톡히 해내고 있다. 사실 라인이 출발한 것은 8년 전 검색엔진 업체 '첫눈'이라는 벤처를 350억 원에 인수하면서다. 네이버는 '첫눈' 인수 당시부터 외국 시장을 염두에 두었다. 2011년 네이버가 모바일 메신저 '라인'을 일본에 출시하면서 '첫눈' 인력들이 사업에 큰 역할을 해냈다.

벤처기업의 엑시트로 네이버, 다음 등 대형 IT업체의 M&A가 가장 효과적인 방법으로 꼽힌다. IT 대기업은 한 단계 도약에 필요한 동력원을 기술력 있는 벤처기업에서 얻고, 벤처는 재창업 자금을 확보하게 된다. 물론 페이스북이나 구글, 알리바바 등 해외 IT 공룡들도 전 세계 벤처기업을 대상으로 적극적인 M&A에 나서고 있다. 스타트업 창업에 우수한 인재들이 뛰어들고 일부 업체는 대기업에 인수되거나 IPO를 통해 성공하는 것이 벤처 엑시트의 '선순환'이다.

국내에서 인터넷 벤처가 연간 50억 원의 광고 매출을 창출하기 위해서는 약 500만 명의 등록고객(유효고객 100만 명)을 확보해야 한다. 부문별로 이런 능력이 되는 지배적 업체는 1~2개 있을 수밖에 없다. 대기업 입장에서는 인수 대상 업체가 국내 시장에서 확고한 입지를 확보하고 글로벌 시장을 겨냥하고 있는 곳이 선호되고 있다. 꽉 막힌 '벤처 엑시트' 시장을 뚫으려면 창업 단계부터 기업이나 정부의 지원이 유기적으로 연계돼야 한다고 전문가들은 지적하고 있다.

현재 정부 지원 벤처자금의 상당 부분은 내수시장에 주력하는 청년 창업가에게 돌아가고 있다. 이들은 저마다 '참신한 아이디어'를 강조하고 있지만 경쟁업체가 쉽게 모방할 수 있는 경우가 많아 대기업의 인수 매력은 크게 떨어진다. 따라서 정부가 국내 스타트업 M&A에 대한 세제 혜택을 주고, 잠재력 높은 벤처의 글로벌 IPO를 지원하는 것도 방법이다. 또 해외 대기업이 국내 벤처를 M&A하는 경우 '기술력 유출'로만 보지 말고, 해외에서 인정받는 '국내 벤처'라며 긍정적으로 칭찬하는 풍토가 조성되어야 한다. 이외에 국내 대기업이 벤처 업체의 해외 진출을 지원하기 위한 국내외 네트워킹(교류)을 지원하는 것도 대안이 될 수 있다.

전문가들은 '김기사'처럼 엑시트를 통한 '빅 위너'(Big Winner)'가 계속 등장해야 벤처 창업시장에 신선한 자극이 될 것이라고 지적한다. 이를 위해 정부와 창업 벤처, 대기업이 건전한 '창업 생태계'를 함께 조성해 나갈 필요가 있다. 또한 벤처업체는 창업 초기부터 투자자의 이익을 지켜주기 위한 엑시트 전략을 세울 필요가 있다. 해외 시장 겨냥이나 네트워킹 구축 등도 그런 큰 밑그림이 있어야 가능하다. 벤처의 해외 M&A가 활발해질 수 있도록 정부가 해외 벤처캐피털(VC)에 문호를 개방하는 방안도 필요하다.

"스타트업 창업가와 얘기를 해보면 엑시트에 대한 계획이나 IPO에 대한 의지도 없는 경우가 많다. 정부 등 외부 지원보다 창업자 자신의 인식 변화가 무엇보다 중요하다." 한 벤처캐피털 수석 심사역의 말을 창업자들이 귀담아들을 필요가 있다.

[그림 13–2]

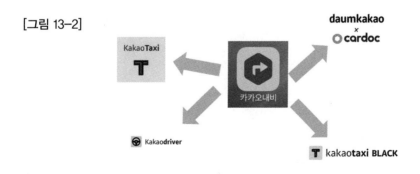

# 참고문헌

## 1. 국내 문헌 및 자료

강유리. (2015). 미국의 창업정책 현황 및 시사점: Startup America를 중심으로.

고준 외, 타이드 인스티튜트. (2012). 청년 창업 교육 및 문화 확산을 위한 실천 방안 연구.

교육부. (2014). 청소년 기업가정신 함양 및 창업 활성화 방안 모색.

국가과학기술심의회. (2016). 2016년도 미래성장동력 종합실천계획(안).

국립중앙과학관. (2016). 3D 프린터.

김경환 외 1명. (2015). 혁신형기업에 대한 정책지원 성과분석연구.

김경환. (2016). 기술창업지원정책의 생산성 증대방안 연구: TIPS 프로그램을 중심으로.

김경환. (2017). 기술창업의 이해.

김상수 외. (2015). 기술창업 사업계획서 매뉴얼.

김시중. (2014). 2014년의 중국 국내경제: "새로운 정상상태(新常態)"로 안착?.

김의중. (2016). 알고리즘으로 배우는 인공지능, 머신러닝, 딥러닝 입문.

김종호 외, 이프레스. (2016). 기술창업경영론.

김진수 외, 탑북스. (2015) 기술창업론.

김진수. (2017). 지역창업생태계 국내외 구축사례 및 시사점.

김태기. (2016). 노동생산성 변화의 원인과 결과: 한국, 미국, 일본, 독일의 비교.

김학용. (2016). 사물인터넷 개념, 구현기술, 그리고 비즈니스.

김진영. (2019). 빅 데이터 기반의 추천 마케팅 플랫폼 사업계획서.

대외경제정책연구원. (2014). 주요국의 중소기업 해외진출 지원전략과 시사점.

박민경. (2019). 저작권 개념 및 특징.

박문각. (2017). 2017 9대 국가전략 프로젝트별 시장.기술분석과 대응전략(Ⅱ) 가상현실. 증강현실, 혼합현실 활용분야별 비즈니스 현황과 최근 주요 이슈 종합분석.

손동원 외, 경문사. (2012). 벤처기업창업경영론.

알렉 로스. (2016). 알렉로스의 미래산업보고서.

에릭리스. (2012). 린 스타트업.

오세경. (2016). 2017년 세계경제 전망.

유재필 외 3명. (2013). 창업국가, 이스라엘의 창업환경 분석.

윤주석 외, 두남. (2013). 창업과 사업계획서.

이마즈 미키. (2016). 비즈니스 모델 제너레이션 워크북.

이슈퀘스트. (2016). 유망시장 분석 (Ⅲ) 인공지능(AI), 로봇, 드론기술, 시장실태와 전망.

이용수 외 1명. (2009). 종합물류업 진출을 위한 성공요인 분석.

이윤준. (2013). 창조경제 시대의 창업 활성화 방안.

정용찬. (2013). 빅데이터.

정현준. (2013). 우리나라 기업가정신 지수 동향.

조성주. (2014). 린 스타트업의 바이블.

중소기업연구원. (2006). 기업국제화 개념정립, 측정지표 개발 및 국제비교.

커뮤니케이션북스. (2016). 3D프린팅 기술이란 무엇인가.

클라우드 슈밥 외, 흐름출판. (2016). 4차 산업 혁명의 충격.

피터 틸 외. (2014). 제로 투 원.

하원규. (2016). 제4차 산업혁명.

한국개발연구원. (2012). 해외진출지원 제도 현황 파악 및 발전 방향연구.

한국경제연구원. (2013). 기업가 정신.

한국무역협회. (2017). 유니콘으로 바라본 스타트업 동향과 시사점.

한국벤처창업학회. (2013). 국내 창업정책의 변화 및 평가.

한국석유공사. (2015). 저유가 시 한국 경제의 득과 실.

한국지역정책학회. (2015). 저성장 시대의 지역발전정책과 대안적 지역발전 지표 개발의 방향 설정 연구.

IRS글로벌. (2017). IoT,AI기반 스마트홈(홈IoT)관련 혁신기술 트렌드 및 향후 전망.

Jr.CampSpark. (2014). 기업가 정신의 이해.

KOTRA. (2015). 주요국의 스타트업 육성정책과 한국의 과제.

## 2. 외국 문헌 및 역서

Alexander Osterwalder. (2010). Business Model Generation.

Alexander Osterwalder. (2012). Business Model You: A One-Page Method For Reinventing Your Career.

Alexander Osterwalder. (2012). Value Proposition Design.

Cohen, D. L. (2011. 9. 14). "Startup America Program moving "too slowly".

Ewing Marion Kauffman Foundation. (2012). The Start Uprising: Eighteen Months of the Startup America Partnership.

GEM. (2013a). Global Entrepreneurship Monitor 2012 Global Report.

GEM. (2013b). Global Entrepreneurship Monitor 2012 United States Report.

Gordon, R. (2013). "Has anyone gotten anything out of Startup America?"

Newman, K. (2011). "Is Startup America Bound to Fail?" The American.

NSBA. (2013). "Small Business by the Numbers."

SBA. (2012). "Frequently Asked Questions about Small Business."

World Startup Report (2017).

대학생을 위한
# 과학기술창업론

초판 1쇄 발행 2018년 8월 31일
개정판 2쇄 발행 2023년 2월 28일

**지은이** 김경환
**펴낸이** 유지범
**펴낸곳** 성균관대학교 출판부
**책임편집** 신철호
**편  집** 현상철·구남희
**마케팅** 박정수·김지현

**등록** 1975년 5월 21일 제1975-9호
**주소** 03063 서울특별시 종로구 성균관로 25-2
**대표전화** 02)760-1253~4
**팩스밀리** 02)762-7452
**홈페이지** press.skku.edu

© 2018, 김경환

ISBN 979-11-5550-403-1 93320